新中国75年

新中国经济社会发展成就（1949-2024）

■本书编写组 编著

中国统计出版社
China Statistics Press

图书在版编目（CIP）数据

新中国 75 年：新中国经济社会发展成就：1949–2024 / 本书编写组编著 . -- 北京：中国统计出版社，2024. 10. -- ISBN 978-7-5230-0529-3

Ⅰ . D619

中国国家版本馆 CIP 数据核字第 2024TF8255 号

新中国 75 年——新中国经济社会发展成就（1949–2024）

作　　者　本书编写组
责任编辑　李　冲　张　怡
责任印制　王建生
出版发行　中国统计出版社有限公司
地　　址　北京市丰台区西三环南路甲 6 号
电　　话　（010）63376909
传　　真　（010）63376840
经　　销　全国新华书店
印　　刷　北京捷迅佳彩印刷有限公司
开　　本　889mm × 1194mm　1/16
字　　数　360 千字
印　　张　20.25
版　　次　2024 年 10 月第 1 版　2024 年 10 月第 1 次印刷
定　　价　390.00 元

编写组

Editorial Team

主　　编：康　义

副 主 编：盛来运　蔺　涛　毛盛勇　阮健弘　夏雨春　刘爱华

编　　委：赵同录　汤魏巍　胡汉舟　翟善清　于建勋　王萍萍

张　琳　王贵荣　王有捐　张　毅　彭永涛　付凌晖

叶礼奇

责任编委：王文波　赵国华　王冠华　孙志强　郑淼淼　高寒松

执行编辑：周　平　李　研　沈丽文　佘竞雄　李　冲

编辑工作人员：

黄永山　胡婷婷　鲍俊平　董　辉　郑　鑫　李　拓

龙启敏　路　爽　王亚娟　郎泽宇　赵嘉睿　江明清

石毅华　戴旻乐　李玉红　刘　天　周晶晶　黄天河

冯朝阳　刘　桦　冯　雪　庄雅娟　陈思钰　于　淇

周文朋　王　冲　杨　萌　陈璐洋　魏胜广　朱嘉恬

李俊莲　李海峰　张克杰　侯忠林　刘耕辰　郭　栋

张　怡

编辑说明

Editor's Notes

1. 本书是全面展现新中国成立 75 周年以来我国经济社会发展取得重大发展成就的一部综合性统计资料书籍，包括发展成就篇和数据资料篇两个部分。其中，发展成就篇由系列报告组成，展现我国综合国力、产业转型、协调发展、人民生活、科技创新、社会事业、对外开放等领域重大发展。

2. 本书所涉及的全国性统计指标，除特别注明外，均未包括香港特别行政区、澳门特别行政区和台湾省数据。

3. 本书中涉及的东部地区是指北京、天津、河北、上海、江苏、浙江、福建、山东、广东和海南 10 个省（直辖市）；中部地区是指山西、安徽、江西、河南、湖北和湖南 6 个省；西部地区是指内蒙古、广西、重庆、四川、贵州、云南、西藏、陕西、甘肃、青海、宁夏和新疆 12 个省（自治区、直辖市）；东北地区是指辽宁、吉林和黑龙江 3 个省。

4. 本书中部分数据合计数或相对数由于单位取舍不同而产生的计算误差，均未作机械调整。

5. 本书数据主要来源于《中国统计摘要 -2024》和国家统计局数据发布库（data.stats.gov.cn），部分指标使用了最新数据。其中，城镇新增就业、城镇登记失业率、养老保险、失业保险、工伤保险等数据来自人力资源社会保障部；财政数据来自财政部；外汇储备等数据来自国家外汇管理局；用水、耕地灌溉面积、农田水利设施、农村自来水等数据来自水利部；污染防治和环境监测等数据来自生态环境部；城市环境数据来自住房城乡建设部；货物进出口等数据来自海关总署；服务进出口、对外直接投资、实际使用外资等数据来自商务部；农业基础设施、农业科技创新、农业产业发展、农业机械装备、农业经营体系、水产品产量、植物新品种、农村卫生厕所等数据来自农业农村部；林业数据来自国家林业和草原局；铁路运输数据来自中国国家铁路集团有限公司；公路运输、水运等数据来自交通运输部；民航数据来自中国民用航空局；管道运输数据来自中国石油天然气集团有限公司、中国石油化工集团有限公司、中国海洋石油集团有限公司、国家石油天然气管网集团有限公司；民用汽车、破获案件等数据来自公安部；邮政业务、快递业务等数据来自国家邮政局；通信业等数据来自工业和信息化部；互联网数据来自中国互联网络信息中心；货币金融等数据来自中国人民银行；科技数据来自科学技术部；专利数据来自国家知识产权局；教育数据来自教育部；医疗卫生数据来自国家卫生健康委员会；药品审批数据来自国家药品监督管理局；医疗保险、生育保险数据来自国家医疗保障局；文化、旅游等数据来自文化和旅游部；出版数据来自国家新闻出版署；广播电视数据来自国家广播电视总局；文物数据来自国家文物局；电影数据来自国家电影局；发电装机容量数据来自中国电力企业联合会；煤矿数据来自中国煤炭工业协会；工会相关数据来自全国总工会；全国人民代表大会代表数据来自全国人大；政府工作部门女干部数据来自中组部；社会服务、救助、自治组织数据来自民政部；法律援助数据来自司法部；五好家庭等数据来自全国妇联；公民科学素质数据来自中国科学技术协会；国际数据来自世界银行等国际组织。

序 言

Preface

奋斗成就兴国伟业
数据镌刻时代辉煌

2024年金秋，正值新中国成立75周年华诞。75年开荒拓路、披荆斩棘，初心如磐谋发展；75年斗转星移、沧桑巨变，敢教日月换新天。正如习近平总书记深刻指出的："中华民族迎来了从站起来、富起来到强起来的伟大飞跃，实现中华民族伟大复兴进入了不可逆转的历史进程！"这是伟大光荣正确的中国共产党矢志不渝、坚强领导的结果，是一代代高瞻远瞩的党和国家领导人掌舵领航、擘画宏图的结果，也是勤劳勇敢的中华儿女筚路蓝缕、勠力同心的结果。不平凡的75年，书写着亿万人民的集体记忆，镌刻下彪炳史册的时代辉煌。

经济社会发展突飞猛进，国际地位和影响力空前跃升。75年来，中国从积贫积弱、满目疮痍发展为世界第二大经济体、制造业第一大国、能源生产第一大国、货物贸易第一大国、商品消费第二大国、外汇储备第一大国，经济总量连续跨越新台阶。1952年，我国国内生产总值仅为679亿元，1986年突破1万亿元，2000年迈上10万亿元，2020年飞越100万亿元大关，2023年超过126万亿元，按不变价计算比1952年增长

223 倍，年均增长 7.9%。党的十八大以来，中国特色社会主义进入新时代，党和国家各项事业取得历史性成就、发生历史性变革，实现了第一个百年奋斗目标，全面建成小康社会，人均国内生产总值超过 1.2 万美元，人均国民总收入超过 1.3 万美元，由新中国成立初的低收入国家跃升为中等偏上收入国家，对世界经济增长的贡献率居全球首位，占世界经济总量的比重稳居第二。突飞猛进发展的同时，中国高举和平、发展、合作、共赢旗帜，坚定奉行独立自主和平外交政策，坚持互利共赢促进世界共同发展。高质量共建"一带一路"积极推进，中国与 150 多个国家、30 多个国际组织签署了 230 多份合作文件，中欧班列通达欧洲 25 个国家 200 多个城市，推动绵亘千年的古丝绸之路在新时代焕发新活力；构建人类命运共同体从中国倡议扩大为国际共识，成为引领推动人类发展进步的重要动力。自信自立、负责担当的中国，不断为世界贡献着中国智慧、中国方案、中国力量。

各领域发展日新月异，产品供给极大丰富。75 年来，中国从一穷二白、百废待兴蓄势起笔，用一条条攀升上扬的数据曲线勾勒出各行各业欣欣向荣的发展轮廓，在华夏大地徐徐铺展了一幅国富民强的壮丽画卷。党的十八大以来，以习近平同志为核心的党中央着眼于社会主义发展的新阶段，以"五位一体"总体布局、"四个全面"战略布局谋篇定向，用高质量发展的鲜明主题贯穿新时代中国经济社会的各个领域，推动中国特色社会主义这条强国富民之路越走越宽。我国粮食产量连续 9 年稳定在 1.3 万亿斤以上，中国人的饭碗端得更牢；建立起包括 41 个大类、207 个中类、666 个小类的独立完整的工业体系，成为全世界唯一拥有联合国产业分类中全部工业门类的国家，在 500 种主要工业产品中，我国有四成以上产品产量位居世界榜首；全国高速铁路和高速公路里程、移动通信用户数、移动宽带用户数等雄冠全球，电动汽车、锂电池、光伏产品等"新三样"产品蓬勃发展；前沿科学发现与原创科技成果层出不穷，大国重器举世瞩目，科研能力不断提升，全社会研究与试验发展（R&D）经费迈上 3 万亿元台阶，位列世界第二大研发投入国家，研发人员全时当量连续 11 年稳居全球第一；文化事业蒸蒸日上，文旅市场方兴未艾，2023 年末全国共有公共图书馆 3246 个、博物馆 6833 个，2023 年全年出版各类图书 119 亿册（张），国内出游 48.9 亿人次，个人、文化和娱乐服务出口达 13.9 亿美元。各行各业飞速发展，神州大地处处生机涌动。

民生福祉全方位改善，社会文化面貌焕然一新。75 年来，人民生活从温饱不足到全面小康，与国家共发展、与时代同进步，在实现民族复兴的伟大征程中共享幸福和荣光。人口总量从新中国成立初期的 5.4 亿人上升到 14.1 亿人，人均预期寿命从 35 岁提高到 78.6 岁，近 1 亿农村贫困人口全部脱贫，成为中华民族发展史上的里程碑，也创造了世界减贫史上的伟大奇迹。在习近平总书记“中国式现代化是全体人民共同富裕的现代化”“坚持把实现人民对美好生活的向往作为现代化建设的出发点和落脚点”等理论指引下，民生福祉持续增进。“绿水青山就是金山银山”的科学论断在祖国大地上生根开花，2023 年全国地级及以上城市细颗粒物（$PM_{2.5}$）平均浓度降至 30 微克 / 立方米，全国地表水水质优良断面比例升至 89.4%，人与自然和谐共生，生活环境更加宜居。2023 年全国居民人均可支配收入达到 39218 元，城乡差距不断缩小，年末常住人口城镇化率达到 66.16%，全国参加基本养老保险人数达 10.66 亿人，全国基本医疗保险参保人数 13.34 亿人，参保覆盖率自 2018 年起持续稳定在 95% 以上，民生保障牢固托底，人民获得感幸福感安全感显著增强。公共文化服务体系不断健全，2023 年末全国基层图书馆、文化馆分馆和服务点超过 10 万个，人民精神食粮不断丰富，精神力量日益强健。国民教育水平和国民素质显著提升，2023 年我国高等教育毛入学率超过 60%，劳动年龄人口平均受教育年限提高至 11.05 年，人才资源总量、科技人力资源均居全球首位。

时间的刻度，标注着历史坐标，昭示着前进方向。回首峥嵘岁月，巡礼璀璨成就，波澜壮阔的 75 年意气风发，热潮涌动的 75 年激荡向前。在此重要的历史节点上，国家统计局组织编写了《新中国 75 年——新中国经济社会发展成就（1949-2024）》一书，用统计分析和数据图表全景记录新中国走过的不平凡历程，真实刻画中华儿女步伐铿锵、砥砺前行的奋斗足迹，系统反映我国高质量发展、高水平创新的伟大成就。

放眼今朝，世界大变局与中国大发展历史性交汇、相互激荡，为中华民族伟大复兴勾勒出更加宏阔的时代背景，进一步全面深化改革、推进中国式现代化已起势、正当时。我们要更加紧密地团结在以习近平同志为核心的党中央周围，坚定拥护“两个确立”、坚决做到“两个维护”，不折不扣贯彻落实党的二十大作出的战略部署，以钉钉子的精神将党的二十届三中全会精神要求落到实处，从人民整体利益、根本利益、长远利益出发谋划和推进改革。深化经济体制改革，塑造发展新动能新优势。加快构建高水平社会主义市场经济体制，更好发挥市场机制作用，创造更加公平、更有活力的市场环境，实现资源配置效率最优化和效益最大化。支持全面创新，激发创新活力。坚持以人为本，全局性谋划、整体性推进改革，构建高效、协同、开放的国家创新体系，激发全社会创新活力。统筹发展和安全，实现动态平衡。深入推进国家安全思路、体制、手段创新，营造有利于经济社会发展的安全环境，在发展中更多考虑安全因素，通过发展提升国家安全实力。加强党的领导，整体系统谋划。充分发挥党的全面领导这一最大政治优势，统筹处理好各种重大关系，统筹部署经济体制改革和其他各领域改革形成合力，着力破解深层次体制机制障碍和结构性矛盾，确保进一步全面深化改革行稳致远。

奋楫扬帆风正劲，领航复兴再出发。中国巨轮正在高质量发展的航道上劈波斩浪，向着民族复兴的胜利彼岸勇往直前。在以习近平同志为核心的党中央坚强领导下，14亿中华儿女必将坚定携手奔赴中国梦的信心、决心和恒心，凝聚起向着第二个百年奋斗目标迈进的磅礴力量，艰苦奋斗、锐意进取，以中国式现代化全面推进强国建设和民族复兴伟业，在革故鼎新、继往开来的新征程上创造更加辉煌的历史伟业！

国家统计局党组书记、局长　康义

目 录

Contents

发展成就篇

1 七十五载长歌奋进 赓续前行再奏华章 /002
2 经济结构不断优化 发展协调性显著增强 /022
3 区域协调发展迈向高水平 重大战略实施取得新进展 /032
4 综合国力大幅跃升 国际影响力显著增强 /042
5 农业发展阔步前行 现代农业谱写新篇 /054
6 工业经济实力大幅跃升 制造强国建设步伐坚定 /066
7 服务业地位作用更加彰显 发展质效持续提升 /076
8 消费市场繁荣壮大 商贸流通创新提质 /087
9 固定资产投资规模持续扩大 推动经济发展关键性作用不断增强 /097
10 建筑业持续发展 建设成就惠及民生 /108
11 对外开放取得瞩目成就 经贸合作迈向更高水平 /117
12 创新驱动发展成绩斐然 科技强国建设阔步前行 /129
13 能源供给保障有力 节能降碳成效显著 /139
14 生态环境质量持续改善 美丽中国建设全面推进 /150
15 人口大国向人力资源强国转变 人口高质量发展取得成效 /160
16 就业规模显著扩大 就业质量稳步提升 /170
17 人民生活实现全面小康 稳步迈向共同富裕 /181
18 农村发展取得历史成就 乡村振兴开启崭新篇章 /190
19 沧桑巨变换新颜 城市发展启新篇 /199
20 教育强国建设行稳致远 教育改革发展成就斐然 /211
21 文化改革发展成效凸显 文化强国建设加力提速 /221
22 卫生健康事业取得长足发展 人民健康权益得到有效保障 /234
23 妇女儿童权益得到全方位保障 妇女儿童事业取得历史性成就 /245

数据资料篇

表 1　全国行政区划 (年底数)/258
表 2　人口状况 /260
表 3　国民总收入和国内生产总值 /262
表 4　国内生产总值指数 /264
表 5　三大需求对国内生产总值增长的贡献率 /266
表 6　国际收支概况 /268
表 7　就业人员和城镇调查失业率 /269
表 8　城镇非私营单位就业人员工资和指数 /271
表 9　价格指数 /273
表 10　居民人均可支配收入、人均消费支出和恩格尔系数 /275
表 11　农村贫困状况 /277
表 12　一般公共预算收支总额及增长速度 /278
表 13　一次能源生产总量及构成 /280
表 14　能源消费总量及构成 /282
表 15　主要能源产品产量 /284
表 16　固定资产投资及增长情况 /286
表 17　货物进出口总额 /287
表 18　农业生产条件 /289
表 19　主要农产品产量 /291
表 20　水产品及畜产品产量 /293
表 21　规模以上工业主要产品产量 /295
表 22　社会消费品零售总额 /297
表 23　运输线路长度 /298
表 24　客运量及货运量 /300
表 25　货币供应量及金融机构人民币存贷款余额 /302
表 26　科技事业发展情况 /304
表 27　各级各类教育在校生情况 /305
表 28　医疗卫生机构情况 /307
表 29　全国文化事业机构数 /309
表 30　社会保险参保情况 /311

新中国75年

新中国经济社会发展成就

（1949-2024）

发展成就篇

1 七十五载长歌奋进 赓续前行再奏华章

2024年，中华人民共和国迎来75周年华诞。75年在人类历史长河中只是弹指一挥间，但对中国人民和中华民族来讲，却是沧桑巨变、换了人间的75年。75年来，中国共产党把马克思主义基本原理同中国具体实际相结合、同中华优秀传统文化相结合，领导全国各族人民同心同德、艰苦奋斗、开拓进取，创造了社会主义革命和建设、改革开放和社会主义现代化建设、新时代中国特色社会主义的伟大成就，中华民族迎来了从站起来、富起来到强起来的伟大飞跃。一幅波澜壮阔的历史画卷在徐徐绘就，一曲气壮山河的奋斗赞歌正接力谱写，社会主义中国巍然屹立在世界东方，阔步走上以中国式现代化全面推进中华民族伟大复兴的新征程。

一、从积贫积弱到世界第二大经济体，经济实力、综合国力和国际影响力实现历史性跨越

风雨征程，书写发展奇迹。新中国成立75年来，我们党团结带领全国各族人民成功探寻出符合中国国情、充满生机活力的社会主义市场经济制度，极大地解放和发展了社会生产力，创造出经济快速发展的奇迹，经济总量和人均水平大幅跃升，综合国力和国际影响力显著增强。

（一）国民经济快速增长，经济实力空前跃升

新中国是在极其薄弱的经济基础上建立起来的，在百废待兴、百业凋敝的境地中，我国坚持自力更生、发愤图强，以世所罕见的速度发展，经济总量连续跨越重要关口。1952年国内生产总值

仅为679亿元，到1978年增加至3679亿元；十一届三中全会开启改革开放历史新时期以来，经济发展驶入快车道，1986年突破1万亿元，2000年突破10万亿元，2006年突破20万亿元，此后以每1—2年便突破一个十万亿元关口的速度发展，2020年突破100万亿元大关，2023年超过126万亿元，稳居世界第二大经济体。按不变价计算，2023年国内生产总值比1952年增长223倍，

图1 1952—2023年国内生产总值

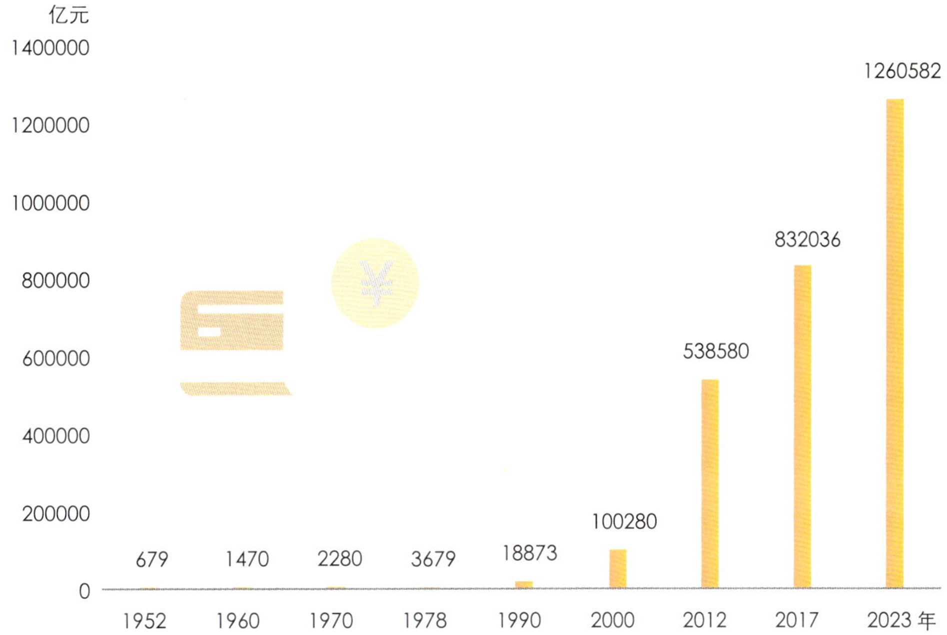

专栏1 党的十一届三中全会

1978年12月18日—22日，中国共产党第十一届中央委员会第三次全体会议在北京举行，标志着中国共产党重新确立了马克思主义的思想路线、政治路线和组织路线，实现新中国成立以来党的历史上具有深远意义的伟大转折，开启了改革开放和社会主义现代化的伟大征程。全会批判了“两个凡是”的错误方针，充分肯定必须完整地、准确地掌握毛泽东思想的科学体系，高度评价关于实践是检验真理的唯一标准问题的讨论。全会果断地停止使用“以阶级斗争为纲”的口号，作出把党和国家工作中心转移到经济建设上来、实行改革开放的历史性决策。

党的十一届三中全会以后，以邓小平同志为主要代表的中国共产党人，团结带领全党全国各族人民，深刻总结我国社会主义建设正反两方面经验，逐步形成了建设中国特色社会主义的路线、方针、政策，阐明了在中国建设社会主义、巩固和发展社会主义的基本问题。中国从此进入了改革开放和社会主义现代化建设的历史新时期，中国共产党从此开始了建设中国特色社会主义的新探索，带领中国人民振奋起伟大的改革开放精神，激发出空前的积极性、主动性、创造性，创造出举世瞩目的发展成就。

撰稿：庄雅娟

年均增长 7.9%；其中，1979—2023 年年均增长 8.9%，远高于同期世界经济 3.0% 的增速水平。

（二）人均 GDP 显著提高，跻身中等偏上收入国家行列

1952 年，我国人均国内生产总值仅 119 元。经过长期努力和发展，特别是改革开放以来，人均 GDP 稳步提升。2019 年，人均 GDP 达到 70078 元，按年平均汇率折算为 10158 美元，首次突破 1 万美元；2023 年达 89358 元，比 1952 年实际增长 89 倍，年均增长 6.5%，按年平均汇率折算为 12681 美元，连续 3 年超过 1.2 万美元。根据世界银行数据和划分标准，2023 年我国人均国民总收入（GNI）达 13400 美元，已经由新中国成立初的低收入国家跃升为中等偏上收入国家。

（三）综合国力跃居世界前列，国际影响力日益彰显

新中国成立初期，我国经济总量占世界比重很小，至 1978 年也仅为 1.7%，居世界第 10 位。改革开放以来，我国经济持续快速增长，成为世界经济增长的重要引擎和稳定力量。2023 年我国经济总量占世界的比重升至 17% 左右，1979—2023 年对世界经济增长的年均贡献率为 24.8%，居世界首位。我国已成为全球制造业第一大国、货物贸易第一大国、商品消费第二大国以及外汇储备第一大国。综合国力飞跃的同时，我国也实现了从世界体系边缘到走近世界舞台中央的华丽转身，成为国际体系的重要参与者、建设者、贡献者。特别是党的十八大以来，高质量共建“一带一路”成为深受国际欢迎的公共产品和合作平台；构建人类命运共同体由中国倡议发展为国际共识，全球

图 2 1952—2023 年人均国内生产总值

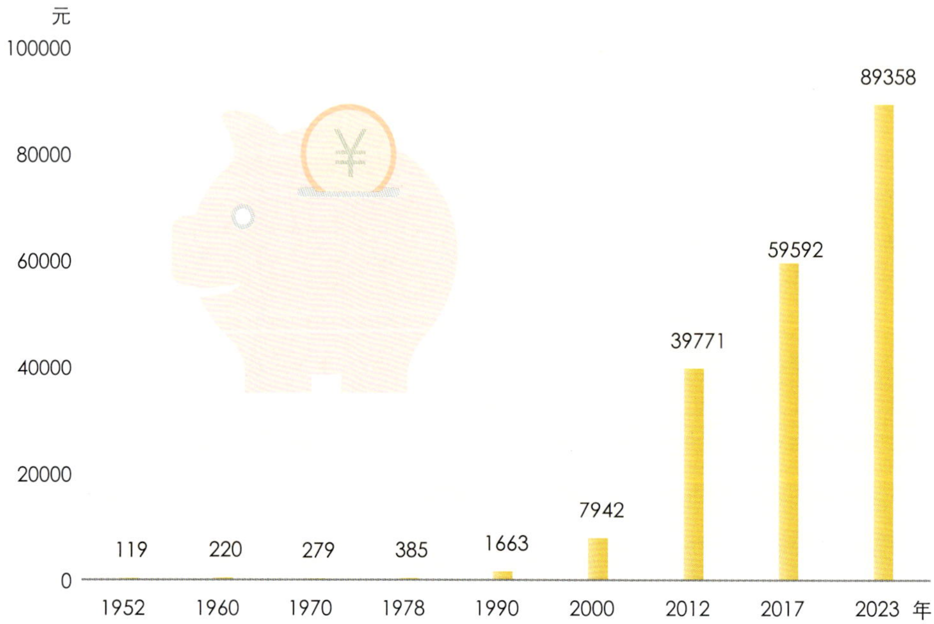

发展倡议、全球安全倡议、全球文明倡议引发广泛共鸣，我国国际影响力、感召力、塑造力进一步提高。

二、从瓶颈制约到优势支撑，基础产业和基础设施空前加强

夯基固本，筑牢发展“底座”。新中国成立75年来，我国基础产业和基础设施建设取得丰硕成果，逐步建立起独立的比较完整的工业体系和国民经济体系，工农业生产和能源供给保障能力不断增强，基础设施建设投入之大、速度之快世所罕见，为经济社会发展和现代化建设奠定了坚实的物质保障。

（一）工农业生产能力突飞猛进，主要产品产量全球第一

新中国成立初期，我国产业部门单一，主要工农产品供给严重短缺。随着社会生产力得到极大解放，工业化建设和农业现代化稳步推进，粮食综合生产能力稳步提升，粮食总产量由1949年的2264亿斤增加到2023年的13908亿斤，增长5.1倍；谷物、肉类、花生、茶叶、水果等农产品产量居全球首位。我国用几十年走完发达国家几百年的工业化历程，建成了门类齐全、独立完整的现代工业体系，制造业增加值连续14年位居世界第一，占世界份额30%左右，成为驱动全球制造业发展的重要引擎。在500种主要工业产品中，我国有四成以上产品产量全球第一。2023年，粗钢产量10.2亿吨，水泥产量20.2亿吨，平板玻璃产量9.7亿重量箱，化肥产量5714万吨，累计超百倍增长。汽车、手机、计算机等从无到有、发展迅速。2023年，我国汽车、手机、工业机器人、集成电路产量分别为3011万辆、15.7亿台、43.0万套、3514亿块，均居全球第一。

（二）综合立体交通网络日趋完善，现代基础设施建设领跑全球

1949年底全国能够通车的铁路仅2.2万公里，公路通车里程仅8.1万公里，没有一条高速公路。经过75年发展，我国交通基础设施加速成网，运输服务能力连上台阶，已经建成全球最大的高速铁路网、高速公路网和港口集群，铁路和公路客货运输量、港口货物吞吐量等居世界第一。2023年末，我国铁路营业里程达15.9万公里，比1949年增长6倍，其中高铁营业里程达4.5万公里，占世界高铁三分之二以上；公路里程达544万公里，增长66倍，其中高速公路里程18.4万公里，稳居世界第一；内河航道通航里程达12.8万公里，增长74.1%；定期航班航线里程876万公里。国际物流通道不断拓展，2023年中欧班列年开行数量超1.7万列，比2016年增长近10倍，服务网络基本覆盖欧亚全境。一系列国产交通工具装备水平跃上新台阶，智慧公路、智能码头、智能高铁、智能仓储配送等交通新基建蓬勃发展。

图 3 1949—2023 年末铁路营业里程

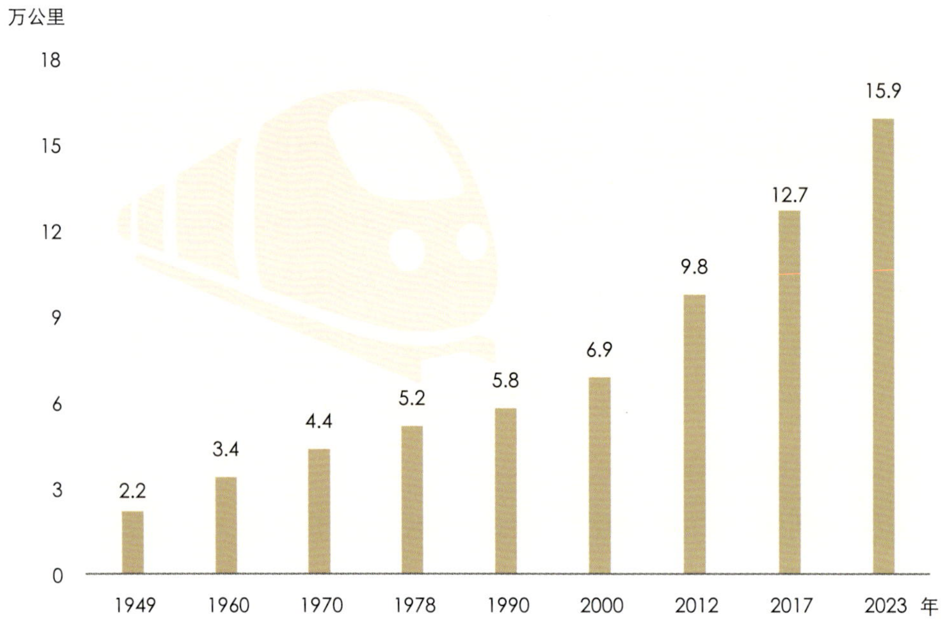

（三）邮电通信建设成绩斐然，信息通信网络全球领先

新中国成立初期，我国邮政通信网规模小、效率低，邮路总长度仅 70.6 万公里，长途明线仅 14.6 万对公里。经过 75 年发展，邮政基础设施不断完善，建成全球规模最大的邮政快递网、光纤和移动宽带网。2023 年末，全国邮政营业网点达 46.8 万处，比 1949 年增长 17 倍；光缆线路总长度达 6432 万公里，比 1997 年增长 114 倍；互联网宽带接入端口达 11.4 亿个，比 2003 年增长 62 倍。党的十八大以来，邮政通信业全面提速增效，通信网络实现跨越式发展。2013—2023 年，邮政行业业务收入年均增长 20.4%，快递业务量年均增长 33.1%。建成全球规模最大、技术领先的 5G 网络，2023 年末 5G 基站数达 337.7 万个，占全球 5G 基站总数比重超过 60%。

（四）能源供应实现量增质升，安全保障能力明显增强

新中国成立初期，我国能源基础十分薄弱，能源总量供给短缺、结构布局不均的问题突出。经过 75 年发展，能源供给能力不断提升、结构持续优化，形成了煤、油、气、核、新能源和可再生能源多轮驱动的多元供应体系，成为世界能源生产第一大国。一次能源生产总量由 1949 年的 0.2 亿吨标准煤增至 2023 年的 48.3 亿吨标准煤，年均增长 7.4%；主要能源品种生产全面发展，原煤产量由 0.3 亿吨增至 47.1 亿吨，原油产量由 12.0 万吨增至 2.1 亿吨，天然气产量由 0.1 亿立方米增至 2324 亿立方米，发电量由 43 亿千瓦时增至 9.5 万亿千瓦时，可再生能源发电总装机占全球比重近四成。能源资源配置明显优化，重载铁路、西气东输、西电东送、北煤南运等重点工程建设有力

打通全国能源运输大动脉，不断破解我国能源资源空间制约；大国能源合作扎实推进，能源进口更加多元化，能源安全稳定供应水平实现新跃升。

三、从封闭半封闭到高水平开放，对外开放取得举世瞩目的伟大成就

开放包容，共享发展机遇。新中国成立 75 年特别是改革开放以来，我国始终坚持独立自主、互利共赢的原则，不断探索中国特色的对外开放之路，积极参与国际经济合作和竞争，实现了从封闭半封闭到全方位开放的伟大历史转折。党的十八大以来，深入贯彻新发展理念，在新的起点上建设更高水平开放型经济新体制，形成更大范围、更宽领域、更深层次对外开放新格局，不断拓展着中国式现代化的发展空间。

（一）货物贸易规模稳居世界首位，贸易强国建设扎实推进

新中国成立至 20 世纪 70 年代，我国外贸发展基础十分薄弱，进出口规模始终在低水平上徘徊。1950 年，货物进出口总额为 11.3 亿美元，到 1978 年仅增至 206 亿美元。随着改革开放的不断深入，外贸发展日渐起色，2001 年加入世界贸易组织后，我国加速融入经济全球化进程，对外贸易快速扩张。2012 年，货物进出口总额达 3.9 万亿美元，比 1978 年增长 186 倍。党的十八大以来，我国实行更加积极主动的开放战略，加快培育外贸竞争新优势，贸易大国地位更加巩固。2013—2023 年，货物进出口总额年均增长 4.0%，增速快于同期全球货物贸易平均水平 1.6 个百分点。货物进出口总

图 4 1950—2023 年货物进出口总额

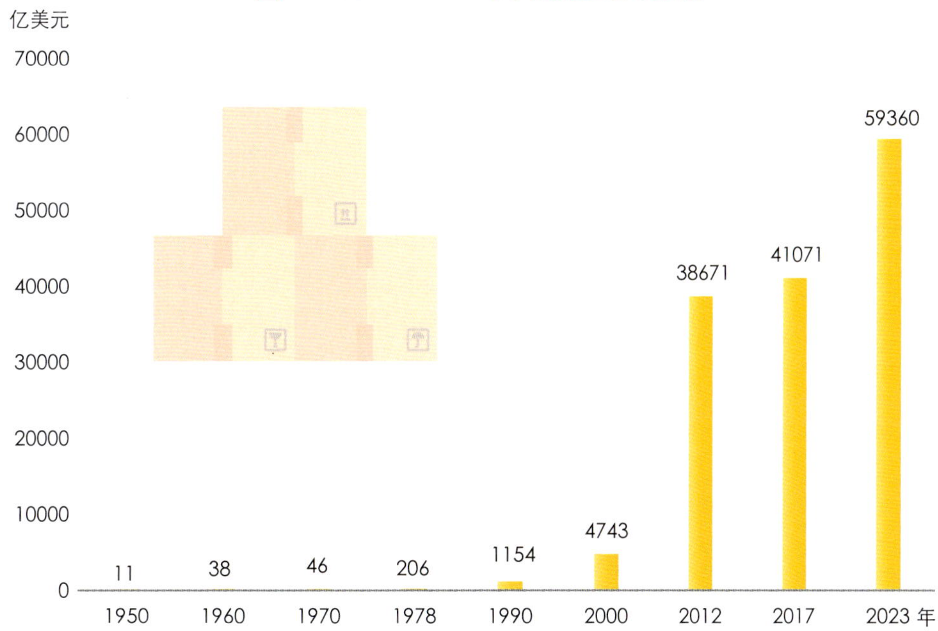

额占国际市场份额从1978年的不足1%提升到2023年的12.4%，连续7年稳居全球货物贸易第一大国。服务贸易日益成为外贸发展的重要引擎，服务进出口总额由1982年的46.9亿美元提高到2023年的9331亿美元，年均增长13.8%，在全球的位次从第34位提升至第4位。

（二）双向投资规模名列前茅，中国市场磁吸力不断增强

新中国成立至20世纪70年代，我国引进外资十分有限。改革开放后外资市场准入逐步放宽，利用外资规模不断扩大。2023年，我国实际利用外商直接投资1633亿美元，比1983年增长176倍，规模连续多年保持世界领先。与此同时，我国积极参与国际分工合作，对外投资步伐不断加快。2023年，对外非金融类直接投资金额为1301亿美元，比2003年增长61倍，年均增长23.0%，连续11年位居世界前三。党的十八大以来，我国持续营造市场化、法治化、国际化一流营商环境，推动引进来和走出去更好结合，双向投资质量明显提升。2023年，高技术产业吸收外资占全部吸收外资比重升至37.3%；对共建“一带一路”国家非金融类直接投资达318亿美元，占全部对外非金融类直接投资比重近四分之一。

专栏2　中国加入世界贸易组织

2001年12月11日，中国正式加入世界贸易组织（以下简称“世贸组织”），这是中国深度参与经济全球化的一个重要里程碑，标志着中国改革开放进入历史新阶段。20多年来，中国积极推进贸易投资自由化便利化，全面履行入世承诺，大幅开放市场，实现更广互利共赢，在对外开放中展现了大国担当。一是切实履行加入世贸组织承诺。不断完善社会主义市场经济体制，全面加强同多边贸易规则的对接。大幅降低进口关税，显著削减非关税壁垒，全面放开外贸经营权，广泛开放服务市场，不断强化知识产权保护。对外开放政策的稳定性、透明度、可预见性显著提高，为多边贸易体制有效运转作出了积极贡献。二是坚定支持多边贸易体制。全面参与世贸组织各项工作，推动世贸组织更加重视发展中成员的关切，反对单边主义和保护主义，维护多边贸易体制的权威性和有效性，与各成员共同推动世贸组织在经济全球化进程中发挥更大作用。三是坚定不移奉行互利共赢的对外开放战略。顺应时代发展潮流和世界发展大势，通过二十国集团、金砖国家等机制，建设性参与全球经济治理，实现更广泛的互利共赢。提出“一带一路”倡议，共建“一带一路”成为深受欢迎的国际公共产品和国际合作平台。加入世贸组织，使中国经济逐步形成更大范围、更宽领域、更深层次对外开放新格局，在高水平对外开放中分享机会和机遇，在推动自身发展的同时惠及其他国家和人民，增进了全球福祉，促进了共同繁荣。

撰稿：于淇

图 5 1983—2023 年实际利用外商直接投资金额

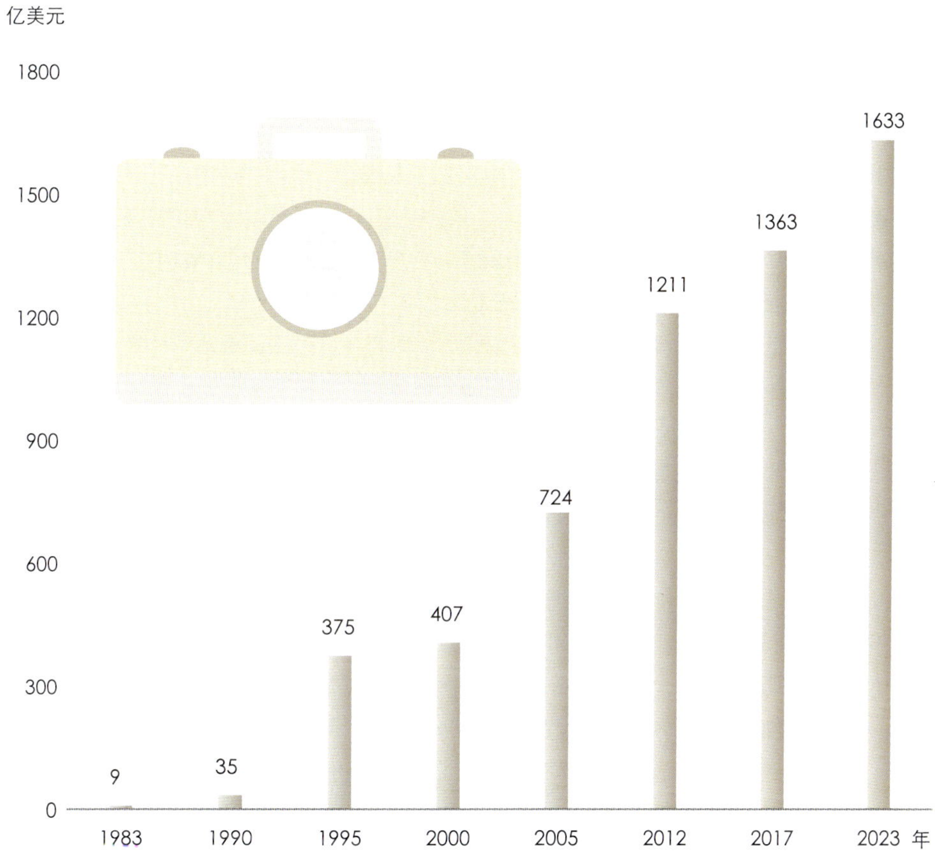

（三）对外经贸合作层次不断深入，制度型开放水平显著提升

党的十八大以来，我国围绕构建开放型经济新体制，稳步推进规则、规制、管理、标准等制度型开放，系统探索、主动参与和引领国际投资、贸易新规则的新路径，分批次设立 22 个自贸试验区，建设海南自由贸易港，不断打造全方位扩大开放的“排头兵”和“领头雁”。2023 年，我国自贸试验区合计进出口额达 7.7 万亿元，占全部进出口总额的比重达 18.4%，海南自由贸易港进出口额连续 3 年两位数增长。共建“一带一路”取得巨大成就，我国已与 150 多个国家、30 多个国际组织签署了 230 多份共建“一带一路”合作文件，中欧班列通达欧洲 25 个国家 200 多个城市，成为助推区域经贸发展的“钢铁驼队”。广交会、进博会、服贸会、消博会等大型展会成为扩大对外开放、深化国际合作的重要平台，推动我国与世界各国友好发展、互利共赢。

专栏3 **新发展理念**

贯彻新发展理念是关系我国发展全局的一场深刻变革。2015年10月，习近平总书记在党的十八届五中全会上首次提出创新、协调、绿色、开放、共享的新发展理念。2016年1月，习近平总书记在中共中央政治局第三十次集体学习时强调："新发展理念就是指挥棒、红绿灯"。2020年10月，党的十九届五中全会把"坚持新发展理念"作为"十四五"时期经济社会发展必须遵循的重要原则，提出要推动质量变革、效率变革、动力变革，实现更高质量、更有效率、更加公平、更可持续、更为安全的发展。2022年10月，习近平总书记在党的二十大报告中强调，"贯彻新发展理念是新时代我国发展壮大的必由之路"。

新发展理念是一个系统的理论体系，五大方面既有各自内涵，更是一个整体。创新是引领发展的第一动力。创新发展注重的是解决发展动力问题，必须坚持创新在我国现代化建设全局中的核心地位，把科技自立自强作为国家发展的战略支撑。协调是持续健康发展的内在要求。协调发展注重的是解决发展不平衡问题，必须正确处理局部和全局、当前和长远、重点和非重点的关系，增强发展的平衡性、包容性、可持续性，促进各区域各领域各方面协同配合、均衡一体发展。绿色是永续发展的必要条件和人民对美好生活追求的重要体现。绿色发展注重的是解决人与自然和谐问题，绿色发展是高质量发展的底色，必须实现经济社会发展与生态环境保护协同共进，促进经济社会发展全面绿色转型。开放是国家繁荣发展的必由之路。开放发展注重的是解决发展内外联动问题，对外开放是我国的基本国策，是现代化建设的必要条件，必须推动形成更大范围、更宽领域、更深层次对外开放格局，不断增强我国国际经济合作和竞争新优势。共享是中国特色社会主义的本质要求。共享发展注重的是解决社会公平正义问题，其内涵包括全民共享、全面共享、共建共享和渐进共享，共享发展理念强调发展成果应由人民共享，是社会主义制度优越性的集中体现。这五个方面紧密联系、相互支撑，必须完整、准确、全面理解和贯彻。党的十八大以来，我国高质量发展不断取得新进展新成效，充分彰显了新发展理念"指挥棒"作用。

撰稿：李俊莲

四、从单一失衡到优化升级，经济结构实现历史性变革

通盘筹谋，弹好"协奏之曲"。新中国成立75年来，我国从落后的农业国成长为工业大国、服务业大国，从需求失衡到三驾马车协同拉动，从沿海内地发展不平衡到东西南北纵横联动发展新格局逐步形成，从城乡分割到新型城镇化和乡村全面振兴统筹推进，经济结构发生历史性变革，发展的全面性、协调性和可持续性明显增强。

（一）三次产业协同发展，产业结构不断迈向中高端

新中国成立初期，我国基本上是个农业国，农业在国民经济中占主要地位。1952年，第一、二、三产业增加值占国内生产总值的比重分别为50.5%、20.8%、28.7%。随着工业化、城镇化进程加

快推进，二、三产业占比持续提升，经济从依赖单一产业为主转向依靠三次产业共同带动。2012年，第一、二、三产业比重分别为9.1%、45.4%、45.5%，第三产业首次成为国民经济第一大产业。党的十八大以来，三次产业协同发展和优化升级态势更加明显，第一产业基础地位巩固夯实，第二产业加快转型升级，第三产业持续快速发展。2023年，第一、二、三产业比重分别为7.1%、38.3%、54.6%。从农业看，粮食总产量连续9年稳定在1.3万亿斤以上，实现由种植业为主的传统农业向农林牧渔业全面发展的现代农业转变。从工业看，工业化和信息化深度融合，高端化、智能化、绿色化发展态势向好，2023年规模以上装备制造业、高技术制造业增加值占全部规模以上工业增加值的比重分别为33.6%、15.7%，分别比2012年提高5.4个、6.3个百分点。从服务业看，现代服务业蓬勃发展，以"互联网+"为标志的新业态新模式层出不穷，2023年信息传输软件和信息技术服务业、租赁和商务服务业增加值占GDP的比重分别为4.4%、3.5%，分别比2012年提高2.2个、1.5个百分点。

（二）需求结构不断优化，内需主引擎作用凸显

新中国成立初期，我国投资资金有限，进出口低水平徘徊，经济增长主要依靠消费拉动。1952年，最终消费率高达79.2%，资本形成率为22.0%，货物和服务净出口为负。随着改革开放深入推进，消费和投资规模明显扩张，对外贸易持续发展，需求结构得到优化。2023年，最终消费支出、资本形成总额、货物和服务净出口占GDP比重调整为55.7%、42.1%、2.1%。我国超大市场规模优势持续发挥，内需对经济增长的主引擎作用凸显，特别是党的十八大以来，我国坚持实施扩大内需战略，加快构建以国内大循环为主体、国内国际双循环相互促进的新发展格局，内需成为我国掌握发展主动权的关键。2013—2023年，内需对经济增长贡献率平均达95.3%，其中最终消费支出贡献率为53.9%。

（三）区域经济联动发展，新的增长极带动效应显现

新中国成立初期，我国工业主要分布在沿海地区，生产力布局严重不平衡。改革开放前，我国区域政策着重解决沿海与内地不平衡问题。改革开放后，实行一部分地区、一部分人先富起来、逐步实现共同富裕的方针，东部沿海地区经济迅猛发展。1999年以来，西部大开发、东北全面振兴、中部地区崛起、东部率先发展的区域发展总体战略逐步形成。2012年，全国各省（自治区、直辖市）中，人均地区生产总值最高地区与最低地区的比值为4.9，而1952年为8.1。党的十八大以来，京津冀协同发展、长江经济带发展、粤港澳大湾区建设、长江三角洲区域一体化发展、黄河流域生态

专栏 4　**新发展格局**

加快构建新发展格局是推动高质量发展的战略基点。2020 年 4 月 10 日，习近平总书记在中央财经委员会第七次会议上首次提出“构建以国内大循环为主体、国内国际双循环相互促进的新发展格局”。2020 年 10 月，党的十九届五中全会坚持把扩大内需作为战略基点，对构建新发展格局作出重要战略部署，对推动高质量发展、实现“十四五”规划和二〇三五年远景目标指明主攻方向。加快构建新发展格局是适应我国经济发展阶段变化的主动选择，是应对错综复杂的国际环境变化的战略举措，是发挥我国超大规模经济体优势的内在要求，需要从全局和战略的高度准确把握这一战略构想。

一是构建新发展格局是把握未来发展主动权的战略性布局和先手棋。大国经济的特征都是内需为主导、内部可循环，我国作为全球第二大经济体和制造业第一大国，国内经济循环同国际经济循环的关系客观上早有调整的要求。在当前国际形势充满不稳定性不确定性的背景下，立足国内、依托国内大市场优势，有利于化解外部冲击和外需下滑的影响，也有利于在极端情况下保证我国经济基本正常运行和社会大局总体稳定。

二是构建新发展格局必须立足国内大循环，坚持扩大内需这个战略基点。国内循环越顺畅，越能形成对全球资源要素的引力场，越有利于形成参与国际竞争和合作的新优势。要加强国内大循环在双循环中的主导作用，增强国内大循环的内生动力和可靠性，形成对全球资源要素的强大吸引力、在激烈国际竞争中的强大竞争力、在全球资源配置中的强大推动力。

三是构建新发展格局是开放的国内国际双循环。我国经济已深度融入世界经济，内外需市场本身是相互依存、相互促进的。我国开放的大门不会关闭，只会越开越大，同世界各国共享发展机遇，实现互利共赢。要通过参与国际市场竞争，更好利用国内国际两个市场两种资源，提高在全球配置资源能力，增强我国在全球产业链供应链创新链中的影响力。

四是构建新发展格局是以全国统一大市场基础上的国内大循环为主体。各地区要找准自己在国内大循环和国内国际双循环中的位置和比较优势，把构建新发展格局同实施区域重大战略等有机衔接起来，打造改革开放新高地。有条件的地区可以率先探索有利于促进全国构建新发展格局的有效路径，发挥引领和带动作用。

构建新发展格局的关键在于经济循环的畅通无阻。要突出重点，抓住主要矛盾，着力打通堵点，贯通生产、分配、流通、消费各环节，形成需求牵引供给、供给创造需求的更高水平动态平衡，提升国民经济体系整体效能。

撰稿：陈思钰

保护和高质量发展等一系列重大区域发展战略深入实施，区域发展新格局正在形成。2013—2023 年，中部、西部地区生产总值年均分别增长 6.9%、7.1%，快于东部地区。2023 年，京津冀地区生产总值占全国的比重达 8.3%；长江经济带地区、长三角地区生产总值占比分别为 46.7%、24.4%，比 2012 年提高 2.9 个、0.9 个百分点。

（四）城镇化水平稳步提高，城乡统筹发展取得新成效

改革开放前，我国城乡间处于分割状态，城乡差距很大。1949 年末城镇化率仅为 10.64%，1978 年末也只有 17.92%。改革开放后户籍约束逐渐松绑，城乡之间劳动力、土地、资金等要素流动加快，城镇化进程明显提速。2023 年末，我国城镇常住人口达 9.3 亿人，比 1978 年末增加 7.6 亿人；常住人口城镇化率为 66.16%，提高 48.24 个百分点。党的十八大以来，户籍制度改革全面落地，以人为核心的新型城镇化持续推进，农民工市民化程度进一步提高。2023 年末，户籍人口城镇化率达到 48.3%，比 2015 年末提高 8.4 个百分点。乡村振兴战略稳步实施，城乡收入差距持续缩小，农村交通通信设施不断完善，基本公共服务水平提升。城乡居民人均可支配收入比由 2012 年的 2.88∶1 缩小至 2023 年的 2.39∶1。2023 年，乡村义务教育阶段生师比[1]为 12.4∶1，比 2013 年下降 1.4；年末农村公路总里程达 460 万公里，超 99% 的村通宽带互联网，农村养老服务机构和设施达 14.4 万个。

五、从发展落后到创新引领，创新型国家建设成果丰硕

敢为人先，点燃“第一动力”。新中国成立 75 年来，从“向科技进军”到“科学技术是第一生产力”再到“创新是第一动力”，我国始终高度重视创新在国家发展全局中的重要作用，把科技自立自强作为国家发展的战略支撑，逐步实现了从追踪跟跑到并跑领跑的历史性转变，成长为世界上具有重要影响力的科技大国。

（一）科创投入持续增加，国家创新体系更加健全

新中国成立初期，国家科技力量薄弱，研发经费投入十分有限。新中国制定了努力发展自然科学，以服务于工业、农业和国防建设的科技发展新方针，相继布局建立一批科学研究机构；1956 年发出“向科学进军”的伟大号召，积极探索建立现代科学技术体系。改革开放以来，科教兴国战略深入实施，科技事业快速发展，研发投入力度明显加大。自 2013 年起我国成为世界第二大研发经费投入国，2023 年研究与试验发展经费支出达 33278 亿元，比 1991 年增长 233 倍，与国内生产总值之比为 2.64%，超过欧盟国家平均水平。研发人员全时当量连续 11 年居世界首位，2023 年达 724 万人年，比 1991 年增长 9.7 倍。国家创新体系建设提质加速，逐渐形成以科技型企业、科研院所和高等学校为主体的协同创新体系。2023 年末，我国拥有的全球百强科技创新集群数量跃

1. 生师比是指折合在校生与专任教师之比。

居世界首位，目前高新技术企业数量达 46.3 万家。

（二）科技创新成果不断涌现，科技产出量质齐升

新中国成立初期，面对技术难题和国际封锁，广大科技工作者隐姓埋名、接续奋斗，为我国科技事业作出了艰苦卓绝的贡献，一批追赶世界水平的首创成果举国振奋，其中“两弹一星”成为新中国科技发展的一座历史丰碑。改革开放以后，科技体制改革深入推进，一系列重大科技计划出台，科技实力显著增强。党的十八大以来，创新被摆在国家发展全局的核心位置，科技创新提速发展，载人航天、探月探火、深海深地探测、超级计算机、卫星导航、量子信息、核电技术、大飞机制造等领域不断取得重大成果，“嫦娥”奔月、“北斗”组网、“奋斗者”号逐梦深蓝，大国重器不断“上新”，充分彰显我国科技硬核实力。专利事业取得长足发展，高价值知识产权不断涌现。截至 2023 年底国内（不含港澳台）有效发明专利达 401.5 万件，每万人口高价值发明专利拥有量达到 11.8 件，成为世界创新版图的重要一极。我国创新指数在全球排名从 2012 年的第 34 位跃升到 2023 年的第 12 位，进入创新型国家行列。

（三）新动能新优势培育壮大，新质生产力加快发展

党的十八大以来，面对全球新一轮科技革命和产业变革带来的激烈竞争，我国深入实施创新驱动发展战略，加快推进高水平科技自立自强，新质生产力在实践中形成并展示出对高质量发展的强劲推动力、支撑力。2013—2023 年，规模以上装备制造业、高技术制造业增加值年均分别增长 8.7%、10.3%，战略性新兴产业发展壮大，成为引领高质量发展的重要引擎。人工智能、云计算、5G 等数字技术快速发展，“数实融合”持续推进，产业数字化、数字产业化步伐不断加快。截至 2023 年末，已培育 421 家国家级智能制造示范工厂、万余家省级数字化车间和智能工厂；数字经济规模连续多年稳居世界第二，电商交易额、移动支付交易规模全球第一。新技术持续催生新场景、激活新动能，以新产业、新业态、新商业模式为核心的“三新”经济展现出蓬勃向上的力量。2023 年，我国“三新”经济增加值为 22.4 万亿元，相当于 GDP 的比重为 17.73%，比 2016 年提高 2.4 个百分点。

六、从温饱不足到全面小康，人民生活发生翻天覆地变化

践行宗旨，厚植人民福祉。新中国成立 75 年来，我国坚持以人民为中心的发展思想，把改善人民生活、增进民生福祉作为出发点和落脚点，不断解决关系人民切身利益的突出问题，人民生活水平连续迈上新台阶，实现了从温饱不足到总体小康再到全面小康的历史性跨越。

（一）就业形势长期稳定，就业结构持续优化

新中国成立初期，全国工矿业机器设备遭到严重破坏，多数企业不能正常生产，城镇劳动力失业问题严峻。我国大力恢复和发展生产，着力解决城镇失业问题。改革开放以来，我国实现了经济发展与扩大就业有效联动，就业总量大幅增加，党的十八大以来，就业优先战略贯穿经济发展的方方面面，就业空间不断拓展，就业形势保持稳定，14亿多人口的大国实现了比较充分的就业。2023年，全国就业人员74041万人，比1949年扩大3.1倍；其中城镇就业人员47032万人，占就业人员比重提升至63.5%。2013—2023年，城镇新增就业人数累计超过1.4亿人，城镇调查失业率保持稳定。随着产业结构发生深刻调整，就业结构也不断优化。2023年，第二、三产业就业人员占全国就业人员比重分别为29.1%、48.1%，比1952年提高21.7个、39.0个百分点。

图6 1952—2023年全国就业人员

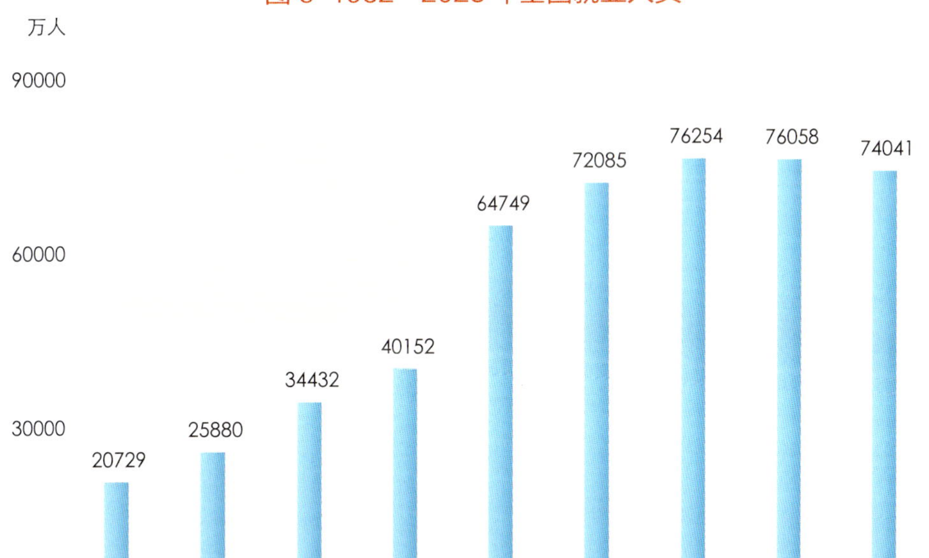

（二）居民收入较快增长，消费水平持续提升

新中国成立初期，人民生活困苦不堪，1949年全国居民人均可支配收入仅为49.7元，不少群众挣扎在贫困线上。1978年，全国居民人均可支配收入也只有171元，人均消费支出为151元，仅能满足最基本的生存需求。改革开放后，经济实力不断发展壮大，国民收入分配格局优化调整，居民收入呈现快速增长态势，消费水平得到不断提升。2023年，全国居民人均可支配收入达39218元，扣除物价因素比1949年实际增长76倍，年均增长6.0%；居民人均消费支出26796元，

专栏5 以人民为中心的发展思想

人民立场是中国共产党的根本政治立场，坚持人民至上是党百年奋斗的宝贵历史经验。2015年10月，习近平总书记在党的十八届五中全会上明确提出必须坚持以人民为中心的发展思想。11月，习近平总书记在主持中央政治局第二十八次集体学习时指出，坚持以人民为中心的发展思想，这是马克思主义政治经济学的根本立场。2017年10月，党的十九大报告将“坚持以人民为中心”确立为新时代坚持和发展中国特色社会主义的基本方略之一。2022年10月，党的二十大报告进一步将“坚持以人民为中心的发展思想”确定为全面建设社会主义现代化国家必须牢牢把握的一项重大原则。2024年7月，党的二十届三中全会审议通过的《中共中央关于进一步全面深化改革、推进中国式现代化的决定》强调，“坚持以人民为中心，尊重人民主体地位和首创精神，人民有所呼、改革有所应，做到改革为了人民、改革依靠人民、改革成果由人民共享”。

坚持以人民为中心的发展思想，要体现在经济社会发展各个环节，把增进人民福祉、促进人的全面发展、朝着共同富裕方向稳步前进作为经济发展的出发点和落脚点。要坚持人民主体地位，顺应人民群众对美好生活的向往，不断实现好、维护好、发展好最广大人民根本利益，做到发展为了人民、发展依靠人民、发展成果由人民共享。通过深化改革、创新驱动，提高经济发展质量和效益，生产出更多更好的物质精神产品，不断满足人民美好生活的需要。全面调动人的积极性、主动性、创造性，为各行业各方面的劳动者、企业家、创新人才、各级干部创造发挥作用的舞台和环境。坚持社会主义基本经济制度和分配制度，调整收入分配格局，完善以税收、社会保障、转移支付等为主要手段的再分配调节机制，维护社会公平正义，解决好收入差距问题，使发展成果更多更公平惠及全体人民。

撰稿：冯雪

比1956年实际增长36倍，年均增长5.5%。居民消费结构优化升级，教育、休闲娱乐等发展型享受型消费较快增长，服务性消费支出占比逐步提高。2023年，全国居民恩格尔系数为29.8%，比1978年下降34.1个百分点；居民人均服务性消费支出占比为45.2%，比2013年提高5.5个百分点。家电全面普及，汽车快速进入寻常百姓家，耐用消费品品质不断升级。2023年，全国居民每百户家用汽车拥有量为49.7辆，空调拥有量145.9台，分别是2013年的2.9倍、2.1倍。

（三）多层次社会保障体系加快构建，民生保障网织密兜牢

新中国成立初期，我国社会保障基本处于空白状态，从无到有、从小到大，我国逐步建立起一套与计划经济体制相适应的社会保障制度。改革开放以来，我国以养老、医疗、失业保险为重点，逐步构建起多层次、广覆盖的社会保障体系，特别是党的十八大以来，社会保障体系改革进入全面覆盖和深化阶段，社会保障水平显著提升，建成世界上规模最大的社会保障体系。2023年末，全

国参加基本养老保险人数达 10.66 亿人，比 1989 年末增加 10.09 亿人；参加失业、工伤保险人数分别达 2.44 亿人、3.02 亿人，比 1994 年末增加 1.64 亿人、2.84 亿人。此外，各类保障性住房建设扎实推进，儿童福利和未成年人保护体系不断完善，越织越密的社会保障网有力发挥了可持续的托底作用。

（四）脱贫攻坚战取得全面胜利，为全球减贫事业作出突出贡献

新中国成立初期，人民生活处于极端贫困状态。土地改革、社会主义基本制度的建立等为从根本上解决贫困问题奠定了制度基础。20 世纪 50—70 年代，城乡居民生活得到了逐步改善，但农村贫困问题始终突出。按照现行农村贫困标准，1978 年末我国农村贫困人口 7.7 亿人，农村贫困发生率高达 97.5%。改革开放以来，我国高度重视“三农”问题，实施大规模、有计划、有组织的扶贫开发，农村贫困人口大幅减少。2012 年末农村贫困人口降至 9899 万人，农村贫困发生率降至 10.2%。党的十八大以来，我国把贫困人口全部脱贫作为全面建成小康社会的底线任务，汇聚全党全国全社会之力打响脱贫攻坚战。经过 8 年接续奋斗，到 2020 年底现行标准下 9899 万农村贫困人口全部脱贫，832 个贫困县全部摘帽，12.8 万个贫困村全部出列，区域性整体贫困得到解决，完成消除绝对贫困的艰巨任务。我国打赢脱贫攻坚战，提前 10 年实现《联合国 2030 年可持续发展议程》减贫目标，创造了减贫治理的中国样本，为全球减贫事业作出了重大贡献。

七、从相对滞后到全面进步，各项社会事业欣欣向荣

全面发展，成就百花齐放。新中国成立 75 年来，我国大力促进各项社会事业发展，全社会受教育水平显著提高，公共文化服务能力不断增强，医疗卫生体系逐步完善，竞技体育和群众体育硕果累累，人民群众获得感、幸福感、安全感明显提高。

（一）教育水平持续提升，人口红利加快向人才红利转化

新中国成立初期，我国八成以上人口是文盲。随着新型文化教育制度逐步建立，教育优先发展战略提出并深入实施，我国教育总体发展水平跃居世界中上行列。2023 年，学前教育毛入园率、九年义务教育巩固率、高中阶段毛入学率分别达 91.1%、95.7%、91.8%；义务教育阶段、高中阶段在校生分别为 1.6 亿人、4542 万人，是 1949 年的 6.4 倍、103 倍，基础教育各学段的普及程度已经达到或者超过经济合作与发展组织（OECD）中高收入国家平均水平。高等教育进入普及化阶段，高层次人才培养步伐加快，我国步入人口红利加速转向人才红利高质量发展的关键时期。2023 年，

我国高等教育毛入学率超过60%，规模已位居世界第一；劳动年龄人口平均受教育年限由1982年的刚刚超过8年提高至11.05年，人才资源总量、科技人力资源均位居全球首位。

（二）文化事业繁荣发展，文化软实力日益增强

1949年，文艺为人民服务并首先是为工农兵服务成为发展新中国文艺的基本方针，自此文艺事业迎来新气象。改革开放以来，文化投入力度明显加大，文化服务设施不断完善，为满足人民群众文化需要提供有力支撑。2023年末，全国共有公共图书馆、博物馆3246个、6833个，是1949年的59倍、325倍；全年出版各类图书119亿册（张）。党的十八大以来，文化强国建设更加深入，文化产业蓬勃发展，文艺精品层出不穷，中华文化国际影响力持续提升。2022年，文化及相关产业增加值占国内生产总值的比重为4.46%，比2013年提高0.77个百分点；文化产品进出口总额从2012年的888亿美元增长到2023年的1622亿美元。《习近平谈治国理政》等书籍，《国家宝藏》《传承者》等节目在海外引发热烈反响，世界进一步认识了“发展中的中国”“开放中的中国”“为人类文明作贡献的中国”。

图7 1950—2023年图书出版总印数

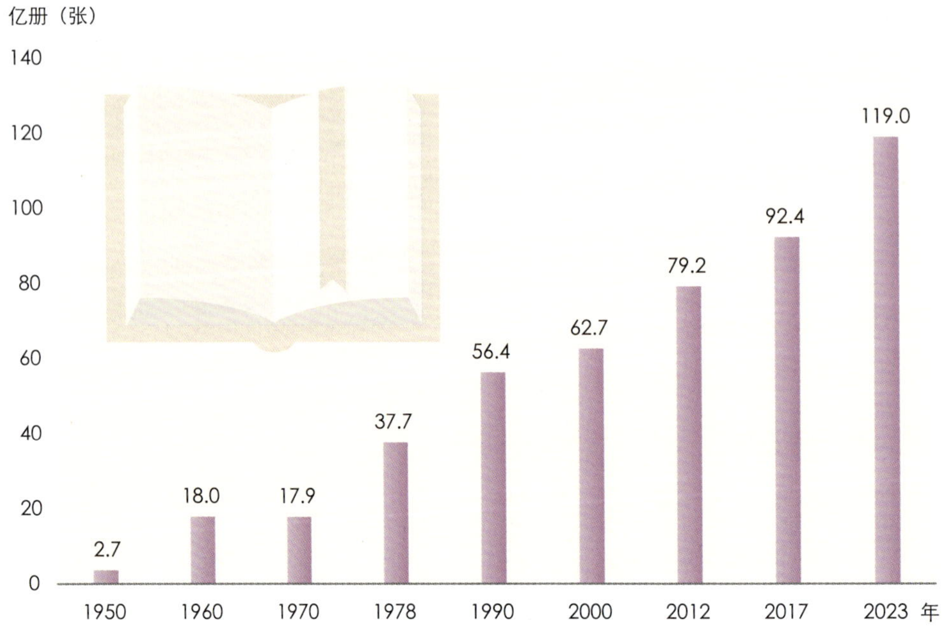

（三）医疗卫生事业不断进步，国民健康水平持续提高

新中国成立初期，我国医疗资源总体贫乏，且大部分集中在城镇。75年来，我国逐步建立健全医疗卫生体系，壮大医护人才队伍，使人民群众享受到基本医疗健康保障。2023年末，全国共有

医疗卫生机构 107 万个，床位 1017 万张，卫生技术人员 1249 万人。党的十八大以来，医疗卫生体制改革进一步深化，疾病防控能力有效增强，居民健康水平持续提升。2023 年底，全国基本医疗保险参保人数 13.34 亿人，参保覆盖率自 2018 年起持续稳定在 95% 以上。2020 年，人口预期寿命达 77.93 岁，比 1949 年提高 43 岁，高于中高收入国家平均水平。新冠疫情防控取得重大决定性胜利，创造了人类文明史上人口大国成功走出疫情大流行的奇迹。

图 8 1949—2023 年末医疗卫生机构床位数

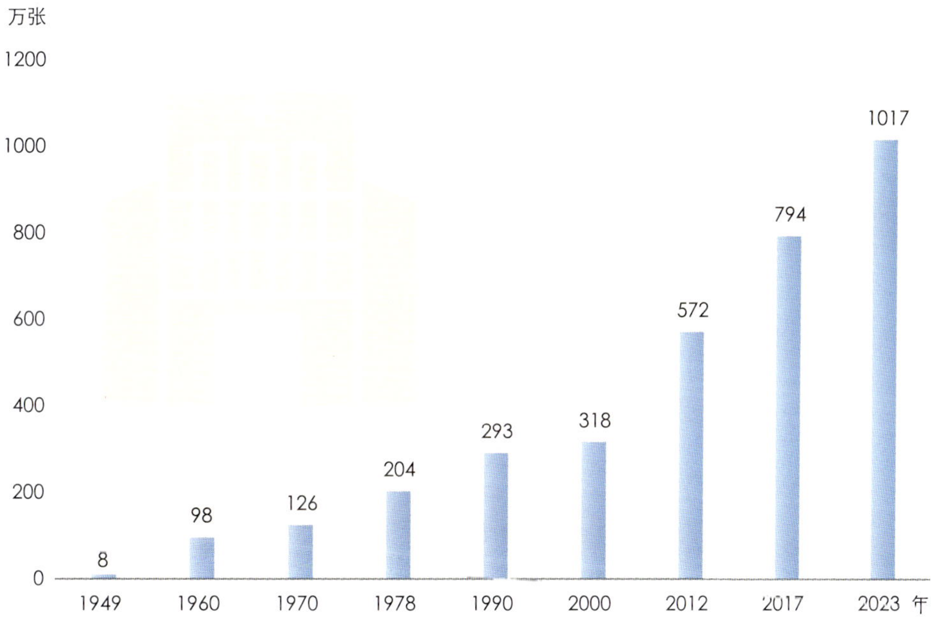

（四）体育事业取得长足进步，竞技体育和群众体育齐头并进

新中国成立以来，我国体育事业从极度落后走向全面繁荣，竞技体育迭创佳绩，群众体育蓬勃发展。1952 年毛泽东主席题词“发展体育运动，增强人民体质”，明确了新中国体育的性质和任务。1959 年，容国团成为新中国历史上第一个世界冠军；1984 年，新中国首次参加夏季奥运会，实现中国奥运史上金牌“零”的突破；2008 年，北京成功举办第 29 届夏季奥运会，我国体育代表团所获金牌数首次位列金牌榜首；2022 年，北京第 24 届冬季奥运会上我国体育代表团金牌数和奖牌数创历史新高；2024 年，在第 33 届夏季奥运会上，我国体育代表团勇夺 40 枚金牌、27 枚银牌、24 枚铜牌，实现了运动成绩和精神文明双丰收。1949—2023 年，我国运动员共获得世界冠军 3913 个。全民健身理念日益深入人心，全社会体育氛围愈发浓厚，群众赛事活动、健身场地等供给不断增强。2023 年末，全国共有体育场地 459.3 万个，面积达 40.7 亿平方米，而 1949 年体育场地仅有 4982 个。

八、从生态失衡到绿色发展，生态文明建设发生历史性、转折性、全局性变化

久久为功，谋划长远大计。新中国成立75年来，我国不断深化对生态文明建设规律性的认识，促进人与自然和谐共生，特别是党的十八大以来，以习近平同志为核心的党中央把生态文明建设作为关系中华民族永续发展的根本大计，谋划开展一系列具有根本性、开创性、长远性的工作，我国生态文明之路越走越笃定、越走越宽广。

（一）生态文明建设从无到优，环境保护力度前所未有

20世纪50年代，在全球环境保护运动尚未兴起之时，我国开启治理黄河工程、荆江分洪工程、官厅水库工程等水利工程建设，建立起第一个国家自然保护区。至1973年，国务院召开第一次全国环境保护会议，生态环境保护开始摆上国家重要议事日程，1979年诞生的《中华人民共和国环境保护法（试行）》标志着环境保护工作步入法制轨道。此后经济高速发展取得巨大成就的同时，也积累了大量生态环境问题，一段时间内成为民生之患、民心之痛。对此，党和国家不断提高生态文明建设战略地位，特别是党的十八大以来，生态文明制度的“四梁八柱”基本建立，环保认识之深、力度之大前所未有。2022年，全国环境污染治理投资总额达9014亿元，而20世纪80年代初期每年仅有25亿—30亿元；自然保护地体系建设加强，全国自然保护地面积占陆域国土面积比重达18%，世界最大的国家公园体系正在加紧布局建设。

（二）“双碳”承诺彰显大国担当，绿色低碳转型稳步推进

党的十八大以来，我国坚持把绿色低碳发展作为解决生态环境问题的治本之策，作出推动碳达峰碳中和的重大战略决策，充分彰显我国推动构建人类命运共同体的责任担当。2023年，我国碳排放强度比2012年下降超过35%。能源技术革命深入推进，清洁能源较快发展，目前已建成全球最大的清洁能源生产供应系统，天然气、一次电力及其他能源等清洁能源消费占能源消费总量比重由1957年的3.1%提高至2023年的26.4%。绿色生产力加快形成，逐渐成为经济新增长点。2023年，新能源汽车、光伏等绿色产业链蓬勃发展，新能源汽车产销量连续9年位居全球第一。

（三）生态环境持续改善，美丽中国更加宜居

随着生态文明建设不断推进，“绿水青山就是金山银山”理念更加深入人心，一份蓝天永驻、绿水长流、青山常在的生态答卷铺展在广袤的神州大地上。2023年，我国地级及以上城市细颗粒物（$PM_{2.5}$）平均浓度比2016年下降28.6%，全国地表水Ⅰ—Ⅲ类水质断面比例提高21.6个百分点。国土绿化取得明显成效，我国成为全球森林资源增长最多、人工造林面积最大的国家。自然环境改

善的同时，人居环境也不断提“颜”增“质”，城乡环境基础设施水平显著提升。2022 年，城市建成区绿化覆盖率为 43.0%，比 2000 年提高 14.8 个百分点；污水处理率达 98.1%，提高 63.8 个百分点。目前我国农村卫生厕所普及率达 75% 左右，生活污水治理（管控）率达 45% 以上。

风生水起逐浪高，砥砺奋进正当时。回首七十五载，我们见证了天翻地覆慨而慷的伟大胜利，经历了春风化雨润沧桑的改革开放，迈上了全面建设社会主义现代化国家的崭新征程，一个又一个彪炳史册的人间奇迹让中华民族在世界东方熠熠生辉。知所从来，思所将往。站在新的历史起点上，我们要更加紧密团结在以习近平同志为核心的党中央周围，坚定不移高举中国特色社会主义伟大旗帜，以进一步全面深化改革开辟中国式现代化的广阔前景，为实现中华民族伟大复兴的中国梦而努力奋斗！

撰稿：黄永山　黄天河　李俊莲　冯雪　庄雅娟　陈思钰

2 经济结构不断优化 发展协调性显著增强

新中国成立75年来，我国经济社会发展取得举世瞩目的辉煌成就，成为世界第二大经济体。与此同时，我国始终把经济结构调整贯穿于经济社会发展中，不断推进经济结构优化升级。党的十八大以来，在以习近平同志为核心的党中央坚强领导下，各地区各部门坚定不移贯彻新发展理念，深入推进供给侧结构性改革，加快推动经济结构调整和转型升级，我国经济结构调整取得新进展，产业结构不断升级，需求结构持续优化，区域发展格局优化重塑，收入分配结构持续改善，发展的协调性显著增强。

一、产业结构不断升级，转型升级成效明显

新中国成立75年来，随着我国经济社会的不断发展，产业结构不断优化，第一产业基础地位不断稳固，第二产业加快转型升级，第三产业持续快速发展，三次产业结构持续优化，第一、二、三产业增加值占国内生产总值（GDP）的比重分别由1952年的50.5%、20.8%、28.7%，调整为2023年的7.1%、38.3%、54.6%，实现由第一产业为主向三次产业协同发展的转变，有力支撑国民经济持续健康发展。

（一）第一产业综合生产能力增强，内部结构更加优化

新中国成立75年来，我国农业综合生产能力不断增强，第一产业增加值从1952年的343亿元增长到2023年的89755亿元，按不变价格计算，年均增长3.5%。农业内部结构更加优化，实

图 1 1952—2023 年我国三次产业结构情况

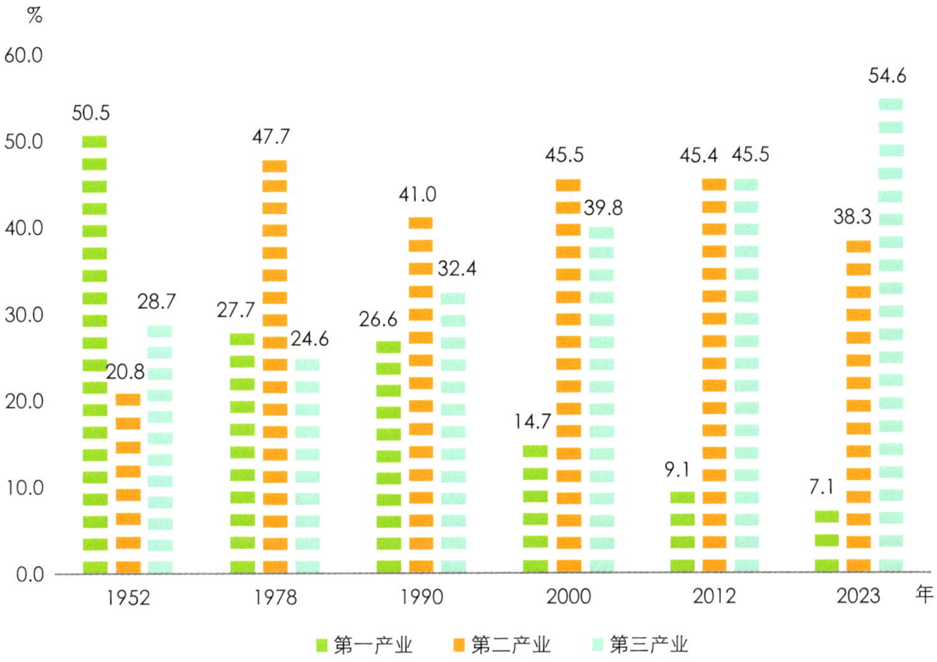

现了由单一以种植业为主的传统农业向农林牧渔业全面发展的现代农业转变。新中国成立初期到改革开放前，我国农业以种植业为主，1952 年，农林牧渔业总产值中农业比重高达 85.9%。改革开放后，随着家庭联产承包责任制、农产品流通体制等改革的实施，极大地解放了农村社会生产力，农林牧渔业得到全面发展。2012 年，农林牧渔业总产值中农业比重下降至 51.9%，林业、畜牧业、渔业、农林牧渔专业及辅助性活动比重分别上升至 3.9%、30.7%、9.7% 和 3.7%。党的十八大以来，党中央、国务院持续加大强农惠农富农政策力度，深入推进农业供给侧结构性改革，农业经济持续稳定增长，产业结构进一步优化，2023 年，农业、林业、畜牧业、渔业、农林牧渔专业及辅助性活动占农林牧渔业总产值比重分别为 54.9%、4.4%、24.6%、10.2% 和 5.9%。农业基础地位更加巩固，粮食产量实现二十连丰，安全保障水平持续提高，2023 年，我国粮食产量达到 69541 万吨，蔬菜瓜果、肉禽蛋奶、渔业产品等品种丰富、供应充足。

（二）第二产业加快转型升级，工业生产向中高端迈进

新中国成立 75 年来，我国第二产业快速发展，为国民经济平稳健康发展提供有力支撑，第二产业增加值从 1952 年的 141 亿元增长到 2023 年的 482589 亿元，按不变价格计算，年均增长 10.3%，比 GDP 年均增速高 2.4 个百分点；第二产业增加值占 GDP 的比重从 1952 年的 20.8% 提高到 2023 年的 38.3%，提高了 17.5 个百分点。新中国成立初期，我国工业基础薄弱，只有采矿业、

纺织业和简单加工业。随着社会主义工业化建设的发展，到改革开放前，我国初步建成独立的比较完整的工业体系。改革开放以来，我国工业发展进入腾飞期，1979—2012 年工业增加值年均增长 11.4%。党的十八大以来，在供给侧结构性改革、创新驱动发展等国家重大战略措施推动下，我国工业加快转型升级，逐步向中高端迈进。装备制造业、高技术制造业迅速发展，2023 年，规模以上装备制造业增加值占规模以上工业增加值比重为 33.6%，比 2012 年提高 5.4 个百分点；规模以上高技术制造业增加值占规模以上工业增加值比重为 15.7%，比 2012 年提高 6.3 个百分点。企业创新能力不断增强，2022 年，规模以上工业企业研究与试验发展（R&D）经费支出达到 19362 亿元，比 2012 年增长 1.7 倍，年均增长 10.4%。

专栏 1　深入推进供给侧结构性改革

推进供给侧结构性改革，是以习近平同志为核心的党中央深刻洞察国内国际形势变化，科学把握经济发展规律，作出的具有开创性、全局性、长远性的重大决策部署。

2015 年 11 月，习近平总书记在中央财经领导小组第十一次会议上首次提出推进“供给侧结构性改革”，要求“在适度扩大总需求的同时，着力加强供给侧结构性改革，着力提高供给体系质量和效率，增强经济持续增长动力”。同年 12 月，习近平总书记在中央经济工作会议的讲话中，对供给侧结构性改革从理论到实践作了全面阐述，强调抓好去产能、去库存、去杠杆、降成本、补短板五大任务。此后，“供给侧结构性改革”在“十三五”规划纲要、“十四五”规划和 2035 年远景目标纲要、党的十九大和二十大报告中及近些年的中央经济工作会议上被多次提及。我国对供给侧结构性改革的认识不断深化，党的二十大报告强调，“把实施扩大内需战略同深化供给侧结构性改革有机结合起来”，这是党中央基于国内外发展环境变化和新时代新征程中国共产党的使命任务提出的重大战略举措。

近年来，我国供给侧结构性改革取得显著成效，传统产业加快转型升级，新兴产业不断培育壮大，为经济发展注入新动能，产业链供应链韧性和安全水平不断提升，现代化产业体系建设取得重要进展。

撰稿：魏媛媛

（三）第三产业规模日益壮大，新兴服务业蓬勃发展

新中国成立 75 年来，我国第三产业规模不断扩大，实力不断增强，第三产业增加值从 1952 年的 195 亿元增长到 2023 年的 688238 亿元，按不变价格计算，年均增长 8.2%，比 GDP 年均增速高 0.3 个百分点；第三产业增加值占 GDP 的比重从 1952 年的 28.7% 提高到 2023 年的 54.6%，提高 25.9 个百分点。新中国成立初期到改革开放前，我国第三产业发展比较缓慢，且结构较单一，主要以批

发和零售业、交通运输业等传统服务业为主。改革开放后，随着经济体制改革逐步推进，服务业实现较快发展。2012年，第三产业增加值占GDP的比重达到45.5%，首次超过第二产业，成为国民经济第一大行业。党的十八大以来，随着服务领域改革持续深化，第三产业发展质量不断提升，现代服务业、新兴服务业迅猛发展，占GDP的比重明显提升。2023年，信息传输、软件和信息技术服务业，租赁和商务服务业增加值占GDP的比重分别为4.4%和3.5%，比2012年分别提高2.2个和1.5个百分点；实物商品网上零售额为130174亿元，占社会消费品零售总额的比重为27.6%，比2014年提高18.4个百分点。

二、需求结构持续优化，发展协调性和可持续性显著增强

新中国成立75年来，随着我国经济发展水平全面提升，国内需求持续扩大，高水平对外开放扎实推进，消费、投资、净出口三大需求内部结构持续改善，三大需求占GDP比重由1952年的79.2%、22.0%、–1.1%，调整为2023年的55.7%、42.1%、2.1%，经济发展质量不断提高，协调性和可持续性显著增强，为加快构建以国内大循环为主体、国内国际双循环相互促进的新发展格局，着力推动高质量发展奠定了坚实基础。

（一）消费需求稳步扩大，拉动经济增长的基础性作用更加稳固

我国消费需求总量持续扩大，最终消费支出从1952年的546亿元增长到2023年的701361亿元，年均增长10.6%。新中国成立初期到改革开放前，我国经济基础相对薄弱，对外开放程度低，经济增长主要依靠消费需求拉动，1952—1978年，我国最终消费率年平均值为70.4%。改革开放后，我国生产力水平大幅提升，商品和服务市场极大丰富，消费需求持续释放，成为经济增长的重要引擎，2012年，最终消费支出对经济增长贡献率为55.4%，比1978年提高16.7个百分点。党的十八大以来，我国坚定实施扩大内需战略，超大规模市场优势持续发挥，消费基础性作用日益凸显，2013—2023年，最终消费率均保持在50%以上，居民消费支出占最终消费支出比重稳定在70%左右，最终消费支出对经济增长贡献率年平均值为53.9%，是经济增长的第一驱动力。消费转型升级稳步推进，服务消费蓬勃发展。2023年，居民恩格尔系数为29.8%，比2012年下降3.2个百分点；网络消费、文旅消费等新消费形态不断涌现，全国网上零售额154264亿元，连续11年稳居全球第一；全年国内出游48.9亿人次，国内游客出游总花费49133亿元，分别是2012年的1.65倍和2.16倍。

（二）投资结构更趋优化，有效投资关键作用持续发挥

我国投资需求保持快速增长，资本形成总额从1952年的152亿元增长到2023年的530440亿元，年均增长12.2%。新中国成立初期到改革开放前，我国投资主要用于重点建设工程和重工业发展。改革开放后，我国基础产业和基础设施建设步伐加快，房地产开发、社会领域等投资成效显著，为更好满足人民群众日益增长的美好生活需要提供了坚实的支撑和保障。2012年，资本形成率为46.2%，比1978年提高7.8个百分点。党的十八大以来，我国积极扩大有效投资，充分发挥投资关键作用，对经济持续健康发展发挥了重要作用。资本形成率保持在合理区间，2013—2023年，我国资本形成率年平均值为43.6%，资本形成总额对经济增长贡献率年平均值为41.4%。新型基础设施、新型城镇化，以及交通、水利等重大工程建设加快推进，投资结构不断优化。2023年，我国高技术产业投资同比增长10.3%，增速比全部固定资产投资（不含农户）高7.3个百分点，其中，高技术制造业、高技术服务业投资分别增长9.9%和11.4%；截至2023年底，我国5G基站总数达337.7万个，高铁营业里程达到4.5万公里。

（三）对外贸易实现跨越式发展，开放水平全面提升

新中国成立75年来，我国实现了从封闭半封闭经济到全方位开放的历史性转变，对外贸易取得了举世瞩目的成就，货物和服务净出口从1952年的–8亿元到2023年的26847亿元，占GDP的比重从1952年的–1.1%到2023年的2.1%。改革开放以来，我国对外开放水平不断提升，1980年，党和国家批准在深圳、珠海、汕头、厦门设置经济特区，对外开放迈出关键步伐，2001年我国正式加入世界贸易组织，对外开放进入了全新的发展阶段。2010年，我国一般贸易进出口占货物进出口总额的比重超过50%。党的十八大以来，我国实行更加积极主动的开放战略，加快推进贸易强国建设，外贸高质量发展迈出新步伐。2013—2023年，货物和服务净出口占GDP的比重年平均值为2.2%，对经济增长贡献率年平均值为4.7%，比2012年提高2.2个百分点。外贸新动能蓬勃发展。高技术、高附加值、绿色产品出口加快，2023年，汽车、集成电路、锂电池较2012年分别增长了7.3倍、1.8倍、15.2倍；知识密集型服务进出口27194亿元，比上年增长8.5%。

专栏 2 **深入实施自由贸易试验区提升战略**

建设自由贸易试验区（以下简称自贸试验区）是以习近平同志为核心的党中央在新时代推进改革开放的重要战略举措，在我国改革开放进程中具有里程碑意义。2013 年以来，我国先后分 7 批设立了上海、广东、辽宁、海南、山东、北京、新疆等 22 个自贸试验区，形成了覆盖东西南北中，统筹沿海、内陆、沿边的改革开放创新格局。党的二十大部署实施自贸试验区提升战略，将自贸试验区建设提高到战略层面。自贸试验区充分发挥改革开放综合实验平台作用，成为全面深化改革、扩大制度型开放的生动典范。

自贸试验区建设以来，在贸易、投资、金融、航运、人才等方面对接国际通行规则，在外商投资、跨境服务贸易等领域率先实施负面清单管理制度，在转变政府职能、金融服务实体经济等方面实践诸多首创性改革，培育出生物医药、工程机械等一批世界领先的产业集群。截至2023年9月，自贸试验区累计总结提炼形成 302 项制度创新成果向全国复制推广，各地结合发展实际，自主推广 2800 余项制度创新成果；2023 年，22 个自贸试验区合计进出口 7.67 万亿元，占进出口总值的 18.4%，同比增长 2.7%，高于全国 2.5 个百分点。

2023 年 9 月，习近平总书记在自贸试验区建设 10 周年之际作出重要批示，要求在更广领域、更深层次开展探索，努力建设更高水平自贸试验区。新征程上，自贸试验区建设将以更高水平的开放、更深层次的改革，持续释放高质量发展新动能，为推进中国式现代化作出新的更大贡献。

撰稿：王媛媛

三、区域发展协调性不断增强，重大战略带动作用持续发挥

新中国成立 75 年来，各地区各部门认真贯彻落实党中央、国务院关于区域协调发展的重大决策部署，持续推进区域协调发展战略、区域重大战略，不断创新促进区域协调发展体制机制，加快构建优势互补、高质量发展的区域经济布局，区域发展整体效能稳步提升。

（一）区域经济总量不断增加，发展差距逐步缩小

区域发展协调机制不断健全，东、中、西、东北四区域经济总量稳步提升，发展均衡性逐步增强。从经济规模看，1952 年，东部、中部、西部、东北四区域地区生产总值分别为 257 亿元、146 亿元、127 亿元和 84 亿元，2023 年分别提高到 65.2 万亿元、27.0 万亿元、26.9 万亿元和 6.0 万亿元。按不变价格计算，1953—2023 年，四区域地区生产总值年均增速分别为 9.1%、7.9%、8.3% 和 7.5%。其中，2013—2023 年，四区域地区生产总值年均增速分别为 6.5%、6.9%、7.1% 和 4.4%，中西部地区经济增长快于东部。从人均地区生产总值看，1952 年四区域间极差比[1]为 2.54:1，1978 年缩

1. 极差比指的是一组数据中的最大值与最小值的差异比例。

小到2.09∶1，2023年进一步缩小至1.86∶1，相对差距呈现逐步缩小态势。

（二）区域比较优势持续发挥，发展协调性逐步增强

东部地区发挥“挑大梁”作用。2023年，东部地区生产总值占全国的比重[2]达到52.1%，连续31年超过50%；按不变价格计算，同比增长5.4%，对全国经济增长的贡献率达到53.0%。中部地区加快崛起。2023年，中部地区生产总值占全国的比重为21.6%，比2012年提高0.3个百分点，整体实力和竞争力进一步提升，为构建新发展格局提供有力支撑。西部大开发战略深入推进。基础设施条件大为改善，生态环境保护修复取得积极成效，陆海新通道建设加快推进，营商环境不断改善，人民生活水平稳步提高，2023年人均地区生产总值为70385元，与东部地区的比值由2012年的0.54∶1提高到0.61∶1。东北地区振兴取得新进展。东北地区统筹资源型地区转型发展，巩固产业安全基础，筑牢生态安全屏障，2023年第三产业增加值占东北地区生产总值的比重达到52.3%，比2012年提高12.2个百分点，成为推动东北地区经济发展的重要力量。

（三）重大区域战略深入推进，引领带动作用显现

党的十八大以来，一系列重大区域战略加快落实，资源空间配置优化升级，动力源地区引领带动作用得到加强。京津冀[3]协同发展有序推动。2023年，京津冀地区生产总值达10.4万亿元，按不变价格计算，2013—2023年年均增速为5.8%。长江经济带[4]发展取得积极成效。2023年，长江经济带地区生产总值达58.4万亿元，经济总量占全国的比重为46.7%，比2012年提高2.9个百分点。粤港澳大湾区[5]建设扎实推进。港珠澳大桥、深中通道、广深港高铁等系列民生工程建成投入使用，北上南下“双向奔赴”，人流、资金流、物流相互交织，粤港澳大湾区日益呈现出联通交汇新景象。长三角[6]一体化发展进展顺利。2023年，长三角地区生产总值达30.5万亿元，占全国经济总量的24.4%，比2012年提高0.9个百分点。长三角地区“GDP万亿之城”达到9个，比2012年增加7个。黄河流域[7]生态保护和高质量发展取得新进展。黄河以占全国2%的水资源支撑了全国12%的人口和17%的耕地，在黄河流域生态保护和高质量发展政策指引下，生态环境质量明显改善，生态屏障功能稳固提升，“南北呼应、东西交融”的区域发展格局正在逐步形成。

---

2. 指占各省（自治区、直辖市）地区生产总值合计数的比重，下同。
3. 京津冀包括北京、天津、河北。
4. 长江经济带包括上海、江苏、浙江、安徽、江西、湖北、湖南、重庆、四川、贵州、云南。
5. 粤港澳大湾区包括香港特别行政区、澳门特别行政区和广州、深圳、珠海、佛山、惠州、东莞、中山、江门、肇庆。
6. 长三角包括上海、江苏、浙江、安徽。
7. 黄河流域包括黄河干支流流经的青海、四川、甘肃、宁夏、内蒙古、山西、陕西、河南、山东9省区相关县级行政区。

专栏 3　粤港澳大湾区建设

粤港澳大湾区包括香港特别行政区、澳门特别行政区和广州、深圳、珠海、佛山、惠州、东莞、中山、江门、肇庆九个地市，总面积5.6万平方公里，常住人口超过8000万人。大湾区具有“一国两制、三个关税区”的特殊优势，2023年经济总量突破14万亿元，是中国开放程度最高、经济活力最强的区域之一。

推进粤港澳大湾区建设，是以习近平同志为核心的党中央作出的重大决策，是习近平总书记亲自谋划、亲自部署、亲自推动的国家战略，也是推动“一国两制”事业发展的新实践。2019年2月18日，中共中央、国务院印发《粤港澳大湾区发展规划纲要》。按照规划纲要，粤港澳大湾区要建成充满活力的世界级城市群、国际科技创新中心、“一带一路”建设的重要支撑、内地与港澳深度合作示范区，打造宜居宜业宜游的优质生活圈，成为高质量发展的典范。

5年多来，《粤港澳大湾区发展规划纲要》从一张蓝图逐渐变为实景，经济综合实力再上台阶、科技创新能力不断提升、内联外通网络加速完善、重大合作平台建设加快推进、市场一体化水平逐步提高，高质量建设粤港澳大湾区迈出坚实步伐。

撰稿：王君

四、住户和企业部门收入占比逐步提高，宏观收入分配结构不断改善

改革开放以来，随着社会主义市场经济体制建立并逐步完善，我国对收入分配制度进行了全方位改革，极大地激发了劳动人民的生产积极性。特别是党的十八大以来，党中央、国务院始终坚持在发展经济、改善民生上持续用力，我国宏观收入分配结构不断改善。

图 2　1992—2022 年各机构部门初次分配总收入占比情况

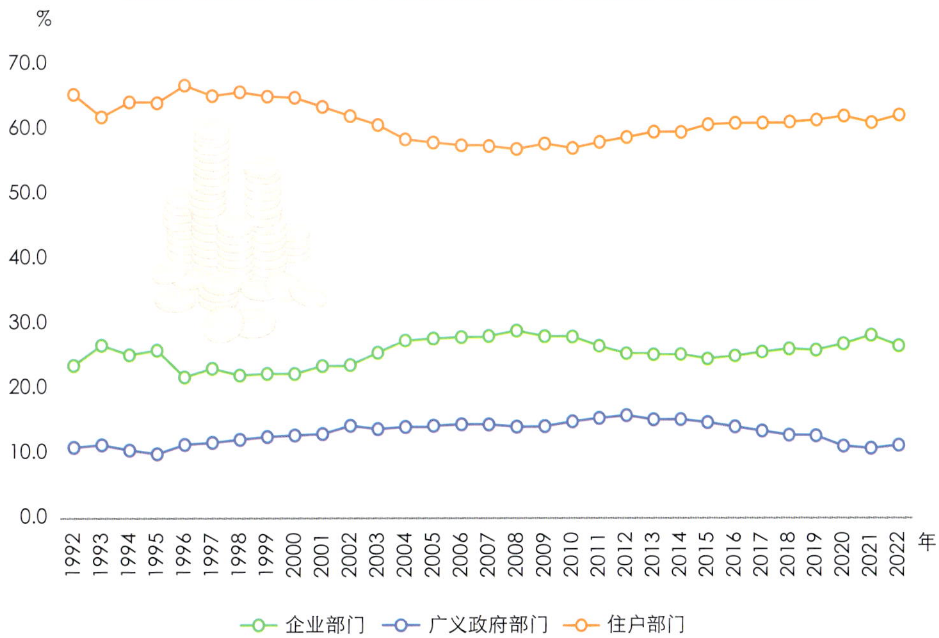

（一）居民收入增长与经济增长基本同步，成果更多惠及全体人民

新中国成立 75 年来，在中国共产党的坚强领导下，城乡居民生活水平连续跨越几个台阶，居民收入增长与经济增长基本同步。从 1992 年到 2022 年[8]，我国住户部门初次分配总收入从 17814 亿元增长到 742883 亿元，年均名义增速达 13.2%。1992—2003 年，住户部门初次分配总收入和可支配总收入占国民总收入和国民可支配总收入比重均保持在 60% 以上；2004—2011 年，住户部门收入占比保持在近 60% 水平。党的十八大以来，以习近平同志为核心的党中央实施一系列举措优化调整经济结构、深入推进分配制度改革，居民收入水平不断提高。从 2012 年到 2022 年，我国住户部门初次分配总收入年均增长 8.9%，高于同期现价 GDP 年均增速 0.5 个百分点，占国民总收入的比重由 2012 年的 58.8% 提高到 2022 年的 62.2%。其中，住户部门劳动者报酬收入由 2012 年的 26.8 万亿元增加到 2022 年的 63.4 万亿元，年均增长 9.0%，带动劳动者报酬占国民总收入的比重从 49.8% 提高到 53.1%。党的十八大以来，多层次社会保障体系加快构建，收入再分配调节机制不断完善。2022 年，住户部门可支配总收入占国民可支配总收入比重为 60.8%，比 2012 年提高 3.4 个百分点。政府部门向住户部门的实物社会转移从 2012 年的 29101 亿元增长到 2022 年的 79884 亿元，带动住户部门调整后可支配收入占国民可支配收入的比重达 67.4%，较 2012 年提高 4.6 个百分点。

（二）转型升级提质增效，企业部门收入占比总体提高

新中国成立 75 年来，我国企业经历了从计划经济模式向市场经济模式的转变，企业活力大大激发，企业部门收入在国民收入分配中的比重在波动中上升。2008 年，企业部门初次分配收入占国民总收入的比重达 28.9%，较 1992 年提高 5.3 个百分点。2008 年以后，受国际金融危机的影响，全球经济增长乏力，我国经济增长速度有所放缓，企业部门收入占比有所下降。党的十八大以来，我国持续深入推进供给侧结构性改革，企业发展正在经历从要素驱动向技术驱动、从高速增长向高质量发展的转变。2022 年，企业部门初次分配总收入占国民总收入比重为 26.6%，比 2012 年提高 1.2 个百分点；可支配总收入占国民可支配总收入比重为 22.6%，比 2012 年提高 1.3 个百分点。

（三）深化财税体制改革，政府财政调节能力日益增强

新中国成立 75 年来，我国财政体制经历了统收统支、包干制、分税制三个发展阶段。1994 年实施分税制财政管理体制改革，有效调动了中央与地方“两个积极性”，为各类企业创造公平竞争的税收环境，我国财政收入规模逐步扩大。2012 年，广义政府部门初次分配总收入占国民总收入

8. 根据国民经济核算制度，目前最新的宏观收入分配数据为 2022 年数据。

专栏 4 加大减税降费力度 支持实体经济建设

党的十八大以来，在以习近平同志为核心的党中央坚强领导下，围绕党中央重大决策部署，服务国家重大战略，财政部门不断深化税制改革，持续推进减税降费，助力社会经济高质量发展。

持续深化增值税改革。2012 年启动营业税改增值税试点改革，2016 年全面推开，2017 年取消 13% 税率将四档税率简并为三档，2018 年、2019 年连续降低增值税税率，将 17% 的标准税率降为 13%，同时扩大进项税的抵扣范围、建立期末留抵退税制度，大幅降低纳税人税收负担。2022 年出台实施新的组合式税费支持政策，实施大规模增值税留抵退税。

优化企业所得税制度，支持企业创新发展。实施了覆盖创新全链条的税收优惠政策，不断加大研发费用加计扣除政策的力度。实施个人所得税改革，降低中低收入群体税收负担。提高个税起征点，设立专项附加扣除项目，优化调整税率结构。稳步推进其他税种的改革，完善消费税制度，推进资源、环境税制的改革，健全地方税体系等。

重点扶持中小微企业和个体工商户发展。减免小规模纳税人增值税、实施小微企业所得税优惠。扩大享受减半征收个人所得税的个体工商户的范围，对小微企业和个体工商户统一减半征收“六税两费”，提高从事个体经营的高校毕业生等重点群体税费抵减限额等。2023 年，将涉及小微企业和个体工商户的税费优惠政策统一延续实施至 2027 年底，为小微企业和个体工商户的发展营造良好的税收环境。

撰稿：胡丛

比重为 15.8%，比 1992 年提高 4.8 个百分点；可支配总收入占国民可支配总收入比重为 21.4%，比 1992 年提高 8.5 个百分点。党的十八大以来，财税体制改革进一步深化，党中央、国务院以供给侧结构性改革为主线，更加有效实施积极的财政政策，着力保障和改善民生，政府让利于企业、让利于民。2022 年，广义政府部门初次分配总收入占国民总收入比重为 11.2%，比 2012 年下降 4.6 个百分点；可支配总收入占国民可支配总收入比重为 16.6%，比 2012 年下降 4.8 个百分点。

总体来看，新中国成立 75 年来，我国产业结构、需求结构、地区结构和收入分配结构持续优化改善，为经济社会持续稳定发展注入了强大动力。但也必须清醒认识到，当前我国发展不平衡不充分问题仍然突出，经济结构优化升级的任务依然艰巨。我们要准确把握新发展阶段，深入贯彻新发展理念，以推动高质量发展为主题，把实施扩大内需战略同深化供给侧结构性改革有机结合起来，加快构建以国内大循环为主体、国内国际双循环相互促进的新发展格局，进一步推进经济结构优化升级，为经济社会高质量发展提供强劲动力。

撰稿：魏媛媛 胡丛 王媛媛 王君

3 区域协调发展迈向高水平 重大战略实施取得新进展

新中国成立75年来，党中央、国务院高度重视区域经济社会发展，作出一系列重大决策部署，统筹推进西部大开发、东北全面振兴、中部地区崛起和东部率先发展战略，区域发展协调性不断增强。党的十八大以来，以习近平同志为核心的党中央高度重视区域协调发展工作，不断丰富完善区域协调发展的理念、战略和政策体系。京津冀协同发展、长江经济带发展、粤港澳大湾区建设、长三角一体化发展、黄河流域生态保护和高质量发展等一系列重大区域战略稳步推进，区域板块之间融合互动，发展均衡性逐步增强，形成了协调发展新格局。

一、科学统筹，区域协调发展取得巨大成就

新中国成立75年来，我国经济社会发生了翻天覆地的变化，在各项区域发展战略推动下，构建了主体功能明确、优势互补、高质量发展的区域经济布局和国土空间体系，区域协调发展整体效能稳步提升。

（一）区域发展协调性不断增强

75年来，我国区域经济发展经历了三个阶段。新中国成立初期，在高度集中的计划经济体制促进下，区域经济发展主要由国家重工业发展战略推动，建设和投资重点在内陆地区。改革开放以后，沿海经济快速发展。进入21世纪后，为解决日益凸显的区域发展不平衡问题，党的十六届三中全

会首次提出统筹区域发展。随着西部大开发、东北振兴、中部崛起和东部率先发展等战略的实施，区域空间布局趋于均衡。党的十八大以来，在全面实施“四大板块”区域发展总体战略基础上，京津冀协同发展、长江经济带发展、粤港澳大湾区建设、长三角一体化发展、黄河流域生态保护和高质量发展等重大战略陆续实施，取得了一系列积极成效，区域协调发展迈向高水平。

（二）东部地区创新引领作用持续发挥

新中国成立以来，特别是改革开放以后，东部地区依靠自身区位优势和先发优势，抓住发展机遇，实现率先发展，取得了诸多瞩目成就。东部地区生产总值由 1952 年的 257 亿元提升至 2023 年的 652084 亿元，占全国比重[1]由 41.9% 提升至 52.1%；按不变价格计算，1953—2023 年，年均增长 9.1%，在全国发展大局中起到了勇挑大梁作用。党的十八大以来，东部地区充分发挥创新要素集聚优势，不断在创新引领上实现突破，加快培育世界级先进制造业集群，制造业增加值由 2015 年的 123196 亿元提升至 2023 年的 191956 亿元，引领新兴产业和现代服务业发展，更高层次参与国际经济合作，打造对外开放新优势，努力建设全方位开放型经济体系。

（三）中部地区开创崛起新局面

中部地区作为我国重要的粮食生产基地、能源原材料基地、现代装备制造及高技术产业基地和综合交通运输枢纽，为全国经济发展作出了重要贡献。中部地区生产总值从 1952 年的 146 亿元提升至 2023 年的 269898 亿元，占全国比重超过 1/5；按不变价格计算，1953—2023 年，年均增长 7.9%，开创了崛起新局面。党的十八大以来，中部地区积极构建现代化产业体系，培育和发展新兴产业，对外贸易额快速增长，2023 年货物进出口总额[2]达到 3.5 万亿元，占全国比重比 2012 年提高了 3.5 个百分点，通过优势互补、产业融合、协同发展，形成推动高质量发展的合力，持续打造更具竞争力的内陆开放高地。

（四）西部大开发探索新引擎

西部地区依托得天独厚的资源优势，在一系列优惠政策和措施的作用下，基础设施建设逐步完善，产业结构不断优化，综合经济实力大幅提升，各项事业不断取得进步。西部地区生产总值从 1952 年的 127 亿元提升至 2023 年的 269325 亿元；按不变价格计算，1953—2023 年，年均增长 8.3%。党的十八大以来，西部地区持续完善基础设施条件，强化生态环境保护和治理，培育壮大战

1. 指占各省（自治区、直辖市）地区生产总值合计数的比重，下同。
2. 货物进出口总额按境内目的地、货源地统计。

略性新兴产业，加快构建开放型经济格局，推动互联网、大数据和实体经济深度融合，经济增长潜力和活力不断显现，人均地区生产总值与东部地区比值由2012年的0.54∶1提升至2023年的0.61∶1，人民生活水平稳步提高，社会民生持续改善，居民人均可支配收入由2013年的13919元提升至2023年的31100元。

（五）东北地区全面振兴加快

东北地区是新中国工业的摇篮，为形成门类齐全、独立完整的工业体系，推进改革开放和现代化建设作出了历史性贡献。东北地区生产总值从1952年的84亿元提升至2023年的59624亿元；按不变价格计算，1953—2023年，年均增长7.5%。党的十八大以来，东北地区全力筑牢国家“五大安全”基石，强化农业科技和装备支撑，粮食产量占全国比重1/5以上，粮食调出量约占1/3，构建北方生态安全屏障，完善能源多元化供给体系，提升产业链、供应链稳定性和竞争力，三次产业结构由2012年的13.8∶46.1∶40.1调整为2023年的13.1∶34.6∶52.3，努力走出一条高质量发展、可持续振兴的新路子，奋力谱写东北全面振兴新篇章。

二、蹄疾步稳，京津冀协同发展取得积极成效

自2014年提出京津冀协同发展十年来，京津冀三地深入贯彻落实习近平总书记重要讲话和指示批示精神，紧密围绕《京津冀协同发展规划纲要》，优势互补，协同发展，区域经济发展取得积极进展。

（一）经济发展量增质升

十年来，京津冀经济总量连跨5个万亿元台阶，从2013年的55340亿元提升至2023年的104442亿元，按不变价格计算，年均增长5.8%，区域整体实力持续提升。从人均地区生产总值看，2023年京津冀人均地区生产总值为95338元，比全国平均水平高5980元。从居民收入看，2023年京津冀三地居民人均可支配收入分别为81752元、51271元和32903元，相对差距从2012年的2.7∶1.8∶1缩小到2023年的2.5∶1.6∶1。三地经济质量不断提升，发展水平日益提高，发展动能加快转换，为实现高质量发展奠定了良好基础。

（二）承接疏解纵深推进

京津冀坚持控增量、疏存量相结合，加快推动北京非首都功能疏解。推动北京一批区域性批发市场、一般制造业向京外地区转移，推动首批高校、医院、央企总部在雄安新区落地建设。北京首

都功能布局不断优化，副中心功能日趋完善，十年来城市“留白增绿”超 9000 公顷，城乡建设用地减量 130 平方公里，成为全国首个减量发展的超大城市。雄安新区城市框架基本显现，4000 多座楼宇拔地而起，“四纵三横”的高速公路和对外骨干路网全面建成，进入了大规模建设和承接非首都功能并重的新阶段。2014 年以来，河北累计承接京津转入基本单位 4.3 万余家。

（三）协同创新动力增强

京津冀坚持创新引领，持续强化协同创新，创新合力不断积聚。2023 年“京津冀协同创新推动专项”支持课题 95 项，累计投入科研经费近 2.4 亿元。三地在科技成果转化、联合技术攻关、创新平台共建共享、协同创新机制构建等方面取得显著成效。区域有效发明专利拥有量 70.3 万件，是 2013 年的 6.7 倍。三地围绕放大北京科技创新资源优势，增强津冀承接能力等主动发力，共同培育世界级产业集群，形成了“北京研发＋津冀协同制造”模式。中关村企业在津冀设立分支机构由 2013 年的 3500 余家增长至 2023 年的 1 万余家。北京输出津冀技术合同达到 6700 余项，比 2013 年实现翻番，成交额近 750 亿元，是 2013 年的 10.5 倍。

（四）共建共享改善民生

京津冀持续推进公共服务和发展成果共建共享。交通网络越织越密。京津冀核心区 1 小时交通圈、相邻城市间 1.5 小时交通圈基本形成，“轨道上的京津冀”主骨架形成。生态环境不断改善。京津冀地区空气质量不断提高，2023 年三地 $PM_{2.5}$ 浓度与 2013 年相比分别下降 64.2%、57.3% 和

专栏 1　两翼齐飞　建设与承接同步推进

北京城市副中心蓬勃发展。2023 年，城市副中心所在的通州区实现地区生产总值 1304 亿元，按现价计算，是 2013 年的 2.2 倍。固定资产投资规模保持千亿量级，节点工程有序建设，副中心站交通枢纽加快施工，城市绿心森林公园及三大建筑建成亮相。有序承接疏解资源，2023 年国投云网、中建新科等 17 家央企二、三级子公司落户，累计落户 93 家；新引入市级国企及下属企业 6 家，累计 61 家。

高标准建设雄安新区成效显著。城市框架全面拉开，环城市外围道路框架、内部骨干路网、生态廊道、水系构成的城市建设“四大体系”基本形成。全力推进雄安国贸中心等重大项目建设，新区设立至 2023 年底，重点项目累计完成投资 6570 亿元，累计开发面积 184 平方公里，4000 多栋楼宇拔地而起，总建筑面积 4370 万平方米，新建地下管廊 141 公里。央企累计在雄安新区设立各类分支机构 200 多家，首批疏解的 4 家央企总部、4 所高校加快建设，中国移动、中国联通、中国电信互联网产业园等一批市场化疏解项目加速推进。

撰稿：吴梓萌

64.3%，国家地表水考核断面水质优良（Ⅰ—Ⅲ类）比例动态达到国家“十四五”目标要求，全面消除劣Ⅴ类断面。民生服务共建共享。十年来，京津200多所中小学幼儿园与河北开展办学合作，三地建立多个跨区域职教联盟和高校联盟，联合推动社保“一卡通”建设，异地就医备案全面取消。

三、砥砺前行，长江经济带建设跨区域协同推进

长江经济带横贯东西、承接南北、通江达海，2014年12月中央经济工作会议明确指出中央决定实施长江经济带发展战略。在以习近平同志为核心的党中央坚强领导下，长江经济带发展各项工作不断推进，生态优先、绿色发展理念深入人心。

（一）经济发展持续向好

2023年，长江经济带地区生产总值为584274亿元，占全国比重为46.7%，比2013年提高2.5个百分点；按不变价格计算，年均增长7.0%。人均地区生产总值由2013年的45141元提升至2023年的96110元；按不变价格计算，年均增长6.6%。长江经济带各省市竞相发展，以占全国约1/5的土地面积，贡献了全国将近一半的经济总量，持续发挥支撑作用。2013年以来，江苏、浙江、四川、湖北、湖南和上海6省市地区生产总值连年稳居全国前10位，为全国经济高质量发展提供了强力支撑。

（二）生态环境稳步改善

长江经济带坚持生态优先、绿色发展，把修复长江生态环境摆在压倒性位置，生态环境稳步改善，实现“天蓝、水清、地绿、景美”。空气质量不断提升，2023年长江经济带126个地级及以上城市平均空气质量优良天数比例为88.6%，高于全国3.1个百分点。水生态环境质量持续改善，2023年长江流域水质优良（Ⅰ—Ⅲ类）断面比例为98.5%，显著高于全国平均水平。整体水质状况持续为优，干流水质从2020年起连续4年保持Ⅱ类。水资源节约利用深入推进，年用水量1万立方米以上的工业、服务业单位实现计划用水管理全覆盖。

（三）创新驱动产业升级

长江经济带积极推动产业技术创新和产业转型升级，加大研发投入力度，促进产业结构向中高端迈进。投入规模不断扩大，2022年长江经济带共投入研究与试验发展经费14789亿元，是2013年的2.9倍，连续多年保持两位数增长；占全国比重达48.0%，比2013年提高5.4个百分点。2022年研究与试验发展经费投入强度为2.5%，较2013年提高0.6个百分点。科创平台加速建设，

推动打造了一批竞争优势明显的产业集群和产业基地，助力现代化产业体系发展。截至2023年底，长江经济带共有10个国家自主创新示范区，比2013年增加了9个，占全国总数的43.5%。三次产业结构由2013年的8.2:46.5:45.3调整为2023年的6.6:38.5:55.0。

（四）互联互通成绩斐然

长江经济带综合立体交通走廊加快建设，运输“大动脉”能力大幅增强。长江经济带“黄金水道”功能显著提升。2023年，长江干线港口货物吞吐量38.7亿吨、三峡枢纽航运通过量1.7亿吨、引航船舶载货量4.5亿吨，分别比上年增长7.8%、8.8%、7.5%；上海港集装箱吞吐量突破4900万标准箱，比2013年增长超过1500余万标准箱，连续14年排名世界第一。客货运量约占据全国半壁江山。2023年，长江经济带货物运输量250.8亿吨，占全国的45.8%；客运量41.6亿人，占全国的47.9%。

专栏2　构筑高水平对外开放新高地

党的十八大以来，长江经济带各省市立足各自优势与特色，加快对外开放步伐，对全国稳外贸稳外资作出重要贡献，在构建陆海内外联动、东西双向互济的全面开放新格局方面走在前列。

各地开放优势明显形成。上海自贸试验区充分发挥了全面深化改革和扩大开放的试验田作用，对标国际高标准经贸规则，推进高水平制度型开放。重庆、成都、武汉、长沙、南昌、贵阳等地着力构建立体全面开放的新格局，让内陆腹地变身开放高地。

共建“一带一路”成效显现。长江经济带各省市以中欧班列和西部陆海新通道建设为抓手，加快“一带一路”倡议点建设，扩大与共建“一带一路”国家的贸易、投资和国际产能合作，促进健康、绿色、数字、创新等新领域合作。

对外开放持续深化。目前长江经济带已设立9个自贸试验区，占全国自贸试验区总量的40.9%，对全国高水平开放发挥了重要的排头兵和试验田作用。上海自贸试验区历史性地推出我国第一张外资准入负面清单，重庆自贸试验区首创铁路提单信用证融资结算等。综合保税区建设稳步推进，九江港、黄石港、武汉港和重庆港等口岸扩大开放，长江经济带口岸布局进一步优化。

撰稿：王君

四、共享共赢，粤港澳大湾区建设迈出坚实步伐

2019年2月，中共中央、国务院发布《粤港澳大湾区发展规划纲要》。粤港澳大湾区建设是新时代推动形成全面开放新格局的新举措，在国家发展大局中具有重要战略地位。

（一）大湾区经济发展实现新突破

推进粤港澳大湾区建设，是立足国家发展大局作出的重大谋划。5 年多来，《粤港澳大湾区发展规划纲要》从一张蓝图逐渐变为实景，经济综合实力持续提升。2023 年大湾区经济总量突破 14 万亿元，5 年间增加了 3.2 万亿元，专利能力位居全球四大湾区前列，成为中国开放程度最高、经济活力最强的区域之一。2022 年和 2023 年粤港澳大湾区全球招商大会累计达成投资贸易项目超过 1700 个，投资总金额近 5 万亿元。2023 年大湾区内地 9 市出口了我国近五成的家用电器、近八成的 3D 打印机和超过九成的无人驾驶航空器。

（二）高质量发展动力源作用得以发挥

粤港澳大湾区以不到全国 0.6% 的国土面积、6% 的人口总量，创造出全国 1/9 的经济总量[3]，成为高质量发展的重要动力源。近年来，大湾区持续推动软硬联通，促进人流物流资金流信息流等要素跨境高效流动，推进创新链产业链资金链人才链深度融合，加快产业科技互促双强，“深圳—香港—广州”科技集群连续 4 年被世界知识产权组织评为全球创新指数第二名。重点领域和关键环节改革取得新突破，大湾区建设完成新一代电子信息、绿色石化、智能家电、汽车等 8 个万亿元级产业集群，市场一体化水平不断提高。

（三）设施联通和规则衔接不断深化

粤港澳持续扩大规则衔接、机制对接覆盖面，逐步打通大湾区居民关切的难点堵点，推动经济社会发展各方面实现“软联通”。截至 2023 年底，大湾区参与“跨境理财通”试点个人投资者达 6.9 万人，涉及相关资金跨境汇划金额超 128 亿元，“债券通”上线运行，“互换通”落地实施。通过数据共享、“单项认可”和“双向认可”并行、扩展延伸港澳功能等多种方式，粤港澳三地在不改变现行制度差异的前提下，打造多样化“接口”模式，不断深化衔接对接层次，推动“软联通”取得积极进展。

（四）民生领域合作更加紧密

粤港澳持续加强民生领域合作，共享互惠发展，共谋民生幸福，增进群众福祉。三地加强卫生健康领域开放合作，探索规则有效衔接，推进医疗资源优势互补，带动大湾区卫生健康水平整体提升。积极建设国际教育示范区，引进世界知名大学和特色学院，推进世界一流大学和一流学科建设。此外，覆盖 11 个城市的立体交通网络越织越密，“轨道上的大湾区”加快推进，“1 小时生活圈”基本形成，

3. 相关数据来源于粤港澳大湾区门户网。

从香港到珠海、澳门仅需30分钟车程。北上南下“双向奔赴”，人流物流资金流相互交织，大湾区日益呈现出联通交汇新景象。2023年深港口岸累计超1.6亿人次出入境，日均超40万人次，最高峰突破80万人次。

五、发挥优势，长三角一体化引领作用显著增强

2018年11月，长江三角洲区域一体化发展上升为国家战略。五年多来，沪苏浙皖三省一市积极推动长三角一体化发展取得新突破，在中国式现代化中发挥引领示范作用。

（一）引领示范作用彰显

经济总量迈上新台阶。2023年，长三角地区生产总值突破30万亿，达到305045亿元，占全国比重为24.4%。长三角地区“GDP万亿之城”达到9个，数量超过全国1/3。人均地区生产总值持续增长。长三角地区人均地区生产总值从2018年的95386元增长到2023年的128562元，按不变价格计算，年均增长5.0%。财政收入稳步增长。长三角地区一般公共预算收入从2018年的2.5万亿元，稳步增加到2023年的3.1万亿元，占全国地方一般公共预算收入比重超过1/4。

（二）科创共建成效显现

研发投入快速增长。2022年，长三角地区研究与试验发展经费投入达9386亿元，是2018年的1.6倍，投入总量近全国1/3。研发投入强度达3.2%，提前实现《长江三角洲区域一体化发展规划纲要》中2025年研发投入强度达到3%以上的发展目标。科创共建水平显著提升。2023年，长三角地区新增发明专利超过24万件，每万人新增发明专利拥有量超过10件，与2018年相比实现翻倍增长。科技创新共同体建设全面推进。由国家实验室、国家重点实验室、重大科技基础设施等共同构成的长三角战略科技力量稳步壮大。

（三）公共服务保障提升

2023年，长三角地区人均公共财政支出达到1.9万元，比全国平均水平高15%左右；居民人均可支配收入5.4万元，比全国平均水平高38.5%；居民人均消费支出3.6万元，比全国平均水平高34.0%。民生共享便利程度持续提升。长三角地区居民服务“一卡通”取得阶段性成效，区域内群众凭社会保障卡即可办理公安、民政、人社、医保等领域的政务事项。2023年，长三角地区推动173项政务服务事项跨省通办，以社会保障卡为载体实现52个居民服务事项“一卡通”。建立多个教育一体化发展联盟，推动区域教育一体化高质量发展，助力长三角优质教育资源的普惠共享。

（四）对外开放稳步推进

高水平开放持续扩大。连续6年圆满举办中国国际进口博览会。2023年第六届进博会超过3400家参展商参展，440多项首发新产品、新技术、新服务集中展示，按年计意向成交金额超过780亿美元，比2018年首届进博会增长35.6%。货物进出口规模继续扩大。2023年，长三角地区

专栏3　长三角生态绿色一体化发展示范区建设成效显著

建设长三角生态绿色一体化发展示范区（以下简称示范区）包括上海市青浦区、江苏省苏州市吴江区、浙江省嘉兴市嘉善县，面积约2300平方公里，是实施长三角一体化发展战略的先手棋和突破口。

自2019年11月1日揭牌成立以来，示范区紧扣“一体化”和“高质量”两个关键词，扛起“先手棋和突破口”责任使命。示范区坚持制度创新和项目建设双轮驱动，各项工作扎实推进。全国首部跨行政区国土空间规划获得国务院批复，促进示范区高质量发展条例颁布实施，水乡客厅标志性工程方厅水院加快建设，跨省域高新技术产业开发区揭牌成立，示范区建设三年行动计划印发并加快实施。示范区四年累计形成136项制度创新成果，其中42项已面向全国复制推广；持续推进145个重点项目建设，“一厅三片”重点区域建设加快推进。2019—2023年，示范区两区一县上市公司数量从44家增至75家，国家级高新技术企业数量从1560家增至3319家。

撰稿：赵冬晖

专栏4　黄河流域生态保护和高质量发展

2019年9月18日，习近平总书记在黄河流域生态保护和高质量发展座谈会上明确指出，黄河流域生态保护和高质量发展，同京津冀协同发展、长江经济带发展、粤港澳大湾区建设、长三角一体化发展一样，是重大国家战略。推动黄河流域生态保护和高质量发展，是贯彻落实区域协调发展战略、统筹生态保护与经济发展的重要举措，为沿黄各省区实现高质量发展提供了重大历史机遇。

5年来，沿黄九省（自治区）深入贯彻党中央决策部署和《黄河流域生态保护和高质量发展规划纲要》，共建生态之河、富裕之河、文明之河、幸福之河，黄河治理发生历史性、转折性、全局性变化。沿黄各地不断加强生态监督监管，统筹考虑黄河流域岸上水里、地上地下、上游下游关系，着力推动水资源、水环境、水生态等流域要素系统治理，建立权责明晰的流域协同治理体制和各方参与的流域协同治理机制，提升水环境治理成效，沿黄核心区水质稳步回升，灾害性地形地貌地质得到改善，空气质量明显好转。“南北呼应、东西交融”的区域发展大格局正在逐步形成。

撰稿：王君

货物进出口总额 15.2 万亿元，是 2018 年的 1.4 倍，占全国货物进出口总额比重为 36.3%。其中，出口额 9.2 万亿元，占全国货物出口额比重为 38.7%；进口额 6.0 万亿元，占全国货物进口额比重为 33.2%。

总体来看，新中国成立 75 年来，在党中央、国务院制定实施的一系列重大战略和政策举措推动下，我国区域协调发展迈出坚实步伐、取得明显成效。但同时也要看到，区域发展不平衡不充分问题依然存在，区域协调发展还面临不少困难和挑战，区域发展改革任务依然十分艰巨。展望未来，做好区域协调发展工作，要以习近平新时代中国特色社会主义思想为指导，深入实施区域协调发展战略、区域重大战略，积极构建优势互补、高质量发展的区域经济布局，为实现中国式现代化提供坚实支撑。

撰稿：马佳　王君　吴梓萌　赵冬晖　文静

4 综合国力大幅跃升 国际影响力显著增强

新中国成立 75 年来，中国共产党团结带领全国各族人民同心戮力、砥砺奋进，在一穷二白的条件下逐步建立起相对完整的国民经济体系。通过深入推进改革开放，不断增强经济发展活力动力，我国经济社会实现历史性跨越式发展，创造了一个个人类发展史上的伟大奇迹。党的十八大以来，在以习近平同志为核心的党中央坚强领导下，各地区各部门深入贯彻新发展理念，加快构建新发展格局，着力推动高质量发展，我国的经济实力、科技实力、综合国力显著增强，国际影响力大幅提升，顺利实现第一个百年奋斗目标，正在向着全面建设社会主义现代化强国目标阔步前行。

一、经济实力跨越式发展，综合产出能力全球领先

（一）经济总量跃居世界第二位

新中国成立之初，我国经济基础非常薄弱，经济规模很小，1952 年我国国内生产总值（GDP）仅为 300 亿美元[1]。经过不懈努力，我国经济实现较快发展，经济总量位居世界前列。1978 年我国 GDP 达到 1495 亿美元，占世界经济的比重为 1.7%。改革开放以来，我国经济总量持续扩大，占世界经济的比重大幅提升，对世界经济增长的贡献显著。1979—2023 年我国经济年均增长 8.9%，远高于同期世界经济 3.0% 的平均增速，对世界经济增长的年均贡献率为 24.8%，居世界第 1 位。党的十八大以来，我国经济总量连续跨越新台阶，2014 年突破 10 万亿美元，达到 10.5 万亿美元，

1. 为方便国际比较，本文中大量数据来自国际组织。

2023 年达到 17.8 万亿美元，占世界经济总量的比重提升至 16.9%，比 2012 年提高 5.6 个百分点，稳居世界第 2 位。

图 1 1978—2023 年中国国内生产总值占世界比重

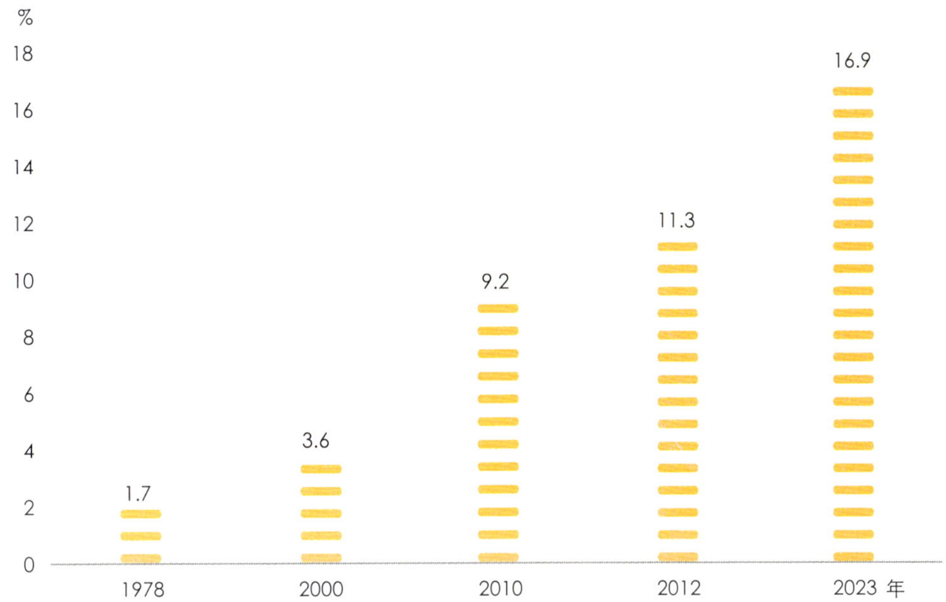

（二）产业发展实力全球领先

新中国成立之初，我国产业发展水平极低，总量规模偏小。1952 年，我国工业增加值仅 62.3 亿美元，农业增加值仅 151 亿美元。坚持走独立自主发展道路，我国工农业生产实现长足进步，建立起相对完整的产业体系。1978 年，我国农业、工业、服务业增加值分别为 414 亿美元、714 亿美元和 368 亿美元，分别是 1952 年的 2.7 倍、11.5 倍和 4.3 倍。改革开放以来，我国产业发展进入快车道，工业化快速推进，用几十年时间走完了发达国家几百年走过的工业化进程。党的十八大以来，我国工业和服务业量增质升。从工业看，2023 年我国工业增加值达 6.8 万亿美元，其中制造业增加值达 4.7 万亿美元，连续 14 年保持世界第一制造大国地位。高技术产业快速发展，新能源汽车、智能手机等重点产业技术水平已进入世界前列。从服务业看，产出规模稳步提升，国际竞争力显著增强。2023 年我国第三产业增加值达到 9.7 万亿美元。

（三）主要工农业产品产量稳居世界前列

新中国成立初期，我国工农业生产基础薄弱，主要工农业产品产量较低，难以满足广大群众基本生活需要。经过近 30 年发展，我国主要工农业产品产量大幅增加。1978 年我国谷物、肉类产量分别位居世界第 2 位、第 3 位；粗钢产量 3178 万吨，是 1949 年的 201 倍，位居世界第 5 位；原煤产量6.2亿吨，是1949年的19.3倍，位居世界第3位；水泥产量6524万吨，是1949年的98.8倍，位居世界第4位。改革开放以来，随着我国农村改革不断深入，粮食总产量接连跨上新台阶，谷物、肉类、花生、茶叶和水果等农作物产量稳步增长，产量均跃居世界首位。我国工业化发展快速推进，主要工业产品产量大幅增长。目前，世界500种主要工业产品中，我国有四成以上产品产量位居世界首位。党的十八大以来，我国粮食生产连续9年稳定在6.5亿吨以上，实现了“谷物基本自给，口粮绝对安全”。部分高技术产品产量位居世界前列。2023年，我国智能手机、微型计算机设备产量分别达11.4亿台和3.3亿台，均保持世界第1位；年造船产量占世界市场份额超40%。

表1 我国主要农产品产量居世界位次

农业产品	1961年	1978年	1990年	2000年	2010年	2020年	2022年
谷物	3	2	1	1	1	1	1
肉类	6	3	2	1	1	1	1
花生	3	2	2	1	1	1	1
茶叶	3	2	2	1	1	1	1
水果	4	6	1	1	1	1	1

资料来源：联合国FAO数据库。

表2 我国主要工业产品产量居世界位次

工业产品	1978年	1990年	2000年	2010年	2020年	2021年	2022年
粗钢	5	4	1	1	1	1	1
原煤	3	1	1	1	1	1	1
发电量	7	3	2	2	1	1	1
水泥	4	1	1	1	1	1	1
化肥	3	3	1	1	1	1	1
汽车			8	1	1	1	1

资料来源：世界钢铁协会、联合国统计月报数据库、联合国FAO数据库、国际汽车制造协会。

（四）基础设施建设领跑世界

新中国成立初期，我国基础设施满目疮痍，对国民经济发展、人民生活水平提升的制约十分明显。经过不断努力，1978 年我国铁路营业里程、公路里程和固定电话用户分别增至 5.2 万公里、89.0 万公里和 193 万户，分别是 1949 年的 2.4 倍、11.0 倍和 8.8 倍。改革开放以来，我国基础设施建设进入发展黄金期。2008 年我国铁路营业里程达 8.0 万公里，跃居世界第 2 位；2012 年，我国铁路营业里程、公路里程和固定电话用户分别增至 9.8 万公里、424 万公里和 2.8 亿户。党的十八大以来，我国基础设施建设快速推进。截至 2023 年底，我国铁路营业里程、公路里程分别为 15.9 万公里、544 万公里；我国高速铁路营业里程和高速公路里程分别为 4.5 万公里和 18.4 万公里，均居世界首位。2023 年我国移动电话用户普及率达 123 部 / 百人，互联网普及率达 77.5%，移动通信用户数、移动宽带用户数均居世界第 1 位，已建成全球最大的移动宽带网。

二、科技实力日益壮大，成功跻身创新型国家行列

（一）研发投入大幅增加

新中国成立初期，我国研发经费投入十分有限，科研人员和机构短缺，全国科技人员不超过 5 万人，专门科技机构仅有 30 多个。改革开放以来，我国科技领域投入强度加大。1995 年我国全社会研发经费投入仅为 41.8 亿美元，2010 年突破千亿美元，达 1043 亿美元。党的十八大以来，我国研发经费投入大幅增加。2013 年，我国研发经费投入为 1912.1 亿美元，超过日本跃居世界第二大研发经费投入经济体，研发经费投入强度[2]达 2.00%，首次超过欧盟平均水平；2023 年，我国研发经费投入达 4698 亿美元，研发经费投入强度提升至 2.64%，接近 OECD 国家 2.7% 的平均水平。

（二）知识产出跃居大国行列

新中国成立后的近 30 年，我国知识产权制度体系建设基本处于空白。改革开放后，随着知识产权制度体系从无到有并逐步完善，我国知识产出快速增长。1985 年我国发明专利申请受理量为 8558 件，2011 年攀升至 52.6 万件，跃居世界首位。2009 年，我国被科学引文索引（SCI）收录的科技论文占世界的份额达 8.8%，比 2000 年提高 5.6 个百分点，首次跃居世界第 2 位。党的十八大以来，我国知识产权受理量和科技论文量进一步提升。截至 2022 年底，我国发明专利申请受理量达 161.9 万件，稳居世界首位，PCT 国际专利申请量连续 4 年位居全球第一。我国被 SCI 收录

2. 研发经费与 GDP 之比。

专栏 1 **我国数字化发展位居世界前列**

世界银行《2023 年数字化进展与趋势报告》显示，2022 年，我国在数字基础设施、数字产业规模、数据技术创新等多个方面取得显著成效，数字化发展水平多项指标位居世界前列。

我国信息化起步时期基础薄弱，与发达国家相比存在较大差距。伴随着数字基础设施建设的不断推进，我国信息化发展水平不断提升，已初步构建先进完备的信息技术产业体系。在全球范围内，我国已逐步建成全球规模最大、性能先进的数字基础设施。2023 年，我国光缆线路总长度为 6432 万公里，拥有 5G 基站超 337.7 万个，4G 覆盖率为 100%，均居全球第一。2023 年我国移动下载速度中位数为 116.7 兆比特每秒，居世界第 7 位；固定宽带下载速度中位数为 227 兆比特每秒，居世界第 2 位，与第 1 位的新加坡（237 兆比特每秒）基本相当。

党的十八大以来，我国信息通信技术（ICT）产业整体快速发展，ICT 产业数智化赋能向深向广向新发展，ICT 技术持续与传统产业融合，助推千行百业数字化转型升级，为加快推进制造强国、网络强国和数字中国建设提供了坚实基础和有力支撑，ICT 产业综合实力国际地位显著。2022 年，我国 ICT 制造业增加值为 3271.3 亿美元，ICT 服务业增加值为 7573.6 亿美元，均居世界第 2 位。我国 ICT 产业劳动力规模居世界首位。其中，我国 ICT 制造业劳动力人数为 1005.6 万人，大幅领先第 2 位的美国（105.3 万人）；ICT 服务业劳动力人数为 1378.3 万人，大幅领先第 2 位的印度（634.4 万人）。我国 ICT 服务贸易实现了从无到有、从弱到强的跨越式发展，2022 年我国 ICT 服务出口额为 829.2 亿美元，居世界第 3 位。我国数字创新水平领先全球。2021 年，我国 ICT 专利数量达 43.3 万件，居世界之首。我国 5G 移动通信技术的商业化、规模化应用世界领先。

撰稿：陈虹

的科技论文占世界的份额由 2012 年的 12.1% 提高至 2022 年的 28.9%，2021 年起超过美国居世界首位。2013—2023 年，我国各学科高被引国际论文[3]数量达 5.8 万篇，占世界份额的 30.8%，仅次于美国的 7.7 万篇，居世界第 2 位[4]。

（三）创新能力明显提升

新中国成立之初，我国科技水平明显落后。在极为困难的条件下，我国创造了“两弹一星”等一批重大科技成果。改革开放以来，我国科技实力不断增强，与发达国家差距逐步缩小。载人航天工程和深海潜水等技术不断取得突破，“神舟一号”成功飞天，“蛟龙号”下潜 7000 米海试告捷。杂交水稻亩产量在国际上率先实现“超级稻”目标。卫星导航系统建设不断发力，拥有了完全自主的高性能卫星导航系统。党的十八大以来，我国向建设科技强国不断迈进，在一些重点和尖端领域

3. 高被引论文是指累计被引用次数进入世界前 1% 的论文。
4. 论文产出相关数据来自科技部，其中 SCI 论文的国际比较数据含香港和澳门。

涌现出一系列有着深远影响的重大成果，创新能力显著增强。量子科学、铁基超导、暗物质粒子探测卫星、CIPS干细胞等基础研究领域取得重大突破。C919大飞机实现商飞，国产大型邮轮正式运营，神舟家族太空接力，“奋斗者”号极限深潜，新能源汽车产业领先全球，锂电池、光伏、风电装机容量以及储能、制氢规模居世界首位，5G率先实现规模化应用。2013年我国创新指数位居世界第35位，2023年跃居世界第12位，是中等偏上收入国家组中唯一进入前30位的经济体，已跻身G7国家的中位水平。

表3 2013年与2023年中国与G7国家创新指数排名情况

经济体	2013年			2023年		
	创新指数	创新投入	创新产出	创新指数	创新投入	创新产出
美国	5	3	12	3	2	4
英国	3	4	4	4	6	2
德国	15	20	10	8	13	6
法国	20	23	17	11	17	11
日本	22	14	33	13	11	14
加拿大	11	9	13	15	9	20
意大利	29	28	29	26	35	19
中国	35	46	25	12	25	8

资料来源：世界知识产权组织。

专栏2

2023年我国创新指数居世界第12位

世界知识产权组织《2023年全球创新指数报告》显示，2023年我国创新指数居世界第12位，较2013年提升23个位次，自2016年起保持全球前25强的创新领导者地位。我国已经成功进入创新型国家行列。

新中国成立之初，我国整体科技水平与国际先进水平存在较大差距。改革开放后，随着一系列科技计划相继出台，我国科技事业加速向前发展，创新水平不断迈上新台阶。党的十八大以来，我国创新指数保持稳步上升态势，逐步实现从跟跑到部分领跑的转变。2023年，我国创新指数已连续10年在中等偏上收入国家组中排名居首，在地区分组中居第3位，仅次于新加坡和韩国。创新分项指数排名提升幅度大。其中，2023年我国创新投入指数居世界第25位，自2013年以来累计上升21个位次；创新产出指数自2018年起连续6年稳居世界前10强行列，2023年居世界第8位，2013—2023年排名累计上升17个位次。

创新集群优势日益显著。世界知识产权组织自2017年起首次在《报告》中发布全球百强科技集群，我国共7个集群上榜，居世界第4位。2023年我国在全球前五强科技集群中占据三个席位，百强集群数量达24个，首次超过美国跃居世界首位。

撰稿：李海阳

三、对外经贸发生翻天覆地变化，大国影响力日益彰显

（一）对外贸易不断实现突破

新中国成立之初，我国对外货物贸易规模极其有限。世界贸易组织数据显示，1950 年，我国货物贸易进出口总额仅 11 亿美元，占世界比重 0.9%。改革开放后，我国对外货物贸易进入加速发展时期。1999 年，我国货物贸易进出口总额达 3606 亿美元，跃居世界第 9 位，2009 年货物进出口总额达到 22075 亿美元，跃居世界第 2 位。党的十八大以来，我国货物贸易进出口总额及居世界位次进一步提升，2013 年，我国成为全球货物贸易第一大国。2023 年，我国货物贸易进出口总额达 5.9 万亿美元，占世界比重升至 12.4%，连续 7 年稳居世界第 1 位。

新中国成立初期我国服务贸易几乎为零，改革开放后实现了从无到有并进入快速发展时期。1982 年我国服务贸易进出口总额为 46.9 亿美元，居世界第 34 位；2012 年达到 4829 亿美元，居世界第 4 位。党的十八大以来，我国服务贸易规模不断扩大。2023 年我国服务贸易进出口总额达 9331 亿美元，位居世界第 4 位。

（二）“引进来”与“走出去”成果丰硕

新中国成立初期，我国利用外商直接投资近乎空白，改革开放以来进入快速增长时期。1983 年我国吸引外商直接投资仅为 9.2 亿美元；1992 年突破百亿美元，达 110 亿美元；2008 年突破千亿美元，达 1083 亿美元。党的十八大以来，我国吸引外商直接投资规模持续扩大。2020 年我国吸引外商直接投资为 1493 亿美元，2023 年达 1633 亿美元，连续 3 年保持全球第二大外资流入国地位。

新中国成立以来至改革开放初期，我国对外直接投资规模极小，1990 年我国对外直接投资仅 8.3 亿美元。随着我国积极融入全球化，特别是加入世界贸易组织后，我国对外直接投资规模迅速扩大。2005 年我国对外直接投资达到 123 亿美元，较 1990 年增长 13.8 倍，2012 年达 878 亿美元。党的十八大以来，我国对外直接投资额规模持续扩大，稳居世界前列。2013 年突破千亿美元，达 1078 亿美元；2023 年达 1479 亿美元，居世界第 3 位 。

（三）外汇储备和人民币地位大幅提升

新中国成立初期，我国外汇储备“捉襟见肘”，1952 年我国外汇储备仅 1.1 亿美元。改革开放以来，我国外汇储备逐步由短缺走向充裕。1982 年我国外汇储备超百亿美元，达 111 亿美元；1996 年超千亿美元，达 1050 亿美元；2006 年达到 10663 亿美元，跃居世界首位。党的十八大以来，我国外汇储备稳居世界第一。2023 年底我国外汇储备余额为 32380 亿美元，占全球外汇储备规模

的 26.2%。

新中国成立以来相当长一段时间，人民币在国际贸易、投资等领域使用很少。随着我国人民币国际化发展，近年来人民币国际地位大幅提升。国际货币基金组织数据显示，2023 年末全球央行持有人民币储备规模为 2617 亿美元，占全球储备货币比重为 2.3%，较 2016 年人民币刚加入国际货币基金组织特别提款权（SDR）时提升 1.2 个百分点，在主要储备货币中排名第 6 位。2023 年 9 月，人民币在全球贸易融资中占比为 5.8%，排名上升至世界第 2 位。

（四）共建"一带一路"走深走实

共建"一带一路"自 2013 年提出至今取得了实打实、沉甸甸的成果。截至 2022 年，我国在共建国家的承包工程年均完成营业额达 1300 亿美元，建设了中老铁路、雅万高铁等一系列标志性项目；中欧班列成为贯通亚欧大陆的国际运输大动脉，通达欧洲 25 个国家的 217 个城市，累计开行超 7.8 万列，运送货物超 740 万标箱，为全球产业链供应链的稳定提供了保障；2013—2022 年，我国与

专栏 3

中国企业连续领跑世界 500 强榜单

2023 年美国《财富》杂志发布的"世界 500 强企业"榜单显示，我国上榜企业（含香港、澳门、台湾企业）达 142 家，数量连续第 5 年蝉联世界之首。

自 1995 年《财富》杂志首次发布"世界 500 强企业"至今，我国上榜企业数量实现跨越式增长。1995 年我国上榜企业数量仅 3 家；2009 年，上榜企业数量增至 43 家，其中，中国石油化工集团有限公司位居全球第 9 名，成为首个挺进世界前十强的中国企业；2011 年我国上榜企业数量为 69 家，超过日本，位居世界第 2 位。党的十八大以来，党中央出台一系列保护支持企业发展的政策措施，促进各类企业健康发展，一些行业领军企业已经形成较强的国际竞争力。2019 年我国上榜企业数量为 129 家，超过美国，跃居世界首位，此后连续 5 年领跑世界 500 强榜单。尤其是，2022 年我国上榜企业更是在营业收入规模上首次超越美国，实现了从企业上榜数量第一到营业收入规模第一的新跨越。

2023 年，我国 142 家上榜企业总营业收入为 11.7 万亿美元，占世界 500 强营业收入总额的 28.7%，平均营业收入达到 827 亿美元，超过世界 500 强的平均水平 819.1 亿美元。世界前 10 强的企业中，我国有三家企业，分别为国家电网有限公司（第 3 位）、中国石油天然气集团有限公司（第 5 位）和中国石油化工集团有限公司（第 6 位）。我国有 9 家汽车企业入榜，成功跻身全球最大汽车企业行列。其中，比亚迪股份有限公司，以其新能源技术优势，连续第二年上榜，从第 436 位跃升至第 212 位，是排名提升最多的中国企业。宁德时代新能源科技股份有限公司，首次进入榜单，排名直达第 292 位。美团也首次入榜（第 467 位），成为我国第四个入榜的互联网企业，在世界入榜的 8 家互联网企业中，我国与美国各占一半。

撰稿：陈虹

共建国家货物贸易累计规模达 19.1 万亿美元，双向投资累计超 3800 亿美元。

四、社会事业蓬勃发展，民生保障日益增强

（一）人类发展指数不断攀升

新中国成立初期，我国经济社会发展水平很低，人民整体生活水平较差。改革开放以来，我国人民生活水平不断提升，实现了从低人类发展水平向高人类发展水平的跨越。1990 年，我国人类发展指数仅为 0.482，属于低人类发展水平国家；1997 年我国人类发展指数达到 0.554，实现了由低人类发展水平向中等人类发展水平的跨越；2011 年我国人类发展指数达到 0.706，首次迈上高人类发展水平的台阶。党的十八大以来，我国人类发展指数继续攀升。2022 年我国人类发展指数达到 0.788，创历史新高，人类发展指数构成项中，我国人均 GNI、平均预期寿命和预期受教育年限均高于世界平均水平。

专栏 4　2022 年我国人类发展指数稳居高人类发展水平

联合国开发计划署《2023—2024 年人类发展报告》显示，2022 年，我国人类发展指数为 0.788，居世界第 75 位。1990 年以来，我国人类发展指数实现了从低人类发展水平到高人类发展水平的跨越。

自 1990 年起，联合国开发计划署每年在《人类发展报告》中公布人类发展指数（Human Development Index，简称 HDI），HDI 是衡量各经济体经济社会发展水平并进行全球对比的一套指标体系，是衡量人类发展的一个重要标尺。

1990—2022 年，我国 HDI 呈逐年上升趋势，增幅达 63.5%，年均增长 1.6%，远超世界平均增速 0.65%，实现了从低人类水平向高人类水平的跨越。从我国 HDI 居世界位次看，总体呈上升趋势：2000 年我国 HDI 仅居世界第 116 位，2010 年居世界第 108 位，2020 年上升至世界第 76 位，2022 年上升至世界第 75 位，并连续 12 年稳居高等人类发展水平组别。

撰稿：黄佩佩

（二）历史性解决绝对贫困问题

新中国成立之初，我国积贫积弱，多数群众生活处于贫困线以下。即便到改革开放初期，按照 2010 年农村贫困标准，1978 年末我国农村贫困发生率高达 97.5%。改革开放后，我国实行有计划有针对性的扶贫开发政策，贫困人口大幅减少。2012 年末我国农村贫困发生率降至 10.2%，比

1978 年下降 87.3 个百分点。党的十八大以来，以习近平同志为核心的党中央始终把减贫摆在治国理政的突出位置，坚持精准扶贫、尽锐出战，打赢了人类历史上规模最大的脱贫攻坚战。2020 年底，全国 832 个贫困县全部摘帽，近 1 亿农村贫困人口实现脱贫，960 余万贫困人口实现易地搬迁，完成消除绝对贫困的艰巨任务，占全球减贫人口的 70% 以上，为全球减贫事业作出了重大贡献。

（三）教育医疗水平显著提升

新中国成立初期，我国教育事业起点较低。1949 年，我国 5.4 亿人口中约有八成不识字。经过大力发展，我国教育水平得到显著提升。改革开放以来，我国教育事业进入发展快车道，初高中阶段教育基本普及。据教育部统计，2012 年，我国初中和高中阶段毛入学率分别达 102.1% 和 85.0%。党的十八大以来，教育事业发展迎来新局面，高等教育大众化水平显著提高。2023 年，我国高等教育毛入学率达 60.2%，显著高于中等收入国家水平。

新中国成立初期，我国医疗卫生条件较差。医疗机构和医疗专业人员很少，医疗技术水平低下。居民人均预期寿命仅 35 岁[5]。世界银行数据显示，1969 年我国婴儿死亡率为 83.3‰，明显较

表 4 我国及世界各收入组婴儿死亡率和基本环境卫生指标

指标		中国	世界	高收入国家	中等收入国家	中等偏上收入国家	中等偏下收入国家	低收入国家
婴儿死亡率（‰）	1990 年	42.8	63.7	10.7	66.0	43.4	83.2	109.9
	2000 年	29.9	53.0	6.9	53.8	30.1	67.4	89.6
	2010 年	12.5	37.3	5.2	37.4	16.6	48.9	62.2
	2020 年	5.5	29.1	4.3	28.0	11.3	35.8	47.9
	2022 年	4.8	27.9	4.1	26.8	10.8	33.7	45.7
享有基本环境卫生服务人口占总人口比重（%）	2000 年	56.8	55.4	98.6	48.1	63.8	31.6	19.5
	2010 年	75.8	67.0	98.6	63.8	78.1	50.1	26.9
	2020 年	92.9	78.4	99.0	79.4	91.2	69.1	30.9
	2022 年	95.9	80.6	99.0	82.2	93.4	72.5	31.4
享有基本饮用水服务人口占总人口比重（%）	2000 年	78.9	80.3		80.5	83.4	77.5	41.4
	2010 年	88.7	86.1	99.3	86.8	90.7	83.1	49.3
	2020 年	95.9	90.3	99.4	92.2	96.2	88.7	57.3
	2022 年	97.6	91.2	99.4	93.2	97.4	89.7	59.1

资料来源：世界银行 WDI 数据库。

5. 居民人均预期寿命数据来自国家卫生健康委。

高。通过建立完善城镇职工医疗保障体系和农村合作医疗，我国医疗卫生条件明显改善。改革开放以来，我国卫生健康事业加快发展。2000 年我国婴儿死亡率首次低于同期中等偏上收入国家组平均水平。2012 年我国婴儿死亡率为 10.5‰，较 1978 年下降 41.1 个千分点，居民人均预期寿命达 74.4 岁。党的十八大以来，我国医疗卫生条件持续改善。2022 年我国婴儿死亡率降至 4.8‰，接近高收入国家组 4.1‰的平均水平。2023 年我国居民平均预期寿命增长至 78.6 岁，比新中国成立初期增加 43.6 岁。享有基本环境卫生服务的人口占总人口比重由 2013 年的 81.2% 上升至 2022 年的 95.9%，享有基本饮用水服务的人口占总人口比重由 2013 年的 91.2% 上升至 2022 年的 97.6%，分别于 2016 年和 2022 年超过中等偏上收入国家组的平均水平。

（四）文化体育事业长足进步

新中国成立初期，我国公共文化服务设施极其短缺。1949 年，全国公共图书馆仅有 55 个，博物馆 21 个。改革开放之初，我国公共文化服务设施仍显不足。改革开放以来，我国群众文化生活日益丰富。2012 年全国公共图书馆增至 3076 个，博物馆增至 3069 个，比 1978 年分别增长 1.5 倍和 7.8 倍。党的十八大以来，我国文化事业进一步繁荣兴盛，文化软实力大幅提升。2023 年，全国公共图书馆数量进一步增长至 3246 个，博物馆数量较 2012 年增长 1 倍，达 6833 个。国家外汇管理局数据显示，2023 年我国个人、文化和娱乐服务出口达 13.9 亿美元，较 2012 年增长 10.1 倍。我国对外文化交往进一步深化。“汉语桥”系列中文比赛自 2002 年首次举办以来，累计吸引 160 多个国家 150 余万名青少年参赛，每年全球观众达上亿人次，已成为世界各国中文学习者高度关注、积极参与的国际赛事。

新中国成立以来，我国体育事业发展艰难起步，不断突破，实现了由“东亚病夫”到体育大国的转变，正向体育强国的目标持续迈进。1956 年，陈镜开以 133 公斤的成绩打破最轻量级挺举世界纪录，成为首位破世界纪录的中国运动员；1984 年美国洛杉矶奥运会，射击运动员许海峰获得首金，中国实现了奥运金牌“零”的突破；2008 年，我国首次举办奥运会，并以 48 枚金牌的成绩位居金牌榜首位；2022 年，第 24 届冬季奥运会在我国顺利举办，北京成为世界上首个“双奥之城”。国家体育总局数据显示，截至 2023 年，我国运动员获得世界冠军数达 3913 个，创世界纪录达 1397 次。

75 年砥砺奋进，75 载春华秋实。在中国共产党的领导下，中华民族日益走近世界舞台中央，迎来伟大复兴的光明前景，创造了世所罕见的经济快速发展和社会长期稳定的中国奇迹。国家经济实力、科技实力、综合国力实现历史性跃升，对国际社会的贡献日益显著，深刻改变了世界发展格局。但同时也应看到，世界正处于百年未有之大变局，外部不稳定不确定因素增多，国内正处于转型调整关键期，改革发展稳定任务艰巨繁重。下阶段，要坚持以习近平新时代中国特色社会主义思想为指导，深入贯彻党的二十大、二十届二中、三中全会精神，坚持以经济建设为中心，全面深化改革开放，加快构建新发展格局，着力推动高质量发展，不断增强我国发展综合实力，增进民生福祉，努力推进中国式现代化，奋力实现中华民族伟大复兴。

撰稿：陈虹　黄佩佩　李海阳

5 农业发展阔步前行 现代农业谱写新篇

强国必先强农，农强方能国强。新中国成立75年来，在党中央的坚强领导下，我国农业发展呈现出翻天覆地的巨大变化，实现了举世瞩目的跨越发展。党的十八大以来，以习近平同志为核心的党中央坚持把解决好“三农”问题作为全党工作的重中之重，坚持农业农村优先发展，毫不松懈抓好粮食生产，深入推进农业供给侧结构性改革，加快推进农业现代化，推动农业强国建设，走出了一条具有鲜明中国特色的农业发展之路。

一、农业经济稳步提升，产业结构优化升级

（一）农业产值保持增长，基础地位更加稳固

新中国成立以来，随着农业的蓬勃发展，我国农林牧渔业总产值实现较快增长。2023年，我国农林牧渔业总产值[1]158507亿元（当年价，下同），比1952年的461亿元增加158046亿元。按可比价格计算，1953—2023年年均增长4.5%。其中，改革开放以来（1979—2023年）农林牧渔业总产值年均增长5.5%，比改革开放以前（1953—1978年）年均增速提高2.7个百分点。分产业看，农林牧渔各业均保持稳定增长，1953—2023年农业、林业、牧业、渔业产值年均增速分别为3.8%、6.7%、5.6%、8.7%，2004—2023年农林牧渔专业及辅助性活动总产值年均增速为7.5%，农业经济稳步提升。

1. 2003年起总产值包括农林牧渔专业及辅助性活动产值。

图 1 1949—2023 年农林牧渔业总产值

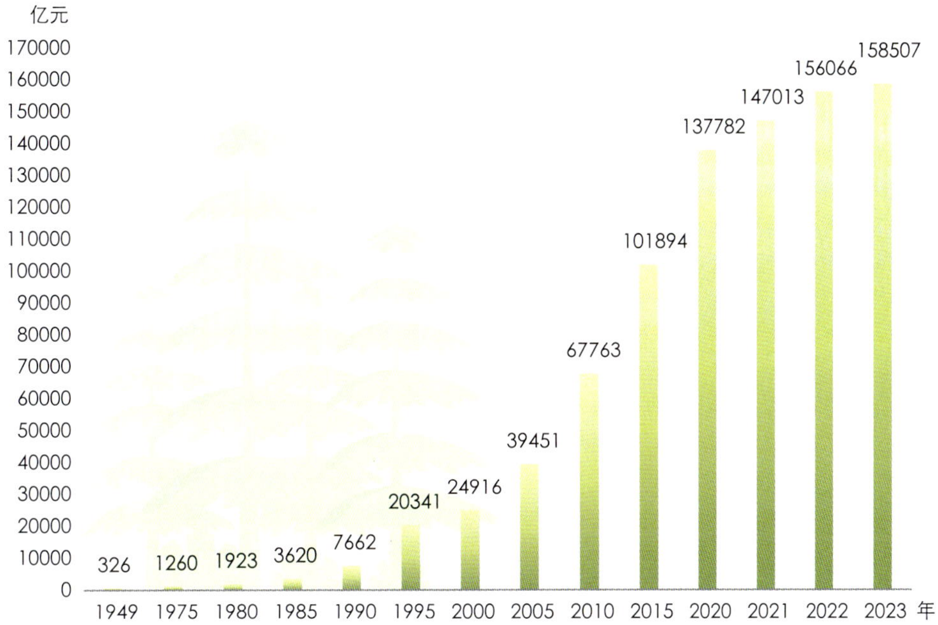

（二）产业结构持续优化，农业发展更加协调

随着农业生产方式的变革，我国农业生产实现了由“以种植业为主、以粮为纲”的高度单一结构向“农林牧渔全面、多元、协调发展”的历史转变，多元化食物供给体系加快构建。1952 年，农业产值占农林牧渔业总产值的比重达 85.9%，处于绝对主导地位。林业、牧业和渔业产值所占比重分别为 1.6%、11.2% 和 1.3%。改革开放后，农林牧渔业加速发展，农林牧渔业结构逐步协调合理。2023 年，农业产值占农林牧渔业总产值的比重为 54.9%，比 1952 年下降 31.0 个百分点；林业、牧业、渔业分别占 4.4%、24.6%、10.2%，分别提高 2.8 个、13.4 个、8.9 个百分点。农林牧渔专业及辅助性活动占农林牧渔业总产值的比重为 5.9%，农业服务呈蓬勃发展态势。

（三）融合水平不断提升，产业链条更加延展

随着乡村振兴战略深入实施，各地因地制宜培育壮大优势特色产业，做好“土特产”文章，推动乡村一、二、三产业融合发展，农业产业链条和多功能性不断延伸拓展。2022 年全国农业及相关产业[2]增加值达到 195692 亿元，占国内生产总值（GDP）比重为 16.2%，是农林牧渔业增加值的 2 倍以上。2022 年全国规模以上农产品加工业企业超过 9 万家，营业收入超过 19 万亿元。

2. 农业及相关产业，指农林牧渔业以及产品为农林牧渔业所用、直接使用农林牧渔业产品和依托农林牧渔业资源所衍生出来的二、三产业，包括农林牧渔业生产、加工、制造、流通、服务等环节形成的全部经济活动。

2023 年末全国开展休闲农业和乡村旅游接待的村占比为 14.7%，50 万农户开展了休闲农业和乡村旅游，年接待游客超过 30 亿人次，休闲农业营业收入达到 8400 亿元。2023 年农产品电商销售额超过 7300 亿元，超过 100 万农户通过网络销售农产品，农村网络零售额达到 2.49 万亿元。

二、粮食生产稳定发展，粮食安全保障有力

（一）生产能力持续增强，粮食产量连上台阶

新中国成立以来，随着我国农业农村改革的不断深入，粮食综合生产能力持续提升，我国粮食生产实现了跨越式发展。新中国成立初期，我国粮食产量仅 2000 多亿斤，1962 年后稳定在 3000 亿斤以上，1966 年超过 4000 亿斤，1978 年改革开放之初超过 6000 亿斤。改革开放以来，随着家庭联产承包责任制的建立实施，极大激发了亿万农民的生产积极性，解放了农业生产力，粮食产量接连跨上新台阶。1984 年全国粮食总产量超过 8000 亿斤，1993 年超过 9000 亿斤，到 1996 年首次突破 10000 亿斤大关，2012 年迈上 12000 亿斤台阶。党的十八大以来，以习近平同志为核心的党中央把粮食安全作为治国理政的头等大事，实行粮食安全党政同责，深入实施“藏粮于地、藏粮于技”战略，我国粮食综合生产能力稳步提升，粮食生产开创新局面。2015 年粮食产量突破 13000 亿斤，此后连续 9 年稳定在 1.3 万亿斤以上。2023 年粮食产量达到 13908 亿斤，比 1949 年

图 2 1949—2023 年全国粮食总产量

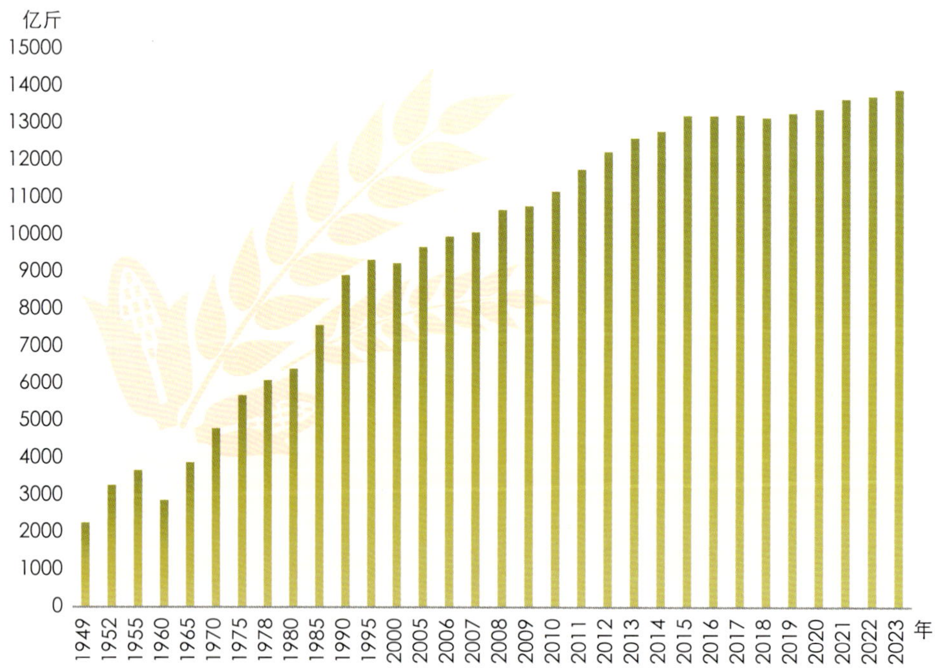

专栏 1 粮食综合生产能力稳步提高

粮食安全是“国之大者”。我们党历来高度重视粮食生产，强调粮食是治国安邦之本。党的十八大以来，以习近平同志为核心的党中央确立了“确保谷物基本自给、口粮绝对安全”的国家粮食安全战略，粮食综合生产能力稳步提升。

一是加强耕地保护建设。落实最严格的耕地保护制度，严守耕地保护红线，坚决遏制耕地“非农化”，防止耕地“非粮化”，提高耕地基础能力，加强农田水利建设，建成10亿多亩旱涝保收、高产稳产的高标准农田，提升产出能力。

二是加快农业科技创新。深入实施藏粮于技，全面加强种质资源保护利用，大力推进种业创新攻关，加快农业科技成果的转化与推广应用，推进良种良法配套、农机农艺融合、增产增效并重，全方位提升农业生产种植效益和管理技术水平。

三是着力培育新型农业生产经营主体。种粮大户、家庭农场、农民合作社、农业产业化龙头企业等新型生产经营主体数量不断增加，发展多种形式适度规模经营，联耕联种、代耕代种、土地托管等社会化服务体系不断健全。

四是不断完善粮食生产支持保护体系。农业补贴主要支持耕地地力保护和粮食适度规模经营，农机购置补贴重点向粮食作物倾斜。逐步完善稻谷、小麦最低收购价格政策，实行玉米、大豆生产者补贴政策，全面实施三大粮食作物完全成本保险和种植收入保险政策，对产粮大县奖励，建立多层次农业风险保障体系。

撰稿：郭航

专栏 2 大豆油料产能持续增强

全力保障粮食和重要农产品稳定安全供给是关系国计民生的大事，党中央高度重视大豆油料生产发展，采取多种举措拎稳中国人自己的“油瓶子”。

一是持续加强政策扶持。2004年以来，已有14份中央一号文件关注大豆生产。2019年中央一号文件提出实施大豆振兴计划。2022年，国家启动实施大豆和油料产能提升工程，从多策并施扩大豆、多油并举扩油料两方面重点发力，努力提升大豆和油料产能和自给率。2023年，出台一揽子稳定大豆生产支持政策措施，形成补贴、保险、收储协同发力的一套政策“组合拳”。

二是落实落细保障措施。实施玉米大豆生产者补贴、粮豆轮作补贴，引导东北地区合理轮作减少重迎茬，支持推广种子包衣、接种大豆根瘤菌等技术。用好带状复合种植补贴，启动实施大豆单产提升工程，支持东北地区发展大豆等农产品全产业链加工。支持各地利用冬闲田增加油菜面积，合理轮作发展春油菜。实施油菜大面积单产提升三年行动，在油菜主产县整建制集成应用单产提升关键技术。在黄淮海和北方地区轮作倒茬扩种花生，因地制宜发展油葵、芝麻等特色油料生产。

三是产能提升效果明显。2023年，大豆播种面积继续保持在1.5亿亩以上，产量达417亿斤，已连续两年稳定在400亿斤以上，产量再创历史新高，大豆自给率进一步提高。油料产量3864万吨，是1949年产量的15.1倍。

撰稿：刘思扬

增加 1 万多亿斤，增长 5.1 倍；人均粮食产量 493 公斤，连续多年超出世界平均水平，也高于国际公认的 400 公斤粮食安全线；粮食单产大幅提升，2023 年全国粮食单产 389.7 公斤 / 亩，比 1949 年增加 321.1 公斤 / 亩。

（二）种植结构持续优化，粮食品类均衡发展

新中国成立以来，我国着力解决农业发展中存在的深层次矛盾和问题，顺应人民群众对美好生活的新需求，持续推进农业供给侧结构性改革，切实把粮食种植结构调活调优。其中，稻谷、小麦作为重要口粮作物，其占粮食产量比重总体保持稳定。2023 年稻谷产量 4132 亿斤、小麦产量 2732 亿斤，合计占粮食产量 49.4%，由于居民膳食结构优化，合计占比分别较 1978 年、1949 年下降 13.2 个和 5.8 个百分点，但总产量仍处于历史高位，库存充裕、供应充足，有力确保了“谷物基本自给、口粮绝对安全”。玉米作为重要的粮食和饲料作物，也是关键的工业原料，在粮食生产中的重要性不断上升。2023 年玉米产量 5777 亿斤，突破历史新高，比 1949 年增加 5528 亿斤，占粮食产量比重达 41.5%，较 1949 年提高 30.6 个百分点，为粮食连年丰收作出了突出贡献。大豆作为重要油料和饲料作物，近年来通过实施大豆振兴计划，产量快速增长。2023 年大豆产量 417 亿斤，较 1949 年增加 315 亿斤。近年来，随着人们生活品质的提高，杂粮和薯类需求不断增加。2023 年，杂粮和薯类产量 188 亿斤、603 亿斤，比 2012 年分别增加 27.4 亿斤、26.2 亿斤，增长 17.1%、4.5%。

（三）区域布局持续完善，产区优势日益彰显

新中国成立到 1978 年，南方地区是我国粮食主要产区，粮食调配从南方向北方流动。从 1978 年开始，随着工业化、城镇化的发展，以及北方农田和水利基础设施不断完善，我国逐步进入北粮南运时代，2005 年北方粮食产量首次超过南方。为适应新的粮食生产和流通格局变化，国家开展粮食生产功能区划分，出台一系列政策措施支持优势产区发展，确保了粮食产能逐步提高。2023 年 13 个粮食主产区[3]产量达到 10834 亿斤，比 1949 年增加 9283 亿斤，增长 6 倍，占全国产量的比重为 77.9%，比 1949 年提高 9.4 个百分点，为我国粮食实现稳产高产提供了主要支撑。特别是东北粮仓在保障国家粮食安全上发挥了重要作用，2023 年东北四省区[4]粮食产量 3699 亿斤，比 1949 年增加 3384 亿斤，比 1978 年增加 2917 亿斤，比 2012 年增加 706 亿斤，占全国粮食总产

3. 13 个粮食主产区分别是河北、内蒙古、辽宁、吉林、黑龙江、江苏、安徽、江西、山东、河南、湖北、湖南和四川。
4. 东北四省区指内蒙古、辽宁、吉林和黑龙江。

量比重达到 26.6%，为端牢“中国饭碗”作出了突出贡献。党的十八大以来，党中央持续加大粮食生产支持力度，实行粮食安全党政同责，出台系列强农惠农政策，建立健全粮食主产区利益补偿机制，农民种粮和地方抓粮积极性极大提高，主产区粮食生产能力不断加强，产销平衡区粮食基本自给，主销区粮食自给率逐步提高，主产区、产销平衡区、主销区布局不断优化。

（四）发展质量持续提升，粮食产业提质增效

新中国成立以来，我国粮食生产从追求数量为主的粗放式生产逐步向质效并重转变，特别是党的十八大以来，以农业供给侧结构性改革为契机，坚持产业兴农、质量兴农、绿色兴农，粮食生产走向高质量发展道路。近年来，我国持续大力培育和推广优良品种，打造了一批优质强筋弱筋专用小麦、高产优质玉米示范基地，取得了节水抗旱小麦、超级稻等一批重大标志性成果。2023 年，全国农产品质量安全监测总体合格率达到 97.8%，农作物良种覆盖率超过 96%，优质强筋弱筋小麦面积占比超过 35%。持续加大优势特色粮食种植，着力提升和保护特色粮食的品牌价值，形成一批特色优势农产品基地。截至 2023 年，全国绿色、有机、名特优新、地理标志农产品总数达到了 7.5 万个。持续发展粮食产业，以“粮头食尾”和“农头工尾”为抓手，延伸粮食产业链、提升价值链、打造供应链，畅通“产购储加销”全产业链条，推动粮食产业多类型融合，逐步构建从原粮到成品、产区到销区、田间到餐桌的“大粮食”“大产业”“大流通”格局。2023 年粮食企业实现工业总产值超 4 万亿元，质量效益和竞争力不断提升。

三、重要农产品全面发展，食物供给丰富多元

（一）经济作物快速增长，产量提升品种增加

新中国成立以来，随着居民生活水平不断提高和膳食结构变化，经济作物生产蓬勃发展。2023 年，我国经济作物播种面积[5]达到 7.9 亿亩，比 1949 年增长了 2.7 倍。粮食作物和经济作物生产结构更加均衡，1949 年经济作物播种面积仅占农作物总播种面积[6]的 11.5%，1981 年占比超过 20%，2000—2023 年保持在 30% 左右。分品种看，2023 年全国油料产量 3864 万吨，比 1949 年的 256 万吨增长 14.1 倍；棉花产量 562 万吨，比 1949 年的 44 万吨增长 11.6 倍。2023 年全国蔬

5. 经济作物播种面积包括油料、棉花、糖料、麻类、烟叶、蔬菜、瓜果类、中草药材和其他农作物面积，不包括果园和茶园面积。
6. 农作物总播种面积包括粮食和经济作物面积。

菜面积达到3.4亿亩，产量[7]8.3亿吨，而改革开放初期我国蔬菜播种面积还不足5000万亩；全国果园面积1.9亿亩，园林水果产量2.4亿吨，分别比1978年增长6.7倍和35.5倍。蔬菜水果品种琳琅满目，品质不断提升，并且实现跨地区、反季节供应，居民的“菜篮子”“果盘子”更加丰富。

（二）畜禽生产质效提升，肉蛋奶供应充足

新中国成立初期，我国畜产品供应总体不足。改革开放后，特别是1985年国家放开猪肉、蛋、牛奶等畜产品价格后，畜产品产量不断攀升。党的十八大以来，我国畜牧业现代化、规模化进程加快，综合产能进一步提升，肉蛋奶产量多年来一直稳居世界前列。1978年我国肉类总产量为943万吨，2023年增加到9748万吨，增长9.3倍，年均增长5.3%。随着生产保障能力增强以及居民消费越来越趋向于健康化多元化，肉类生产结构不断优化。1985年到2023年，猪肉占肉类总产量比重由

专栏3　生猪产业实现高质量发展

新中国成立以来，党中央、国务院陆续出台了一系列支持政策和措施，促进我国生猪生产稳定发展，持续推进标准化规模化养殖，加快转变生产方式，生猪综合生产能力显著增强，有效保障了城乡居民猪肉消费需求。尤其是党的十八大以来，我国以保障猪肉基本自给为目标，不断提升生猪稳产保供能力，推动构建生猪产业高质量发展新格局。

一是发展规模化养殖。支持各地新建、改扩建设计合理、管理科学、具备较高生物安全水平、符合环保排放要求的高标准规模化养猪场，根据资源禀赋和环境承载能力，调整优化生猪生产结构和区域布局，发展绿色清洁养殖，促进资源循环利用。

二是提升现代科技水平。构建现代养殖体系，先后启动了一批重大科技项目，在生猪选种选育、饲料生产及安全、饲养管理、生态保护等方面获得了一批重大科技成果。建设现代生猪种业，加快现代种业创新发展。抓好非洲猪瘟常态化防控，积极稳妥推进非洲猪瘟疫苗研发攻关，完善疫病防控体系。

三是完善监测预警体系。建立生猪全产业链信息权威发布制度，由农业农村部、国家发展改革委、商务部、海关总署、国家统计局联合发布生猪生产、价格、成本收益等信息，辅助进行逆周期调控，缓解猪周期性波动，稳定产业发展。

四是促进产业高质量发展。持续加大金融政策支持，保障生猪养殖用地，深化农业供给侧结构性改革，为产业发展提供了有力支撑。建设生产稳定、市场充足、产品安全的现代产供销体系，形成产出高效、资源节约、环境友好、调控有效的生猪产业高质量发展新格局。

撰稿：刘英倩

7. 蔬菜产量包括食用菌。

专栏 4 家禽产业快速发展

新中国成立以来，养殖业现代化进程不断加快，畜禽养殖规模化、机械化水平明显提升，养殖设施设备与技术配套更加完善。进入 21 世纪后，国务院出台了《关于扶持家禽业发展的若干意见》，明确了扶持家禽业发展的若干政策措施，我国家禽产业快速发展，供给能力明显提升，产业化程度不断增强，优势区域带动效果显著，养殖品种类型日益丰富，为家禽产品市场的稳定供应提供了坚实的支撑。

一是产品供给能力明显提升。开展家禽养殖设施改造升级，因地制宜推广家禽叠层高效笼养等养殖模式，通过设施化建设和精细化管理提高生产效率，家禽养殖规模持续扩大，产品供给能力稳步提升。2023 年，我国家禽出栏 168.2 亿只，禽肉、禽蛋产量分别为 2563 万吨、3563 万吨，1993—2023 年年均增长分别为 5.5%、5.7%、4.1%。禽肉年均增长率高于肉类总产量年均增长率 2.3 个百分点。

二是养殖产业化程度不断增强。各地大力发展家禽规模养殖、标准化生产、产业化经营，积极培育农业产业化龙头企业、家庭农场、专业合作社等新型经营主体，呈现出龙头企业引领、产业及集约化规模化水平提升的趋势。龙头企业依托标准化、规模化生产模式和产销一体化布局，积极培育家禽产品知名品牌，推动产业转型升级。

三是优势区域带动效果显著。东部地区依托资源和产业基础，布局进行全产业链建设，打造了家禽优势产业集群，带动家禽产业发展效果显著。2007 年，东部地区家禽出栏量占全国比重为 45.1%，对全国家禽出栏量增长贡献率为 24.5%。2023 年，东部地区家禽出栏量占全国比重为 45.3%，对全国家禽出栏量增长贡献率高达 75.2%，比 2007 年增加了 50.7 个百分点。

四是品种类型日益丰富。自主育种体系日趋成熟与完备，家禽养殖从传统的以蛋禽为主，到蛋用、肉用、羽用及各种兼用等多品种发展，有效满足了差异化多元化的市场需求。截至 2021 年，我国家禽地方品种[8] 182 个，培育品种及配套系 98 个，引入品种及配套系 54 个。

撰稿：孙巍

85.9% 下降到 59.4%，牛羊肉比重由 5.5% 上升到 13.2%，禽肉比重由 8.3% 上升到 26.3%。改革开放后，随着养殖技术的创新和进步，我国牛奶和禽蛋产业迅速发展。从产量上看，1978 年我国牛奶产量为 88 万吨，2023 年增加到 4197 万吨，增长 46.5 倍，年均增长 9.0%；1982 年我国禽蛋产量为 281 万吨，2023 年增加到 3563 万吨，增长 11.7 倍，年均增长 6.4%。从人均占有量上看，1978 年人均牛奶占有量为 0.9 千克，2023 年增加到 29.7 千克，增长 32.1 倍；1982 年人均禽蛋占有量为 2.8 千克，2023 年增加到 25.3 千克，增长 8.1 倍。

8. 数据来源《国家畜禽遗传资源品种名录（2021 年版）》。

（三）渔业生产繁荣发展，生产结构持续优化

新中国成立以来，我国渔业生产逐步恢复，特别是改革开放后，我国确立了“以养殖为主”的渔业发展方针，水产品产量迅速增长，从1989年起稳居世界首位。2023年，我国水产品总产量达到7116万吨，比1949年增长157倍，年均增长7.1%；人均年占有水产品达到50.5公斤，增长62.0倍，年均增长5.8%。其中，养殖类水产品产量5810万吨，比1952年增加5790万吨，增长295倍，年均增长8.3%；养殖产量占水产品总产量81.6%，比1952年提高70个百分点。党的十八大以来，国家提出了生态优先、养捕结合、以养为主的发展方针，我国渔业加快转型升级。渔业科技关键技术取得突破，稻鱼综合种养、多营养层级立体养殖等生态养殖模式不断推广，休禁渔制度进一步调整完善，“伏季休渔”“十年禁渔”“增殖放流”“海洋牧场”等各项措施的实施，推动我国渔业高质量绿色发展。

（四）林业产业态势良好，生态功能显著增强

新中国成立后，我国积极采取护林造林等措施，探索深化林权制度改革，林产品产量快速增长，木本林业、林下经济、森林旅游等绿色富民产业蓬勃发展。2022年，全国造林面积420万公顷，比1953年增加307万公顷，增长2.7倍；全国木材产量12193万立方米，比1978年增加7030万立方米，增长1.4倍；油茶籽产量294.6万吨，比1952年增加270万吨，增长10.8倍。全国林业产值从2001年的939亿元，增加到2023年的7006亿元。习近平总书记提出“绿水青山就是金山银山”，把绿色发展作为新发展理念的重要内容，林业生态建设进入新的历史阶段。据第九次全国森林资源清查（2014—2018年）结果显示，全国森林面积从20世纪70年代初的18.28亿亩增加到33.07亿亩，森林覆盖率从12.7%提高到22.96%，森林蓄积量从87亿立方米增长到176亿立方米，是同期全球森林资源增长最快最多的国家。

四、农业基础持续改善，农业科技创新发展

（一）基础设施日益完善，稳产增产更有保障

新中国成立以后，我国以农田水利为重点推进农业基础设施建设，改善农业生产基础条件，提高防灾减灾能力。党的十八大以来，国家持续推进高标准农田建设，统筹推进灌溉水源保障和灌区建设改造，农业生产条件明显增强，农业基础更加稳固。截至2023年底，全国已累计建成高标准农田10亿亩以上，完成10.58亿亩粮食生产功能区和重要农产品生产保护区划定任务。2023年我

国耕地灌溉面积 10.75 亿亩，比 1952 年增长 2.6 倍，累计建成大中型灌区 7300 多处，建成泵站、机井、塘坝等各类小型农田水利工程 2200 多万处，为保障国家粮食安全发挥了重要作用。

（二）农机装备广泛应用，生产效率大幅提高

新中国成立以来，我国农业装备和农业机械化水平实现了跨越式发展，农机装备总量持续增长、作业水平不断提升、社会化服务能力显著增强。1952 年全国农业机械总动力仅 18.4 万千瓦，拖拉机不到 2000 台，联合收割机仅 284 台。到 2022 年，全国农业机械总动力达到 11.1 亿千瓦，拖拉机总数 2144.1 万台，联合收割机总数 173.1 万台。目前，全国农作物耕种收综合机械化率超过 73%，小麦生产基本实现全程机械化，玉米、水稻耕种收综合机械化率超过 80%，大宗经济作物、畜禽水产养殖、果茶菜、设施农业、农产品初加工等领域的机械化生产也取得了长足的进步，农业生产从主要依靠人力畜力向主要依靠机械动力转型升级，有力提升了农业劳动生产率、土地产出率和资源利用率。

（三）绿色发展步伐加快，农业生态持续改善

长期以来，我国农业生产方式粗放，农业生态系统结构失衡、功能退化。党的十八大以来，我国加快转变农业发展方式，深入推进农业绿色发展，资源节约型、环境友好型农业日益发展，农业可持续发展能力显著提高。2023 年，全国耕地平均等级达到 4.76，比 2014 年提高 0.35 个等级；全国高效节水灌溉面积已发展到 4.10 亿亩，全国农业用水量从 2014 年的 3869 亿立方米下降到 2023 年的 3600 多亿立方米，农田灌溉用水有效利用率系数达到 0.58，比 2014 年提高了 0.05。化肥农药施用持续减量增效，2023 年全国农用化肥施用量 5022 万吨，比 2012 年减少 817.1 万吨，下降 14.0%；2023 年全国农药使用量 115 万吨，比 2012 年减少 65.1 万吨，下降 36.1%。目前，我国主要农作物病虫害绿色防控面积覆盖率达 54.1%，畜禽粪污综合利用率、秸秆综合利用率、农膜处置率分别超过 78%、88%、80%，重点地区“白色污染”得到有效防控。

（四）农业科技突飞猛进，支撑能力显著提升

新中国成立以来，我国农业科技发展从小到大、从弱到强，取得长足进步。党的十八大以来，我国加快实现高水平科技自立自强，培育发展农业新质生产力，农业科技事业加快发展，创新体系更加健全，创新能力显著增强。2023 年，全国农业科技进步贡献率为 63.2%，比 2012 年提升 8.7 个百分点，农业科技整体水平跨入世界第一方阵。核心种源“卡脖子”问题得到缓解，畜禽、水产核心种源自给率分别超过 75% 和 85%，农作物良种覆盖率超过 96%，对粮食增产贡献率达 45% 以上。

近年来，随着科学技术的快速发展，物联网、大数据、人工智能、区块链等新一代信息技术与农业产业深度融合，数字农业、智慧农业已成为农业生产向现代化转型升级的重要驱动力，科技兴农、科技助农成为现代农业的主旋律。

五、经营体系不断健全，现代农业蓬勃发展

（一）土地流转有序推进，适度规模经营稳步发展

伴随农业现代化进程加速，我国持续构建立体式复合型现代农业经营体系，推动土地经营权有序流转，促进农业从传统劳动密集型产业向多种形式适度规模经营的现代农业转变。2004 年全国农村承包地流转面积仅 0.58 亿亩，到 2022 年，全国已有 1474 个县（市、区）建立流转市场、约 2.2 万个乡镇建立流转服务中心，全国家庭承包耕地土地经营权流转面积已超 5.32 亿亩。我国农业规模化水平显著提升，2023 年，我国生猪养殖规模化率超过 68%，鸡蛋和肉鸡养殖规模化率超过 80%，奶牛养殖规模化率达到 76%，有力促进了我国农业标准化、规模化、集约化发展。

（二）新型农业经营主体发展壮大，农业社会化服务加快推进

发展适度规模经营，培育新型农业经营主体，健全专业化社会化服务体系，是建设现代农业的前进方向和必由之路。近年来，我国新型农业经营主体不断发展壮大，质量效益稳步提高，服务带动效应持续增强。截至 2023 年 10 月末，纳入全国家庭农场名录管理的家庭农场近 400 万个，农、林、牧、渔业法人单位达到 250 万家。全国超过 107 万个组织开展农业社会化服务，服务面积超过 19.7 亿亩次，服务小农户 9100 多万户，服务范围从大宗农作物向经济作物拓展，从种植业向养殖业等领域推进，从产中向产前产后各环节延伸，有力促进小农户和现代农业有机衔接。

（三）新型生产模式快速发展，设施农业日新月异

随着农业现代化水平的不断提升，以设施农业为代表的新型农业生产模式快速发展。我国设施农业规模连年扩大，产品种类日益丰富，产业效益持续提升。2022 年我国设施种植面积达 4270 万亩，占世界设施农业总面积的 80% 以上，已成为设施农业第一大国。依托温室、大棚、垂直农场、智能农牧场、植物工厂等新模式，突破了自然资源条件的束缚，拓宽了农业发展新空间，推动肉蛋奶、蔬果、水产品等有效供给持续提升，更好满足了人民群众日益多元化的食物需求，有力提升了“大食物”供给水平。

（四）新产业新业态竞相涌现，发展潜能持续释放

近年来，我国积极培育壮大农业新业态，凝聚新动能，引领新发展，持续释放现代农业发展潜能。全国累计培育县级以上农业产业化龙头企业超过 9 万家，培育全产业链产值超 10 亿元的强镇超 350 个，培育乡村特色产业专业村镇 4068 个，实现总产值 9000 多亿元。产业融合水平不断提升，数字农业、订单农业、休闲农业等农业新业态方兴未艾，农业多功能性日益显现。农村创业环境持续优化，2012—2022 年底，全国返乡入乡创业人员数量累计达到 1220 万人。全国许多地方依托资源优势，打破传统农业生产边界，立足乡土特色、对接市场需求，“靠山吃山唱山歌，靠海吃海念海经”，悠远的农耕文明、特色生态资源与人民对美好生活的向往相呼应，催生出一批有特色、有热度、有前景的乡村新产业、新业态，成为推动乡村全面振兴的强大力量。

砥砺奋进七十五载，我国农业农村发展取得了历史性成就、发生了历史性变革，农业高质量发展持续推进，为应对各种风险挑战、稳定经济社会发展大局、推动经济高质量发展发挥了“压舱石”作用。但必须清醒认识到，全面建设社会主义现代化国家，最艰巨最繁重的任务仍然在农村，农业农村发展不平衡不充分的问题仍然突出。新时代新征程，我们要更加紧密地团结在以习近平同志为核心的党中央周围，坚持以习近平新时代中国特色社会主义思想为指导，坚持农业农村优先发展总方针，锚定加快建设农业强国目标，保持定力、久久为功，加快推进农业现代化，为以中国式现代化全面推进中华民族伟大复兴作出新的贡献。

撰稿：孟晓娴　张谦　孟繁宇　兰翔　刘英倩　周敏

6 工业经济实力大幅跃升 制造强国建设步伐坚定

工业发展是经济社会进步和人民生活水平提高的重要基础。新中国成立75年以来，工业经济实现了规模总量的跨越式增长和发展质量的显著提升，以强大的实力推动我国由农业国成长为世界第一制造业大国。党的十八大以来，以习近平同志为核心的党中央多次强调实体经济重要支柱性地位，一系列重大决策部署引领我国工业经济迈上了更高质量、更可持续的发展之路。

一、工业经济破浪前行，制造大国迈向制造强国

新中国成立之初百业待举，工业经济在设备落后、产能低下的薄弱基础上艰难起步。经过75年发展，我国工业总量规模实现跨越式增长，主要产品产量领跑全球，国际竞争力显著增强。

（一）工业经济跨越式增长，制造业大国地位稳固

我国工业增加值从1952年的120亿元增加到2023年的39.9万亿元，按不变价格计算年均增长10.5%。分阶段看，1949—1957年，社会主义改造与第一个五年计划取得伟大胜利，工业生产快速恢复。在整个“一五”期间，工业增加值保持了年均19.7%的增长速度。1958—1978年，“二五”时期直至改革开放前夕，我国工业经济曲折前行，年均增长7.8%，1978年工业增加值为1621亿元。改革开放以后，我国工业焕发出强大生机和活力，经济规模迅速壮大。工业增加值1992年突破1万亿元大关，2007年突破10万亿元大关，2012年超过20万亿元，1979—2012年年均增长11.4%。党的十八大以来，工业经济迎来高质量发展的机遇期，2013—2023年工业增加值年均增

长5.7%，增速换挡但结构优化、质效提升。世界银行数据显示，我国制造业增加值自2010年首次超过美国，稳居世界首位，2022年占全世界比重为30.2%，成为全球工业经济增长的重要驱动力。

图1 1952—2023年工业增加值

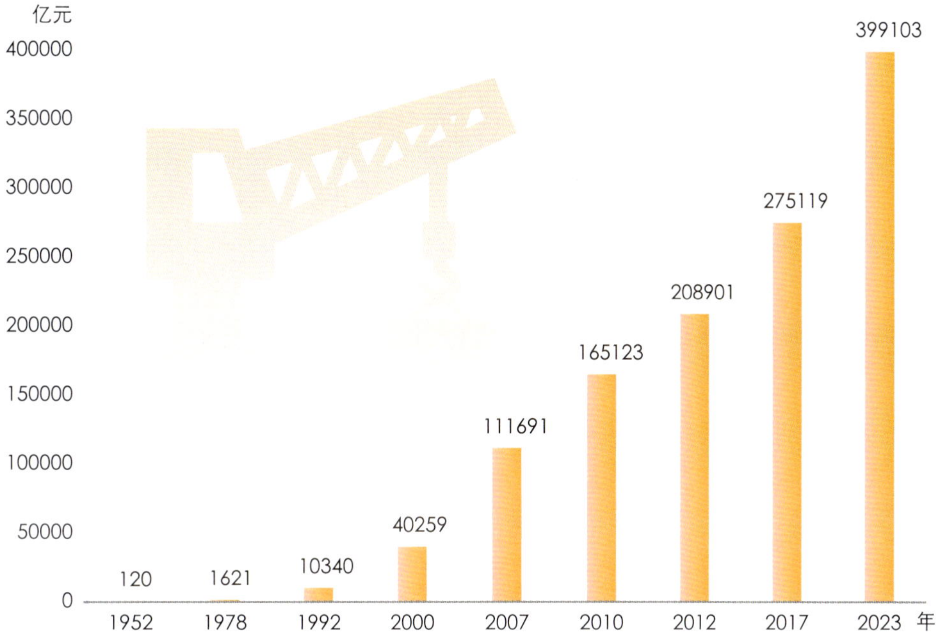

（二）工业生产迅速扩张，主要产品产量领跑全球

新中国成立初期，我国工业面临厂房残破、设备落后的基础条件，原材料供给严重不足，日用生活消费品仅有纱、布、火柴、肥皂、面粉等为数不多的品种产出；75年来工业发展开疆拓土，如今我国能够生产的产品覆盖原材料、消费品、中高端装备等各个领域，在500种主要工业产品中，有四成以上产品产量位居全球第一。

原材料产品产量较新中国成立初期几何式增长。2023年，我国原煤产量为47.1亿吨，比1949年增长146倍；粗钢产量10.2亿吨，增长6449倍；水泥产量20.2亿吨，增长3064倍；平板玻璃9.7亿重量箱，增长897倍；化肥产量5714万吨，增长9522倍。消费品从供应短缺到琳琅满目，轻工业联合会资料显示，当前我国有100多种消费品产量居世界第一。2023年，纱、布产量分别达2234万吨、294.9亿米，比1949年增长67.3倍、14.6倍。装备生产方兴未艾，中高端产品供给能力显著增强，水下机器人、无人机等技术以及磁共振、超声影像等高端医学影像装备均处于国际领先水平。2023年，我国汽车产量为3011万辆，连续15年蝉联世界第一；手机、微型计算机、彩色电视机、工业机器人等产品产量分别为15.7亿台、3.3亿台、1.9亿台、43.0万套，均位居全球首位。

专栏1　从一穷二白到蝉联首位　新能源汽车引领我国迈向汽车强国

从新中国成立之初中国第一汽车制造厂在长春动工建设、第一批解放牌CA10型4吨载重卡车成功生产以来，经过75年的奋进历程，我国汽车产业已经实现了飞跃式发展。2023年，我国汽车产销双双突破3000万辆[1]，已经连续15年位居全球首位，新能源汽车市场渗透率持续提升，家用汽车拥有量显著增加。

汽车产销双双突破3000万辆

1949年新中国刚成立时，我国汽车产业一穷二白，20世纪50年代建设了首家汽车生产厂——中国第一汽车制造厂。1957年，仅吉林一省具有汽车生产能力，全国汽车产量仅0.79万辆。60年代，北京、天津、上海、江苏、山东、湖北、四川等地区也逐渐建起汽车生产企业，1965年全国汽车产量达到了4.05万辆。70年代，大多数省份都具备了汽车生产能力，1978年汽车产量达到14.91万辆。改革开放后，我国汽车产业加快发展步伐。80年代，北京吉普、上海大众、广州标致等合资企业纷纷成立，1988年，汽车产量达到64.5万辆。90年代，汽车产量突破百万。进入21世纪以来，我国汽车产量增长更为迅速，2000年即超过两百万辆，自2002年开始，连续超过韩国、德国、美国和日本，在不到10年的时间里从世界第五位跃居首位。2009年以来，我国汽车产量连续15年蝉联全球首位，2023年产、销量再创历史新高，双双突破3000万辆大关，分别达3011.3万辆、3009.4万辆，占全球的比重均超过30%；其中汽车出口522万辆，较2022年增长57.4%，首次跃居全球第一。

新能源汽车市场渗透率持续提升

20世纪50年代，我国汽车生产以载货汽车为主，轿车占比不足三成。2023年，我国轿车、运动型多用途乘用车（SUV）、载货汽车、多功能乘用车（MPV）、交叉型乘用车和客车产量分别达到1086.3万辆、1183.2万辆、338.5万辆、104.8万辆、28.1万辆和46.1万辆。近年来，新能源技术快速普及，2023年新能源汽车产、销量已达944.3万辆、949.5万辆，连续9年全球产销量第一，占全球的比重均超过60%；国内新能源汽车销量占全部汽车销售量比重为31.6%，市场渗透率持续提升，汽车消费结构不断升级。

民用汽车拥有量明显增加

随着经济发展水平的提高，汽车逐渐走入了千家万户，从买不起的奢侈品成为常见的家庭耐用消费品。1949年，我国民用汽车拥有量仅为5.09万辆。2023年，我国民用汽车拥有量突破3亿辆，为新中国成立初期的六千多倍，平均每百户家用汽车拥有量近50辆。

撰稿：王显坤

（三）工业出口成绩亮眼，国际竞争力显著增强

新中国成立初期，短缺经济和开放不足制约工业贸易发展，我国仅有少量的对外出口。改革开放后，我国依托不断夯实的产业基础全面融入全球产业分工体系，快速成长为世界贸易大国。自2009年起，我国已连续多年稳居全球货物贸易第一大出口国地位。党的十八大以来，党中央坚持

1. 汽车销售数据来自中国汽车工业协会，出口数据来自海关总署，下同。

扩大开放，我国对外贸易质量不断提升。2023 年，我国货物出口总额达 23.8 万亿元，比 1978 年增长 1417 倍。

出口产品结构持续优化，我国在高技术、高附加值商品市场的国际竞争力大幅提升。新中国成立初期，我国出口商品中 80% 以上是初级产品。1978 年，初级产品出口比重下降到 53.5%，工业制成品出口占到 46.5%，2000 年以后工业制成品上升到 90% 以上。2023 年，机电产品在出口总额中占比达 58.5%，其中，汽车出口 522 万辆，我国首次成为全球第一大汽车出口国。

二、新型工业化持续推进，工业转型升级提质增效

新中国成立初期，我国通过学习引进和自主研发双管齐下逐步提升工业经济科技含量。改革开放以来，我国大力实施创新驱动发展战略，产业发展逐步转向以技术进步为主导。党的十八大以来，党中央坚持以科技创新引领现代化产业体系建设，我国制造业高端化、智能化、绿色化快速推进，工业经济增长质量进一步提升。

（一）工业体系健全完善，实体经济基础不断夯实

经历了 20 世纪 50 年代 156 个重点工业项目、60 年代“三线建设”布局、70 年代的两次大规

专栏 2　钢铁工业由弱到强 稳步迈向高质量发展

新中国成立之初，我国钢铁工业基础极为薄弱。75 年来，在中国共产党的坚强领导下，经过几代人艰苦奋斗，我国钢铁工业实现了从小到大、从大到强的飞跃式发展，钢铁产量占世界一半以上，成为国民经济快速发展的重要支柱产业，产品结构持续升级，产业布局不断优化，稳步迈向高质量发展。

钢铁产量增长迅速，连续 20 多年位居世界第一。1949 年，我国生铁、粗钢产量分别为 25 万吨、16 万吨，经过多年快速发展，生铁和粗钢产量分别在 1995、1996 年突破 1 亿吨，中国在当年成为世界最大的产铁和产钢国。至 2023 年，我国生铁和粗钢产量已分别连续 29 年和 28 年稳居世界第一，产业链全球最全、规模全球最大。2023 年生铁产量为 8.7 亿吨，比 1949 年年均增长 11.7%；粗钢年产量突破 10 亿吨，比 1949 年年均增长 12.6%。

供给侧结构性改革成果持续巩固，钢铁行业稳步迈向高质量发展。2016 年推进供给侧结构性改革以来，钢铁行业累计压减粗钢过剩产能 1.5 亿吨以上，提前两年超额完成“十三五”化解过剩产能 1.5 亿吨的上限目标；全面取缔“地条钢”产能 1.4 亿吨，扭转了长期困扰行业的“劣币驱除良币”现象。钢铁行业市场供求关系明显改善，对钢铁行业加快联合重组、技术创新进步、节能环保发展等方面均产生了积极影响，推动钢铁行业稳步迈向高质量发展。

撰稿：王显坤

模技术引进，我国用几十年时间走完了发达国家几百年走过的工业化历程，逐步建立起独立完整的工业体系。目前，我国拥有41个工业大类、207个中类、666个小类，是全世界唯一拥有联合国产业分类中全部工业门类的国家。党的十八大以来，党中央大力推进工业现代化建设，2023年，我国工业增加值占国内生产总值的比重达到31.7%，工业经济以完备产业体系和强大规模优势，为国民经济增长奠定坚实物质基础。

（二）技术创新蓄势赋能，传统产业转型升级

规模以上工业企业[2]科技投入力度持续加大，为工业经济快速发展注入强大新动能。欧盟有关数据显示，2022年有679家总部位于中国的企业入围全球企业研发投入2500强。2022年，全国规模以上工业企业中有研发活动的企业达17.6万家，比2000年增长9.2倍，占规模以上工业企业的比重为37.3%，比2000年提高26.7个百分点；规模以上工业R&D经费支出19362亿元，比2000年增长38.5倍，研发投入强度为1.4%，比2000年提高了1.2个百分点。

2023年，世界知识产权组织认定中国为全球最大国际专利申请国，在信息与通信技术方面，中国专利拥有量占全球总量的14%。关键技术领域多点突破，推动制造业重大改造和设备更新升级，让传统产业"老树发新芽"，工业和信息化部数据显示，2023年，我国重点工业企业数字化研发设计工具普及率达80.1%、关键工序数控化率达62.9%。

（三）制造业高端化、智能化、绿色化快速推进，新质生产力加快培育

党的十八大以来，产业布局不断优化，我国制造业核心竞争力稳步增强，高端化、智能化、绿色化水平显著提升。

装备制造业引领制造业高端化发展。大国重器举世瞩目，神舟十七号成功发射，全球首台16兆瓦海上风电机组并网发电，C919国产大飞机开启商业运营。党的十八大以来，我国规模以上装备制造业增加值年均增长8.7%，2023年，装备制造业增加值占规模以上工业增加值比重为33.6%，比2012年提高5.4个百分点。

高技术制造业支撑制造业智能化发展。党的十八大以来，规模以上高技术制造业增加值年均增长10.3%，2023年，高技术制造业增加值占规模以上工业增加值比重为15.7%，比2012年提高6.3

2. 规模以上工业企业的统计范围：1998—2006年为全部国有和年主营业务收入500万元及以上的非国有工业法人单位；2007—2010年为年主营业务收入500万元及以上的工业法人单位；从2011年开始，为年主营业务收入2000万元及以上的工业法人单位。

专栏 3　装备制造业“压舱石”作用凸显

新中国成立以来，我国装备制造业从无到有发展壮大，取得举世瞩目的成就。党的十八大以来，装备制造产业规模稳步提升，高端装备产品竞争力不断增强，成为拉动工业经济增长的重要力量，对我国工业发展“压舱石”作用凸显。

产业规模日益壮大。2023 年末，我国规模以上装备制造业企业数量达 18.7 万家，是 2012 年末的 1.7 倍；资产总额达 61.7 万亿元，是 2012 年末的 2.7 倍。2023 年，装备制造业营业收入、利润总额分别达 51.5 万亿元、2.8 万亿元，分别是 2012 年的 1.7 倍、1.5 倍；增加值占规上工业的比重为 33.6%，较 2012 年上升 5.4 个百分点。

高端装备竞争力不断增强。神舟飞船、载人潜水艇、大飞机、智能动车组、工业机器人等“大国重器”纷纷亮相，相关领域多项关键技术取得世界领先地位。高端装备挺起工业“脊梁”，我国逐渐形成了目前世界规模最大、体系最为完备的装备制造行业。

装备制造业成为拉动我国工业经济增长的重要力量。我国工业经济转型持续推进，装备制造业“厚积薄发”，对规上工业增长的贡献稳步提升。2023 年，装备制造业对规上工业增加值增长的贡献近五成，较 2012 年提升 20 个百分点以上。2013—2023 年，装备制造业增加值年均增长 8.7%，高于全部规模以上工业平均水平 2.4 个百分点。其中，计算机通信和其他电子设备制造、电气机械和器材制造、汽车制造、铁路船舶航空航天和其他运输设备制造工业增加值年均分别增长 10.4%、10.4%、8.9%、5.7%。

撰稿：王帅

个百分点。高技术产品保持快速增长，2023 年，我国服务机器人产量达 783.3 万套，3D 打印设备产量 278.9 万台，比上年分别增长 23.3%、36.2%。

新能源产业加速制造业绿色化发展。新能源汽车、太阳能电池、汽车用锂离子动力电池等“新三样”相关产品产量增长较快，2023 年比上年分别增长 30.3%、54.0%、22.8%。可再生能源相关设备产品高速生产，2023 年水轮发电机组、风力发电机组、充电桩等绿色能源相关产品比上年分别增长 35.3%、28.7%、36.9%。太阳能工业用超白玻璃、碳纤维及其复合材料、生物基化学纤维等绿色材料产品产量比上年分别增长 58.6%、57.1%、50.7%。

三、多种所有制经济蓬勃发展，工业经营主体活力迸发

改革开放以来，我国持续推进经济体制改革，不断调整优化政府和市场的关系，工业经济由新中国成立初期的单一公有制经济，逐步改变为以公有制经济为主体、多种所有制经济共同发展。

（一）国有经济持续发挥支柱作用，国有企业改革提质增效

1952 年，我国国有工业企业[3]实现利润总额 28.2 亿元，固定资产原值 149 亿元。改革开放以来，国有企业改革不断推进，企业内生动力持续激活、布局结构调整优化，企业规模效益、发展质量明显提升。2012 年末，规模以上国有控股工业企业资产总计达 31.2 万亿元，全年实现利润总额 1.5 万亿元。党的十八大以来，深化国有企业改革行动实施，国有经济提质增效成果显现。2023 年末，规模以上国有控股工业企业资产总计达 60.8 万亿元，与 2012 年相比年均增长 6.2%；2023 年实现利润总额 2.3 万亿元，年均增长 3.7%。

（二）民营经济发展壮大，成为经济增长新引擎

随着经济体制改革持续推进，我们党不断促进民营经济发展。1993 年党的十四届三中全会初步建立社会主义市场经济体制，明确了坚持以公有制为主体、多种经济成分共同发展。截至 2001 年底，规模以上私营工业企业达到 3.6 万家，占全部规模以上工业企业数量的比重为 21.2%，资产

专栏 4　政策措施助力小微企业和个体经营户稳定发展

自 2014 年 3 季度起，国家统计局从工商登记制度改革实施后新设立（指 2014 年 3 月—7 月新登记注册）的小微企业和个体经营户中，抽取部分样本单位开展跟踪调查。调查结果显示，减税降费政策持续显效，融资支持力度不断加大，助力小微企业和个体经营户稳定发展。

减税降费政策持续显效。十年间，国家陆续出台面向小微企业和个体经营户的政策，尤其是减税降费有关政策措施不断落地落实，政策红利持续释放。2024 年 1 季度，填报问卷的小微企业和个体经营户中，享受减税降费政策的占 74.5%，比调查初期上升 40 个百分点以上。特别是 2020 年以来，为应对新冠疫情等影响，各项政策措施密集出台，享受减税降费政策的小微企业和个体经营户占比持续保持在七成以上，在助力保持生产经营稳定等方面，发挥了关键作用。

融资支持力度不断加大。近些年，金融机构服务经济质效稳步提升，尤其是普惠金融支持力度不断加大，助力小微企业和个体经营户增强韧性、稳定发展。一方面，小微企业和个体经营户的综合融资成本稳步下降，在降成本、减负担方面发挥重要作用。另一方面，银行融资主渠道作用持续加强，2024 年 1 季度，获得融资的小微企业和个体经营户中，主要从银行贷款的占 89.7%，比调查初期上升约 40 个百分点。

撰稿：万舒晨

3. 国有工业企业的统计范围：1997 年及以前为全部乡及乡以上独立核算全民所有制工业企业，1998—2006 年为全部国有工业企业，2007—2010 年为年主营业务收入在 500 万元及以上国有工业企业，2011 年及以后年份为年主营业务收入在 2000 万元及以上国有工业企业。

总计和利润总额占规模以上工业企业的比重分别为 4.4% 和 6.6%。2002 年，党的十六大提出毫不动摇巩固和发展公有制经济，毫不动摇鼓励、支持、引导非公有制经济发展。党的十八大以来，党中央明确坚持“两个毫不动摇”，落实大规模减税降费，为民营经济发展营造出公平平等的法治环境和营商环境。2023 年末，规模以上私营工业企业数量达 35.8 万家，占规模以上工业企业比重达 74.2%，资产总计和全年实现利润总额占比分别为 28.5% 和 30.5%。当前，民营经济已成为社会主义市场经济健康发展的重要引擎。

（三）外商及港澳台投资建企，为经济发展增添活力

改革开放以来，我国以雄厚物质基础、丰富人力资本、巨大发展潜力和广阔市场回旋空间吸引了大批外商投资，有力推动了工业现代化发展。1999 年，规模以上外商投资、港澳台投资工业企业数量分别达 1.1 万家和 1.6 万家。党的十八大以来，党中央坚持深化改革开放，开放领域不断拓宽，开放程度不断加深。2023 年末，我国规模以上外商投资、港澳台投资工业企业合计 4.4 万家；全年实现利润总额 1.8 万亿元，吸纳就业人数 1446.2 万人，分别占规模以上工业 23.4%、19.7%。商务部数据显示，2023 年，我国高技术制造业实际使用外资同比增长 6.5%。

四、区域协同布局优化，工业经济平衡发展

新中国成立之初，我国工业呈现东强西弱的极不平衡布局，随着“三线建设”大迁移，东西差距有所缩小。改革开放以后，东部地区率先发展奋勇领跑。世纪之交，党中央立足发挥各地区比较优势和缩小区域发展差距，陆续作出支持西部大开发、东北老工业基地振兴、中部崛起等战略重大决策。党的十八大以来，党中央统筹推进区域协调发展战略，全国一盘棋发展新格局逐步形成。

（一）东部地区率先发展，引领示范工业经济高质量发展

新中国成立以来，东部地区在我国工业经济发展中始终担任着领跑者和挑大梁角色。1952 年，东部地区工业总产值占全国比重超过一半。借着改革开放的东风，东部工业经济进一步快速发展。2012 年，东部地区规模以上工业企业实现利润总额 3.4 万亿元，比 1978 年增长 103 倍，占全国规模以上工业比重为 55%。党的十八大以来，C919 国产大飞机、首艘国产大型邮轮相继问世，一批国家级工业互联网平台建成，东部地区在全国制造业转型升级方面引领效应显著。2023 年，东部地区规模以上工业企业实现利润总额 4.2 万亿元，比 2012 年增长 22.7%；装备制造业 2022 年实现利润总额 2.0 万亿元，比 2012 年增长 59.2%。

专栏 5　经济大省因地制宜推动制造业高质量发展

随着我国经济由高速增长阶段转向高质量发展阶段，江苏、广东、浙江、山东等经济大省结合自身资源禀赋和产业优势，发挥先进制造业和战略性新兴产业集群集聚效应，着力推动制造业高质量发展。

江苏聚焦物联网、前沿新材料、工程机械、智能制造装备、生物医药、高端纺织、海工装备和高技术船舶等领域，打造 13 个国家级战略性新兴产业集群和先进制造业集群，抢占未来产业高点，开辟发展新赛道。广东在新型显示器件、人工智能、智能家电、智能装备、智能移动终端、先进电池材料、高端医疗器械等方面深入布局，创建 13 个国家级战略性新兴产业集群和先进制造业集群，以“新”破局，再造发展新引擎，同时通过 AI 赋能，让“制造”向“智造”进化。浙江紧扣电气、数字安防、磁性材料、绿色石化、信息技术服务等领域，培育 7 个国家级战略性新兴产业集群和先进制造业集群，联动推进科技创新体系建设和先进制造业集群培育，加快破解高质量发展中的问题，在深化改革、扩大开放上续写新篇章，打造高质效改革先行省。山东围绕智能家电、轨道交通装备、动力装备、新型功能材料、先进结构材料、节能环保等产业方向，聚力产业创新、结构升级、融合赋能、生态优化、园区建设、开放招引 6 个方面攻坚提质，加快建设以科技创新为引领、先进制造业为骨干的现代化产业体系。

撰稿：刘畅

（二）中西部和东北地区实力提升，有力支撑工业经济全局发展

中西部地区受自然禀赋和区位因素影响，经济发展落后于东部地区。1999 年西部大开发战略正式提出，2006 年中部崛起迎来战略机遇。在党中央的高度重视和政策关怀下，中西部地区立足自身优势奋起追跑，特别是党的十八大以来，在光伏电池、超导、特高压输电、新型显示等领域取得技术突破，达到国际先进水平。2023 年，中西部地区规模以上工业企业实现利润总额 3.2 万亿元，比 2012 年增长 41.5%；装备制造业 2022 年实现利润总额 7065 亿元，比 2012 年增长 44.0%。东北地区重工业基地是“新中国工业的摇篮”，但一度受困于结构性矛盾，与沿海发达地区的发展差距逐步扩大。2003 年东北振兴号角吹响，东北地区重振老工业基地雄风，打造出首艘国产航母、航母舰载机等国之重器。2022 年，东北地区规模以上装备制造业实现利润总额为 1744 亿元，比 2012 年增长 9.1%。

（三）区域协调发展战略深入实施，区域经济布局持续优化

党的十八大以来，京津冀协同发展、长江经济带、黄河流域高质量发展等一系列重大区域战略稳步推进，区域经济布局不断优化。2022 年，京津冀、长江经济带、黄河流域地区工业增加值分别为 2.4 万亿元、17.8 万亿元、10.4 万亿元，分别是 2012 年的 1.5 倍、1.8 倍、1.7 倍。其中，长

江经济带 11 个省（自治区、直辖市）合计工业增加值占全国比重达到 46.0%，在我国工业经济发展全局中起到重要支撑作用。

随着区域协调发展战略的深入实施，全国各区域板块发展呈现出更加协调平衡的新局面。2022 年，中西部地区工业增加值占全国比重达 42.3%，比 2012 年提高 1.6 个百分点。2023 年，中西部地区规模以上工业企业实现利润总额占全国比重达 42.1%，比 2012 年提高 5.2 个百分点。

回首爬坡过坎破浪前行的七十五载，在中国共产党的坚强领导下，我国工业经济已经取得了从小到大由弱变强的历史性发展成就。响应新的百年奋斗目标感召，面对更加复杂多变的外部环境，工业经济要继续坚持高质量发展，着力提升科技创新能力，加快建设现代化产业体系，切实推进新型工业化和制造强国建设，为以中国式现代化全面推进中华民族伟大复兴奠定坚实基础。

撰稿：杨佳

7 服务业地位作用更加彰显 发展质效持续提升

新中国成立 75 年来，我国服务业规模不断壮大，结构持续优化，实力日益增强，质量效益稳步提升。党的十八大以来，在以习近平同志为核心的党中央坚强领导下，服务业新动能加快培育、新业态蓬勃发展，服务业经济社会发展的主引擎地位和作用更加坚实稳固。

一、服务业跃居第一大产业，引领经济行稳致远

（一）服务业规模占据国民经济半壁江山

从新中国成立到改革开放前，我国大力发展工农业，服务业处于辅助地位。1952 年服务业（第三产业）增加值为 195 亿元，1978 年增长到 905 亿元，1953—1978 年年均实际增长 5.4%。这一时期，服务业增加值占国内生产总值（GDP）的比重较低，1978 年只有 24.6%，比第一产业、第二产业分别低 3.1 个和 23.1 个百分点。

改革开放后，服务业迎来了翻天覆地的变化，服务业全面快速发展。2012 年，服务业增加值增长到 244856 亿元，1979—2012 年年均实际增长 10.8%，增速高出同期 GDP 年均增速 0.9 个百分点，是 1953—1978 年服务业年均增速的 2 倍。这一时期，服务业增加值占 GDP 的比重节节攀升，1985 年超过第一产业，2012 年超过第二产业，达到 45.5%。

党的十八大以来，党中央、国务院制定出台了一系列促进服务业发展的政策措施，服务业新产

业新业态新模式如雨后春笋大量涌现、茁壮成长，服务业进入了新的发展阶段。2023 年，服务业增加值增长到 688238 亿元，2013—2023 年年均实际增长 6.9%，增速高出同期 GDP 年均增速 0.8 个百分点。这一时期，服务业增加值占 GDP 的比重进一步提升，2015 年首次超过 50%，2023 年达到 54.6%，连续 9 年占据国民经济半壁江山。

图 1 1952—2023 年三次产业增加值占国内生产总值（GDP）比重

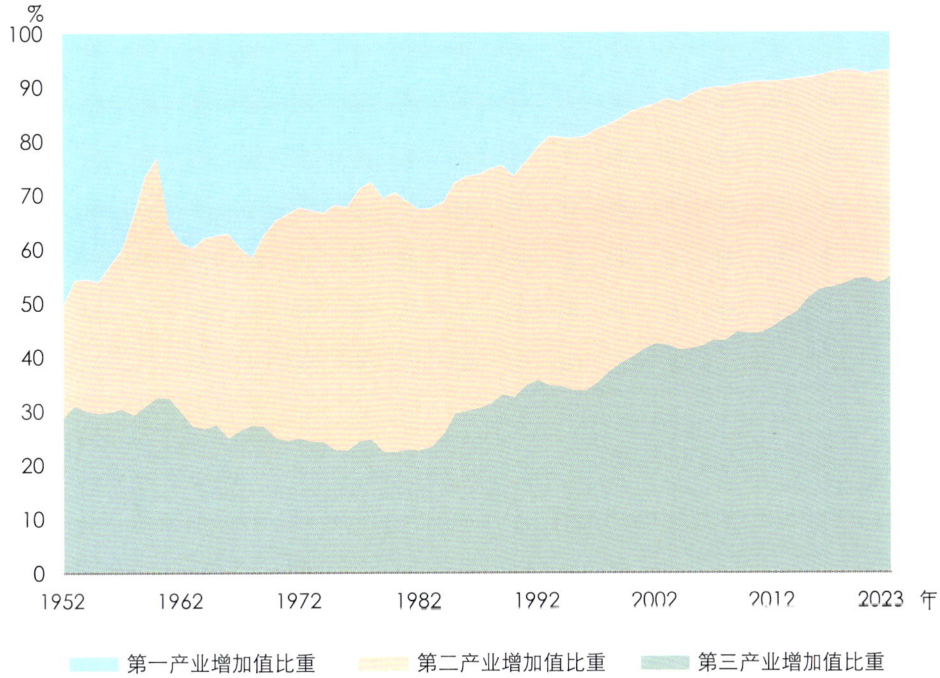

（二）服务业成为经济社会发展主引擎

改革开放前，我国服务业发展对经济增长的贡献率较低。1978 年，服务业对当年 GDP 贡献率仅为 28.4%，低于第二产业 33.4 个百分点。改革开放后，随着工业化和城镇化的加速推进，居民、企业、政府三部门[1]对服务业的需求日益旺盛，服务业对经济增长的贡献率不断提升。2012 年，服务业对 GDP 贡献率达到 45.0%，比 1978 年提升了 16.6 个百分点。党的十八大以来，服务业对 GDP 贡献率呈现加速上升态势，2014 年达到 49.9%，超过第二产业 4.3 个百分点，成为对 GDP 贡献率最大的产业；2023 年达到 60.2%，比 2012 年提高 15.2 个百分点，成为经济社会发展的主引擎。

1. 居民、企业、政府三部门依据支出法 GDP 进行划分。

图 2 1978—2023 年服务业对 GDP 的贡献率

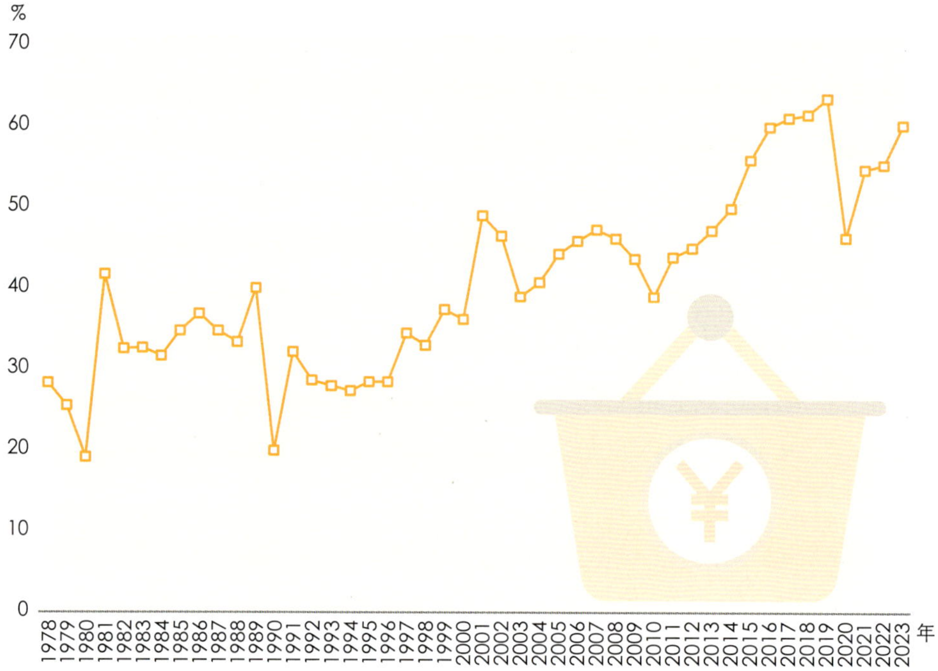

（三）服务业是吸纳就业主渠道

改革开放前，农业和工业是吸纳就业的主体，1953—1978 年，服务业就业人员年均增长 3.7%，1978 年末服务业就业人员 4890 万人，占全国就业人员的比重仅为 12.2%。改革开放后，大量农业转移人口和新增劳动力进入服务业，服务业就业人员逐年增长，1979—2012 年，服务业就业人员年均增长 5.2%，增速比第二产业高 1.6 个百分点，服务业就业人员 1994 年超过第二产业，2011 年超过第一产业，成为我国吸纳就业最多的产业。2012 年末服务业就业人员 27493 万人，占全部就业人员比重提高到 36.1%，比 1978 年提高了 23.9 个百分点。党的十八大以来，服务业成为吸纳就业的主力，带货主播、外卖小哥、网约车司机、数据分析师、医院陪诊员等新的就业形态吸纳了大量就业，2013—2023 年，服务业年均新增就业人员 741 万人。2023 年末，服务业就业人员达到 35639 万人，占全国就业人员的比重为 48.1%，吸纳就业能力不断增强。

二、服务业结构不断优化，发展质量显著提升

（一）服务业行业结构优化调整

新中国成立 75 年来，我国服务业结构发生了翻天覆地的变化，传统服务业比重大幅下降，现代服务业稳步增长，服务业各行业发展更加均衡。1952 年，批发和零售业，交通运输、仓储和邮

政业增加值占服务业增加值的比重合计超过 50%，服务业发展相对集中；2023 年，两者占服务业的比重分别降至 17.9% 和 8.4%。金融业、房地产业等现代服务业对经济支撑作用不断增强，2023 年两者增加值占服务业增加值比重分别达到 14.6% 和 10.7%，分别比 1952 年提高了 8.6 个和 3.5 个百分点；信息传输、软件和信息技术服务业，租赁和商务服务业等生产性服务业快速发展，2023 年两者占服务业比重分别达到 8.0% 和 6.4%，分别比 2012 年提高了 3.1 个和 2.0 个百分点；科教文卫等公共服务业发展稳定，2023 年相关行业所在的其他服务业占服务业比重比 2012 年提高了 1.2 个百分点。

（二）服务业区域发展更加协调

服务业呈现地区协同发展态势。改革开放前，服务业主要为满足工农业生产和人民基本生活需要，地区间发展水平差异不大。改革开放后，社会主义市场经济体制逐渐建立完善，不同地区经济发展水平差距拉大，服务业发展差距亦随之加大。党的十八大以来，我国贯彻创新、协调、绿色、开放、共享的新发展理念，服务业在不同地区的发展水平虽然存在差异，但协同发展态势愈加明显。2023 年，全国 31 个省（自治区、直辖市）中有 4 个地区服务业增加值占地区生产总值比重超过 60.0%，北京、上海等超大城市现代服务业大量集聚，服务业增加值占地区生产总值的比重分别达到 84.8% 和 75.2%；全国有 24 个地区服务业增加值占比在 45%—60% 之间，比 2012 年增加了 14 个地区。

区域重大战略引领作用凸显。党的十八大以来，京津冀协同发展、粤港澳大湾区建设、长江经济带发展、长三角一体化发展、黄河流域生态保护和高质量发展等一系列区域协调发展重大战略陆续出台，有力引领区域服务业高质量发展。2013—2023 年，京津冀、长三角、长江经济带、黄河流域地区服务业增加值年均实际增长分别为 6.8%、7.5%、7.7% 和 7.6%，2023 年四区域服务业增加值占生产总值比重分别达到 67.7%、56.6%、55.0% 和 50.7%，比 2012 年分别提高了 10.9 个、10.3 个、11.1 个和 11.5 个百分点。

（三）服务业国际竞争力明显增强

服务业对外开放不断扩大。我国加入世贸组织后，银行业、保险业、交通运输业等服务业 9 大领域、100 多个分部门的外资准入限制陆续放开，服务业市场开放的广度和深度逐年递增，国际竞争力随之增强。2012 年以前，我国服务业实际利用外商直接投资额占实际利用外商直接投资额的比重不到 50.0%，2020 年以后稳定在 70.0% 左右，成为外商投资的重要领域。随着服务业领域加

专栏1 服务业扩大开放

服务业是国际经贸合作的重要领域，也是我国构建新发展格局、推进新一轮高水平对外开放的重点领域。近年来，全球外商直接投资持续流向服务业，服务贸易在双边、区域贸易、投资谈判中的比重逐渐提升。2019—2022年，全球服务业吸收外商直接投资占全球外商直接投资的比重从49.2%上升至58.4%。2020年以来，世界贸易组织共收到38个服务业区域贸易协定通知，占新增区域贸易协定通知总数的近50%。

我国持续缩减外资准入限制措施，增加服务业领域的鼓励类条目数，同时依托自贸试验区、自由贸易港、国家服务业扩大开放综合示范区、服务贸易创新发展试点等探索积累服务业扩大开放的宝贵经验。2020年9月，习近平总书记在中国国际服务贸易交易会上宣布，支持北京打造国家服务业扩大开放综合示范区，加大先行先试力度，探索更多可复制、可推广经验。截至2023年末，我国在28个地区开展了三轮服务贸易创新发展试点，积极探索适应我国服务业开放发展的新理念、新路径，累计向全国推广100多项试点经验和案例，引领带动全国服务贸易高质量发展。截至2023年末，全国已有11个国家服务业扩大开放综合试点示范地区，推出1300多项试点任务，基本形成了覆盖东南西北中、引领产业发展的开放布局，陆续推动开放科技、电信、文旅、金融等重点行业领域；试点示范省市在体制机制创新方面开展差异化探索，形成190多项创新成果，先后9次向全国推广，对全国服务业开放发挥了重要的引领带动作用。

撰稿：宇文杰

速改革，服务业企业在国际竞争中茁壮成长。2023年我国服务业全员劳动生产率[2]为19.3万元/人，按不变价格计算，分别是新中国成立初期（1952年）和改革开放初期（1978年）的14.3倍和9.4倍，比2012年增长了60.7%。

服务贸易额跃居世界前列。2001—2023年，我国服务贸易进出口总额从784亿美元增长到9331亿美元(合人民币65754亿元)，贸易规模在世界各经济体中的排名从第12位跃升至世界前列[3]。随着服务业竞争力增强，服务出口额快速增长。2017—2023年，服务出口额年均增长8.9%（以美元计价），比进出口总额增速高出3.9个百分点，其中电信、计算机和信息服务，知识产权使用费出口额年均增长分别高达19.1%和37.8%。

2. 服务业全员劳动生产率为现价服务业增加值与服务业就业人员的比率。
3. 2014—2022年均为世界第二，2023年为世界第四。

专栏 2 **现代综合交通运输体系加速形成**

交通是兴国之要、强国之基。现代综合交通运输体系作为中国式现代化的开路先锋，为全面建设社会主义现代化国家提供重要支撑和保障。

设施网络更加完善，运行能力显著提升。以“十纵十横”综合运输大通道为主骨架，内畅外通的综合立体交通网络加快构建。交通运输部数据显示，截至 2023 年末，全国铁路营业里程 15.9 万公里、公路里程 543.7 万公里、内河航道里程 12.8 万公里，1950—2023 年年均分别增长 2.7%、5.9%、0.8%。以机场、火车站为核心的综合交通枢纽逐步形成，北京大兴机场、郑州东站等客运枢纽的运营大幅提升了运行效率。2023 年，全国主要运输方式完成旅客周转量 28610 亿人公里、货运周转量 247745 亿吨公里，1950—2023 年年均分别增长 7.3%、9.7%。

互联互通展现活力，科技创新动能增强。共建“一带一路”从中国倡议走向国际实践，中欧班列、雅万高铁、中老铁路等极大便利了国际运输，“六廊六路多国多港”架构基本形成。复兴号系列动车组、C919 大型客机等大国重器惊艳亮相，跨海桥隧、深水航道、自动化码头等成套技术领先世界，交通运输领域创新能力持续增强。低碳交通设施装备加快应用，截至 2023 年末，全国铁路电力机车比重为 65.2%，公共纯电动车比重为 69.4%。

撰稿：钟菲菲

三、服务业新动能加快培育，融合创新数字化亮点纷呈

（一）现代服务业和先进制造业融合发展初显成效

生产性服务业和制造业互促共进。党的十八大以来，我国大力发展生产性服务业，服务业对制造业转型升级的支撑作用不断增强，服务业和制造业融合发展成为主要方向。2023 年，我国规模以上生产性服务业企业实现营业收入 119 万亿元，2020—2023 年年均增长 12.1%；其中，2023 年信息服务、商务服务、研发设计与其他技术服务分别实现营业收入 6.8 万亿、3.9 万亿和 3.7 万亿元，比上年分别增长 11.8%、11.4% 和 6.4%。生产性服务有效提升制造业生产效能，大飞机、新能源汽车、高速动车组等领域示范工厂产品研发周期大大缩短，生产效率同步提升。

工业互联网推动制造业智能化生产。党的十八大以来，我国实施“互联网 +”行动，推动互联网与制造业深度融合，加快新旧发展动能和生产体系转换。2023 年，我国规模以上互联网平台企业实现营业收入 1.1 万亿元，2019—2023 年年均增长 29.7%，互联网平台企业以自身的快速发展推动工业互联网加快普及。2023 年末，我国具备一定影响力的工业互联网平台数量超过 340 个[4]，

4. 工业互联网平台数、核心产业规模、灯塔工厂数量、智能制造相关数据来自工业和信息化部。

覆盖了全部工业大类，工业互联网核心产业规模达 1.35 万亿元；2022 年，使用工业互联网软件的规上工业企业占全部规上工业企业的比重为 32.1%。工业互联网推动工业智能化、数字化水平提升。2023 年，我国已建成 62 家“灯塔工厂”，占全球“灯塔工厂”总数的 40.0%；培育 421 家国家级智能制造示范工厂、万余家省级数字化车间和智能工厂；智能制造装备产业规模已达3.2万亿元以上。

（二）数字经济引领支撑作用日益凸显

数字基础设施建设扩容提速。党的十八大以来，光网建设快速推进，我国建成全球规模最大的光纤和移动宽带网络，所有地级市全面建成光网城市。2023 年，全国光缆线路总长度达到 6432 万公里，互联网宽带接入端口数量达到 11.4 亿个，分别是 2018 年的 1.5 倍和 1.3 倍。“东数西算”工程快速推进，算力硬件设施和总规模持续增强，截至 2023 年底，我国在用数据中心机架超过 810 万标准机架[5]，算力总规模达每秒 2.3 万亿亿次浮点运算，位居世界前列，近 5 年年均

专栏 3 数字经济迅速崛起

党的十八大以来，数字经济深度融入国民经济各个领域，成为改善民生福祉、推动企业转型升级的重要力量。

数字经济和实体经济深度融合。物联网、卫星遥感、北斗导航等现代信息技术在农业生产活动的渗透率不断提升；钢铁、汽车、装备、石化等制造业领域涌现出数字化管理、平台化设计、网络化协同、规模化定制等新业态新模式。数字技术在深度赋能各行业的同时，催生了一大批新职业。《中华人民共和国职业分类大典（2022 年版）》标注了包括机器人工程技术人员、数字化解决方案设计师、电子数据分析师、数字孪生应用技术员等在内的 97 个数字职业。

数字经济重点行业业务收入持续增加。《数字中国发展报告》显示，2019—2023 年，电信业务收入、互联网业务收入、软件业务收入年均增速分别为 5.3%、11.8% 和 14.6%。电信业务收入中，新兴业务收入占比由 2019 年的 10.5% 提高到 2023 年的 21.2%。2019—2023 年，计算机、通信和其他电子设备制造业固定资产投资年均增速达到 15.8%，比全部固定资产投资（不含农户）高出 11.6 个百分点。

企业数字化转型方式多样。交通运输、仓储和邮政业企业使用车联网、视频识别标签、大数据平台等数字技术实时跟踪人、车和在途物品；信息传输、软件和信息技术服务业企业利用大数据和区块链技术保障数字版权；科学研究和技术服务业企业应用信息化系统为客户提供数字技术产品和服务，如智能工厂解决方案等；文化、体育和娱乐业企业创作数字内容，培养达人开展直播业务。

撰稿：黄作鹏

5. 算力相关数据来自工业和信息化部。

增速近 30%。

数字经济核心产业发展壮大。我国数字经济核心产业快速发展，比重持续上升。2020 年数字经济核心产业增加值占 GDP 比重达 7.8%；2023 年数字经济核心产业的发明专利授权量达到 40.6 万件，占同期全社会发明专利授权总量的四成半，近 5 年年均增速达到 21.0%；2023 年全国软件和信息技术服务业规模以上企业超 3.8 万家[6]，软件业务收入和信息技术服务收入分别达到 12.3 万亿元和 8.1 万亿元，分别是 2018 年的 2.0 倍和 2.2 倍。

产业数字化转型积极推进。数字技术与实体经济融合不断深化。2019—2022 年，“四上”企业[7]信息化投入和信息技术人员年均增速分别达到 20.1% 和 10.7%；2022 年，使用信息化管理系统的企业数量占“四上”企业的比重为 92.4%；进行数字化转型的企业占 38.0%，从具体方式看，应用云计算服务的企业占 25.6%，应用物联网技术的企业占 18.7%，应用工业互联网的企业占 15.1%，使用人工智能技术的企业占 10.4%。

（三）服务业新经济新动能迅猛发展

服务业新动能加快培育。党的十八大以来，新发展理念深入人心，创新驱动发展战略深入实施，高技术服务业、科技服务业、服务业战略性新兴产业等新兴服务业迎来黄金发展期。2019—2023 年，规模以上高技术服务业、科技服务业、服务业战略性新兴产业企业营业收入年均分别增长 12.9%、12.3% 和 12.0%。科学研究和技术服务业实力不断壮大，为我国经济发展注入新的竞争力。2019—2023 年，规模以上科学研究和技术服务业企业营业收入年均增长 10.5%，其中研究和试验发展、科学推广和应用服务业企业营业收入年均分别增长 17.4%、9.4%。

服务业新业态不断涌现。新一代信息技术广泛应用，线上线下加速融合，直播带货、跨境电商、网约车、在线诊疗、远程办公等新业态新模式蓬勃兴起。2016—2023 年，电子商务交易额年均增长 10.0%；2023 年，全国网上零售额达到 15.4 万亿元，连续 11 年成为全球第一大网络零售市场；全国快递业务量 1321 亿件，比 2012 年增长 22 倍；移动支付普及率达到 86.0%[8]。直播电商、跨境

6. 规模以上软件和信息技术服务业及相关数据来自工业和信息化部。
7. “四上”企业指纳入国家统计局“一套表”统计报表制度的调查企业，包括规模以上工业、有资质的建筑业、限额以上批发和零售业、限额以上住宿和餐饮业、有开发经营活动的房地产开发经营业、规模以上服务业，2022 年调查单位近 140 万家。
8. 移动支付普及率数据来自中国人民银行。

图 3 2015—2023 年电子商务交易额

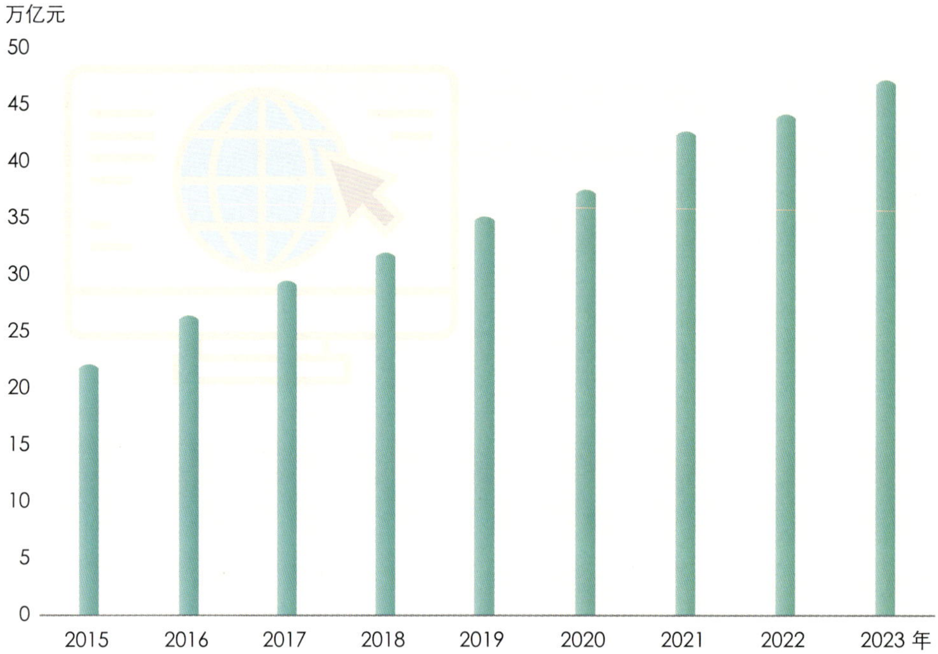

专栏 4

电子商务蓬勃发展

我国电子商务诞生于 20 世纪 90 年代，从 2003 年起进入快速成长期。党的十八大以来，在国家政策的支持和引领下，电子商务进入规模效益蓬勃发展阶段。国家统计局调查显示，2023 年我国电子商务交易额 468273 亿元，比 2015 年增长 114.9%，稳居全球最大电子商务交易市场的位置。

电子商务经营模式多样，服务类电商快速发展。电子商务最初以商品类交易为主，现在服务类交易也快速发展。2023 年非实物商品网上零售额 24090 亿元，比 2015 年增长 279.4%。购票、订餐、约车、交费，我们身边的许多服务消费都能在网上实现。

电子商务拉动作用明显，物流和支付产业增长迅速。近年来，在电子商务带动下，物流业实现了快速发展。国家邮政局数据显示，2023 年快递业务量达到 1321 亿件，比 2015 年增长 538.9%。支付服务领域更是亮点纷呈，中国人民银行数据显示，2023 年仅移动支付金额就达到 555 万亿元，比 2015 年增长 413.1%。

农村电商蒸蒸日上，跨境电商如火如荼。商务部数据显示，2023 年我国农村网络零售额达到 2.49 万亿元，比 2015 年增长 605.4%，村级电商服务站点超 15.8 万个。农村电商是向下沉淀，而跨境电商则是向外辐射。随着“一带一路”倡议的实施，跨境电商已成为加快外贸转型升级、推动内外贸协同发展的重要力量。2015 年以来，国务院先后批准设立了 165 个跨境电子商务综合试验区，海关总署数据显示，2023 年我国跨境电商进出口额达 2.38 万亿元人民币。

撰稿：黄作鹏

电商等一批新业态发展迅速。2023 年，电商直播用户规模 5.97 亿人，比上年增长 16.1%；跨境电商进出口 2.4 万亿元[9]，比上年增长 15.6%；线上办公、网约车、在线旅行预订、互联网医疗用户规模分别为 5.37 亿人、5.28 亿人、5.09 亿人、4.14 亿人，比 2020 年底分别增长 55.4%、44.5%、48.6%、92.7%。

（四）生活性服务业迈入品质化多样化发展快车道

文化、体育、旅游等产业加快推进。党的十八大后，随着居民生活水平的不断提高和市场供给的日渐丰富，文化、体育、旅游等服务消费逐渐普及。2022 年文化及相关产业增加值 53782 亿元，比 2012 年增长 197.6%，占 GDP 的比重从 3.4% 提高到 4.5%；2023 年末，全国公共图书馆 3246 个、文化馆（站）和群众艺术馆 43752 个，分别是 1949 年的 59 倍和 49 倍，形成覆盖城乡的公共文化服务网络。2022 年，全国体育产业增加值 13092 万亿元，比 2015 年增长 138.3%，占 GDP 比重为 1.1%；2023 年末，全国体育场地 459 万个[10]，人均体育场地面积达到 2.9 平方米，全民健身步道长度 37 万公里，全民健身理念深入人心。2022 年，旅游及相关产业增加值 44672 亿元，比 2014 年增长 62.3%；2023 年国内出游人次 48.9 亿，是全球最大国内旅游市场。

教育、卫生、养老、社会服务等事业不断进步。新中国成立 75 年来，服务业在保障民生方面发挥了突出作用，教育、卫生、养老、社会服务等民生领域大幅改善。2023 年末，教育方面，全国共有各级各类学校 49.8 万所，各级各类学历教育在校生 2.9 亿人，专任教师 1892 万人，分别是 1949 年的 1.4 倍、11 倍和 20 倍，2021 年启动的“双减”工作全面减轻义务教育阶段学生作业负担和校外培训负担；卫生方面，各类医疗卫生机构 107 万个、床位 1017 万张，分别是 1949 年的 292 倍和 120 倍，用占世界 2% 的医疗卫生资源较好解决了全世界六分之一以上人口的看病问题；养老方面，累计建设家庭养老床位 23.5 万张，完成困难老年人家庭适老化改造 148.3 万户，基本形成“9073”养老服务格局，即 90% 左右的老年人居家养老、7% 左右的老年人依托社区支持养老、3% 左右的老年人入住养老机构；社会服务方面，基本养老保险参保人数 10.7 亿人，基本医疗保险覆盖人数 13.3 亿人，建成世界上最庞大的社会保障体系。

9. 跨境电商数据来自海关总署。

10. 体育场地、健身步道长度数据来自国家体育总局。

专栏5 银发经济前景广阔

银发经济是向老年人提供产品或服务，以及为老龄阶段做准备等一系列经济活动的总和，涉及面广、产业链长、业态多元、潜力巨大。从国际经验看，日本、欧盟等国家和地区进入深度老龄化前后，都选择通过发展银发经济，将人口老龄化结构势能转换为内需消费动能。2023年末，我国60周岁及以上人口近3亿，老年人口基数大，老龄化速度快，银发经济具备快速发展的基础。

2023年，习近平总书记在二十届中央财经委员会第一次会议和中央经济工作会议上都强调，要大力发展银发经济，推动人口高质量发展。国务院办公厅于2024年1月出台《关于发展银发经济增进老年人福祉的意见》，提出了发展银发经济的一系列具体措施。当前，我国银发经济正处于起步阶段，相关产业主要集中在餐饮、护理、保健等基础养老服务方面，而老年人多元化、差异化、个性化的需求尚未得到有效满足，其中蕴含着巨大发展机遇。发展银发经济，需要进一步推动有效市场和有为政府更好结合，促进事业产业协同，加快相关机构和企业规模化、标准化、集群化、品牌化发展，培育高精尖产品和高品质服务模式，让老年人共享发展成果、安享幸福晚年，不断实现人民对美好生活的向往。

撰稿：宇文杰

回首过去，经过75年的艰苦奋斗、辛勤耕耘，服务业发展取得巨大成就；展望未来，在以习近平同志为核心的党中央坚强领导下，随着服务业各领域改革全面深化，服务业开放向纵深推进，服务业发展体制机制进一步完善，优质高效的服务业新体系加快构建，我国服务业发展的质量和效率有望继续提升，更加优质高效、结构合理、竞争力强、开放包容的服务业将继续为我国经济高质量发展、中国式现代化建设提供坚实支撑。

撰稿：展国殿　黄作鹏　宇文杰

8 消费市场繁荣壮大 商贸流通创新提质

新中国成立 75 年来，伴随市场化改革深入推进，我国商贸流通和消费领域实现历史性跨越，市场销售规模稳步扩大，消费结构优化升级，供给市场逐步完善，流通体系质量效率不断提高。党的十八大以来，在以习近平同志为核心的党中央坚强领导下，各地区各部门深入实施扩大内需战略，积极推出扩大消费需求政策举措，供需适配性不断提高，新业态新模式培育发展，消费市场高质量发展稳步推进，消费拉动经济增长的“主引擎”作用日益凸显。

一、现代商贸流通体系建设成效显著，消费基础性作用不断增强

从新中国成立之初的票证供应，到计划经济时期的统购统销、统购包销，再到改革开放后的多种经济成分共同发展，商贸流通领域发生历史性变革。商贸流通业规模由小到大，商业业态由单一到多元，商业模式、流通技术由跟随到创新转变，商贸流通体系建设取得显著成效。

（一）消费市场经营主体蓬勃发展，商贸流通行业单位数量快速增长

75 年来，商贸流通体制改革持续深入，创新创业与经济社会发展深度融合，市场活力充分迸发不断增强，商贸流通业经营主体成长壮大。2023 年末，我国批发和零售业法人单位超过 1000 万个，约为 1952 年的 77 倍，1953—2023 年年均增速超过 6%；住宿和餐饮业法人单位超过 70 万个，约为 1952 年的 724 倍，年均增速超过 9%。多种经济成分共同发展。改革开放以来，计划经济体制下国合商业“一统天下”的流通格局被逐步打破，非公有制经济快速发展，多种经济成分相互促进、

共同发展的商贸流通体系日益完善。1978 年，全民所有制企业实现的商品零售额占社会商品零售总额的比重接近 60%；到 2023 年末，批发和零售业、住宿和餐饮业法人单位中民营企业数量占比超过九成，国有企业占比已不足 1%。

（二）市场规模不断扩大，超大规模市场优势逐步显现

国民经济持续快速增长，城乡居民收入大幅增加，为消费市场发展壮大提供了有力支撑，我国消费市场规模连续迈上新台阶，自 2018 年跃升成为全球第二大消费市场。社会消费品零售总额由 1952 年的 277 亿元，增加到 1978 年的 1559 亿元，之后连续攀升，1992 年突破 1 万亿元，2008 年突破 10 万亿元，2012 年超过 20 万亿元，2019 年首次站上 40 万亿元的历史新台阶。2023 年，社会消费品零售总额实现 47 万亿元，再创历史新高，1953—2023 年年均增长 11%。

图 1 各时期社会消费品零售总额

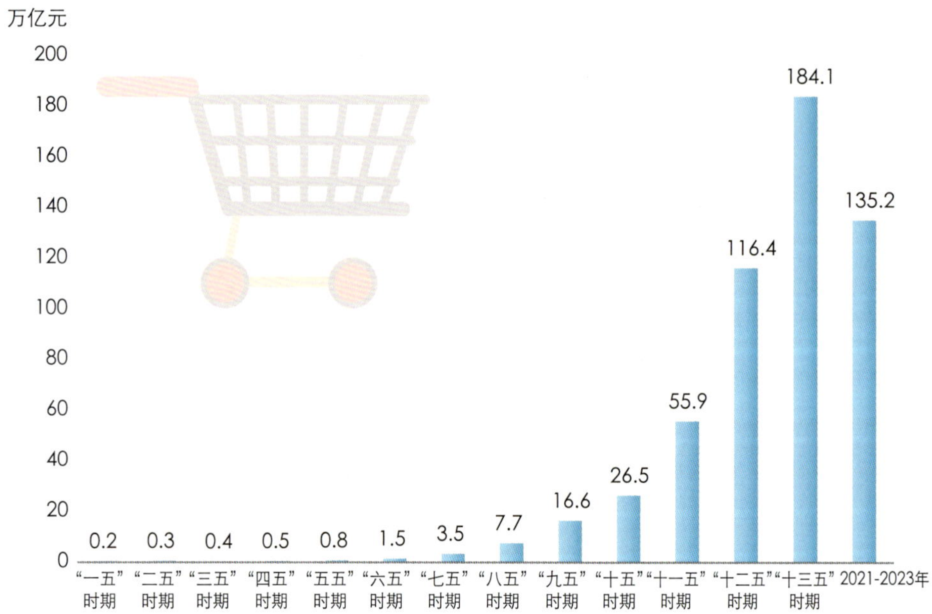

（三）消费市场供给丰富多样，市场供给质量日益提升

新中国成立初期，我国生活资料严重短缺，农副产品以统购统销为主，消费品实行调拨分配，市场供给处于紧张状态。改革开放以来，市场供求格局发生根本性改变，商品供应丰富充裕，较好地满足了居民多样的消费需求。据国家市场监督管理总局（中国物品编码中心）统计，2023 年，我国登记使用商品条码的消费品总量已近 2 亿种。党的十八大以来，为适应消费需求升级趋势和消费热点变化，国家推进供给侧结构性改革，先后推出了举办中国国际进口博览会、建设国际消费中心城市、促进家政服务业提质扩容等一系列政策举措，继续推进“中华老字号”示范创建工程，进

一步提升了商品和服务供给体系质量与效率。截至 2024 年 2 月，我国已有中华老字号 1455 家，平均“年龄”约 140 岁，六成以上分布在食品、餐饮、零售等领域，对促进消费升级、引领文化建设、拓展市场空间方面发挥了重要作用。随着居民服务消费需求持续释放，服务消费市场快速发展，文化娱乐、休闲旅游、健康养老等服务市场供给不断扩大。2023 年末，租赁和商务服务业、房地产业、文化体育和娱乐业法人单位数分别超过 470 万家、110 万家和 90 万家。

专栏 1　国际消费中心城市建设稳步推进

国际消费中心城市是现代国际化大都市的核心功能之一，具有很强的消费引领和带动作用。党中央、国务院高度重视培育建设国际消费中心城市，党的十九届五中全会对此作出重要部署，并将其纳入国家“十四五”规划和 2035 年远景目标纲要。2021 年 7 月，经国务院批准，率先在上海、北京、广州、天津、重庆五个城市开展培育建设。同年 8 月，商务部联合相关部门印发《培育国际消费中心城市总体方案》，明确“用 5—10 年时间，培育建设若干具有全球影响力、竞争力、美誉度的国际消费中心城市”的总体目标。

五个城市结合各地实际，相继制定出台了建设实施方案。上海突出高端资源集聚、市场创新活跃等优势，着力打造全球新品首发地、全球消费目的地，全面打响“上海服务”“上海制造”“上海购物”“上海文化”四大品牌。北京突出大国首都功能，以打造一批具有国际影响力的消费地标、做好“首都文化 +”等为重点，提出全面实施消费新地标打造、消费品牌矩阵培育等“十大专项行动”。广州提出深入实施“尚品”“提质”“强能”“通达”“美誉”五大工程，打造“广聚天下客、广卖天下货、广货卖天下”的国际消费城市。天津深入贯彻落实京津冀协同发展战略，提出构建“一个中心、多点支撑”的商圈格局，做好河、海、港、洋楼和小镇，打造面向东北亚、辐射俄罗斯和中东欧的特色型国际消费中心城市。重庆提出建设国际购物、美食、会展、旅游、文化“五大名城”，开展渝货精品培育、特色服务品牌塑造等“十大工程”，打造富有巴渝特色、辐射西部地区、面向东南亚南亚的特色型国际消费中心城市。三年多来，首批国际消费中心城市培育建设稳步推进，各个城市在商圈建设、场景融合、品牌培育、潮流引领、环境提升等方面取得了初步成效，既有力地带动当地消费提质升级、畅通国内大循环，也有效地推进高水平对外开放、促进国内国际双循环。

撰稿：韦芦芩

（四）经济发展方式优化转变，消费对经济增长的贡献作用持续增强

随着消费市场持续较快增长，国内消费对经济增长的拉动作用增强，成为经济发展的第一驱动力。1978 年，最终消费支出对国内生产总值增长的贡献率仅为 38.7%。进入新时代，除受新冠疫情影响严重的 2020 年和 2022 年外，最终消费支出对经济增长的贡献率均超过 50%；特别是疫情防控平稳转段后的 2023 年，最终消费支出对经济增长的贡献率为 82.5%，消费日益成为经济增长

的“稳定器”。与消费紧密相关的批发和零售业、住宿和餐饮业对经济增长的贡献作用明显增强。1979—2023 年，按不变价计算的批发和零售业、住宿和餐饮业增加值年均分别增长 9.6%、9.8%，两个行业增加值占国内生产总值的比重由 1978 年的 6.6% 提升至 2023 年的 11.4%。

二、城乡市场协同发展，区域发展协调性增强

随着城镇化进程加快，以城带乡、城乡融合的流通发展机制不断完善，城乡消费市场同步增长。近年来，区域重大战略与区域协调发展战略统筹推进，区域经济联动发展带动消费市场区域协调性不断增强。

（一）城镇消费市场稳步增长，乡村市场活力有效激发

随着城镇化逐步推进，城镇居民消费能力不断增强，商品供给日益丰富，城镇消费市场保持较快增长。2023 年，城镇消费品零售额达到 40.7 万亿元，1953—2023 年年均增长 12.1%；城镇消费品零售额占社会消费品零售总额的比重由 1952 年的 45.4% 提高至 2023 年的 86.4%。

1978 年家庭联产承包责任制的推行给我国农村带来深刻变革，新农村建设、美丽乡村建设、农业供给侧结构性改革、乡村振兴等重大战略相继实施，农业农村发展取得历史性成就，农村居民生活水平和生活质量不断提高，农村市场流通状况极大改善，乡村消费市场发展步伐加快。2023 年，乡村消费品零售额 6.4 万亿元，1953—2023 年年均增长 8.9%。党的十八大以来，农村消费品市场持续较快发展，乡村市场占比逐年提高。2013—2023 年，乡村消费品零售额年均增长 8.1%，年均增速比城镇消费品零售额高 0.9 个百分点；乡村消费品零售额占社会消费品零售总额的比重由 2012 年的 12.5% 提高到 2023 年的 13.6%。近年来，县乡商业基础设施建设加快，电子商务持续向农村地区延伸覆盖，乡村市场供给不断优化。截至 2023 年底，全国建成 1267 个县级公共寄递配送中心、28.9 万个村级物流综合服务站和 19 万个村邮站，全国 95% 以上的建制村实现快递服务覆盖 [1]。

（二）区域市场协调发展，地区结构更趋优化

从新中国成立之初的“三线建设”到改革开放的东部率先发展，再到 20 世纪 90 年代的西部大开发、中部崛起和东北老工业基地振兴，区域协调发展战略引领各地区发挥比较优势，推动消费市场发展平衡性不断提升。党的十八大以来，京津冀协同发展、长江经济带发展、黄河流域生态保护

1. 数据来源于国家邮政局。

和高质量发展等区域重大战略相继出台，进一步优化区域发展空间布局、促进区域协调发展。2023年，我国东、中、西部和东北地区消费品零售额分别为23.8万亿元、11.5万亿元、9.8万亿元和2万亿元，1979—2023年年均分别增长14.1%、13.6%、13.5%和10.6%。

从各区域占比情况看，东部地区率先发展、充分发挥引领带动作用，中西部地区加快发展、后发优势明显，消费品市场呈现总体均衡发展、区域结构不断优化的良好态势。东部地区消费品零售额占全国社会消费品零售总额的比重由1978年的40.7%逐年提升，至2005年达到最大值54.3%，并从“十一五”时期开始回落，到2023年占比为50.5%。中、西部地区消费市场发展后劲不断增强，市场占比逐年提升。2023年，中、西部地区消费品零售额占社会消费品零售总额的比重分别达到24.4%和20.8%，比2012年分别提升4.0个和2.7个百分点。

三、消费结构逐步优化，居民消费升级态势明显

新中国成立初期，我国居民消费以满足吃、穿等基本生活需求为主。在收入水平持续提高以及消费观念转变的带动下，居民消费从注重量的满足转向追求质的提升，由满足物质生活需求的实物消费向体现美好生活需要的服务消费转变，消费需求日益多元，消费升级态势日趋明显。

（一）商品结构优化调整，升级类商品需求持续释放

随着人民生活持续改善，居民消费从满足“吃饱穿暖”的基本需求转向“美好生活”的品质消费，基本生活类商品消费比重逐步降低。2023年，全国居民恩格尔系数为29.8%，比1978年的63.9%下降34.1个百分点；粮油食品饮料烟酒类、服装鞋帽针纺织品类、日用品类零售额占限额以上单位商品零售额的比重分别为16.6%、8.5%和4.6%，分别比1978年食品类、衣着类、日用品类占社会消费品零售额的比重降低35.2个、13.5个和7.8个百分点。汽车、家电等耐用品消费较快增长。2023年末，全国居民每百户家用汽车拥有量为49.7辆，是2013年的2.9倍；当年限额以上单位汽车类商品零售额超过4.8万亿元，占社会消费品零售总额比重约为10%。2023年末，居民平均每百户拥有的彩色电视机、电冰箱、洗衣机数量分别为107.8台、103.4台和98.2台；而在1981年，城镇居民平均每百户年末拥有的电视机、电冰箱、洗衣机数量仅分别为0.6台、0.2台和6.3台。

不断完善的市场供给激发居民多样化、品质化消费需求，以化妆品、通讯器材、体育娱乐用品为代表的升级类消费快速增长。2023年，限额以上单位商品类值中，化妆品类、通讯器材类、体育娱乐用品类零售额分别为4142亿元、6814亿元和1186亿元，分别是2001年的26.9倍、93.6

倍和 21.1 倍。近年来，随着生态环保理念日益深入人心，绿色低碳商品成为消费新时尚。2023 年，新能源乘用车零售超过 700 万辆，渗透率达到 35.7%；限额以上单位高能效家电增速明显高于家用电器和音像器材类平均水平。

（二）服务消费快速增长，消费需求多元化拓展

伴随居民收入增长和中等收入群体规模扩大，居民消费结构发生转变，服务消费需求不断释放。1998—2023 年，全国居民人均消费支出中，交通通信支出、教育文化娱乐支出、医疗保健支出年均分别增长 15.1%、11.4% 和 10.3%，增速高于消费支出总体水平。

服务消费市场热点纷呈。居民对体验型和个性化的服务消费需求旺盛，消费热点层出不穷。在餐饮消费方面，饮食理念变化、饮食行业发展催生出多样化的餐饮消费需求，带动餐饮市场规模不断扩大。2023 年，餐饮收入规模突破 5 万亿元，1952 年饮食业零售额仅为 14.1 亿元。在旅游消

专栏 2　旅游消费市场亮点纷呈

改革开放特别是党的十八大以来，我国旅游发展步入快车道，形成全球最大国内旅游市场，成为国际旅游最大客源国和主要目的地。旅游业从小到大、由弱渐强，日益成为新兴的战略性支柱产业和具有显著时代特征的民生产业、幸福产业，成功走出了一条独具特色的中国旅游发展之路。进入新时代，党中央、国务院高度重视旅游工作，陆续出台系列政策措施。文旅部门从满足人民群众对美好生活的需求出发，推动文化和旅游产业融合发展，深化旅游业供给侧结构性改革，健全旅游市场治理体系，不断激发市场活力。

新冠疫情对旅游业发展造成较大冲击，党中央、国务院积极推出支持旅游业恢复发展政策举措。2023 年，国务院办公厅印发《关于释放旅游消费潜力推动旅游业高质量发展的若干措施》，旨在丰富优质旅游供给，释放旅游消费潜力，推动旅游业高质量发展。同年，文化和旅游部出台《关于推动在线旅游市场高质量发展的意见》，旨在加强在线旅游市场管理，保障旅游者合法权益。2024 年，国家发展改革委发布《产业结构调整指导目录（2024 年本）》，将文化创意产品开发、智慧旅游等文旅产业新业态列入鼓励类。在各部门各地区齐力推动下，我国休闲度假产品不断丰富，国家级旅游度假区、国家级旅游休闲城市和街区陆续认定。截至 2024 年 6 月底，我国共有国家级旅游度假区 85 家、国家 5A 级旅游景区 339 家、全国乡村旅游重点村 1399 个、重点镇 198 个、红色旅游景区 300 处，逐步形成了比较完善的旅游产品体系。

伴随旅游产品供给优化，美食游、打卡游、深度游和国潮游等旅游消费热点不断涌现，我国国内旅游市场呈现供需两旺、快速复苏的态势。2023 年，我国国内旅游出游人次 48.91 亿，比上年增长 93.3%；国内游客出游总花费 4.91 万亿元，增长 1.4 倍。此外，随着国际航班的逐步恢复和各国签证政策的优化，居民出境游意愿显著增强，出入境旅游市场复苏态势良好。

撰稿：刘旭玲

费方面，随着旅游市场供需匹配性提升，居民出游热情高涨。据文化和旅游部数据显示，2023 年，国内出游人数达到 48.9 亿人次，1995—2023 年年均增长 8%；国内游客出游总花费 4.9 万亿元，1995—2023 年年均增长 14.3%。在文化娱乐消费方面，文化产品供给体系不断适应群众文娱需求，居民文娱消费选择更为丰富。2023 年末，全国共有公共图书馆 3246 个、博物馆 6833 个，数量分别是 1949 年的 59 倍和 325 倍。2023 年全国电影票房收入 549 亿元，比 1991 年增长 20 倍以上，其中国产影片票房收入 460 亿元、市场份额达到 80% 以上。2022 年，艺术表演场馆收入 179 亿元，2013—2022 年年均增长 8.4%。

四、新业态新模式方兴未艾，高质量发展稳步推进

进入 21 世纪，互联网、云计算和人工智能等新技术突飞猛进，助力网络购物、移动支付等新消费业态快速发展，网络购物成为消费市场的重要增长点。在新商业模式快速发展的同时，连锁化经营、商品交易市场等传统经营模式保持平稳发展，多层次流通网络体系构建日趋完善，消费市场高质量发展稳步推进。

图 2 2003—2023 年全国网上零售额[2]

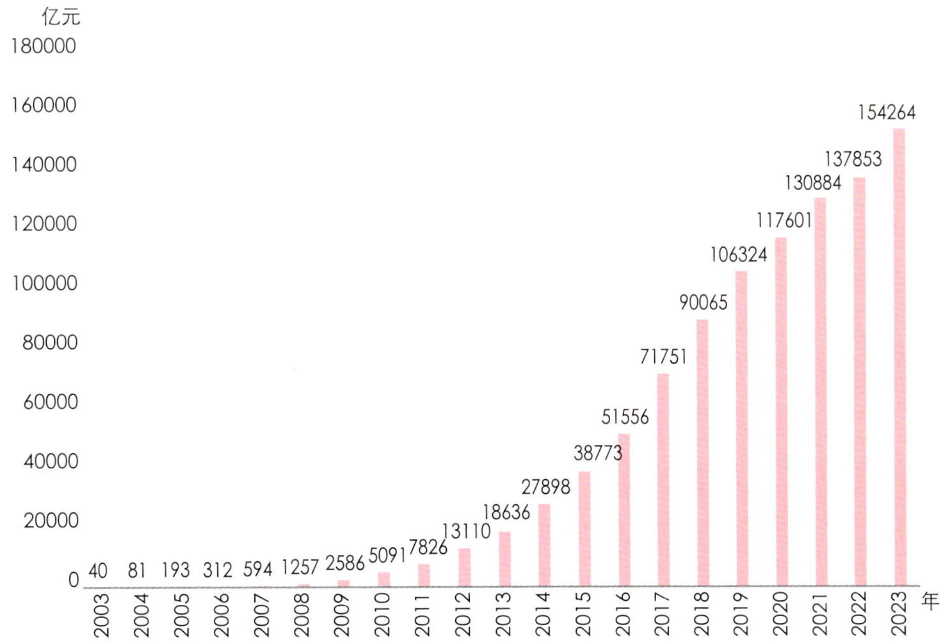

2. 2003—2013 年数据来自商务部的《中国电子商务报告》，2014—2023 年数据来自国家统计局。

（一）线上消费快速增长，线下业态迭代升级

1999年，我国首家购物网站正式成立，2008年、2012年网购市场交易额先后突破千亿元和万亿元。25年间，我国网络零售市场培育壮大，线上消费已然成为消费市场的重要增长点和支撑点。2023年底，我国网民规模达到10.92亿人，其中网络购物用户数量为9.15亿人。当年全国网上零售额超15万亿元，其中实物商品网上零售额占社会消费品零售总额的比重达到27.6%。2015—2023年，网上零售额年均增长超过20%。近年来，直播电商、社交电商等线上销售新模式不断拓展，直播带货交易额保持两位数增长，对网上零售拉动作用明显。

专栏3　线上消费持续活跃

随着网络信息技术日益成熟，网络基础设施不断完善，近年来，我国网上零售市场持续活跃，消费新业态不断涌现，有效满足了居民生活需要。2015—2023年，全国网上零售额年均增速超过20%。

一是线上消费升级趋势明显。居民收入水平持续提高，生活状况不断改善，线上购物内容不断丰富，居民网络购物不再局限于吃、穿、日用品等基本生活品类，家电、手机、新能源汽车等升级类商品的占比不断提高。与此同时，网上医疗、在线课程、数字创作以及机票门票、家政维修线上预订等网上服务消费成为新热点。

二是直播带货广受欢迎。作为数字时代销售领域的变革，直播带货以其独特的互动性、强烈的内容属性，备受消费者青睐。直播带货商品品类、直播场次、销售金额快速增长，展现出强大的生机与活力，在活跃线上消费市场、激发居民消费潜力等方面具有重要作用。

三是即时零售快速渗透。线上下单、即时配送、送货上门，即时零售这一零售新业态快速发展，涵盖了快消生鲜、家电家居、3C产品等诸多品类，大幅提升了消费者接受服务的效率和体验，满足了消费者的便利化需求，极大拓展了实体零售、餐饮商户的业务边界，满足了商户的数字化转型需求，在畅流通、促消费中发挥了积极作用。

四是线上线下加速融合发展。线下商贸企业加速应用先进信息技术，积极推进数字化赋能、智能化改造，将线上渠道和线下实体店结合；通过统一采购、库存共享和物流配送等，提高经营效率和效益，有效提升消费品供给能力；拓展便民消费新场景，满足消费者日益多样化、便利化、品质化的消费需求。

撰稿：张磊

自1952年新中国第一家国营百货商店在上海成立，到1981年我国第一家超市在广州开业，特别是改革开放以来，各类实体零售业态百花齐放。随着商品流通体制大变革，实体商贸企业顺应居民消费观念与需求变化，创新运营模式、提升购物体验、打造消费场景，构建多元的线下消费渠

道。2023 年末，在限额以上有店铺零售业态中，满足品质化消费需求的专业店和品牌专卖店数量分别达到 5.7 万家和 4.2 万家，提供更加优越消费体验的购物中心接近 7500 家；以品质优、体验佳为代表的仓储会员店数量比上年翻倍增长，提供户外休闲消费场景的民宿、露营地单位数量增长超过 50%。据中国连锁经营协会统计，2023 年全国便利店门店数量达到 32 万家，2013—2023 年年均增长 15.9%；2023 年，全国便利店销售额 4248 亿元，比上年增长 10.8%，近年来呈现持续较快增长态势。

（二）多种商业模式共同发展，数字化水平持续提升

连锁企业规模不断扩大。2022 年，全国连锁零售企业门店总数 29.7 万个，是 2012 年的 1.5 倍；实现商品销售额 3.9 万亿元。全国连锁餐饮企业门店总数 4.8 万个，是 2012 年的 2.6 倍；实现营业额 2333 亿元。传统商品交易市场规模化、高效化发展。2023 年，全国共有年成交额亿元以上商品

专栏 4　新商业模式创新发展

随着经济社会快速发展和物质生活水平不断提升，居民对生活品质有了更高的追求。传统商业模式功能相对单一，已无法完全满足居民更加个性化、多样化、高品质的消费需求。城市商业综合体应运而生，逐步成为重要的居民消费场所。

一是城市商业综合体规模不断扩大。城市商业综合体整合原有商业资源，融合商业零售、餐饮、休闲、娱乐、文化、教育等多项功能，增强多业态互动发展，总量规模持续扩大。截至 2023 年末，全国共有城市商业综合体 1819 家，比 2015 年末增加 731 家；对外营业面积 9889.9 万平方米；全年总客流量达到 173.1 亿人次。

二是城市商业综合体助力消费市场转型升级。面对激烈的市场竞争，城市商业综合体积极增加新产品新服务新体验，丰富“吃、喝、玩、乐、购”等消费多元业态，激发消费潜力释放，成为各地推动经济发展、促进消费市场转型升级的有效抓手。2015—2023 年，服务业类商户营业面积占总营业面积比重明显提高，电影放映、教育培训、娱乐活动、理发美容、健身休闲等业态备受消费者青睐。

三是城市商业综合体持续创新发展。在使用手机、PAD 等终端进行“云消费”的数字时代，人们对商业中心的需求更加丰富多样，从简单的购物需求扩展到对具有文化性、体验性、艺术性、沉浸式的消费体验追求，以及对具有社交属性的互动消费追求。为更好满足人民日益增长的物质和文化需要，城市商业综合体主动适应新变化，拓场景增质效，打造主题沉浸式消费环境，由商业中心向生活方式中心转型，由以零售为重心向以文化休闲消费为重心转型，由方便消费向沉浸式互动式消费体验转型，用新商业模式和新发展之路不断拓展线下消费场景，引领商业消费新时尚。

撰稿：张磊

交易市场3555个，成交额由2012年的9.3万亿元提高到11万亿元；平均每平方米营业面积成交额3.7万元。2023年末，全国共有城市商业综合体[3]1819家，全年总客流量达到173.1亿人次，实现销售额（营业额）1.3万亿元。

商贸企业数字化转型持续推进。云计算、大数据、物联网、移动互联网等新一代信息技术广泛应用，为商贸流通领域变革提供了技术保障，"互联网+"商业模式不断涌现，开展互联网业务的企业数量明显增加。2023年，限额以上批发和零售业、住宿和餐饮业企业（简称商贸企业）开展互联网业务的超过6万家，占限上企业的比重为13.2%，比2012年提高7.3个百分点。商贸企业数字化转型助力企业销售增长。2023年，开展互联网业务的限额以上商贸企业销售额（营业额）比上年增长7%，增速高于全部限额以上商贸企业销售额（营业额）2.2个百分点。

（三）商贸流通成本逐步降低，流通效率不断提高

市场营商环境持续改善，减税降费等政策措施持续显效，推动商贸企业经营费用率降低。2022年，限额以上批发和零售业企业费用率（销售费用、管理费用和财务费用占主营业务收入的比重）为4.4%，比2012年降低0.9个百分点；2022年末，企业资产负债率为73%，比2012年末下降0.2个百分点。

信息化水平提高、新技术新模式应用深化等因素在商贸企业决策经营中发挥重要作用，带动企业经营效率持续提升。限额以上批发和零售业企业流动资产周转率从2012年的34.8%提高到2022年的38.2%，存货周转率从2012年的14.6%提高到2022年的18.3%。限额以上批发和零售业企业生产效率显著提高，人均营业收入由2012年的370万元提高到2022年的824万元。

75年来，我国消费领域发生历史性巨变，国内消费市场逐步繁荣壮大，消费结构持续优化升级，对满足人民日益增长的美好生活需要起到重要作用。展望未来，在以习近平同志为核心的党中央坚强领导下，随着扩大内需战略深入实施，我国消费市场发展规模将进一步扩大，消费市场发展质量和发展效率将进一步提升，消费将继续充分发挥对经济发展的基础性作用。

撰稿：付加奇

3.城市商业综合体应同时满足以下几个条件：（1）由企业有计划地管理运营，有统一的名称。（2）涵盖超市、百货、专业店、专卖店等商品零售业态，正餐、快餐等餐饮业态，以及文化、娱乐、健身、培训等两项及以上主要服务业态。（3）营业面积不少于1万平方米且独立开展经营活动的商户不少于50个。

9 固定资产投资规模持续扩大 推动经济发展关键性作用不断增强

新中国成立 75 年来，全国固定资产投资规模持续增长、结构逐步优化，投资质量的提高对经济社会持续健康发展和人民生活水平不断改善发挥了重要作用。党的十八大以来，在以习近平同志为核心的党中央坚强领导下，全国固定资产投资规模再上新台阶，投资效能稳步提升，优化供给结构的关键性作用不断增强，为实现经济高质量发展、推进中国式现代化打下了坚实的基础。

一、固定资产投资成果丰硕，有力促进供给结构优化发展

（一）固定资产投资提质增效，现代化产业体系加快构建

新中国成立后，为迅速恢复国民经济，我国启动了全面的、大规模的社会主义建设，产业门类丰富的基础产业和基础设施建设稳步推进，固定资产投资保持较快增长。1953—1978 年，全国全民所有制单位固定资产投资[1]年均增长 11.1%，汽车、机械、煤炭、电力、石油等一批推动国家工业化发展的基础性产业项目建设完成，初步建立起独立、基本完整的产业体系，国民经济生产活动步入正轨。

党的十一届三中全会作出了实行改革开放的伟大决策，提出“以经济建设为中心，大力发展生产力”，农业、水利、交通、邮电通信等行业投资不断加大，能源和基础原材料工业投资加快增长，

1. 1980 年及之前固定资产投资统计口径为全民所有制单位固定资产投资。

固定资产投资进入快速增长阶段。1979—2012年，全社会固定资产投资[2]年均增长19.1%，工业化进程实现重大飞跃，基础产业和基础设施建设取得重大成果。

党的十八大以来，以习近平同志为核心的党中央作出了“中国经济发展进入新常态”的重大判断，提出创新、协调、绿色、开放、共享的新发展理念。各地区各部门全面贯彻新发展理念，深入推进供给侧结构性改革，投资领域突出补短板、强弱项，积极促进经济高质量发展。2013—2023年，全社会固定资产投资年均增长7.0%，建成了港珠澳大桥、白鹤滩水电站、深海一号油气田、华龙一号核电机组等一批标志性重大工程，取得了以载人航天、探月工程、深海探测、北斗导航、5G应用、国产航母等为代表的一批具有标志性意义的重大科技成果。随着现代化建设进程的推进，投资结构不断改善，投资质效稳步提升，高技术产业和战略性新兴产业投资快速发展，新型基础设施建设扎实推进。

图1 1953—2023年全国固定资产投资增长情况

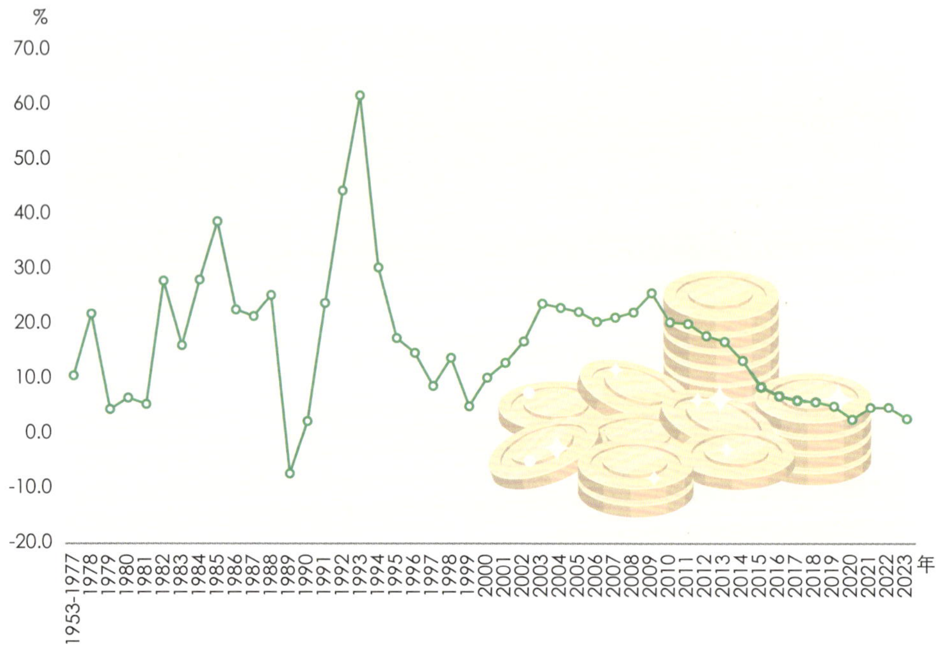

（二）投资结构优化升级，有力推动经济高质量发展

第一产业投资力度不断加大，促进农业生产能力持续提升。1953—1977年，第一产业全民所有制单位基本建设投资累计完成611亿元，占全民所有制单位基本建设投资的10.7%。改革开放后，

2\. 1981年及之后固定资产投资统计口径为全社会固定资产投资。年均增速均按可比口径计算，未扣除价格因素。

随着农村家庭联产承包责任制的全面推开，第一产业投资焕发新生机，1982—2012 年，第一产业投资年均增长 13.9%，带动了农业基础设施水平的改善、物质技术装备条件的提升。党的十八大以来，国家不断加大对农业领域的投资力度，农业全程机械化全面发展，高标准农田建设加快推进。2013—2023 年，第一产业投资年均增长 11.5%，截至 2023 年底，全国已累计建成高标准农田超过 10 亿亩，耕地集约利用水平持续提高，农业绿色发展不断加快，农业农村现代化实现新提升。

图 2 1982 年和 2023 年三次产业固定资产投资占比情况

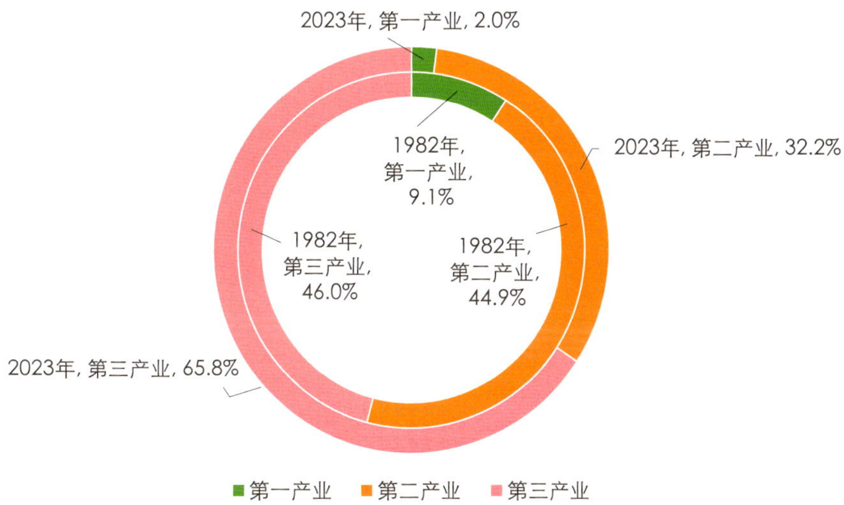

第二产业投资稳定增长，保障工业体系向中高端迈进。新中国成立初期，国家集中力量投资建设了以国防工业为重点的工业骨干工程，第二产业投资规模不断扩大。1953—1977 年，全国第二产业全民所有制单位基本建设投资累计完成 3283 亿元，占全民所有制单位基本建设投资的 57.4%。改革开放后，工业化进程加快，第二产业投资活力有效释放，1982—2012 年，第二产业投资年均增长 18.3%。党的十八大以来，新型工业化进程明显提速，现代化产业体系加快构建。2013—2023 年，第二产业投资年均增长 6.5%，其中，制造业投资年均增长 7.9%，增速高于第二产业投资 1.4 个百分点，为加快建设制造业强国，加快发展新质生产力，建设以科技创新为引领、以先进制造业为骨干的现代化产业体系奠定了坚实基础。

第三产业投资规模快速扩大，助力现代服务业蓬勃发展。改革开放以后，我国经济快速发展，产业重心逐渐向第三产业转移，带动第三产业投资较快增长。1982—2012 年，全国第三产业投资年均增长 21.6%。党的十八大以来，第三产业投资保持稳定，2013—2023 年，第三产业投资年均增长7.6%，2023年，第三产业投资占全部投资比重已达65.8%，是投资稳定增长的重要动力。第三产业新动能新模式蓬勃兴起，优质高效的服务业新体系逐步形成，发展质量稳步提高。

专栏1　白鹤滩水电站

白鹤滩水电站位于云南省巧家县大寨镇与四川省凉山彝族自治州宁南县六城镇交界的白鹤滩，上游与乌东德梯级电站相接，下游尾水与溪洛渡梯级电站相连。在金沙江两岸高耸的峡谷之间，白鹤滩水电站双曲拱形的大坝以独特的线条勾勒出一幅“壮士手托碧水”的宏伟景象。

白鹤滩水电站是仅次于三峡电站的世界第二大水电站，于2010年开始筹建，至2022年12月全部机组投产发电。白鹤滩水电站枢纽工程总投资约2200亿元，由拦河坝、泄洪消能设施、引水发电系统等主要建筑物组成，坝顶高程834米，最大坝高289米，水电站共安装16台百万千瓦水轮发电机组，总装机容量1600万千瓦。作为综合技术难度最高的巨型水电站，白鹤滩水电站主要技术指标创下机组单机容量百万千瓦世界第一、地下洞室群规模世界第一、无压泄洪洞群规模世界第一、圆筒式尾水调压室规模世界第一等6项世界第一。

白鹤滩水电站是实施“西电东送”的国家重大工程，截至2024年3月底，白鹤滩水电站累计发电超1200亿千瓦时，相当于减少燃煤消耗量超3600万吨，减少二氧化碳排放量超9800万吨，为江苏、浙江等华东地区提供源源不断的清洁电能。同时，白鹤滩水电站作为金沙江下游干流河段开发的第二个梯级电站，在长江航运、防洪等方面也发挥着重要作用。

撰稿：濮亚鹏

二、区域投资协同并进，新的增长极增长带不断形成

（一）四大区域投资有序发力，区域经济联动发展

改革开放后，东部地区利用率先开放和区位优势，投资规模快速扩大。1983—1996年，东部地区投资年均增长25.6%，占全国投资的比重由1983年的47.3%升至1996年的60.2%。自1999年起，西部大开发、振兴东北老工业基地和促进中部地区崛起的战略决策先后出台，中部、西部、东北地区发展空间不断拓展。党的十八大以来，区域重大战略和区域协调发展战略继续推进，四大区域投资协同发力增长。2013—2023年，东部地区固定资产投资年均增长8.4%，中部地区年均增长8.5%，西部地区年均增长4.9%，东北地区年均增长5.3%。区域间协调性不断增强，优势互补高质量发展的区域发展新格局逐步构建。

（二）“京津冀”“长三角”“粤港澳”投资稳步增长，新的增长极蓄势崛起

2013—2023年，“京津冀”区域投资年均增长4.6%，北京市副中心、雄安新区投资建设扎实推进。

2013—2023年，“长三角”区域投资年均增长8.2%，上海发挥龙头带动作用，苏浙皖各扬所长，“长三角”区域增长极的带动效应不断巩固提升。2013—2023年，“粤港澳”区域投资[3]年均增长6.9%，大湾区建设热潮涌动，创新驱动力迅猛发展，正朝着建成国际一流湾区和世界级城市群的既定目标加速前进。2013—2023年，成渝地区双城经济圈投资年均增长8.4%，川渝携手建设内陆开放战略高地和参与国际竞争新基地不断走实走深。

专栏2 “新世界七大奇迹”之首——北京大兴国际机场

北京大兴国际机场位于北京市大兴区和河北省廊坊市广阳区之间，北距天安门46公里、南距雄安新区55公里，为4F级国际机场、世界级航空枢纽、国家发展新动力源，被誉为“新世界七大奇迹”之首。

大兴机场总投资约800亿元，于2014年12月26日开工建设，2019年9月25日正式通航，设计年旅客吞吐量为4500万人次。其航站楼是世界上最大的单体航站楼、世界上最大的减隔震建筑，可抵抗12级台风。大兴机场工程建设创造了103项技术专利，65项新工法，国产化率达98%以上。建设期间，上千家施工单位，施工高峰期5万余人同时作业，全过程保持了“安全生产零事故”。

大兴机场航站楼是世界首个实现高铁下穿的航站楼，双层出发车道世界首创，有效保证了旅客进出机场效率。机场跑道在国内首次采用“全向型”布局，运用世界领先航行新技术，确保了运行效率和品质。正式投运以来，大兴机场累计保障航班起降超过80万架次，保障进出港旅客超过1亿人次。

作为推动京津冀协同发展骨干工程，大兴机场已成为“国家发展新的动力源”和京津冀协同发展的桥头堡，未来还将释放更加澎湃的发展动能，助力京津冀成为中国式现代化建设的先行区、示范区。

撰稿：许德刚

（三）长江经济带和黄河流域投资持续增长，成为推动经济发展的重要引擎

党的十八大以来，长江经济带发展快速推进。2013—2023年，长江经济带地区投资年均增长9.1%，增速高于全社会投资2.1个百分点，同时，上中下游区域发展差距持续缩小，上中游的贵州、重庆、云南等省份经济增速名列全国前茅。依托黄河流域发展战略，2013—2023年，黄河流域9个省区[4]投资合计年均增长7.3%。近年来，黄河流域优化调整区域经济和生产力布局，2022年和

3.“粤港澳”区域固定资产投资数据为珠三角九市与香港、澳门的合计数，珠三角九市采用“固定资产投资”数据加总，香港、澳门采用“固定资本形成总额”数据。珠三角九市包含广州、佛山、肇庆、深圳、东莞、惠州、珠海、中山、江门。

4.黄河流域9个省区包括山西省、内蒙古自治区、山东省、河南省、四川省、陕西省、甘肃省、青海省、宁夏回族自治区。

2023 年黄河流域投资增速分别比全社会投资高 2.0 个和 0.5 个百分点。

三、基础设施等民生领域投资成就斐然，人民生活品质再上新台阶

（一）交通运输建设大力推进，信息基础设施实现重大飞跃

新中国成立后，国家先后建设了青藏公路、武汉长江大桥、京沪铁路、首都国际机场等重大项目，改变了落后闭塞的交通状况。20 世纪 90 年代后，国家将加快交通运输发展作为重要战略目标，交通运输投资持续加大。1996—2012 年，全国交通运输业投资年均增长 18.1%。党的十八大以来，交通运输体系进一步完善，服务质量不断提升，2013—2023 年，全国交通运输业投资年均增长 8.1%，其中，道路运输业投资年均增长 10.1%，航空运输业投资年均增长 7.3%，铁路运输业投资年均增长 4.3%，水上运输业投资年均增长 3.2%，全国形成了以铁路为骨干，公路、水运、航空等多种运输方式组成的综合交通运输网络。

21 世纪初，移动互联网兴起，国家抓住产业发展的风口期大力推进信息产业基础设施建设，党

专栏 3　中国神算——“神威 · 太湖之光”

2016 年 6 月，“神威 · 太湖之光”超级计算机发布，标志着中国在超级计算机核心技术领域取得重大突破。作为首台全“中国芯”（国产处理器申威 26010）的超级计算机，“神威 · 太湖之光”不仅实现了从指令集到底层架构到操作系统的完全自主可控，更凭借峰值运算速度每秒 12.5 亿亿次、持续计算速度每秒 9.3 亿亿次的卓越性能，成为世界上首台峰值计算速度超过十亿亿次的超级计算机。“神威 · 太湖之光”连续多次荣获世界超级计算机 TOP500 榜单第一，其相关应用成果斩获世界高性能计算应用领域最高奖“戈登 · 贝尔”奖等诸多荣誉。

“神威 · 太湖之光”凭借卓越的计算能力、超千万核心的并行规模，吸引了国内外大批顶尖团队联合开展应用研发，涉及天气气候、海洋环境、地球科学、材料设计、图计算、生命科学、天体物理等 20 多个领域，服务用户超过 300 家，完成应用课题的计算任务 1000 余项。如，在航空航天领域为 C919 大型客机飞行提供精细数值模拟，生物医药领域在 4 天内完成寨卡病毒的虚拟药物筛选，地球与宇宙科学领域联合完成地震过程的精准模拟，船舶工程领域协助完成“船舶流体力学 CFD 软件”的研发等。

作为国之重器，“神威 · 太湖之光”有效激发了数据要素的创新活力，有力推进了数字产业化和产业数字化进程。随着以人工智能、大数据和区块链为代表的数字化浪潮扑面而来，未来，在强大算力的赋能下，“神威 · 太湖之光”将更广泛地拓展算力应用场景，通过数实融合加速构建经济算力产业生态圈。

撰稿：孙艳

的十八大以来，信息传输服务能力大幅提升，互联网新经济方兴未艾，我国在网络强国的道路上稳步前行。2013—2023 年，全国信息传输业投资年均增长 11.7%，带动城乡宽带网络基础设施快速优化升级，全国接入网络基本实现光纤化，光网城市全面建成，移动通信网络覆盖水平在全球领先，5G 网络建设飞速发展。截至 2023 年底，我国 5G 基站数达 337.7 万个，占移动电话基站数已近三分之一，平均每万人拥有 5G 基站 24 个，5G 网络覆盖所有地级市城区、县城城区，重点场所深度覆盖持续推进[5]。

（二）人民居住条件大幅改善，多层次住房保障体系逐步建立

改革开放后，我国房地产市场从无到有、由小到大，从筒子楼到住宅小区，从低矮平房到高层公寓，居民的居住条件发生天翻地覆的改善。党的十八大以来，人民群众居住条件进一步改善，房地产长效机制加快构建。2013—2023 年，全国商品房年均销售面积约 13.9 亿平方米。第七次全国人口普查结果显示，2020 年，全国城镇居民人均住房建筑面积 38.6 平方米，比 1978 年增长 4.8 倍；农村居民人均住房建筑面积 46.8 平方米，比 1978 年增长 4.8 倍。

图 3 1988—2023 年房地产开发投资额

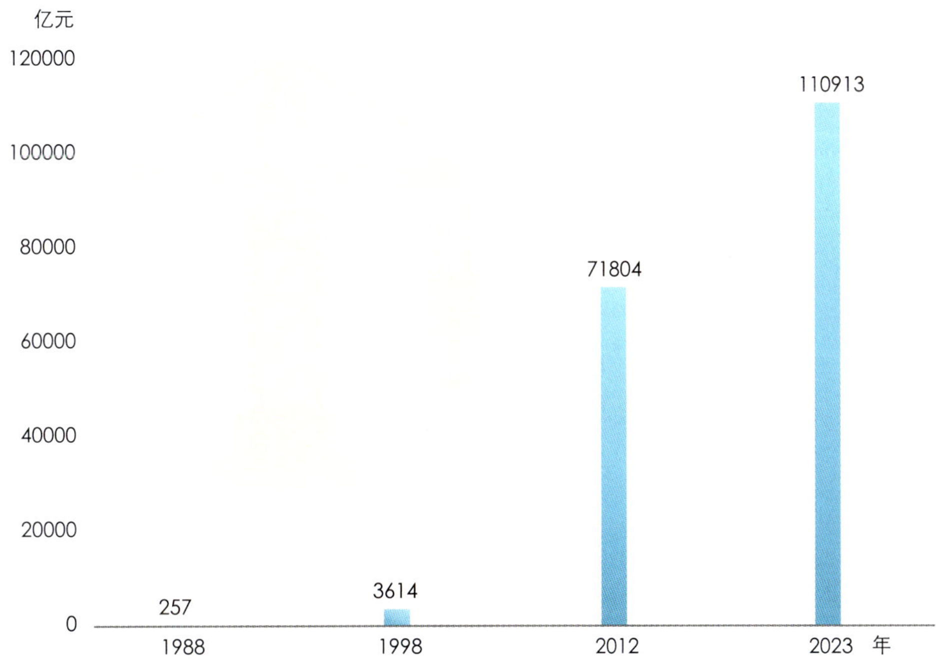

5. 5G 相关数据来源于工业和信息化部《2023 年通信业统计公报》。

住房保障工程有力推进。1995年，国家开始实施安居工程，大力推进保障性住房建设，加快构建满足人民群众基本住房需求的住房保障体系。截至2006年末，全国经济适用住房累计竣工面积超过13亿平方米，有效解决了约1650万户中低收入家庭的住房问题[6]。2008年，全国启动棚户区改造，截至2012年，中央及地方政府棚改累计投资超过4000亿元，完成各类棚户区改造1260万户[7]。党的十八大以来，我国保障性住房建设驶入快车道，截至2023年底，累计建设各类保障性住房和棚改安置房6400多万套[8]，多层次住房保障体系建设稳步推进。

（三）社会领域投资不断增强，民生服务体系日益完善

新中国成立后，我国社会领域公共服务能力不断提升，特别是党的十八大以来，对补短板、强弱项、提质量的社会领域加大投入，民生保障水平大跨步前进，人民生活水平不断提高，获得感、幸福感、安全感持续增强。2013—2023年，全国卫生投资年均增长22.4%，基本医疗覆盖范围进一步扩大，卫生医疗服务体系逐步完善；全国教育投资年均增长15.9%，各类幼儿园、中小学及大中专院校加快建设，进一步促进了城乡教育资源的均衡发展；全国文化艺术业投资年均增长12.7%，创新多元的现代文化产业体系正在形成。

四、有效投资精准发力，高质量发展动能不断积蓄

（一）高技术产业投资快速增长，推动产业不断升级

随着我国经济的快速发展，产业结构不断向中高端迈进。党的十八大以来，国家加快推进现代化产业体系建设，带动高技术产业投资快速增长。2013—2023年，全国高技术产业投资年均增长13.1%。其中，高技术制造业投资年均增长13.7%，增速比全部制造业投资高5.8个百分点；高技术服务业投资年均增长11.9%，增速比全部服务业投资高4.3个百分点。目前，我国航空航天、卫星导航、智能手机、计算机、电子通信等部分高技术产业已形成了体系完整、配套齐全、能力强大的产业生态系统。

（二）工业技改投资规模持续扩大，科技创新引领产业发展

改革开放以来，我国始终把科技创新放在国家发展全局的核心位置，不断扩大科技创新相关投

6. 数据来自住房城乡建设部。
7. 数据来自住房城乡建设部。
8. 数据来自住房城乡建设部。

资规模。党的十八大以来，在战略性新兴产业蓬勃发展的同时，传统产业加快转型升级。2013—2023 年，全国工业技改投资年均增长 9.2%，增速比第二产业投资高 2.7 个百分点，有力推动了企业提质增效，为加快构建现代产业体系，实现产业高质量发展提供了强力支持。2013—2023 年，全国科学研究和技术服务业投资年均增长 11.6%。其中，科技推广和应用服务业投资年均增长 17.3%，研究和试验发展投资年均增长 10.9%，全国科研相关产业投资快速增长，科技创新实现新的突破，一批基础科研能力建设、重大科技建设项目纷纷落成，500 米口径球面射电望远镜、“上海光源”线站等科研设施已验收启用。

专栏 4　中国天眼—“FAST”500 米口径球面射电望远镜

2016 年 9 月 25 日，500 米口径球面射电望远镜（Five-hundred-meter Aperture Spherical radio Telescope，简称“FAST”）工程落成启用，进入调试观测阶段，实现了我国大科学工程由跟踪模仿到集成创新的跨越。FAST 是我国拥有自主知识产权的重大科学装置，可以通过主动变形控制在观测方向形成 300 米口径瞬时抛物面，实现高精度的指向跟踪。2017 年 8 月，FAST 发现新脉冲星，实现中国射电望远镜脉冲星发现零的突破。2018 年 2 月，FAST 首次发现毫秒脉冲星，取得了观测研究的新突破。作为世界第一大单口径射电望远镜，除了口径上的优势，FAST 在灵活性和灵敏度也具备显著优势。与号称“地面最大的机器”的德国波恩 100 米望远镜相比，FAST 灵敏度提高约 10 倍；与排在阿波罗登月之前、被评为人类 20 世纪 10 大工程之首的美国 Arecibo 300 米望远镜相比，其综合性能提高约 10 倍。作为世界最大的单口径望远镜，FAST 将在未来 20 年保持世界一流设备的地位。

FAST 将我国的空间测控能力由月球延伸至太阳系外缘，大幅度地提高了脉冲星的测量精度，创造了目前世界上最为精确的脉冲星计时阵。FAST 还能进行高分辨率微波巡视，以 1HZ 的分辨率诊断识别微弱的空间讯号，可探测到具有隐身能力的飞机，可作为被动战略雷达为国家安全服务。此外，FAST 所具有的战略雷达也对太空天气预报有很强的服务作用。

作为国之重器，FAST 的专利技术同样可被运用于多个领域。比如，超高疲劳性能钢索结构被应用于大型体育场馆，高精度索结构生产体系被应用于港珠澳大桥等建设。此外，FAST 也带动了钢索结构在我国天线制造技术、微波电子技术、并联机器人、大尺度结构工程、公里范围高精度动态测量等众多高科技领域的发展与应用。

撰稿：庞启航

（三）绿色低碳领域投资增长迅速，新型能源体系加快布局

党的十八大以来，在习近平生态文明思想指引下，绿色低碳领域相关投资快速增长，有力促进了经济社会发展全面绿色转型。2013—2023 年，全国生态保护和环境治理业投资年均增长

15.8%，生态治理力度不断加大，环境基础设施建设投入持续增加。2013—2023年，包括核电、风电、太阳能发电等在内的清洁电力投资年均增长19.1%，增速比全部电力生产投资高7.7个百分点；全国清洁电力装机容量年均增长15.1%，清洁电力发电量年均增长10.2%。我国能源生产结构持续优化，能源高质量发展迈出坚实步伐。

五、投资主体多元化，投资活力有效释放

（一）国有投资规模稳步扩大，充分发挥保障支撑作用

国有经济在服务国家战略、保障民生等方面发挥了主导作用和战略支撑作用。新中国成立以来，国有投资规模不断扩大。党的十八大以来，国有投资聚焦服务国家重大战略和建设现代化产业体系等任务，持续发挥其对经济发展的带动作用。2013—2023年，国有固定资产投资年均增长7.8%，一批补短板、强功能、利长远的重大项目加快落地，国有投资在国家重大项目、基础设施建设、产业链强链补链等重点领域持续发力，在发展战略性新兴产业、科技创新领域等方面引领作用不断增强。

（二）民间投资潜力不断释放，民营经济支撑作用进一步增强

民营经济是国民经济的重要组成部分，是推进中国式现代化和高质量发展的生力军。改革开放后，随着社会主义市场经济体制不断完善，各类经营主体的投资热情有效激发，民间投资逐步发展壮大。党的十八大以来，党中央出台了一系列鼓励支持民营经济发展的政策举措，民间投资潜力不断释放。2013—2023年，民间固定资产投资年均增长6.6%，为投资平稳增长提供了重要支撑，在增加税收、扩大出口、吸纳就业、社会事业等方面发挥着重要作用。

（三）外商及港澳台投资持续增长，高水平对外开放逐步扩大

吸引和利用外资是我国对外开放的长期方针，改革开放以来，外商及港澳台企业固定资产投资规模稳步扩大。党的十八大以来，外商投资环境进一步优化，外资固定资产投资稳中提质。2013—2023年，全国外商及港澳台企业固定资产投资年均增长0.4%，其中外商及港澳台企业高技术产业投资年均增长11.8%，为我国建设更高水平开放型经济新体制提供了有力支撑。

75年来，我国固定资产投资从白手起步到蓬勃发展，从跨越式增长到高质量发展，取得了举世瞩目的辉煌成就。在全面建设中国式现代化国家新征程上，要坚持以习近平新时代中国特色社会主

义思想为指导，把握新发展阶段，贯彻新发展理念，构建新发展格局，充分发挥投资对优化供给结构的关键性作用，不断扩大有效投资，持续优化投资结构，为加快发展新质生产力、推动经济社会高质量发展、全面推进中国式现代化提供有力支撑。

撰稿：潘文华

10 建筑业持续发展 建设成就惠及民生

新中国成立75年来，我国建筑业持续快速发展，综合实力明显提升，对经济社会发展作出了突出贡献。党的十八大以来，我国建筑业步入新发展阶段，生产转向高质量发展，结构不断优化，支柱产业地位巩固，对经济发展和民生改善发挥了重要作用，我国正由“建造大国”向“建造强国”持续迈进。

一、建筑业持续发展，支柱产业地位不断稳固

（一）生产规模快速扩大

新中国成立之初，百业待兴，建筑业作为最早复苏的产业之一，在完成总体布局的基础上快速发展。1952年，全国建筑业企业[1]完成总产值57亿元；1956年完成总产值146亿元，突破百亿大关。建筑业也是我国最早实行改革和开放的行业之一，改革开放后，随着我国经济建设的大规模进行，建筑业迅速发展。1988年完成总产值1132亿元，突破千亿大关；1998年完成总产值10062亿元，突破万亿大关；2011年完成总产值11.6万亿元，突破十万亿大关。党的十八大以来，

1. 本文中，除增加值指标外，1952—1979年均为全民国有制建筑业企业数据；1980—1992年为全民和集体所有制建筑业企业数据；1993—1995年为各种经济成分的建制镇以上建筑业企业数据；1996—2001年为资质等级（旧资质）四级及四级以上建筑业企业数据；2002年起为具有资质等级的施工总承包、专业承包建筑业企业（不含劳务分包建筑业企业）数据。

建筑业继续保持较快增长，施工规模不断扩大，2023 年完成总产值 31.6 万亿元，1953—2023 年年均增长 12.9%。

图 1 1952—2023 年建筑业总产值

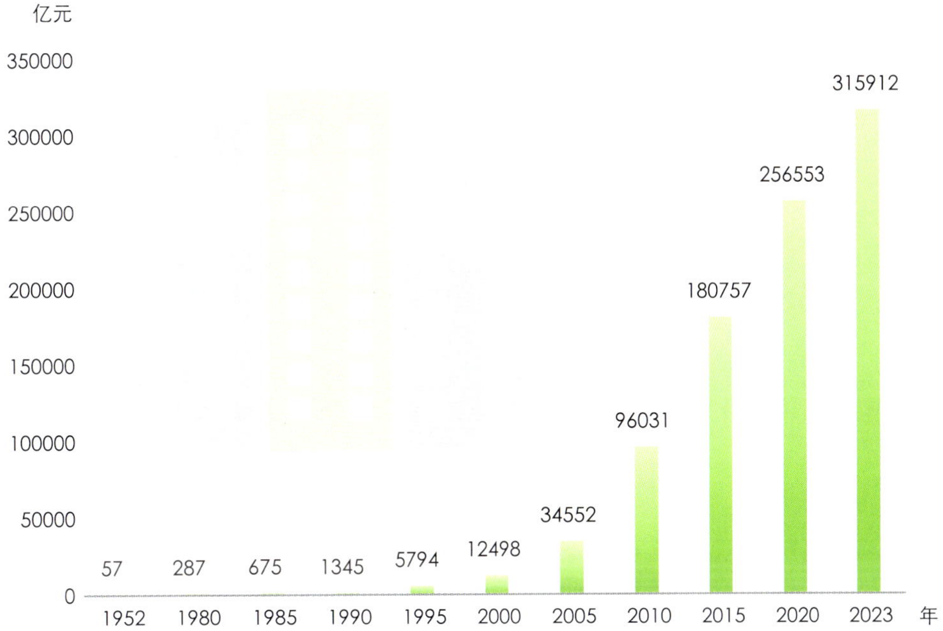

（二）对国民经济的贡献率不断提高

建筑业作为关系国计民生的基础性产业，是国民经济的重要组成部门。新中国成立 75 年来，建筑业增加值稳步增长，建筑业支柱产业地位巩固，对国民经济的贡献较大。党的十八大以来，建筑业积极应对国内外市场风险挑战，实现行业平稳健康发展，建筑业增加值占国内生产总值的比重保持在 7% 左右。2023 年，全国建筑业企业实现增加值 8.6 万亿元，占国内生产总值的 6.8%，比 1978 年提高 3.0 个百分点；建筑业增加值对 GDP 的贡献率为 8.8%，比 1979 年提高 7.5 个百分点。

（三）市场经营主体快速增加

建筑业行业规模持续扩大，企业数量不断增加。1952 年，我国具有编号的建筑业企业[2]仅有 62 家，发展到 1980 年，全民和城镇集体所有制建筑施工企业达到 6604 家。改革开放后，建筑业迎来蓬勃发展期，特别是党的十八大以来，建筑业市场经营主体快速增加，截至 2023 年末，全国具有总承包或专业承包资质的建筑业企业达到 15.8 万家，实现了行业规模的跨越式发展。

2. 数据来自原建筑工程部编制的企业单位目录。建筑工程部是 1952 年至 1970 年期间全国建筑工程主管部门，是住房城乡建设部的前身。

图 2 1952—2023 年末建筑业企业数量

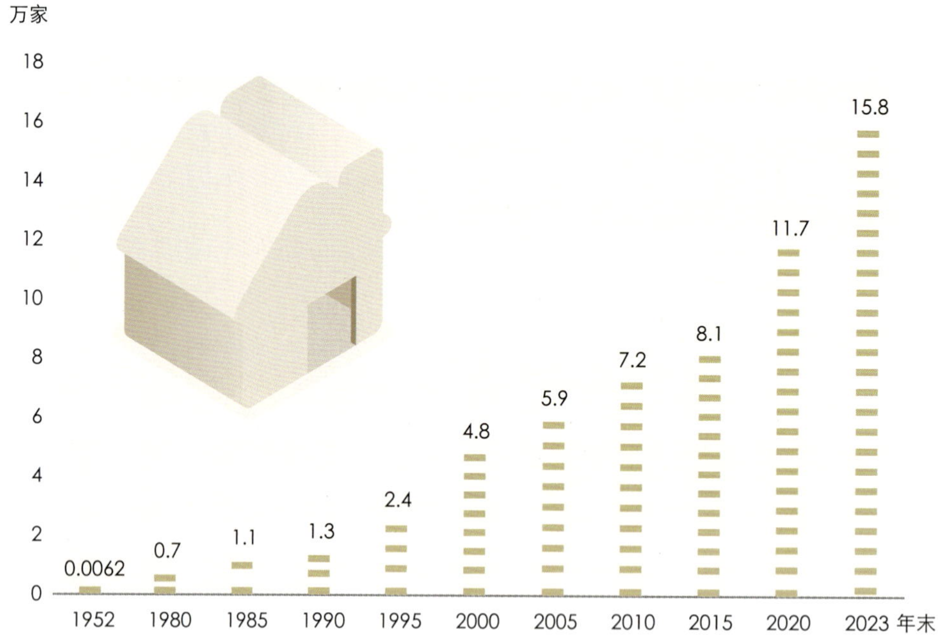

（四）吸纳就业作用显著

新中国成立之初，我国有组织的建筑施工人员不足 20 万人，到 1952 年末全民所有制建筑施工企业职工仅为 99.5 万人，经过三十多年的发展，到 1985 年，建筑业企业从业人员增加至 912 万人。

图 3 1952—2023 年建筑业企业年末从业人数

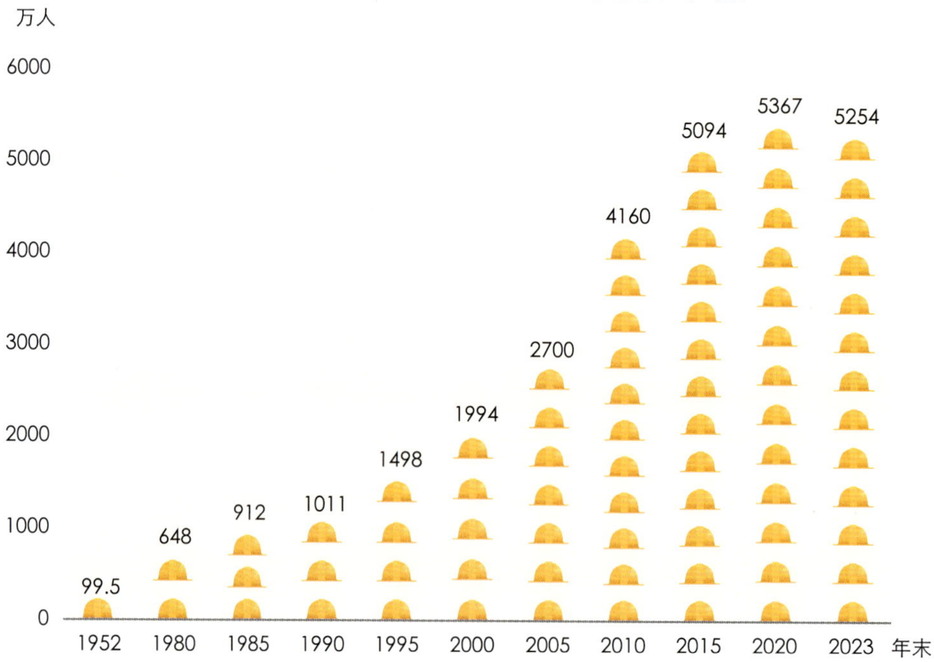

建筑业不断提供新增就业岗位，到 2023 年末，建筑业企业从业人员达 5254 万人，成为吸纳就业的重要领域。同时，随着新型城镇化建设的不断推进，建筑业吸纳农村转移劳动力就业作用也不断增强。国家统计局农民工监测调查报告显示，2023 年末全国农民工总量 29753 万人，其中从事建筑业的占 15.4%。

二、建筑业综合实力稳步增强，高质量发展成效明显

（一）综合实力明显增强

75 年来，我国建筑业迅速发展，综合实力稳步提升。建筑业企业承揽工程规模扩大。2023 年，全国建筑业企业签订合同额 72.5 万亿元，比 2002 年增长 26.1 倍，2003—2023 年年均增长 17.0%。建筑业不仅实现了量的增长，也实现了质的提升。2023 年末，建筑业企业按建筑业总产值计算的劳动生产率达到 46.5 万元 / 人，是 1980 年的 105.0 倍。企业盈利能力不断增强。2023 年末，全国建筑业企业资产总计达到 38.2 万亿元，比 1993 年增长 101.7 倍，年均增长 16.7%；实现营业收入 28.1 万亿元，增长 87.0 倍，年均增长 16.1%；利润总额 8326 亿元，增长 127.7 倍，年均增长 17.6%。

（二）施工技术和装备水平显著提升

建筑业施工技术专业人才队伍不断壮大。1952 年末，全民所有制建筑施工企业工程技术人员仅有 2.7 万人，到 2023 年末，全国有资质的建筑业企业工程技术人员已达到 678 万人。建筑业企业技术装备率大幅提升。1953 年，全民和城镇集体所有制建筑施工企业年末自有机械设备净值仅为 0.3 亿元，1980 年达到 116.1 亿元，技术装备率达到 2333 元 / 人。2022 年末，全国建筑业企业自有施工设备净值 3696 亿元，技术装备率达到 7188 元 / 人。与此同时，建筑业工程机械租赁市场规模也持续扩大，成为建筑业企业施工装备的有力补充。

从建设“一五”时期 156 项重大工程，到建筑业成为国民经济支柱产业，我国建筑施工技术持续进步，一批重大建筑技术实现了突破，具有世界顶尖水准的工程项目接踵落成。如标志着中国工程“速度”的高铁工程，标志着中国工程“跨度”的以港珠澳大桥为代表的中国桥梁工程，代表着中国工程“高度”的上海中心大厦以及代表着中国工程“难度”的自主研发三代核电技术“华龙一号”全球首堆示范工程等。高速、高寒、高原、重载铁路施工和特大桥隧建造技术迈入世界先进行列，离岸深水港建设关键技术、巨型河口航道整治技术、长河段航道系统治理以及大型机场工程等

建设技术达到世界领先水平。城市信息模型（CIM）、建筑信息模型（BIM）、大数据、智能化、移动通信、云计算、物联网等信息技术集成应用能力不断提升。

（三）行业结构不断优化

新中国成立之初，建筑业生产施工活动较为单一，随着经济建设发展的需要，建筑业向纵深发展，行业结构不断优化。土木工程建筑业等重要基础设施建设行业快速发展。2023 年，全国土木工程建筑业产值 9.7 万亿元，比 1993 年增长 137.5 倍，年均增长 17.9%；房屋建筑业产值 18.6 万亿元，比 1993 年增长 86.2 倍，年均增长 16.1%；建筑安装业产值 1.7 万亿元，增长 52.7 倍，年均增长 14.2%；建筑装饰装修和其他建筑业产值 1.6 万亿元，增长 152.8 倍，年均增长 18.3%。建筑业以技术创新引领产业转型升级，产业链现代化水平不断提高，基建、冶金、有色、煤炭、石油、化工、电力、水利、机械等建筑行业布局逐渐完备；建造流程逐渐向上游勘探设计和下游工程监理拓展。

图 4 按行业分建筑业总产值占比情况

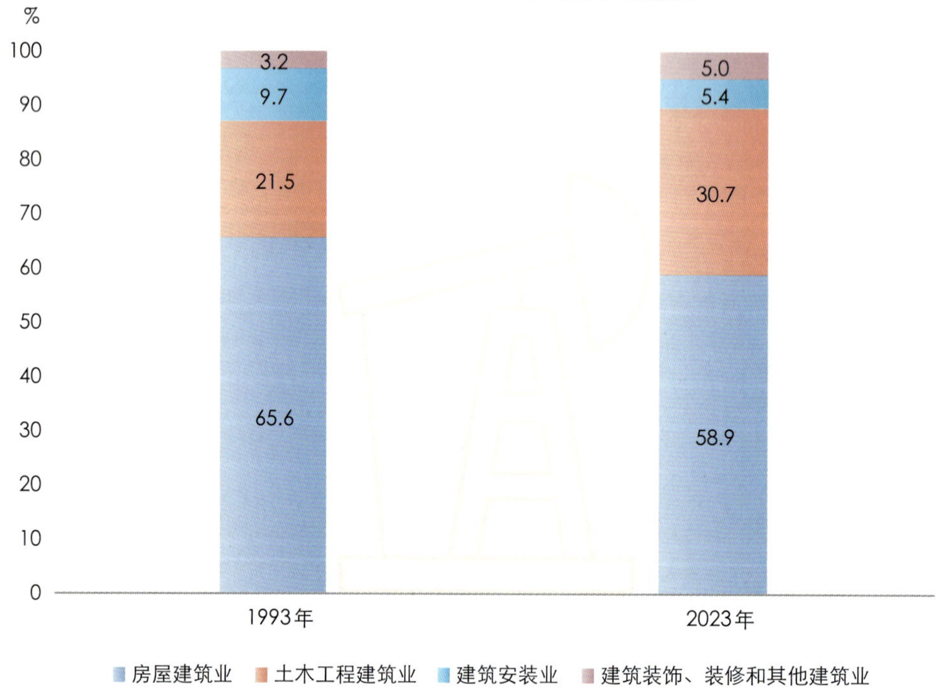

专栏 1　智能建造引领建筑业转型升级

随着新一轮科技革命和产业变革向纵深发展，以人工智能、大数据、物联网、5G 和区块链等为代表的新一代信息技术加速向各行业全面融合渗透，我国建筑业正走向以新型工业化变革生产方式、以数字化推动全面转型、以绿色化实现可持续发展的创新发展新时代。

2017 年 5 月 4 日，住房城乡建设部印发《建筑业发展“十三五”规划》提出要推动建筑产业现代化，在新建建筑和既有建筑改造中推广普及智能化应用，完善智能化系统运行维护机制，逐步推广智能建筑。2020 年 7 月 3 日，住房城乡建设部会同国务院有关部门制定并印发《关于推动智能建造与建筑工业化协同发展的指导意见》，明确提出了推动智能建造与建筑工业化协同发展的指导思想、基本原则、发展目标、重点任务和保障措施。

国家“十四五”规划和 2035 年远景目标纲要明确提出要发展智能建造，并选取了 24 个城市作为全国智能建造试点城市。2023 年，24 个试点城市支持有关单位启动建设 39 个智能建造科技创新平台，立项智能建造相关科研项目 105 个，7 项技术研发成果获得省级以上首台（套）重大技术装备认定，10 项技术研发成果获得省级以上首版次软件产品认定。颁布实施 47 项智能建造相关标准、定额和导则，内容涉及建筑信息模型（BIM）、建筑机器人、智能建造项目评价等方面，其中建筑机器人补充定额已在 6 个城市落地实施。有 99 所高校开设智能建造专业或方向，2022 年招生 3562 人，2023 年招生 5539 人。

撰稿：刘虹汝

（四）国际竞争力不断增强

改革开放后，我国建筑业依靠低人力成本和高工程质量，开始打入国际建筑市场，对外承包工程和劳务合作初步打开了局面。到 1988 年，我国与世界 125 个国家和地区开展了承包工程和劳务合作业务，1976—1988 年累计签约金额 106 亿美元，完成营业额 61 亿美元。2013 年以来，在“一带一路”倡议引领下，建筑业加快“走出去”的步伐，我国已同 180 多个国家和国际组织签署共建“一带一路”合作协议，基本形成“六廊六路多国多港”互联互通架构。据商务部统计，2023 年，我国对外承包业务新签合同额 18639 亿元人民币（以美元计为 2645 亿美元），完成营业额 11339 亿元人民币（以美元计为 1609 亿美元）。中国建筑业企业国际排名攀升，据《工程新闻纪录》（ENR）发布的国际承包商 250 强榜单，2023 年度 81 家中国企业上榜，上榜企业数量和国际业务总额均居全球首位。我国建筑业企业积极拓展海外业务，深度参与“一带一路”沿线国家和地区重大项目建设，陆续建成了中缅油气管道、蒙内铁路、柬埔寨斯登特朗—格罗奇马湄公河大桥、巴基斯坦卡洛特水电站等项目，“中国建造”国际竞争力不断增强。

专栏2　共建“一带一路” 建筑企业积极“出海”

2013年9月和10月，习近平总书记先后提出共建“丝绸之路经济带”和“21世纪海上丝绸之路”。基础设施的“硬联通”是“一带一路”建设的核心，也是互联互通的基石。中国建筑企业顺势而为，十多年来，随着“一带一路”高质量共建的推进，打造了一批标志性工程。

中巴经济走廊是共建“一带一路”的标志性项目，经过10多年的建设发展，已取得显著成效。“中巴友谊路”喀喇昆仑公路二期升级改造项目、拉合尔橙线轨道交通项目、白沙瓦—卡拉奇高速公路等运行良好，为地区繁荣增添强劲动力。

中老铁路北起中国昆明，南至老挝万象，全长1035公里，是中国“一带一路”倡议与老挝“变陆锁国为陆联国”战略对接项目。工程于2016年12月全面开工，2021年12月3日，中老昆万铁路全线通车运营。

连接印尼首都雅加达和第四大城市万隆的雅万高铁线路全长142.3公里，设计最高运行时速350公里，是印尼乃至整个东南亚的第一条高速铁路，是中印尼共建“一带一路”合作的“金字招牌”，以及共建“一带一路”倡议的标志性项目。2024年7月，印尼雅万高铁正式开通运营9个月，根据印尼中国高速铁路有限公司数据，雅万高铁累计发送旅客已超400万人次。

中国建筑企业“出海”助力“一带一路”建设，带着开放合作、互利共赢的理念走向世界，不仅增进沿线国家人民福祉，推动当地发展，也促进了国际交流，让更多的人了解中国、认识中国，为世界发展贡献力量。

撰稿：刘虹汝

（五）绿色建筑快速发展

党的十八大以来，我国绿色建筑快速发展，建筑节能改造有序推进。据住房城乡建设部数据，截至2022年底，全国累计建成绿色建筑面积超110亿平方米，累计建成节能建筑面积超过303亿平方米，节能建筑占城镇民用建筑面积比例超过64%；全国城镇完成既有居住建筑节能改造面积超过18亿平方米，为减少碳排放，逐步实现“双碳”目标贡献力量。

三、城乡基础设施不断完善，建设成就惠及民生

新中国成立以来，建筑业完成了一系列关系国计民生的基础建设工程，极大地改善了城乡居民出行、通讯、教育、医疗条件和居住环境。

（一）基础设施逐步完善

我国建筑业持续推进重大基础设施建设，完善民生基础设施。2023年末，全国铁路营业里程达到15.9万公里，比1949年末增加13.7万公里，其中高铁营业里程达到4.5万公里，占世界高铁总里程三分之二以上；公路里程543.7万公里，增加535.6万公里。建成定期航班通航机场259个，

专栏 3 **超级工程 大国实力——港珠澳大桥**

港珠澳大桥是“一国两制”下粤港澳三地首次合作共建的超大型跨海交通工程。该大桥东接香港特别行政区，向西横跨南海伶仃洋水域连接广东省珠海市和澳门特别行政区，全长约 55 公里，总投资超过千亿元，由三座通航桥、一条海底隧道、四座人工岛及连接桥隧、深浅水区非通航孔连续梁式桥和港珠澳三地陆路联络线组成，集桥、岛、隧于一体，是目前世界上最长的跨海大桥，也是投资最多、钢结构最大、施工难度最大、沉管隧道最长、技术含量最高、科学专利最多的跨海大桥，被誉为桥梁届的“珠穆朗玛峰”，“现代世界七大奇迹”之一。

港珠澳大桥从设计到建设前后历时 14 年，于 2018 年 10 月 24 日正式通车运营。其建成不仅是我国从“建桥大国”迈向“建桥强国”的一座里程碑，更体现了我国的综合国力、自主创新能力和勇创世界一流的民族志气。

港珠澳大桥的开通大大缩短了香港、珠海、澳门三地通行时间，粤港澳大湾区基础设施互联互通取得实质性进展，三地车程大幅缩短、居民出行更加便利、物流运输成本明显降低，近年来已成为三地经贸发展的新引擎，有力推动粤港澳大湾区“一小时”生活圈不断提速，助力大湾区深度融合发展。2024 年 1—6 月，经港珠澳大桥进出口总值 1044.1 亿元，同比增长 16.4%，经港珠澳大桥珠海公路口岸出入境旅客已突破 1000 万人次。

撰稿：周媛媛

比 1984 年增加 171 个。信息基础设施基本普及，截至 2023 年末，全国光缆线路长度 6432 万公里，比 1997 年增长 114.5 倍。据工业和信息化部数据，2023 年我国累计建成移动电话基站达 1162 万个，其中 5G 基站 338 万个，5G 网络已覆盖全国地级以上城市及重点县市。据住房城乡建设部数据，截至 2022 年末，全国城市供水管道长度 110.3 万公里，比 1978 年末增加 106.7 万公里；燃气供气管道 99.0 万公里，增加 98.5 万公里；排水管道 91.4 万公里，增加 89.4 万公里；建成污水处理厂 2894 座，增加 2857 座。人民共享发展成果，布局合理、设施配套、功能完备、安全高效的现代化基础设施体系不断完善。

（二）住房建设能力不断提升

人民居住条件持续改善。2023 年，全国建筑业企业房屋施工面积 151.3 亿平方米，比 1980 年增长 66.5 倍，年均增长 10.3%。城镇居民人均住房建筑面积平稳增长。棚户区、城中村和危房改造稳步实施，城市更新有序推进。截至 2023 年末，全国累计建设改造各类保障性住房和棚改安置房 6400 多万套。2019—2023 年，全国累计新开工改造城镇老旧小区 22 万个，惠及居民超过 3800 万户。城市更新改造在改善居民住房条件的同时，也优化了城市功能，提升了城镇综合承载能力，让更多人住有所居、安居宜居。

（三）美丽乡村建设深入推进

建筑业通过改善乡村居住水平、基础设施和生态环境，推动实现城乡人民共享发展成果。党的十八大以来，全面完成脱贫攻坚农村危房改造任务，历史性解决了农村贫困群众的住房安全问题。农村居民人均住房建筑面积平稳增长，农村基础设施覆盖面不断扩大，截至2022年末，建成建制镇、乡、村庄供水普及率分别为90.8%、84.7%、86.0%。农村信息基础设施建设纵深推进，行政村通光纤、通4G比例超过99%，村村通宽带全面实现，农村地区互联网普及率也提升至66.5%。

（四）公共服务设施日趋健全

我国教育、文化、医疗等社会领域工程建设大力推进，促进社会公共服务设施加快普及，基本公共服务均等化水平稳步提高。截至2023年底，全国建成普通高等学校3074所，1949年仅有205所；医疗卫生机构107万个，1949年仅有3670个；公共图书馆、博物馆数量分别达3246个和6833个。人民获得感、幸福感和安全感更加充实、更有保障、更可持续。

新中国成立75年以来，我国建筑业持续发展，成长壮大，建设成就斐然。进入新发展阶段，我国建筑业将坚定不移地贯彻新发展理念，坚持稳中求进，坚持改革创新，不断推动高质量发展，向着“建造强国”目标继续前进。

撰稿：杲海青

11 对外开放取得瞩目成就 经贸合作迈向更高水平

新中国成立75年来，我国对外经济贸易实现跨越式发展，取得历史性成就。外贸规模屡创新高，发展质量稳步提升，高质量“引进来”和高水平“走出去”齐头并进，区域经济合作持续推进，对外开放水平不断提高。党的十八大以来，在以习近平同志为核心的党中央坚强领导下，我国积极推动对外开放，开放范围、领域和层次持续拓展，与世界经济的联系更加紧密，高水平对外开放新格局加速形成。

一、货物贸易稳定增长，国际影响力不断增强

新中国成立以来，我国货物贸易成就辉煌，贸易规模由小到大，外贸竞争力由弱到强，截至2023年已连续7年保持货物贸易第一大国地位，对全球贸易的稳定作用不断增强。

（一）贸易规模稳步扩大，国际市场份额不断提升

新中国成立初期，我国社会生产力落后，经济基础薄弱，再加上西方国家的经济封锁，对外货物贸易处于封闭半封闭状态，1950年我国货物进出口总额仅11.3亿美元。20世纪50—60年代，我国货物贸易规模有所扩大，年均增速为6.9%。进入20世纪70年代，国际环境出现积极变化，我国恢复在联合国的合法席位，对外贸易获得较快发展，货物进出口总额由1970年的45.9亿美元增长到1978年的206亿美元，年均增长20.7%。1978年以来，在改革开放政策指引下，我国不断深化外贸体制改革，持续提高对外开放水平，货物贸易规模稳步扩大。特别是2001年加入世

界贸易组织以来，我国紧抓经济全球化机遇，积极加强与世界各国的经贸合作，对外贸易迈上新台阶。2004 年、2007 年、2011 年货物进出口规模分别突破 1 万亿美元、2 万亿美元、3 万亿美元。1979—2012 年，我国货物进出口总额增长 186.4 倍，年均增长 16.6%。党的十八大以来，面对复杂严峻的国际环境，我国坚持稳中求进工作总基调，深度融入全球经济，全力推进对外贸易高质量发展。2023 年，货物进出口总额为 59360 亿美元，2013—2023 年，我国货物进出口总额年均增长 4%，增速高于同期全球货物贸易平均水平 1.6 个百分点。

改革开放前，我国货物贸易规模较小，在国际市场所占份额很低，到 1978 年，货物进出口总额仅占国际市场的 0.8%。改革开放以来，随着我国对外贸易的快速发展，货物贸易规模不断扩大，在国际市场所占份额和位次逐步提高。2009 年，我国成为全球货物贸易第一大出口国和第二大进口国，货物进出口总额占国际市场的比重提升至 8.7%。2013 年，我国货物进出口总额占国际市场的比重进一步提升至 11.0%，首次超越美国，成为全球货物贸易第一大国。此后除个别年份外我国一直保持全球第一，2023 年我国货物进出口总额占国际市场的 12.4%。

图 1 1950—2023 年货物出口额和进口额

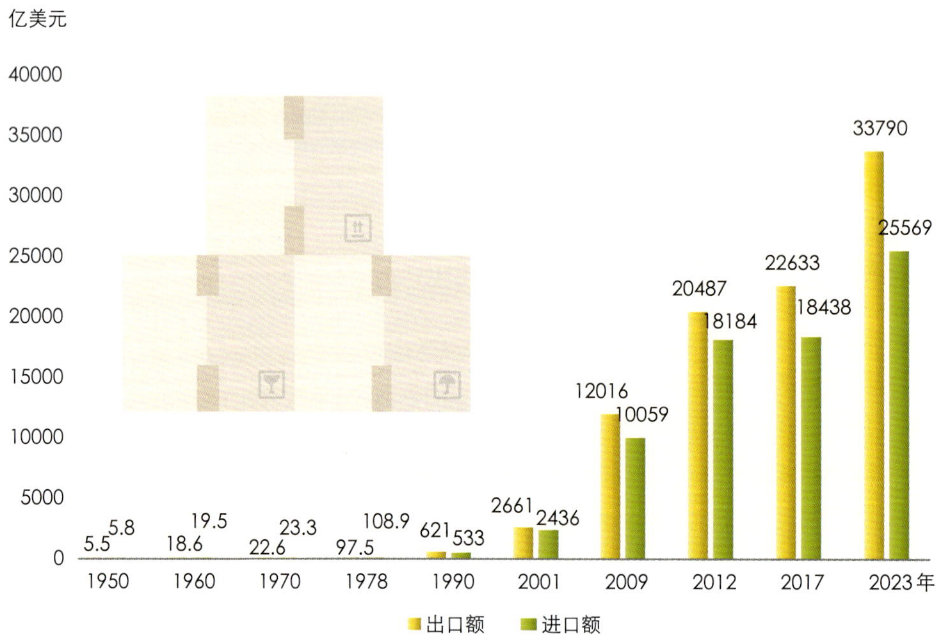

（二）商品结构持续优化，高附加值产品比重显著提高

新中国成立初期，我国工业体系尚不健全，出口商品主要是农副产品等初级产品，进口商品主要是机械设备等工业制成品。改革开放以来，我国工业经济快速发展，工业生产能力大幅提升，进

出口商品结构也发生了根本性变化。出口商品从以初级产品为主转变为以工业制成品为主。新中国成立初期，我国工业制成品出口在出口总额中所占比重不足 20%，1978 年提高到 46.5%，该比重持续稳定提高，2023 年已达到 95.1%，在我国出口商品中占据绝对主导地位。进口商品从以工业制成品为主转变为初级产品和工业制成品同步发展。20 世纪 80—90 年代工业制成品进口额与初级产品进口额的比例年均约为 4.5 倍，2012 年这一比例降为 1.9 倍，2023 年进一步降为 1.4 倍。

随着科学技术发展和生产力日益进步，我国产品技术含量不断提升，工业制成品出口结构也不断优化，从以轻纺等劳动密集型产品为主到以机电产品等高附加值产品为主。机电产品出口占出口总额的比重不断提高，1980 年为 7.8%，1990 年、2000 年先后达到 17.9%、42.3%，2023 年进一步提高到 58.5%，为外贸增长提供强大动力。同时，随着我国不断引进先进技术、持续推进产业结构优化升级，我国工业制成品进口结构也呈现积极变化，高端技术装备、核心零配件等高技术含量、高附加值的产品进口比重不断提高，高新技术产品进口占进口总额的比重从 2000 年的 23.3% 提高到 2023 年的 26.6%。

专栏 1

“新三样”产品出口破万亿

近年来，中国新能源产业迎来飞速发展。以电动汽车、锂电池和光伏产品为代表的“新三样”产品出口规模扩大。据海关总署统计，2023 年我国“新三样”产品出口合计 1.1 万亿元，首次突破万亿大关，比上年增长 29.9%。

新能源技术处于全球领先水平。我国在新能源产业领域取得的成就，离不开前期大量的创新和研发投入，技术上的不断突破为新能源产品带来国际竞争优势。以新能源汽车为例，我国新能源汽车生产线智能化、自动化程度处于世界前列。2023 年，我国出口电动载人汽车 177 万辆，比上年增长 66.8%，创下历史新高。

优质新能源企业不断涌现。激烈的市场竞争和挑战倒逼企业提升产品品质、加强品牌维护，孕育了一批优质新能源企业，如先导智能等设备制造企业、宁德时代等电池企业、比亚迪等新能源车企。产业链上下游企业携手并进，共同塑造了中国新能源产品强劲的全球竞争力。

推动全球低碳绿色转型。全球能源绿色低碳转型为新能源产品提供了广阔的发展空间。我国光伏、风电产品已出口到全球 200 多个国家和地区。据中商产业研究院报告，2023 年，我国锂电池出货量为 887GWh，占全球出货量的 73.8%。我国提供的优质新能源产品加快了全球能源绿色转型步伐。

撰稿：王晓宇

（三）贸易伙伴更加多元，新兴市场快速发展

新中国成立初期，我国对外贸易的主要伙伴是苏联和东欧社会主义国家，1951 年我国同社会主义国家的贸易额占全部对外贸易总额的比重达 52.9%。之后我国持续发展同其他国家的外交关系，贸易伙伴逐渐增多。改革开放初期我国对外贸易伙伴发展到 40 多个国家和地区。改革开放以来，特别是加入世界贸易组织后，我国积极适应国际市场形势，不断深化同世界各国的经贸往来，贸易伙伴向多元化发展，2011 年我国对外贸易伙伴已扩展到 230 多个国家和地区，美国、欧盟、东盟、日本、韩国等成为我国主要贸易伙伴。进入新时代，我国实行更加积极主动的开放战略，不断推动对外开放向更大范围、更宽领域、更深层次迈进，与各国的贸易关系更加紧密，成为全球 140 多个国家和地区的主要贸易伙伴。

我国奉行互利共赢的开放战略，积极参与和推动经济全球化，与各国共享区域开放机遇，国际市场布局逐步优化，与新兴市场的贸易规模不断扩大。特别是 2013 年“一带一路”倡议的提出，进一步激发了新兴市场活力，促进双边贸易快速发展。我国成为共建“一带一路”国家中 114 个国家的前 3 大贸易伙伴，是其中 68 个国家的最大贸易伙伴。对共建“一带一路”国家进出口额由 2013 年的 10.1 万亿元攀升至 2023 年的 19.5 万亿元，年均增长 6.7%，占进出口总额的比重由 39.3% 提高到 46.6%。我国与非洲和拉丁美洲的进出口额也大幅增加，在进出口总额中所占比重分别由 2000 年的 2.2% 和 2.7% 提高到 2023 年的 4.7% 和 8.2%。

（四）经营主体活力增强，民营企业贡献提升

新中国成立初期，我国对外贸易按照国家指令性计划开展，经营权由国家统一管理，1978 年开展外贸业务的专业总公司仅 10 余家。改革开放以来，我国不断深化外贸体制改革，逐步放宽外贸经营限制。特别是 2004 年修订后的《中华人民共和国对外贸易法》将外贸经营权管理由审批制改为备案登记制，取消了外贸经营权的门槛限制，外贸企业数量大幅增长。2017 年，我国有进出口实绩的外贸经营主体达 43.6 万家，至 2023 年达 64.5 万家，显示出外贸主体活力不断增强。

随着外贸经营体制改革逐步推进，我国外贸经营主体由国有企业逐步扩展到民营企业、外资企业、个体经营者等多种类型，各类企业在外贸发展的不同阶段发挥了重要作用。改革开放前，我国对外贸易经营主体为单一的国有企业。改革开放后，随着外贸经营权的放开，外资企业和民营企业得到较快发展，外资企业逐渐成为我国外贸第一大经营主体。党的十八大以来，在国家各项政策措施推动下，民营经济进一步发展壮大，2019 年民营企业超过外资企业成为我国外贸发展的主力军。

2023 年，民营企业进出口额占我国进出口总额的比重由 2019 年的 43.3% 提高到 53.5%，连续 5 年保持我国第一大外贸经营主体地位。

二、服务贸易快速发展，成为我国高水平开放新引擎

服务贸易是国际贸易的重要组成部分。新中国成立以来，我国服务贸易从无到有，进出口规模日益扩大，发展质量不断提升。党的十八大以来，我国深入探索服务贸易创新发展机制，持续深化服务业对外开放水平，将服务贸易高质量发展作为助推高水平对外开放的重要着力点，服务贸易对经济发展的引擎作用更为强劲。

（一）服务贸易规模不断扩大，位次跃居世界前茅

改革开放前，我国服务贸易仅局限在少量对外技术援助和来华旅游服务。改革开放后，我国不断夯实服务业基础，稳步推进服务领域对外开放，服务贸易保持良好发展态势。党的十八大以来，国家积极开展服务业扩大开放综合试点，全面深化服务贸易创新发展试点，通过国际服务贸易交易会搭建服务贸易国际交流平台，着力推动服务贸易高质量发展，服务贸易规模不断扩大。2023 年，我国服务进出口总额为 9331 亿美元，1983—2023 年，我国服务进出口总额增长 198 倍，年均增长 13.8%。其中，服务出口额增长 142 倍，年均增长 12.9%；服务进口额增长 272 倍，年均增长 14.7%。

图 2 1982—2023 年服务出口额和进口额

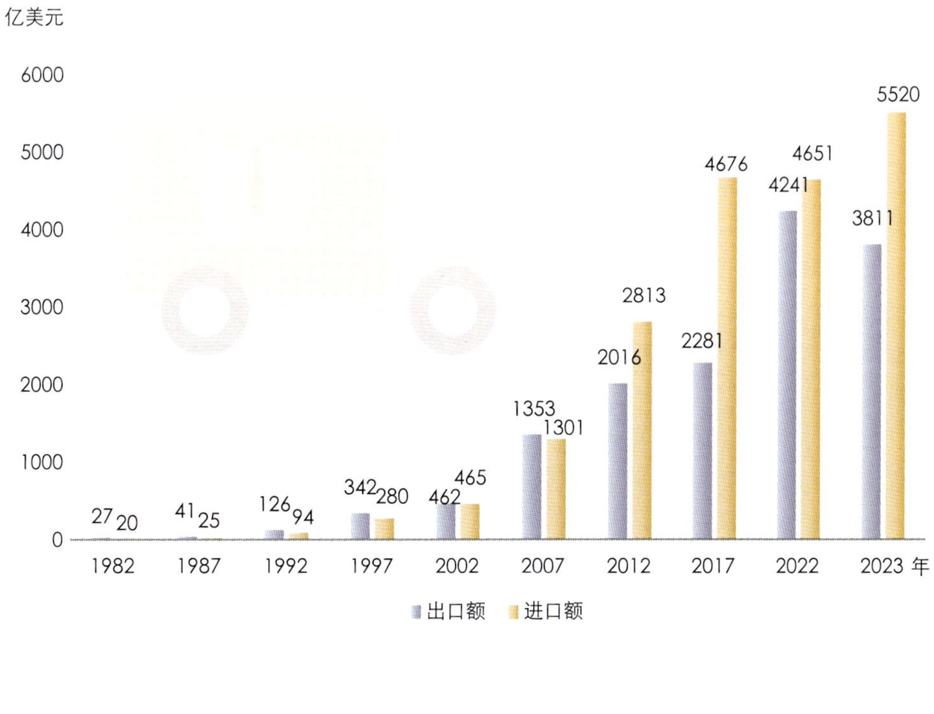

改革开放以来，我国服务贸易发展速度快于全球水平，为全球服务贸易发展提供了强劲动能。1983—2023年，我国服务进出口总额年均增速高出全球平均增速6.5个百分点，在全球服务贸易总额中所占比重稳步提升。2014年，我国服务进出口总额占全球服务贸易总额的比重由1982年的0.6%提高到6.3%，在全球服务贸易的位次由1982年的第34位跃升至第2位，自此连续9年保持全球服务贸易第二大国地位；2023年居第4位。

（二）贸易结构优化升级，不断向价值链高端迈进

改革开放初期，我国服务贸易以运输和旅行等传统服务为主，20世纪80年代传统服务在我国服务进出口总额中所占比重的平均值超过80%，之后这一比重逐渐下降，但仍维持在50%以上。运输服务在服务进出口总额中所占比重由1982年的51.6%下降至2023年的27.7%，旅行服务所占比重由1982年的19.4%提高至2023年的22.6%，是我国传统服务贸易的两大支柱。

随着我国服务业开放范围的不断扩展以及服务领域国际合作的不断深化，金融、保险、电信、文化教育、管理咨询等知识密集型服务贸易快速发展。近年来，大数据、云计算、物联网和人工智能等技术加速创新，服务贸易数字化转型加快，进一步拓展了知识密集型服务贸易的发展空间。1982—2023年，我国知识密集型服务进出口额由10.1亿美元增加到3859亿美元，年均增长15.6%，增速快于传统服务贸易2.7个百分点。知识密集型服务贸易在服务进出口总额中的比重呈上升趋势，20世纪80—90年代，知识密集型服务贸易所占比重平均为24.1%，2000年至2019年这一平均比重提高至32.5%，2020年至2023年又进一步提高至42.9%。

专栏2　全球数字贸易博览会

全球数字贸易博览会（以下简称数贸会）是我国唯一以数字贸易为主题的国家级、国际性、专业型展会，以一年一度的频率举行。数贸会是推动数字贸易发展的重要平台和促进全球数字经济合作的国际公共产品，也是支持建设开放型世界经济的重要举措。

2023年举办的第二届全球数字贸易博览会有来自25个国家和地区的1018家企业线下参展，367家企业通过数贸会云平台线上参展。1.5万余名专业采购商参会，其中境外参展商1700余人，100多个国际采购团来到数贸会现场商洽合作。现场签约项目32个，总签约金额1558.5亿元。

数字贸易代表了全球贸易发展的新趋势，是全球贸易增长的新引擎。在这一背景下举办以数字贸易为主题的博览会，将在促进我国数字贸易蓬勃发展、进一步扩大制度型开放、推动数字贸易国际交流合作等方面发挥重要作用。

撰稿：王晓宇

三、利用外资成效显著，投资环境持续优化

改革开放以来，我国利用外资工作取得巨大成就，对外开放领域不断拓展，外商投资环境持续改善，吸引外资结构日益优化，利用外资水平不断提高。

（一）市场吸引力增强，引资规模持续扩大

改革开放前，我国利用外资规模有限。改革开放初期，我国利用外资以对外借款为主，引进外资尤其是外商直接投资规模有限，1979—1991 年的 13 年间实际使用外商直接投资金额仅 251 亿美元。1992 年以来，中央确定了积极合理有效利用外资的方针，强调“更多更好地利用国外资金、资源、技术和管理经验”，引资力度不断加大，国内投资环境持续改善，我国利用外商直接投资进入发展“快车道”。实际使用外商直接投资金额由 1992 年的 110 亿美元增至 2023 年的 1633 亿美元，增长 13.8 倍，年均增长 9.1%。2023 年，我国实际使用外商直接投资金额占全球的 12.3%，连续 3 年保持全球第二大外资流入国地位。

专栏 3 **“十四五”利用外资发展规划**

为贯彻落实《中华人民共和国国民经济和社会发展第十四个五年规划和 2035 年远景目标纲要》和《“十四五”商务发展规划》，商务部于 2021 年 10 月印发《“十四五”利用外资发展规划》（以下简称《规划》），这是我国首份利用外资发展专项规划。

《规划》明确了“十四五”时期我国利用外资的指导思想、基本原则、发展目标和重点任务。

“十四五”时期我国利用外资以习近平新时代中国特色社会主义思想为指导，以坚持高水平对外开放、坚持稳总量优结构、坚持服务稳链固链、坚持优化营商环境、坚持统筹发展和安全为基本原则，以外商投资准入范围进一步扩大、利用外资结构进一步改善、开放平台作用进一步提升、外商投资管理体制进一步健全、外商投资环境进一步优化为主要目标。《规划》提出了七项重点任务，即推进更高水平对外开放、优化利用外资结构、强化开放平台功能、提升外商投资促进服务水平、完善外商投资管理体制、优化外商投资环境、促进国际投资自由化便利化。

“十四五”时期，我国利用外资面临的机遇和挑战前所未有，必须统筹中华民族伟大复兴战略全局和世界百年未有之大变局，深刻认识我国社会主要矛盾变化带来的新特征新要求以及错综复杂的国际环境带来的新矛盾新挑战，善于在危机中育先机、于变局中开新局，推动利用外资实现更高水平发展。

撰稿：刘洋

（二）利用外资水平提高，引资结构日趋改善

随着我国开放水平的不断提高及外资准入领域的不断扩大，外商直接投资行业分布更加优化，由改革开放初期的以制造业为主向多个产业共同发展转变，第二产业投资规模缩小，第三产业投资规模扩大。2023 年，制造业、租赁和商务服务业、科学研究和技术服务业、信息传输软件和信息技术服务业、批发和零售业、房地产业和金融业 7 个行业实际使用外商直接投资金额占比近 90%。近年来，新一代信息技术加速发展，高技术产业发展空间不断拓展，高技术产业实际使用外商直接投资金额占比逐步提升，成为吸引外资的重要增长点。2023 年，我国高技术产业实际使用外资 4233 亿元，占全部实际使用外资金额的 37.3%。

（三）外商投资环境优化，企业投资领域不断拓展

对外开放重大战略部署实施以来，我国不断完善外商投资法律法规建设，逐步放开外商投资限制，持续优化营商环境。1979 年《中华人民共和国中外合资经营企业法》的颁布，奠定了我国利用外资的法律基础。随后国家陆续制定了一系列相关法律法规、逐步扩大沿海开放城市范围、采取多项鼓励措施，外商投资环境大大改善。2001 年加入世界贸易组织后，我国积极履行入世承诺，持续扩大自主开放，全面参与全球经济合作，投资便利化进展加快，投资环境得到明显改善。党的十八大以来，我国大力推动构建开放型经济新体制，对标国际高标准经贸规则，在金融、科技、教育和文化等多个领域加大开放力度，进一步优化营商环境。2014 年外商投资项目管理由全面核准制转向普遍备案和有限核准；2018 年全国统一的外资准入负面清单正式上线并实行动态调整机制，禁止准入和许可准入事项不断缩减；2019 年颁布的《中华人民共和国外商投资法》，对外商直接投资实行准入前国民待遇加负面清单管理制度。通过一系列努力，公开透明、可预期的国际化一流营商环境建设取得显著成效，我国成为全球外商直接投资的主要目的地之一。

四、对外投资合作量质齐升，“走出去”步伐不断加快

“走出去”战略提出以来，我国积极参与国际交流与合作，不断创新对外投资方式，加大政策支持力度，提升服务保障水平，带动对外直接投资蓬勃发展，实现规模快速扩大、质量显著提高。

（一）对外投资规模跃升至世界前列

1979 年，国务院提出“出国办企业”，开启了我国对外投资序幕。但政策提出初期，只有少数国有企业走出国门，对外投资规模很小，1982—2000 年，我国累计实现对外直接投资 278 亿美

元，年均对外直接投资额仅 14.6 亿美元。2000 年，九届全国人大三次会议提出“走出去”战略。2001 年我国加入世界贸易组织，为实施“走出去”战略带来更多机遇，推动对外直接投资实现较快发展。2001—2012 年，我国年均对外直接投资额为 351 亿美元。党的十八大以来，我国积极推进“一带一路”建设，加强国际经济合作与交流，对外直接投资步伐加快。2023 年，我国对外直接投资金额为 1478.5[1] 亿美元，是 2012 年的 1.7 倍。我国对外直接投资规模居全球位次从 2002 年的第 26 位提高至 2012 年的第 3 位，自此连续 12 年居于全球对外直接投资流量的前 3 位。

表 1 2002 年以来对外直接投资流量及全球排名

年 份	对外直接投资流量（亿美元）	全球位次
2002	27.0	26
2004	55.0	20
2006	211.6	13
2008	559.1	12
2010	688.1	5
2012	878.0	3
2014	1231.2	3
2016	1961.5	2
2018	1430.4	2
2020	1537.1	1
2022	1631.2	2
2023	1478.5	3

注：2002—2022 年全球位次来源于《2022 年度中国对外直接投资统计公报》，2023 年全球位次来源于联合国贸发会议数据库。

（二）对外投资结构更趋优化

随着国家“走出去”步伐不断加快，我国对外直接投资行业领域不断拓展。2003 年，采矿业、制造业、批发和零售业及商务服务业四个行业的对外直接投资额占我国对外直接投资的 90% 以上。2023 年，我国对外直接投资已覆盖国民经济的 18 个行业大类。其中，流向租赁和商务服务业、批发和零售业、制造业、金融业、采矿业、交通运输仓储和邮政业六个行业的投资占我国对外直接投资的 90% 左右，租赁和商务服务业在我国对外直接投资行业分布中居于首位。

（三）对外经济合作取得积极进展

对外承包工程是我国对外经济合作的主要形式，起步于 20 世纪 70 年代后期，当时仅 4 家

1. 数据来源于商务部 2023 年全行业对外直接投资简明统计。

企业获批承接对外工程业务，新签合同金额很小，1979 年仅 0.3 亿美元。2000 年开始对外承包工程作为实施“走出去”战略的重要形式，得到快速发展，业务规模不断扩大；新签合同额由 2000 年的 120 亿美元增加至 2012 年的 1565 亿美元，增长了 12.1 倍。党的十八大以来，对外承包工程进入新发展阶段，对带动我国产品技术服务“走出去”、深化国际产能合作、促进国内经济转型升级发挥了重要作用。2023 年，我国对外承包工程新签合同额 2645 亿美元，较 2012 年增长 69%。

五、多双边和区域合作不断深化，互惠共赢理念更加彰显

我国坚持高水平对外开放，深度参与全球产业分工，不断深化多双边和区域经济合作，与世界各国共享发展机遇，多双边和区域经济合作不断取得新成果，为维护多元稳定的国际经济格局和经贸关系发挥了重要作用。

（一）自贸试验区“试验田”作用充分发挥

建设自由贸易试验区是新形势下党中央推进改革开放的重大举措。自 2013 年上海自由贸易试验区建立以来，国家不断优化完善自由贸易试验区布局，形成了覆盖东西南北中，统筹沿海、内陆、沿边的改革开放创新格局。截至 2023 年底，我国共建立了 22 个自由贸易试验区。自由贸易试验区在贸易、投资、金融等方面主动对接国际通行规则，形成了许多制度创新成果，为推进高水平对外开放积累了丰富经验。10 多年来，自由贸易试验区累计部署 3400 多项改革试点任务，在国家层面总结提炼了七批改革试点经验、四批最佳实践案例，共向全国复制推广 300 多项制度创新成果。2023 年，22 个自由贸易试验区合计进出口额 7.7 万亿元，在我国进出口总额中占 18.4%，为稳外贸发挥了重要作用。

（二）自由贸易区网络不断扩大

2002 年，我国和东盟国家领导人签署《中国与东盟全面经济合作框架协议》，开启了我国自由贸易区建设进程。继党的十七大提出实施自由贸易区战略后，党的十八大提出加快实施自由贸易区战略，成为我国新一轮对外开放的重要内容。党的十八大以来，我国积极推进自由贸易区网络建设，不断深化与各国的经贸合作，开展多轮自贸协定升级谈判，持续推动原有自贸协定升级扩容，与更多国家和地区商签高标准自贸协定和投资协定，自贸区网络不断拓展。2022 年，世界上覆盖人口最多、经贸规模最大、最具发展潜力的自贸协定——区域全面经济伙伴关系协定（RCEP）对

我国正式生效。截至 2023 年底，我国已与 29 个国家和地区签署 22 个自贸协定。当前，我国与自贸伙伴贸易额（不含港澳台）占对外贸易总额的比重提升至 1/3 左右。

（三）“一带一路”建设成果丰硕

2013 年，习近平总书记提出共建“一带一路”倡议。倡议提出以来，我国秉持共商共建共享原则，积极倡导合作共赢理念与正确义利观，促进共建国家全方位多领域互联互通，“一带一路”建设取得显著成效，吸引越来越多的国家加入到倡议中来，共建“一带一路”已成为当今世界最受欢迎的国际公共产品和最大规模的国际合作平台。截至 2023 年底，我国与 150 多个国家、30 多个国际组织签署了 200 多份共建“一带一路”合作文件。我国还与共建国家加强经贸领域务实合作，发展合作共赢的贸易投资关系，各国之间的贸易投资联系更加紧密。我国与共建“一带一路”国家的贸易规模不断扩大，贸易总指数由 2013 年基期的 100 提高至 2022 年的 165.4。2023 年，我国对共建国家非金融类直接投资 2241 亿元，与共建国家新签承包工程合同额 1.6 万亿元，完成营业额 9305 亿元。

专栏 4　陆海新通道高质量发展

陆海新通道位于我国西部地区，北接丝绸之路经济带，南连 21 世纪海上丝绸之路，协同衔接长江经济带，在区域协调发展格局中具有重要战略地位。

陆海新通道的前身是纳入中新（重庆）战略性互联互通示范项目的“南向通道”项目。2018 年，中国和新加坡签署《关于中新（重庆）战略性互联互通示范项目“国际陆海贸易新通道”建设合作的谅解备忘录》，将“南向通道”正式更名为“陆海新通道”。

2019 年，国家发展改革委印发《西部陆海新通道总体规划》，提出到 2025 年，经济、高效、便捷、绿色、安全的西部陆海新通道基本建成。为更大力度推进《西部陆海新通道总体规划》实施，2021 年多部门联合印发《“十四五”推进西部陆海新通道高质量建设实施方案》，紧密结合通道发展实际，根据通道新情况、新要求，提出推进任务落实的新路径、新方法，坚持高质量高标准建设，加大要素和政策的支持力度，合力推进重点任务落实。

《国际陆海贸易新通道发展报告 2023》显示，陆海新通道拉近了中西部地区与东盟的地理距离和贸易联系，织密与东盟的国际生产网络，实现“通道 + 经贸 + 产业”联动发展。截至 2023 年 9 月，陆海新通道物流网络覆盖我国 18 个省区市 69 个城市 138 个站点，通达全球 120 个国家和地区的 473 个港口；陆海新通道建设助力共建省区市与东盟贸易额从 2017 年的 756 亿美元增至 2022 年的 1310 亿美元，年均增长 11.6%。

撰稿：刘洋

新中国成立以来，我国对外开放的广度和深度不断扩大，开放的水平和质量全面提高，开放成为当代中国的鲜明标识，为我国深化改革、促进发展提供了强大动力。在推进中国式现代化建设新征程上，面对纷繁复杂的国际国内形势，面对新一轮科技革命和产业变革，要坚持以开放促改革、促发展，继续扩大高水平对外开放，加快建设更高水平开放型经济新体制，实施更大范围、更宽领域、更深层次的对外开放。

撰稿：王月香

12 创新驱动发展成绩斐然 科技强国建设阔步前行

科技是国家强盛之基，创新是民族进步之魂。新中国成立 75 年来，我国科技事业经历了从“向科学进军”到提出“科学技术是第一生产力”，从实施科教兴国战略到建设创新型国家，从全面实施创新驱动发展战略到开启科技强国建设新征程的壮阔旅程。党的十八大以来，以习近平同志为核心的党中央坚持把科技创新摆在国家发展全局的核心位置，提出科技创新是发展新质生产力的核心要素，对建设科技强国进行全局谋划和系统部署，推动我国科技事业不断取得新进步，中国已成为具有重要国际影响力的科技创新大国，并正向着世界科技强国的宏伟目标阔步前进。

一、国家科技创新体系逐渐发展成熟

（一）科技创新战略地位日益巩固

新中国成立以来，科技事业发展一直是国家重大发展战略体系的重要内容。党中央牢牢把握世界科技和经济发展大势，结合我国实际对科技事业发展作出重大战略部署。新中国成立初期编制《1956—1967 年科学技术发展远景规划纲要》，首次从国家层面对科技发展作出重要安排。改革开放初期编制《1978—1985 年全国科学技术发展规划纲要》，首次强调科技发展要与经济建设相结合。2005 年发布《国家中长期科学和技术发展规划纲要（2006—2020 年）》，强调充分发挥科技对经济社会发展的支撑引领作用。进入新时代，编制《国家中长期科学和技术发展规划（2021—2035）》，强调要加强基础科学研究，加快实现高水平科技自立自强。

（二）多元主体协同创新格局逐步形成

1949 年中国科学院成立，各地区各部门也相继开始布局建立一批科学研究机构。至 1966 年，全国科研机构已经从新中国成立伊始的 30 多个增加到 1700 多个，初步形成由中科院、高校、产业部门、地方科研单位和国防部门组成的科学技术体系。改革开放后，深化科技体制改革，通过科技拨款制度改革、培育技术交易市场、推动军民融合发展、鼓励民营科技企业发展等方式，积极推动科技与经济相结合。党的十八大以来，国家创新体系建设不断提质加速，逐渐形成以科技型企业、科研院所和高等学校为主体的协同创新体系，还涌现出一批具有多元化投资、多样化模式和市场化运作特征的新型研发机构。其中，以国家实验室、研究型大学、一流科研院所和科技领军企业为代表的国家战略科技力量，是我国科学技术攻关的骨干力量。

（三）国家重点科技计划体系有序推进

科技计划是政府支持科技创新活动的重要方式，是引导各类资源向重大科技领域有效配置的重要抓手。1956 年，我国重点梳理出 57 项重要科学技术任务和 616 个中心问题，提出 12 项具有关键意义的重大任务，成为国家科技计划体系的雏形。改革开放后，国家科技计划体系不断调整，到“十二五”时期，基本形成了以重大专项和基本计划为核心的体系。其中，重大专项的典型代表是聚焦集成电路的“01 专项”和聚焦工业母机的“04 专项”，为我国关键领域核心技术突破和资源集成提供重要支撑；基本计划则包括国家重点基础研究发展（973）计划、国家高技术研究发展（863）计划等。2014 年，我国科技计划体系进一步整合为五类科技计划，包括国家自然科学基金、国家科技重大专项、国家重点研发计划、技术创新引导专项（基金）以及基地和人才专项，成为新时代推动国家重大科技创新需求落地的重要渠道。

（四）基础研究战略布局不断优化

新中国成立后，我国相继取得了第一颗原子弹装置爆炸成功、第一枚自行设计制造的运载火箭发射成功、世界上首次人工合成牛胰岛素、第一颗氢弹空爆成功、“东方红一号”人造地球卫星发射成功等一批追赶世界水平的重大科技成果。改革开放后，我国基础研究逐渐形成了较为完整的学科布局，一批新兴交叉学科快速发展，若干领域进入世界先进行列。党的十八大以来，进一步强化基础研究战略布局，在干细胞及转化、纳米科技、量子调控和量子信息、蛋白质与生命过程调控、合成生物学等多个领域开展重大科学问题研究。同时，布局推进系列重大科研基础设施建设，如 500 米口径球面射电望远镜（FAST）、磁约束核聚变实验装置（EAST）、中国散裂中子源、中微子实验室等。依托重大科学装置和基础设施平台，我国在空间探测、核聚变研究和微观世界研究等基础前沿领域科研能力显著提升。

专栏 1　量子科技发展步入快车道

量子是质量、能量等各种物理量的最小单元，是 20 世纪最重要的科学发现之一。经过多年发展，我国量子科技领域整体上已经实现了从跟跑、并跑到部分领跑的飞跃。

量子通信稳居国际引领地位。量子通信被认为具有高效率和理论上绝对安全等特点，事关国家安全，受到广泛重视。在量子通信卫星方面，2016 年，我国发射了世界首颗量子科学实验卫星“墨子号”，在全球范围率先实现了千公里级星地双向量子通信。2022 年，我国发射世界首颗量子微纳卫星“济南一号”。在量子通信骨干网络方面，2017 年，世界首条量子保密通信干线“京沪干线”正式开通。2022 年，总里程超 10000 公里的量子保密通信骨干网络完成建设验收，实现星地对接。

量子计算挺进第一方阵。量子计算是一种高速运算、储存、处理信息的新型技术，在学术界有实现“量子计算优越性”、实现专用量子模拟机、实现可编程通用量子计算机三个阶段。在量子计算优越性方面，2020 年，我国成功研制光量子计算原型机“九章”，成为全球第二个实现“量子计算优越性”的国家，之后“九章三号”进一步巩固了我国在光量子计算领域的国际领先地位。2021 年，我国构建的原型机“祖冲之二号”又在超导量子体系实现了“量子计算优越性”。在量子模拟机方面，2024 年，我国成功构建超越经典计算机的“天元”量子模拟器，率先取得量子计算第二阶段重要进展。

量子精密测量进入国际领先行列。量子精密测量是利用量子力学规律进行高精度和高灵敏度的测量，未来有快速发展和形成新质生产力的潜质。在量子导航方面，我国原子自旋陀螺原理样机、小型移动式冷原子重力仪、可移动原子重力仪精度等达到或接近国际一流水平。在单量子灵敏探测方面，我国在量子激光雷达、痕量原子示踪、单分子表征、磁场精密探测等若干方向上达到国际领先或先进水平。

撰稿：汪泱

二、科技创新投入要素加速聚集

（一）研发经费投入不断取得历史性突破

2023 年我国全社会研究与试验发展（R&D）经费投入规模达 33278 亿元，比 1991 年增长 233 倍，年均增长 18.6%。党的十八大以来，我国加快实施创新驱动发展战略，全社会研发经费加速聚集，全社会 R&D 经费分别于 2019 年和 2022 年迈上 2 万亿和 3 万亿台阶，成为仅次于美国的世界第二大研发投入国家。R&D 经费投入强度（R&D 经费支出与 GDP 之比）从 1991 年的 0.6% 提升至 2023 年的 2.64%，在世界上位列第 12 位，与 OECD 国家（2.7%）差距进一步缩小。

专栏 2

大科学装置建设稳步推进 成果持续涌现

大科学装置能够提供先进的实验条件和研究手段，帮助科学家深入探索物质结构、宇宙起源、生命本质等基础科学问题，促进基础科学的重大突破和创新，为科学理论的发展和完善提供坚实的实验依据。

大科学装置建设稳步推进。截至 2023 年底，我国已经布局建设 77 个国家重大科技基础设施，其中 35 个已建成运行，部分设施迈入全球第一方阵。例如，被誉为“中国天眼”的 500 米口径球面射电望远镜（FAST），是世界最大单口径、最灵敏的射电望远镜，极大地提升了我国深空通讯数据下行速率和对暗弱脉冲星及其他暗弱射电源的搜索效率；被誉为“人造太阳”的全超导托卡马克核聚变实验装置（EAST），是我国自主研发的实现可控核聚变的重要装置；上海同步辐射光源（SSRF），为我国多学科的前沿基础研究以及高技术的开发应用，提供不可替代的先进实验平台。

科研成果持续涌现。高海拔宇宙线观测站（LHAASO）在国际上首次认证了能量高于 1 亿亿电子伏特的宇宙线的起源天体；中国超重元素研究加速器装置（CAFE2）创造了国际同类装置运行束流参数的最高纪录，为合成元素周期表第八周期新元素提供了关键条件；凭借超高灵敏度，“中国天眼”目前监测到的脉冲星数量已超 890 颗，是自其运行起至今、国外同类型望远镜监测数量总和的 3 倍以上。

撰稿：林梅

图 1 1991—2023 年我国研发经费及投入强度情况

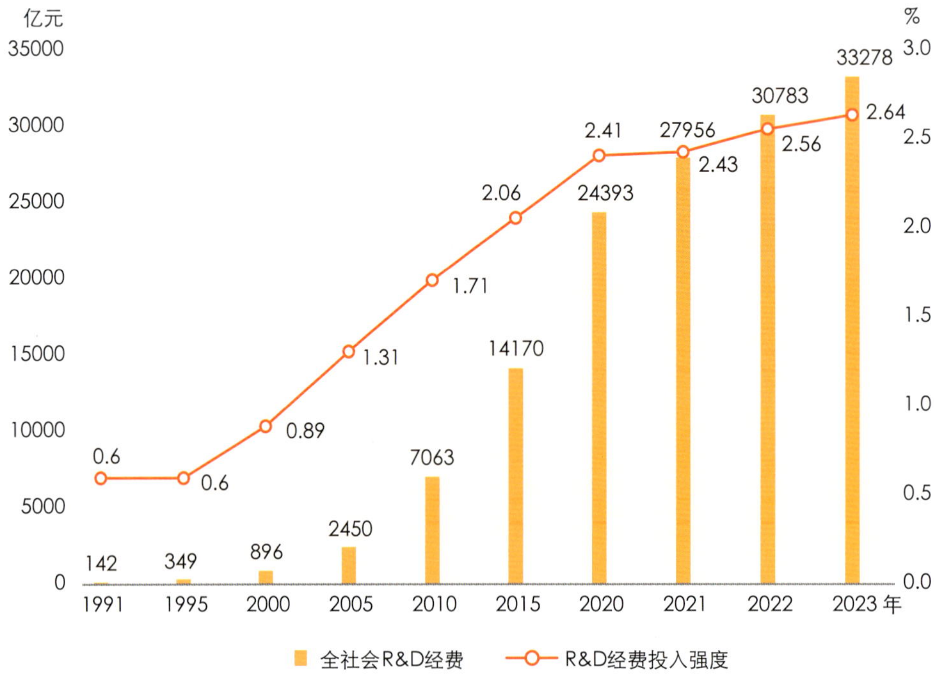

（二）人才资源科技创新红利持续释放

人才是科技创新的第一资源，我国劳动年龄人口素质稳步提升，为创新发展提供了丰富人才储备。根据第七次全国人口普查数据，2020 年我国 16—59 岁劳动年龄人口平均受教育年限达 10.75 年，比 2010 年提高 1.08 年；大专及以上受教育程度人口占比达 23.6%，提高 11.3 个百分点。科教兴国、人才强国战略使我国科技创新人才队伍不断壮大。1991 年以来，我国按折合全时工作量计算的研发人员总量增长了 10 倍，2012 年突破 300 万人年，2013 年超过美国，2023 年达 724 万人年，连续 11 年稳居世界第一。

（三）财税政策引导支持力度不断增强

我国不断优化调整财税政策，加强对科技创新的支持力度，激励企业不断加大研发投入。1985 年科技拨款制度重大改革以来，全国财政科技支出稳步增长，在国家公共财政支出中所占比重保持稳定。2012 年和 2019 年财政科学技术支出分别迈上 5000 亿和 1 万亿台阶，2022 年达 1.1 万亿元。综合运用税收优惠措施激励企业加大研发投入。1996 年开始实施企业研发费用加计扣除政策，近年来，企业研发费用加计扣除政策持续扩大适用范围、提升扣除比例、简化申报程序，从 2023 年企业所得税预缴申报情况看，企业累计享受加计扣除的研发费用金额达 1.85 万亿元[1]。此外，包括高新技术企业所得税优惠政策在内的一系列税收政策，均有效降低了企业研发活动成本。

（四）多层次科技金融支持体系逐渐成形

党的十八大以来，我国持续深化科技金融的供给侧结构性改革，多层次的科技金融体系逐步发育。一方面直接融资渠道更为多元，面向初创期科技型企业或团队的创投风投市场逐步成长，面向起步期或成长期科技型企业的股票市场不断进行制度创新。2013 年设立“新三板”，2019 年设立“科创板”，重点满足科创型企业直接融资需求。截至 2023 年底，科创板共有 566 家挂牌企业，总市值达 6.2 万亿元。2018 年港交所允许未有收入利润的生物科技企业提交上市申请，截至 2023 年底共有 64 家生物科技企业通过该规则在港股上市。另一方面间接融资惠及面扩大，银行信贷对科创企业的重点倾斜和支持力度提升。2023 年末，获得贷款支持的科技型中小企业和高新技术企业分别达 21.2 万家和 21.8 万家，获贷率分别为 46.8% 和 54.2%；本外币贷款余额达 2.5 万亿元和 13.6 万亿元[2]。

1. 数据源自国家税务总局。
2. 数据源自中国人民银行。

（五）科技创新服务体系作用发挥更加充分

1981 年首次提出对科技成果进行有偿转让，技术交易市场开始孕育发展。1996 年制定《中华人民共和国促进科技成果转化法》，2015 年对法律进行修订并制定配套政策和行动方案，技术要素市场加速发展壮大。2023 年，我国技术市场成交合同数 95 万项，成交总金额 6.1 万亿元，分别是 2012 年的 3.4 倍和 9.6 倍。2016 年推进孵化器、众创空间等科技服务机构建设，截至 2022 年底，各级各类科技企业孵化器 6659 家，孵化器内企业 32.7 万家。在科技部门备案的众创空间 9409 家，2022 年服务的企业及团队数逾 45 万家。

三、重大科技创新成果不断涌现

（一）前沿科学发现与原创科技成果层出不穷

专栏 3　中国载人航天工程成就世界瞩目

载人航天工程是人类历史上最为复杂的系统工程之一，1992 年，中国确定了发射载人飞船、发射空间实验室和建造空间站“三步走”的发展战略，从无人飞船到如今的空间站，中国在载人航天领域已取得了令世界瞩目的巨大成就。

神舟飞天。1999 年 11 月，我国第一艘载人航天试验飞船“神舟一号”发射升空，顺利完成首次飞行，标志着中国载人航天技术获得了重大突破。2003 年 10 月，航天员杨利伟乘坐神舟五号载人飞船，在太空运行 14 圈，顺利完成各项预定操作任务，标志着我国成为第三个具有独立开展载人航天活动能力的国家。从“神五”到“神十七”，已经有 20 余人次航天员踏上飞天之路。从“神五”的 1 人 1 天，到“神九”的 3 人 13 天；从“神十一”的 2 人 33 天中期驻留，到“神十三”的 3 人 183 天长期驻留；从“神十四”开始，开启了无间断长期有人驻留新阶段。

放眼苍穹。2011 年 9 月，中国首个目标飞行器和空间实验室天宫一号发射升空。先后与神舟八号、九号和十号载人飞船实现空间交会对接，配合完成了交会对接飞行试验、开展空间科学实验等任务，初步建立短期载人、长期无人独立可靠运行的空间实验平台。2016 年 9 月，中国自主研发的第二个空间实验室天宫二号发射成功，并实现与神舟十一号飞船自动交会对接，标志着我国载人航天工程第二阶段空间实验室任务取得决定性成果。从 2020 年到 2022 年，载人航天工程通过连续 12 次发射任务，实现中国空间站天和核心舱发射成功、问天实验舱和梦天实验舱与天和核心舱成功对接、转位，全面完成了空间站三舱“T”字构型组装建造。

在一发又一发长征火箭的稳稳托举下，“神舟”往返天地，“天宫”遨游宇宙，“天和”“问天”“梦天”相继扬帆太空，国家太空实验室正式开始运行，为大规模空间科学实验和技术试验提供在轨支持，也为将来中国人奔向月球、探索深空铺平道路。

撰稿：魏臻

专栏 4　深海探测叩响海洋强国之门

全球海洋平均深度约 3680 米，而 200 米水深以下的海域就可被称为深海，因而 95% 的海洋都属于深海探测的范围。从“深潜”到“深钻”再到“深网”，随着海洋科技的发展，深海探索的时代已然来临，并已成为世界各国科技竞争的主要领域之一。

“深潜”是探测深海的入场券。2002 年，“蛟龙”号立项，填补了我国深潜领域的空白。2020 年，“奋斗者”号成功探底万米海沟，标志着我国已拥有国际领先的全海深探测能力。近年来，我国还陆续研制出应用范围更广的无人深潜器和深海机器人，全方位探测与科研作业体系初步建成。

“深钻”是了解深海的主舞台。深钻是指在深海海底钻探地壳，是深海探索难度最高的技术。1999 年，我国自主设计和开展了第一次南海钻探航次，实现了对近海领域深海钻探零的突破。目前，我国已完成多次南海探测，使南海成为世界上钻探研究程度最高的近海。

“深网”是常驻深海的监测站。深海观测，不仅要从海面向下探索，也要从海底向上观测。通过部署传感器、搭建信息传输网络，海底观测网能够实现从海底到海面的全天候、实时、连续、长期的全位观测。2017 年，我国国家海底科学观测网正式批复建立，在东海和南海分别建立观测系统，广泛服务于海洋科研、环境监测、灾害预警和国防安全等需求。

随着我国海洋科技创新步伐加快，我国深海探测必将走向更多更复杂海域，为建设海洋强国注入蓝色新动能。

撰稿：焦智康

我国不断加大在基础研究领域的投入力度。1986 年国家自然科学基金设立，2023 年国家自然科学基金共资助 5.25 万个项目，项目资金规模逾 300 亿元。全社会基础研究投入迅速增长。2023 年，基础研究经费 2212 亿元，1996—2023 年年均增长 18.7%。基础研究经费占 R&D 经费比重为 6.65%，比 1995 年提高 1.5 个百分点。党的十八大以来，基础和前沿领域系列原创性成果不断涌现，我国在量子科技、生命科学、物质科学和空间科学等领域取得一批重大原创成果，微分几何学两大核心猜想被成功证明，化学小分子诱导人体细胞实现重编程，二氧化碳人工合成淀粉实现“技术造物”。同时在载人航天、月球探测、深海探测和深地探测等领域也取得系列重大突破，目前我国在载人航天和月球探测技术方面处于世界领先地位。

（二）论文专利直接科研产出成果丰硕

我国科学论文取得丰硕成果，已经成为全球知识创新的重要贡献者。2021 年，国际三大检索工具《科学引文索引（SCI）》《工程索引（EI）》和《科技会议录索引（CPCI）》分别收录我国科研论文 61.2 万篇、36.8 万篇和 3 万篇，数量分别位居世界第 1、第 1 和第 2 位。科技论文质量大幅提升，2022年我国科技论文被引用次数排名世界第2位[3]。我国专利等知识产权产出量质齐升。2023年，我国发明专利授权数92.1万件，占全部专利授权数的25.2%，比2012年提高7.9个百分点。截至2023年年底，我国境内发明专利有效量达到401.5万件，成为世界上首个有效发明专利数量突破400万件的国家。2023年末我国每万人口高价值发明专利拥有量达到11.8件，较2020年末提高5.5件。

（三）重点领域技术成果市场应用成绩斐然

在信息通信领域，我国移动通信实现了从2G跟随、3G突破、4G同步、5G率先商用到6G技术引领的跨越。2023年全国共完成计算机软件著作权登记249.5万件，登记数量和增速均创5年来新高。近年来我国AIGC产业发展迅猛，互联网头部企业如百度（文心）、阿里（通义）、腾讯（混元）和华为（盘古）等均在AI大模型方面均取得关键技术进展。在农业育种领域，1997年建立植物新品种保护制度以来，截至2023年底农业植物新品种权累计申请量达7.7万件，累计授权量超过3万件，其中自主选育品种占比近94%，为从源头上保障国家粮食安全作出重大贡献[4]。在医药健康领域，自2020年药品注册管理制度改革以来，我国创新药研发上市进程提速，截至2023年底累计批准上市1类创新药近150个品种[5]，部分创新药产品成功出海，海外市场规模不断扩张。

四、科技创新服务经济高质量发展

（一）企业科技创新主体作用不断巩固提升

改革开放以来特别是党的十八大以来，企业日益成为科技创新和产业创新的主体。2023年，我国研发经费中企业资金达到2.6万亿元，2013—2023年均增长11.5%，企业资金占全社会研发经费投入75%以上，对全社会研发经费增长的贡献率常年保持在八成左右。企业研发投入强度的稳步提升，为我国产业创新与发展奠定坚实基础，培育出一大批技术领先且具有国际竞争力的行业领军企业。全球研发投入2500强中总部位于中国的企业数量从2013年的199家增长到2022年的679家，先后超过日本和欧盟稳居全球第2位[6]。同时我国涌现出一大批拥有高速增长业务模式和巨大市场潜力的独角兽企业。截至2023年底，全球1453家独角兽企业中我国有340家，低于美

3. 数据源自基本科学指标数据库（ESI）论文被引用情况。
4. 数据源自农业农村部。
5. 数据源自国家药品审评中心。
6. 数据源自欧盟全球产业研发投入记分牌。

国的 703 家，位居世界第 2 位[7]。

（二）产业结构持续优化升级

科技创新赋能新质生产力发展，新动能成为引领高质量发展的重要引擎。2023 年，我国“三新”经济增加值为 22.4 万亿元，占 GDP 比重为 17.73%，比 2016 年[8]提高 2.4 个百分点。2022 年，专利密集型产业增加值为 15.3 万亿元，占 GDP 比重为 12.71%，比 2018 年提高 1.11 个百分点。科技创新助力供给侧结构性改革不断深化，产品供给质量不断提升。2023 年，我国规上工业企业共实现新产品销售收入 34.1 万亿元，2013—2023 年年均增长 10.7%；新产品销售收入占营业收入比重为 25.3%，比 2012 年提高 11.7 个百分点。数字技术创新赋能千行百业，重点行业转型步伐不断加快。截至 2023 年底，已培育 421 家国家级智能制造示范工厂、万余家省级数字化车间和智能工厂。

（三）国际产业竞争新优势不断形成

科技创新大大提升了我国产业的国际竞争力，技术和知识密集型产品的出口不断扩大。2022 年，我国高新技术产品进出口贸易总额为 1.7 万亿美元，2012 年以来年均增长 4.5%；占商品进出口贸易总额比重为 34.1%，比 2012 年提高 5.4 个百分点。2022 年我国知识密集型服务进出口 2.5 万亿元，2012 年以来年均增长 9.1%；占服务贸易进出口总额比重为 41.9%，比 2012 年提高 8.3 个百分点。近年来我国在新能源技术创新和产品装备制造方面建立起国际竞争优势。我国量产的 N 型 TOPCon 太阳能电池光电转换效率突破 26%，锂离子动力电池能量密度等性能指标处于国际领先水平，光伏组件和动力电池等新能源装备关键零部件在全球市场份额已达六至七成。

五、科技创新服务国家重大发展战略

（一）科技创新助推区域协调联动共同发展

建设国家高新技术产业开发区是我国推动区域协同发展战略的重要举措。1988 年首家国家级高新技术产业开发区批准建设，2023 年我国国家级高新区数量发展到 178 个，区内聚集企业数超 20 万家。区域创新高地正在加速建设和成长，北京、上海、粤港澳国际科技创新中心建设深入推进，北京怀柔、上海张江、大湾区、安徽合肥 4 个综合性国家科学中心各具特色。作为我国重要科技创新策源地和区域发展增长极，国际科创中心和综合性国家科学中心辐射带动区域乃至全国创新发展，

7. 数据源自胡润研究院全球独角兽排行榜。

8. 2016 年国家统计局首次测算“三新”经济增加值数据，2018 年首次测算专利密集型产业增加值数据。

并深度参与全球科技和产业竞争合作。

（二）科技创新始终坚持面向人民生命健康

近年来，我国在新药创制、传染病防治等重点领域攻克关键核心技术，积极发挥科技改善民生的辐射带动作用。在新药创制领域，自 2020 年药品注册管理制度改革以来，我国设置了突破性治疗药物、附条件批准、优先审评审批等药品加快上市程序，侧重临床价值突出药物、罕见病药物和儿童用药物。2020—2023 年间，分别累计有 169 个、105 个和 307 个品种通过上述加快上市程序批准上市，更多创新药物能够更快惠及患者。在传染病防治特别是在新冠疫情防控过程中，我国第一时间分离出病毒毒株，快速实现了检测试剂的突破，疫苗研发同时布局 5 条技术路线并行推进。其中广受关注的 mRNA 技术路线成功应用于新冠疫苗之后，我国企业积极布局呼吸道和胞病毒、带状疱疹等 mRNA 疫苗研发，2024 年已有 1 类新药呼吸道合胞病毒 mRNA 疫苗获得临床默示许可，将为国内传染病防治提供新的选择。

（三）科技创新支撑碳达峰碳中和有序推进

在能源供给领域，逐步形成以智能电网为支撑，水能、风能、太阳能、核能、氢能等新能源多元化供给局面。2023 年，我国可再生能源发电装机规模超过火电，占全国发电总装机的比重达到 52.0%；其中，风力发电和光伏发电在可再生能源装机规模中占比逾六成。智能电网建设在分布式可再生能源外送消纳能力、分布式新能源并网、大容量储能系统建设和微电网技术等方面均处于国际先进水平，有力支撑我国节能减排战略实施和产业转型升级。在新能源消费领域，自 2012 年出台实施《节能与新能源汽车产业发展规划》以来，以新能源汽车为代表的新能源产业取得令人瞩目的成绩。2023 年，我国新能源汽车产销量分别达到 944.3 万辆和 949.5 万辆，连续 9 年位居世界第一。2023 年，我国电动载人汽车出口 177.3 万辆，我国成为全球汽车产业电动化转型的重要引导力量。

75 年来，在党中央的坚强领导下，创新已经深入人心，创新发展成为我们应对内外部严峻复杂挑战的关键抉择。当前，具有中国特色的国家创新体系日益健全，科技体制改革不断深入，创新要素加速聚集，经济社会发展动能充沛，科技自立自强有力推进，科技强国建设步伐稳健，为全面建成社会主义现代化强国、实现中华民族伟大复兴奠定了坚实基础。

撰稿：罗秋实

13 能源供给保障有力 节能降碳成效显著

新中国成立75年来，我国能源事业取得举世瞩目的历史性发展成就，为推动我国经济高质量发展和满足人民美好生活需要提供了坚实保障。党的十八大以来，以习近平同志为核心的党中央站在统筹中华民族伟大复兴战略全局和世界百年未有之大变局的高度，创造性地提出“四个革命、一个合作”能源安全新战略，为新时代中国能源高质量发展提供了根本遵循，能源生产消费方式发生重大变革，生产从以煤炭为主向多元化、清洁化转变，发展动力由传统能源加速向新能源转变，能源安全稳定供应水平实现新跃升，能源基础设施建设取得重大成就，能源科技自立自强加快推进，能源绿色低碳发展迈上新台阶，能源利用效率大幅提升，节能降耗成效显著，能源事业发展取得新成就。

一、能源生产能力稳步提升，供应保障基础不断夯实

新中国成立初期，我国能源工业基础十分薄弱，1949年全国一次能源生产总量仅为0.2亿吨标准煤。新中国成立75年来，能源工业取得巨大发展，能源生产能力和水平大幅提升，我国成为世界能源生产第一大国，2023年[1]一次能源生产总量达到48.3亿吨标准煤，比1949年增长202.6倍，年均增长7.4%。如今，我国已经基本建成煤、油、气、核及可再生能源多轮驱动的能源生产

1. 本文中2023年数据为初步核算数。

和供应保障体系，能源安全保障水平和韧性持续提升，为经济社会持续健康发展提供安全可靠的动力支撑。

专栏1　习近平总书记提出“四个革命、一个合作”能源安全新战略

2014年6月13日，中央召开财经领导小组第六次会议，研究国家能源安全战略。习近平总书记强调，能源安全是关系国家经济社会发展的全局性、战略性问题，对国家繁荣发展、人民生活改善、社会长治久安至关重要。面对能源供需格局新变化、国际能源发展新趋势，保障国家能源安全，必须推动能源生产和消费革命。推动能源生产和消费革命是长期战略，必须从当前做起，加快实施重点任务和重大举措。

习近平总书记就推动能源生产和消费革命提出五点要求。第一，推动能源消费革命，抑制不合理能源消费。坚决控制能源消费总量，有效落实节能优先方针，把节能贯穿于经济社会发展全过程和各领域，坚定调整产业结构，高度重视城镇化节能，树立勤俭节约的消费观，加快形成能源节约型社会。第二，推动能源供给革命，建立多元供应体系。立足国内多元供应保安全，大力推进煤炭清洁高效利用，着力发展非煤能源，形成煤、油、气、核、新能源、可再生能源多轮驱动的能源供应体系，同步加强能源输配网络和储备设施建设。第三，推动能源技术革命，带动产业升级。立足我国国情，紧跟国际能源技术革命新趋势，以绿色低碳为方向，分类推动技术创新、产业创新、商业模式创新，并同其他领域高新技术紧密结合，把能源技术及其关联产业培育成带动我国产业升级的新增长点。第四，推动能源体制革命，打通能源发展快车道。坚定不移推进改革，还原能源商品属性，构建有效竞争的市场结构和市场体系，形成主要由市场决定能源价格的机制，转变政府对能源的监管方式，建立健全能源法治体系。第五，全方位加强国际合作，实现开放条件下能源安全。在主要立足国内的前提条件下，在能源生产和消费革命所涉及的各个方面加强国际合作，有效利用国际资源。

资料来源：新华社

（一）煤炭优质产能持续释放，托底保障作用不断增强

1949年原煤产量仅为0.3亿吨，2023年达到47.1亿吨，比1949年增长146.2倍，年均增长7.0%，原煤自给率达90%以上，煤炭基础和兜底保障作用得到充分发挥。截至2023年底，建成年产千万吨级煤矿[2]81处、核定产能13.3亿吨/年，安全高效煤矿建设模式全面铺开。我国持续加大煤炭资源勘查力度，为煤炭资源接续和产业优化布局提供保障。截至2022年底，煤炭储量达2070亿吨[3]。

（二）油气勘探开发力度不断提升，增储上产持续推进

1949年原油产量仅为12万吨，随着20世纪50、60年代玉门、克拉玛依、大庆、胜利等一

2. 数据来源于中国煤炭工业协会。
3. 数据来源于自然资源部《中国矿产资源报告（2023）》。

批大型油田的成功开发，1978 年我国原油产量突破 1 亿吨大关，跨入世界主要产油国行列。2010 年我国原油产量首次突破 2 亿吨，2023 年达到 2.1 亿吨，比 1949 年增长 1740.9 倍，年均增长 10.6%，国内原油 2 亿吨长期稳产的基本盘进一步夯实。1949 年天然气产量仅为 0.1 亿立方米，1976 年突破百亿立方米，2011 年突破千亿立方米，自 2017 年起，连续 7 年保持百亿立方米增产势头，2023 年达到 2324 亿立方米，1950—2023 年年均增长 15.1%。油气剩余探明可采储量自 2015 年以来整体保持增长态势，勘探领域不断拓展，2023 年，海洋原油产量突破 6200 万吨[4]，增量连续 4 年占全国原油增量的 60% 以上，非常规油气取得新突破，页岩油产量创新高，页岩气发展向深层跨越，致密砂岩气高效规模建产。海上油气和非常规油气已成为增储上产主要来源。

（三）电力生产保障能力持续增强，清洁电力占比不断提升

发电量从 1949 年的 43 亿千瓦时发展到 2023 年的 9.5 万亿千瓦时，年均增长 11.0%，水电、核电、风电和太阳能发电等清洁电力发电量从 1978 年的 446 亿千瓦时发展到 2023 年的 3.2 万亿千瓦时，年均增长 10.0%，占全部发电量比重由 17.4% 提高至 33.7%。截至 2023 年底，全国发电装机容量[5]29.2 亿千瓦，其中，可再生能源发电总装机 15.19 亿千瓦，占全国发电总装机的比重达

图 1 1949—2023 年发电装机容量构成情况

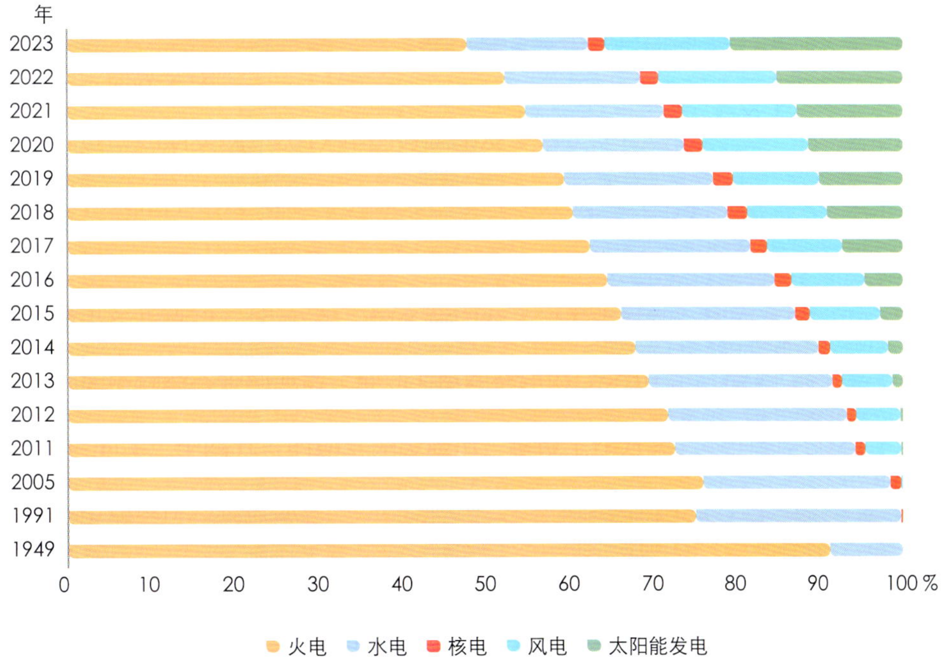

4. 数据来源于国家能源局。
5. 数据来源于中国电力企业联合会。

到52.0%，占全球可再生能源发电总装机近四成。水电、风电、太阳能发电装机连续多年稳居世界首位。其中，水电由1949年的16万千瓦增长到2023年的4.2亿千瓦，年均增长11.2%；风电和太阳能发电总装机规模[6]突破10亿千瓦，其中，风电由2005年的106万千瓦增长到2023年的4.4亿千瓦，年均增长39.8%，太阳能发电由2011年的222万千瓦提高至2023年的6.1亿千瓦，年均增长59.7%。

（四）能源生产结构持续优化，低碳转型成效显著

受我国能源资源禀赋“富煤、贫油、少气”影响，新中国成立初期，原煤作为我国能源供应最主要的品种，占一次能源生产总量的比重高达96.3%，原油仅占比0.7%，水电占比3%。到1978年，原煤占比下降为70.3%，原油占比为23.7%，天然气占比为2.9%，一次电力及其他能源占比为3.1%。1979—2000年，煤油气等化石能源占比稳定，一次电力及其他能源较快发展，比重提高到7.7%。2001—2012年，煤炭行业度过“黄金十年”，原煤占比回升至2012年的76.2%；受我国石油资源匮乏所限，原油产量缓慢增长，占比下降到8.5%；天然气、一次电力及其他能源快速增长，占比分别提高到4.1%和11.2%。

图2 1949—2023年能源生产构成情况

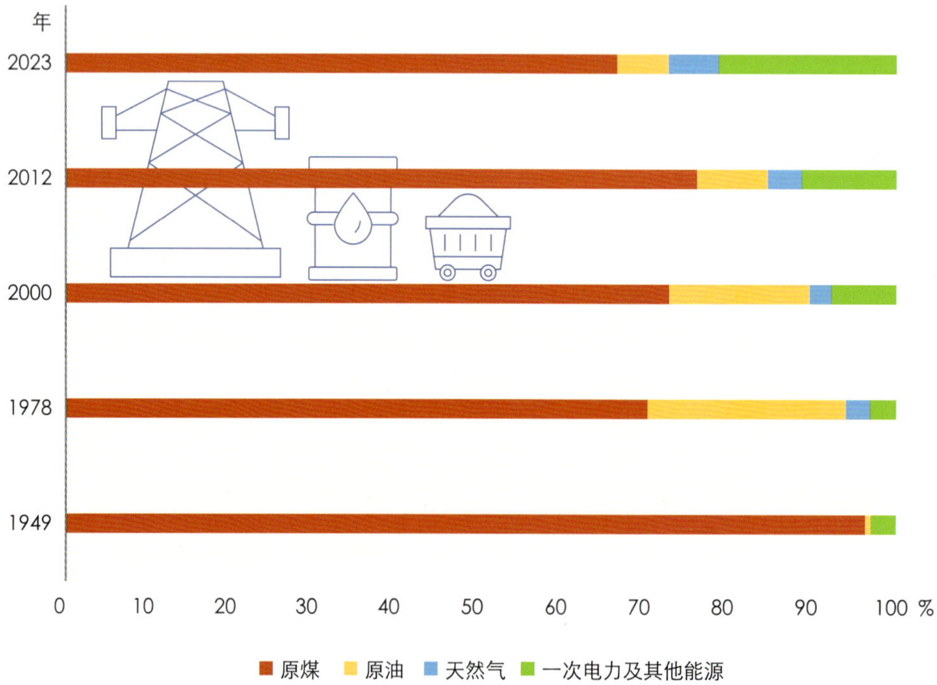

6. 风电和太阳能发电装机分别自2005年、2011年起统计。

党的十八大以来，我国能源生产发生巨大变革，发展动力由传统能源加速向新能源转变，结构由以煤为主加速向多元化、清洁化转变。2023 年，原煤占一次能源生产总量的比重下降到 66.6%；原油占比下降到 6.2%；天然气、水电、核电、新能源（风电、太阳能及其他能源）等清洁能源加速发展，占比大幅提高到 27.2%。

专栏 2　节能减排“三个体系”的建立

2007 年，国务院发布《国务院批转节能减排统计监测及考核实施方案和办法的通知》（国发〔2007〕36 号），同意国家发展改革委、国家统计局和环保总局分别会同有关部门制订的《单位 GDP 能耗统计指标体系实施方案》《单位 GDP 能耗监测体系实施方案》《单位 GDP 能耗考核体系实施方案》和《主要污染物总量减排统计办法》《主要污染物总量减排监测办法》《主要污染物总量减排考核办法》，标志着科学、完整、统一的节能减排统计、监测和考核体系（以下称“三个体系”）正式建立。

通知中明确要求，将能耗降低和污染减排完成情况纳入各地经济社会发展综合评价体系，作为政府领导干部综合考核评价和企业负责人业绩考核的重要内容，实行严格的问责制；要对节能减排各项数据进行质量控制，加强统计执法检查和巡查，确保各项数据的真实、准确。严肃查处节能减排考核工作中的弄虚作假行为，严禁随意修改统计数据，杜绝谎报、瞒报，确保考核工作的客观性、公正性和严肃性；各地区、各有关部门要把“三个体系”建设摆上重要议事日程，明确任务、落实责任，周密部署、科学组织，尽快建立并发挥“三个体系”的作用。

资料来源：中国政府网

二、能源进口多元稳定，国际合作成效明显

新中国成立初期，我国经济规模较小，国内能源需求相对不足，较长时期保持能源净出口状态。20 世纪 90 年代后期，随着经济持续快速发展、人民生活水平不断提高，能源需求快速增长，逐步从能源净出口国变成净进口国。新时代以来特别是能源安全新战略提出 10 年来，面对能源需求的不断增长，我国坚持引进来和走出去更好结合，统筹用好国内国际两个市场、两种资源，务实推进大国能源合作，开放条件下的国家能源安全保障水平进一步提高。

（一）能源进口稳步增长

2023 年，全国能源净进口总量[7] 12.9 亿吨标准煤，比 1997 年[8] 增长 61.4 倍，年均增长

7. 本文中 2023 年分品种能源净进口数据为海关快报数。
8. 1997 年开始能源净进口总量大于 0。

17.2%。分品种看，原煤自2009年开始净进口，2023年净进口4.7亿吨。原油自1996年开始净进口，2019年突破5亿吨后持续保持高位，2023年达到5.6亿吨。天然气自2007年开始净进口，近年来保持高速增长，2023年达到1591亿立方米。能源进口稳步上升，与国内能源生产形成良性互补，共同保障了我国能源供应安全。

（二）能源国际合作全方位拓展

党的十八大以来，我国全方位加强能源国际合作，全面发展同世界各国能源合作关系，推动建立中俄能源商务论坛、“一带一路”能源部长会议、国际能源变革论坛等多个合作交流平台，打造出核电、特高压输电、水电、新能源等一批重大出口成果，油气进口战略通道和国际油气合作区块进一步巩固完善。目前，我国与90多个国家（地区）和国际组织建立了双多边合作机制，在共建“一带一路”国家的能源项目投资占总投资的比重超过40%，同100多个国家和地区开展绿色能源项目合作。

三、能源消费保持增长，绿色低碳进程加快

新中国成立75年来，随着经济持续快速发展、人民生活水平日益提高，我国能源需求不断增长，能源消费整体呈现稳定增长态势。1953年[9]，我国能源消费总量仅为0.5亿吨标准煤，2023年达到57.2亿吨标准煤，比1953年增长104.7倍，年均增长6.9%。分品种看，清洁能源消费增长更快。与1980年比，2023年天然气消费量增长26.8倍，年均增长8.0%；一次电力及其他能源消费量增长41.4倍，年均增长9.1%。与此同时，煤炭消费量仅增长6.8倍，年均增长4.9%；石油消费量增长7.3倍，年均增长5.1%。

（一）清洁能源占比不断提高

长期以来，煤炭作为我国基础保障能源，占能源消费总量比重始终保持第一，但总体呈现下降趋势。1953—1978年，煤炭占比逐步下降至70.7%；石油占比由1953年最低的3.8%提高到22.7%；天然气由1957年最低的0.1%提高到3.2%，一次电力及其他能源由1953年的1.8%提高到3.4%。1979—2000年，煤炭占能源消费总量的比重呈现先升后降的走势，2000年占比为68.5%；石油占比先降后升，达到22.0%；天然气占比小幅波动，下降到2.2%；一次电力及其他能源快速发展，占比提高到7.3%。2001—2012年，煤炭行业快速发展，煤炭占能源消费总量比

9. 1953年开始能源消费总量核算。

重维持在 68.0%—72.0%；石油占比持续下降到 17.0%；天然气、一次电力及其他能源占比分别提高到 4.8% 和 9.7%。

党的十八大以来，我国深入推动能源消费革命，加快转变用能方式，扎实开展重点地区煤炭消费减量替代工作，加快推进天然气在城镇燃气、工业燃料、燃气发电、交通运输等领域的大规模高效科学利用，大力发展非化石能源，能源消费结构优化成效明显，能源绿色低碳转型步伐加快。天然气、水电、核电、新能源（风电、太阳能及其他能源）等清洁能源消费增长加快，占能源消费总量比重从 2012 年的 14.5% 提高到 2023 年的 26.4%，其中天然气消费占比从 4.8% 提高到 8.5%，一次电力及其他能源消费占比从 9.7% 提高到 17.9%。煤炭占能源消费总量比重从 68.5% 降至 55.3%；石油消费占比保持在 18% 左右。

图 3 1953—2023 年能源消费构成情况

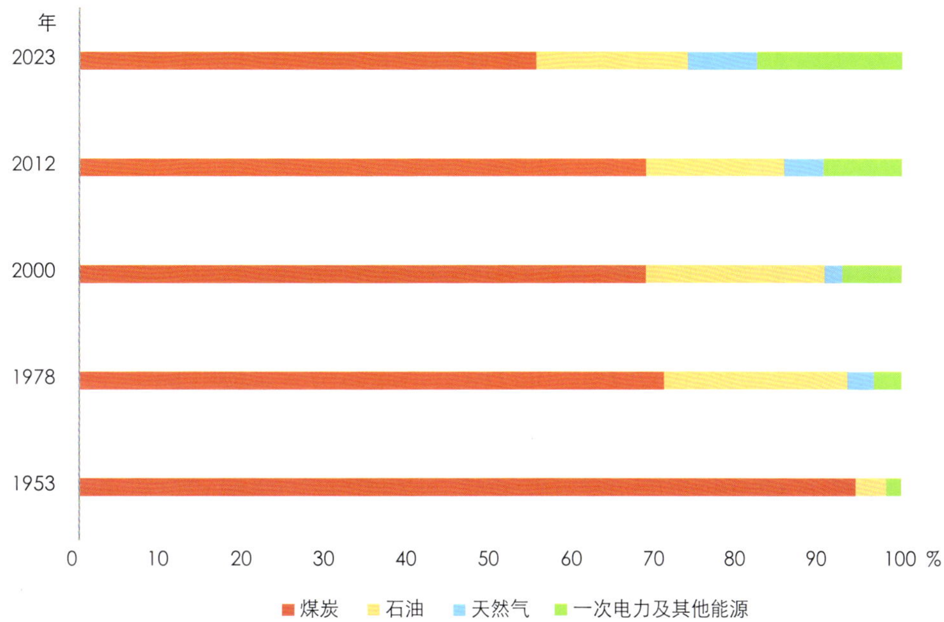

（二）人均用能水平显著提高

1953 年，我国人均能源消费量仅为 93 千克标准煤，2023 年达到 4053 千克标准煤，比 1953 年增长 42.6 倍，年均增长 5.5%。民生用能保障有力。2022 年，我国人均生活用能 500 千克标准煤，比 1980 年的 112 千克标准煤增长 3.5 倍，年均增长 3.6%。其中，城镇人均生活用能 461 千克标准煤，比 1980 年的 332 千克标准煤增长 0.4 倍，年均增长 0.8%；乡村人均生活用能 571 千克标准煤，比 1980 年的 60 千克标准煤增长 8.5 倍，年均增长 5.5%。居民用能低碳化转型成效显著。人均生活煤

图 4 1953—2023 年人均用能情况

炭消费量年均下降 2.6%，人均生活电力消费量年均增长 11.4%，人均生活液化石油气消费量年均增长 9.4%，人均生活天然气消费量年均增长 13.5%。

（三）终端用能电气化率[10]大幅提升

新中国成立 75 年来，电力工业在发展规模和质量方面取得巨大成就。2011 年，我国发电装机容量和发电量首次超越美国，成为世界第一电力大国，同时人均用电量超过世界平均水平。近年来，随着我国在工业、建筑、交通、农业等领域积极推进电能替代，终端电气化水平显著提高。2023 年我国终端用能电气化率约为 28%，位居国际前列。电能有望在“十四五”末超过煤炭，成为终端第一能源消费品种。

四、能效水平大幅提升，节能降耗成效显著

新中国成立以来，不断加强能源资源开发和基础设施建设，在满足经济社会发展和人民生活各项需要的基础上，我国实施节约与开发并举、把节约放在首位的能源发展战略，更加注重能源发展的质量和效率。随着单位 GDP 能耗指标作为约束性指标连续写入“十一五”“十二五”“十三五”和“十四五”国民经济和社会发展五年规划纲要，能源消耗总量和强度“双控”行动等各项节能降

10. 数据来源于中国电力企业联合会《中国电气化年度发展报告 2024》。

专栏3　中国作出“碳达峰、碳中和”庄严承诺

2020 年 9 月 22 日，国家主席习近平在第七十五届联合国大会一般性辩论上发表重要讲话时指出人类需要一场自我革命，加快形成绿色发展方式和生活方式，建设生态文明和美丽地球。人类不能再忽视大自然一次又一次的警告，沿着只讲索取不讲投入、只讲发展不讲保护、只讲利用不讲修复的老路走下去。应对气候变化《巴黎协定》代表了全球绿色低碳转型的大方向，是保护地球家园需要采取的最低限度行动，各国必须迈出决定性步伐。中国将提高国家自主贡献力度，采取更加有力的政策和措施，二氧化碳排放力争于 2030 年前达到峰值，努力争取 2060 年前实现碳中和。

2021 年 3 月 15 日，习近平总书记主持召开中央财经委员会第九次会议强调，我国力争 2030 年前实现碳达峰，2060 年前实现碳中和，是党中央经过深思熟虑作出的重大战略决策，事关中华民族永续发展和构建人类命运共同体。要坚定不移贯彻新发展理念，坚持系统观念，处理好发展和减排、整体和局部、短期和中长期的关系，以经济社会发展全面绿色转型为引领，以能源绿色低碳发展为关键，加快形成节约资源和保护环境的产业结构、生产方式、生活方式、空间格局，坚定不移走生态优先、绿色低碳的高质量发展道路。要坚持全国统筹，强化顶层设计，发挥制度优势，压实各方责任，根据各地实际分类施策。要把节约能源资源放在首位，实行全面节约战略，倡导简约适度、绿色低碳生活方式。要坚持政府和市场两手发力，强化科技和制度创新，深化能源和相关领域改革，形成有效的激励约束机制。要加强国际交流合作，有效统筹国内国际能源资源。要加强风险识别和管控，处理好减污降碳和能源安全、产业链供应链安全、粮食安全、群众正常生活的关系。

资料来源：新华社

耗政策措施相继推出，节能减排政策机制不断健全，工业、建筑、交通运输等重点领域节能持续推进，我国节能降耗取得了突出成效，能源利用效率大幅提高。单位 GDP 能耗整体呈现下降态势，“十一五”以来，累计降低 43.8%，年均下降 3.1%。单位产品能耗明显降低。通过推进技术工艺升级、更新改造用能设备、淘汰落后产能和推广高效节能技术等，单位产品综合能耗不断下降。与 2012 年相比，年耗能 1 万吨标准煤及以上的重点耗能工业企业中，2023 年机制纸及纸板综合能耗下降 20.0%，烧碱综合能耗下降 19.4%，电石综合能耗下降 15.5%，合成氨综合能耗下降 5.2%，水泥综合能耗下降 10.2%，平板玻璃综合能耗下降 14.0%，吨钢综合能耗下降 6.7%，电厂火力发电标准煤耗下降 6.0%。能源加工转换效率整体提高。与 1980 年相比，2022 年能源加工转换效率提高 3.7 个百分点。其中，发电及供热提高 11.9 个百分点，炼焦提高 4.6 个百分点。

五、“十四五”以来能源发展取得新进展

新型能源体系建设加速推进。党的二十大报告提出加快规划建设新型能源体系的重大战略决策。“十四五”以来，能源生产能力显著增强，一次能源生产总量累计增长18.7%，年均增长5.9%。煤炭压舱兜底作用充分发挥，原煤产量累计增长20.8%，年均增长6.5%。油气增储上产再上新台阶，原油产量累计增长7.3%，年均增长2.4%。天然气产量累计增长20.7%，年均增长6.5%。新能源实现跨越式发展，风电和光伏发电装机规模年均增长超过1亿千瓦，非化石能源发电装机容量占总装机容量比重首次突破50%，达到53.9%。

节能降碳取得显著成效。党的二十大报告提出，要完善能源消耗总量和强度调控，重点控制化石能源消费，逐步转向碳排放总量和强度“双控”制度。“十四五”以来，按照党中央、国务院决策部署，能耗双控政策不断优化完善，原料用能和可再生能源、核电等非化石能源不纳入能源消耗总量和强度控制，能源绿色低碳转型持续推进，节能降碳成效显著，扣除原料用能和可再生能源、核电等非化石能源消费量后，单位GDP能耗累计降低7.3%，年均下降2.5%。

专栏4　推动能耗双控逐步转向碳排放双控

2023年7月11日，中央全面深化改革委员会第二次会议审议通过了《关于推动能耗双控逐步转向碳排放双控的意见》。习近平总书记在主持会议时强调，要立足我国生态文明建设已进入以降碳为重点战略方向的关键时期，完善能源消耗总量和强度调控，逐步转向碳排放总量和强度双控制度。

会议指出，党的十八大以来，我们把绿色低碳和节能减排摆在突出位置，建立并实施能源消耗总量和强度双控制度，有力促进我国能源利用效率大幅提升和二氧化碳排放强度持续下降。从能耗双控逐步转向碳排放双控，要坚持先立后破，完善能耗双控制度，优化完善调控方式，加强碳排放双控基础能力建设，健全碳排放双控各项配套制度，为建立和实施碳排放双控制度积极创造条件。要一以贯之坚持节约优先方针，更高水平、更高质量地做好节能工作，用最小成本实现最大收益。要把稳工作节奏，统筹好发展和减排关系，实事求是、量力而行，科学调整优化政策举措。

资料来源：新华社

能源结构持续优化改善。从能源生产结构来看，2023年原煤占一次能源生产总量比重比2020年下降0.9个百分点；原油占比下降0.6个百分点；天然气占比与2020年持平；一次电力及其他能源占比提高1.5个百分点。从能源消费结构来看，2023年煤炭占能源消费总量比重比2020年下

降 1.6 个百分点；石油占比下降 0.5 个百分点；天然气占比提高 0.1 个百分点；一次电力及其他能源占比提高 2.0 个百分点。

新中国成立 75 年来，我国能源发展取得显著成就，供应保障能力持续增强，绿色低碳转型深入推进，能源利用效率不断提升，节能降耗成效明显。当前，我国已开启迈向第二个百年奋斗目标的新征程，锚定建成社会主义现代化强国目标，随着新型工业化、城镇化深入推进，能源需求将保持刚性增长，节能降碳依然面临诸多考验。我们要坚持以习近平新时代中国特色社会主义思想为指导，深入贯彻“四个革命、一个合作”能源安全新战略，加快建设新型能源体系，统筹能源安全和低碳转型，奋力推动能源高质量发展，为推进中国式现代化贡献能源力量。

撰稿：宁颖丹

14 生态环境质量持续改善 美丽中国建设全面推进

新中国成立75年来，我国持续探索和创新实践统筹经济发展和生态环境保护，生态环境保护政策和制度体系日臻完善，生态环境保护力度持续加大，生态环境综合治理不断取得新成效。党的十八大以来，生态文明建设从理论到实践都发生了历史性、转折性、全局性变化，生态环境质量持续改善，美丽中国建设迈出重大步伐。

一、环保制度体系日臻完善，生态文明思想深入人心

（一）1949—1978年，环境保护理念初步形成

我国环境保护事业自新中国成立以后开始孕育萌芽。20世纪50年代，全球环境保护运动尚未兴起，新中国就开启了治理黄河工程、荆江分洪工程、官厅水库工程等水利工程建设。1956年，我国建立第一个自然保护区，即广东肇庆鼎湖山自然保护区。1973年，国务院召开第一次全国环境保护会议，揭开了中国环境保护事业的序幕，会议审议通过《关于保护和改善环境的若干规定（试行草案）》，将环境保护治理工作纳入各级政府的职能范围，这是我国环境保护事业的重要里程碑。1978年，全国人大五届一次会议通过《中华人民共和国宪法》，首次将“国家保护环境和自然资源，防治污染和其他公害”写入宪法，为我国环境法制建设和环境保护事业的发展奠定了基础。

（二）1979—2012年，环境保护政策和制度体系持续发展

随着工业生产和城市发展规模逐步扩大，我国生态环境状况日益严峻，社会各界对环境问题愈

发重视，国家及时制定出台一系列环境保护政策和制度，我国环境保护事业开始步入有序发展时期。

1979 年，我国第一部环境保护单项法律《中华人民共和国环境保护法（试行）》颁布。随后，水污染防治法、大气污染防治法、海洋环境保护法、森林法、草原法、水法、野生动物保护法等生态环境保护方面的法律也陆续颁布。我国生态环境保护的法律框架初步形成。“六五”时期，环境保护首次被纳入国民经济和社会发展计划。1983 年，第二次全国环境保护会议正式把环境保护确定为基本国策。“七五”时期，我国发布首个五年环境规划《“七五”时期国家环境保护计划》，环境保护成为国民经济与发展计划的重要组成部分。“八五”时期，我国提出环境与发展十大对策，将可持续发展提升至国家战略。“九五”时期，国务院相继发布《关于环境保护若干问题的决定》《污染物排放总量控制计划》《跨世纪绿色工程规划》，我国环境保护事业进入快速发展时期。“十五”时期，党中央提出树立科学发展观，构建和谐社会的重大战略思想，颁布一系列环境保护方面的法律法规和规范性文件。2002 年，第一部循环经济立法《中华人民共和国清洁生产促进法》出台，我国污染治理模式开始由末端治理向全过程控制转变。“十一五”时期，为深入贯彻落实科学发展观，着力建设资源节约型、环境友好型社会，大力发展循环经济，加大自然生态和环境保护力度，强化资源管理等政策，将主要污染物排放总量和单位 GDP 能源消耗下降比例作为约束性指标，建立节能降耗和污染减排统计监测及考核体系和相关制度。2011 年，国务院召开第七次全国环境保护大会，会议充分肯定环保工作取得的显著成绩。

（三）党的十八大以来，生态文明建设制度体系日臻完善

党的十八大以来，以习近平同志为核心的党中央从中华民族永续发展的高度出发，深刻把握生态文明建设在新时代中国特色社会主义事业中的重要地位和战略意义，大力推动生态文明理论创新、实践创新、制度创新，创造性提出一系列新理念新思想新战略，形成习近平生态文明思想。习近平生态文明思想系统阐释人与自然、保护与发展、环境与民生、国内与国际等关系，就其主要方面来讲，集中体现为“十个坚持”。习近平生态文明思想是新时代我国生态文明建设的根本遵循和行动指南。

在习近平生态文明思想指引下，国家将“美丽中国”纳入社会主义现代化强国目标，对生态文明建设作出一系列重大战略安排。党的十八大首次提出建设美丽中国的战略目标，强调把生态文明建设放在突出地位，融入经济建设、政治建设、文化建设、社会建设各方面和全过程，努力建设美丽中国，实现中华民族永续发展。党的十九大进一步将“坚持人与自然和谐共生”作为新时代坚持和发展中国特色社会主义的十四条基本方略之一，强调“必须树立和践行绿水青山就是金山银山的

专栏 1　**全面推进美丽中国建设　加快推进人与自然和谐共生的现代化**

2023 年 7 月 17 日至 18 日，全国生态环境保护大会在北京召开。习近平总书记出席会议并发表重要讲话强调，今后 5 年是美丽中国建设的重要时期，要深入贯彻新时代中国特色社会主义生态文明思想，坚持以人民为中心，牢固树立和践行绿水青山就是金山银山的理念，把建设美丽中国摆在强国建设、民族复兴的突出位置，推动城乡人居环境明显改善、美丽中国建设取得显著成效，以高品质生态环境支撑高质量发展，加快推进人与自然和谐共生的现代化。

习近平在讲话中强调，党的十八大以来，我们把生态文明建设作为关系中华民族永续发展的根本大计，开展了一系列开创性工作，决心之大、力度之大、成效之大前所未有，生态文明建设从理论到实践都发生了历史性、转折性、全局性变化，美丽中国建设迈出重大步伐。我们从解决突出生态环境问题入手，注重点面结合、标本兼治，实现由重点整治到系统治理的重大转变；坚持转变观念、压实责任，不断增强全党全国推进生态文明建设的自觉性主动性，实现由被动应对到主动作为的重大转变；紧跟时代、放眼世界，承担大国责任、展现大国担当，实现由全球环境治理参与者到引领者的重大转变；不断深化对生态文明建设规律的认识，形成新时代中国特色社会主义生态文明思想，实现由实践探索到科学理论指导的重大转变。经过顽强努力，我国天更蓝、地更绿、水更清，万里河山更加多姿多彩。新时代生态文明建设的成就举世瞩目，成为新时代党和国家事业取得历史性成就、发生历史性变革的显著标志。

习近平强调，我国生态环境保护结构性、根源性、趋势性压力尚未根本缓解。我国经济社会发展已进入加快绿色化、低碳化的高质量发展阶段，生态文明建设仍处于压力叠加、负重前行的关键期。必须以更高站位、更宽视野、更大力度来谋划和推进新征程生态环境保护工作，谱写新时代生态文明建设新篇章。

资料来源：新华社

理念，坚持节约资源和保护环境的基本国策”，作出加快生态文明体制改革、建设美丽中国的战略部署。党的二十大对推动绿色发展、促进人与自然和谐共生作出重大决策部署，提出我国发展的总体目标之一是到 2035 年，广泛形成绿色生产生活方式，碳排放达峰后稳中有降，生态环境根本好转，美丽中国目标基本实现。

2018 年，全国生态环境保护大会召开。习近平总书记出席会议，强调要自觉把经济社会发展同生态文明建设统筹起来，充分发挥党的领导和我国社会主义制度能够集中力量办大事的政治优势，充分利用改革开放 40 年来积累的坚实物质基础，加大力度推进生态文明建设、解决生态环境问题，坚决打好污染防治攻坚战，推动我国生态文明建设迈上新台阶。2023 年，党中央再次召开全国生态环境保护大会。习近平总书记在会上全面总结了新时代我国生态文明建设取得的举世瞩目的巨大成就特别是四个重大转变，深刻阐述了新征程上推进生态文明建设需要处理好的五个重大关系，系统部署了全面推进美丽中国建设的六项重大任务。

为落实党中央关于生态文明建设的重大战略部署，生态文明顶层设计和管理制度体系建设加快推进。《关于加快推进生态文明建设的意见》《生态文明体制改革总体方案》《关于深入打好污染防治攻坚战的意见》《关于全面推进美丽中国建设的意见》《关于加强生态环境分区管控的意见》相继颁布。国务院颁布实施《大气污染防治行动计划》《水污染防治行动计划》《土壤污染防治行动计划》《空气质量持续改善行动计划》《新污染物治理行动方案》。《中华人民共和国环境保护法》修订施行。自 2015 年启动首轮中央生态环境保护督察工作，2019 年开展第二轮中央生态环境保护督察后，2023 年又启动开展了第三轮中央生态环境保护督察工作。

专栏 2　深入推进中央生态环保督察

中央生态环境保护督察是习近平总书记亲自谋划、亲自部署、亲自推动的重大制度创新。党的十八大以来，在以习近平同志为核心的党中央坚强领导下，中央生态环境保护督察坚持以习近平新时代中国特色社会主义思想为指导，深入贯彻落实习近平生态文明思想，坚决扛起政治责任、取得显著成效，推动生态环境保护发生历史性、转折性、全局性变化。

自 2015 年这一制度正式建立以来，实现了对 31 个省（区、市）和新疆生产建设兵团的两轮督察全覆盖，第二轮督察还把国务院 2 个部门和 6 家中央企业纳入督察范围。在中央生态环境保护督察有力推动下，甘肃祁连山国家级自然保护区生态破坏、陕西秦岭北麓西安境内违建别墅、青海木里矿区非法开采、吉林长白山违建高尔夫球场及别墅等问题得到基本解决，有效推动生态文明建设的压力传导和责任落实。

资料来源：《党的二十大报告学习辅导百问》

二、环境保护工作扎实推进，生态环境状况逐步改善

（一）环境保护投入跨越式增长

20 世纪 80 年代初期，全国环境污染治理投资总额每年为 25 亿元—30 亿元，到 80 年代末期年度投资总额已超过 100 亿元。2022 年，投资总额达 9014 亿元，与 2001 年相比增长 6.7 倍，年均增长 10.2%。其中，城镇环境基础设施建设投资 5972 亿元，增长 8.1 倍，年均增长 11.1%；当年完成环保验收工业项目环保投资 2756 亿元，增长 7.2 倍，年均增长 10.5%。

（二）自然生态保护与修复成效明显

自然保护区数量快速增多。我国推进以国家公园为主体、以自然保护区为基础的自然保护地体系建设。截至 2021 年，我国共有国家级自然保护区个数 474 个，比 2000 年增加 319 个。国家级自然保护区面积 9821 万公顷，比 2000 年增长 69.2%。

森林覆盖率大幅提高。据最新的第九次全国森林资源清查（2014—2018 年）结果显示，全国森林面积为 2.2 亿公顷，森林覆盖率达 23.0%，森林蓄积量 175.6 亿立方米。与第一次全国森林资源清查（1973—1976 年）相比，森林面积增加 1.0 亿公顷，森林覆盖率提高 10.3 个百分点，森林蓄积量增加 89.0 亿立方米。据《2023 年中国国土绿化状况公报》，2023 年，全国完成造林 399.8 万公顷，种草改良 437.9 万公顷，完成国土绿化任务超 800 万公顷。

水土保持工作取得积极成效。20 世纪 90 年代末，全国第二次土壤侵蚀遥感调查显示我国水土流失总面积已达 356 万平方公里，水土流失形势比较严峻。党的十八大以来，我国加大水土流失防治力度，经过长期不懈努力，水土流失状况已经取得明显改善。2011—2023 年，全国水土保持率从 68.9% 提高到 72.6%，中度及以上侵蚀占比已由 53.0% 下降到 35.0%。

湿地保护取得历史性成就。2022 年，国家主席习近平在《湿地公约》第十四届缔约方大会上指出，中国湿地保护取得历史性成就，湿地面积达 5635 万公顷。截至 2022 年，我国共有 64 处国际重要湿地、29 处国家重要湿地、1021 处省级重要湿地，设立了 901 处国家湿地公园。

荒漠化沙化治理成效显著。山水林田湖草沙一体化保护和系统治理成效开始不断显现。据最新的第六次全国荒漠化和沙化土地监测结果显示，荒漠化土地和沙化土地面积已经连续四个监测期保持双缩减。截至 2019 年，荒漠化土地面积 257.4 万平方公里，沙化土地面积 168.8 万平方公里；与 1999 年完成的第二次全国荒漠化和沙化土地监测结果相比，荒漠化土地面积减少 10.0 万平方公里，沙化土地面积减少 5.5 万平方公里。

（三）生物多样性保护力度不断加强

据 2021 年《中国的生物多样性保护》白皮书，我国 90% 的陆地生态系统类型和 71% 的国家重点保护野生动植物物种得到有效保护，生物资源保护成效显现。野生动物栖息地空间不断拓展，种群数量不断增加。大熊猫野外种群数量 40 年间从 1114 只增加到 1864 只，朱鹮由发现之初的 7 只增长至野外种群和人工繁育种群总数超过 5000 只，亚洲象野外种群数量从 20 世纪 80 年代的 180 头增加到 300 头左右，海南长臂猿野外种群数量从 40 年前的仅存两群不足 10 只增长到五群

35只。2020年长江十年禁渔实施以来，长江鱼类数量有所回升。

专栏3　《中共中央 国务院关于全面推进美丽中国建设的意见》发布

2023年，《中共中央 国务院关于全面推进美丽中国建设的意见》（简称《意见》）发布，提出建设美丽中国是全面建设社会主义现代化国家的重要目标，是实现中华民族伟大复兴中国梦的重要内容。

《意见》分为10章共33条，聚焦美丽中国建设的目标路径、重点任务、重大政策提出细化举措，主要部署了以下重点任务：加快发展方式绿色转型、持续深入推进污染防治攻坚、提升生态系统多样性稳定性持续性、守牢美丽中国建设安全底线、打造美丽中国建设示范样板、开展美丽中国建设全民行动、健全美丽中国建设保障体系等。

《意见》还从不同角度提出美丽中国建设的一揽子激励性政策举措，调动各方面共建共享美丽中国的积极性、主动性和创造性。

资料来源：生态环境部

三、污染防治攻坚不断推进，减污治污成效日益彰显

（一）主要污染物防治深入展开，排放总量有效降低

我国自“九五”以来实施污染物排放总量控制制度，经过长期努力，有效降低了主要污染物排放总量。“九五”期间，首次制定《污染物排放总量控制计划》，对12项污染物指标实行排放总量控制，以排污申报登记制度、环境影响评价制度、“三同时”制度、排污许可证制度、排污收费制度等为抓手，大力推动总量控制计划的全面实施。“十五”期间，面对污染减排严峻的形势，我国开始将主要污染物总量控制指标纳入经济社会发展规划纲要，对二氧化硫、化学需氧量等6种主要污染物排放提出控制目标。2010年，全国二氧化硫排放总量、化学需氧量排放总量分别比2005年下降14.3%和12.5%，超额完成“十一五”规划目标。“十二五”规划纲要中将实施总量控制的污染物定为化学需氧量、氨氮、二氧化硫、氮氧化物等四种污染物，提出四项主要污染物排放总量下降8%至10%。2015年，全国化学需氧量排放量、氨氮排放量、二氧化硫排放量、氮氧化物排放量分别比2010年下降12.9%、13.0%、18.0%和18.6%，超额完成控制目标。2020年，化学需氧量、氨氮、二氧化硫和氮氧化物排放量分别比2015年下降13.8%、15.0%、25.5%和19.7%，超额完成“十三五”规划目标。“十四五”规划纲要中提出化学需氧量和氨氮排放总量分别下降8%，氮氧化物和挥发性有机物排放总量分别下降10%以上。2023年，化学需氧量、氨氮、氮氧化物、挥发性有机物排放总量同比分别下降2.0%、7.1%、2.2%、2.1%，排放情况好于“十四五”规划目

标时序进度要求。

（二）深入推进蓝天保卫战，空气质量持续改善

2013 年，国务院印发“大气十条”，提出了 10 条 35 项综合治理措施，重点行业整治、产业结构调整、能源结构优化、机动车污染治理等全面推行。

“十三五”期间，空气质量达标城市明显增加，优良天数比例有所提高。2020 年，$PM_{2.5}$ 未达标地级及以上城市年均浓度达到 37 微克 / 立方米，累计降低 28.8%，超过“十三五”规划目标 10.8 个百分点。PM_{10}、SO_2、NO_2、CO 年均浓度均比 2015 年明显下降。全国 337 个地级及以上城市中有 202 个城市环境空气质量达标，占 59.9%，比 2015 年提高 30.5 个百分点。全国地级及以上城市空气质量优良天数比率达到 87.0%，比 2015 年提高 5.8 个百分点，超过“十三五”规划目标 2.5 个百分点。

“十四五”时期以来，空气质量继续改善。国务院于 2023 年印发《空气质量持续改善行动计划》。2023 年，全国地级及以上城市 $PM_{2.5}$ 平均浓度为 30 微克 / 立方米，好于年度目标 0.6 个百分点。

（三）深入推进碧水保卫战，水质改善明显

新中国成立以来，国家陆续颁布了《中华人民共和国水污染防治法》《污水综合排放标准》《地表水环境质量标准》等一系列法规和标准，制定并实施重点流域水污染防治计划，发布“水十条”，出台《重点流域水污染防治规划（2016—2020 年）》，切实加大水污染防治力度。通过水陆统筹、河海兼顾，系统推进水污染防治、水生态保护和水资源管理，水污染防治工作进展良好。

“十三五”时期，地表水水质总体向好。与 2015 年相比，2020 年地表水Ⅰ—Ⅲ类水质断面比例由 66% 上升到 83.4%，提高 17.4 个百分点，超过“十三五”规划目标 13.4 个百分点。劣Ⅴ类水质断面比例由 9.7% 下降到 0.6%，下降了 9.1 个百分点，超过“十三五”规划目标 4.4 个百分点。河流水质不断改善。2020 年，长江干流历史性实现全Ⅱ类及以上水质，珠江流域水质由良好改善为优，黄河、松花江和淮河流域水质由轻度污染改善为良好。长江、黄河、珠江、松花江、淮河、辽河等重点流域基本消除劣Ⅴ类水质断面。海域海水水质保持平稳向好。2020 年，近岸海域优良（Ⅰ、Ⅱ类）水质面积比例为 77.4%，比 2016 年上升 4 个百分点。

“十四五”时期以来，地表水环境质量继续向好，重点流域水质改善明显。2023 年，全国地表水Ⅰ—Ⅲ类水质断面比例为 89.4%，比 2020 年上升 6 个百分点。劣Ⅴ类水质断面比例 0.7%，与 2020 年基本持平。黄河流域水质首次由良好改善为优，海河流域水质由轻度污染改善为良好，松

花江流域水质持续改善。长江干流连续 4 年、黄河干流连续 2 年全线水质保持Ⅱ类。全国近岸海域水质持续改善，与 2020 年相比，优良（Ⅰ、Ⅱ类）水质比例为 85.0%，提高 7.6 个百分点，劣四类水质比例 7.9%，降低 1.5 个百分点。

（四）深入推进净土保卫战，土壤污染加重趋势得到初步遏制

2005 年至 2013 年，我国首次开展全国土壤污染状况调查，结果显示，全国土壤环境状况总体不容乐观，全国土壤总的超标率为 16.1%，部分地区土壤污染较重，耕地土壤环境质量堪忧，工矿业废弃地土壤环境问题突出。党的十八大以来，我国不断强化土壤污染防控。2016 年，国务院印发我国土壤污染治理的首个纲领性文件《土壤污染防治行动计划》，对今后一个时期土壤污染防治工作作出全面部署。2018 年颁布《中华人民共和国土壤污染防治法》。“十三五”时期，全国土壤环境风险得到基本管控。2020 年，受污染耕地安全利用率达到 90% 左右，污染地块安全利用率达到 93% 以上。“十四五”时期，我国继续坚持土壤污染风险管控。2023 年，农用地土壤环境状况总体稳定，受污染耕地安全利用率达到 91% 以上。

（五）固体废物与新污染物防治不断加强

危险废物得到有效控制。工业固体废物综合利用水平显著提高，2022 年，一般工业固体废物综合利用率为 56.8%，比 2000 年提高 10.9 个百分点。2022 年，危险废物利用处置量为 9444 万吨，较“十三五”期末提高 23.8%。

固体废物零进口如期实现。2017 年国务院印发《禁止洋垃圾入境推进固体废物进口管理制度改革实施方案》，禁止洋垃圾入境成为生态文明建设的标志性举措。2017—2020 年累计减少固体废物进口量约 1 亿吨左右。再生资源回收量由改革前 2016 年的 2.6 亿吨增加到 2021 年的 3.8 亿吨。

无废城市建设稳步推进。2018 年，国务院印发《“无废城市”建设试点工作方案》，从城市整体层面深化固体废物综合管理改革，推动无废社会建设。2019 年公布 11 个“无废城市”建设试点。2021 年出台的《“十四五”时期“无废城市”建设工作方案》将推动 100 个左右地级及以上城市开展无废城市建设作为总目标。

新污染物治理迈出关键一步。党的二十大将开展新污染物治理作为深入推进环境污染防治的新任务。2022 年，国务院印发《新污染物治理行动方案》，对新污染物治理工作进行全面系统部署，对化学品实施全生命周期环境风险管控的整体工作进入新阶段。2023 年，启动新污染物治理试点示范，对 14 种类新污染物实施全生命周期环境风险管控措施，淘汰 8 种类重点管控新污染物。

四、城乡人居环境明显改善，美丽中国建设全面推进

（一）城乡人居环境明显改善

城镇环境基础设施建设加快推进。一方面，城镇环境基础设施投资快速增长。2022 年，城镇环境基础设施建设投资 5972 亿元，比 2001 年增长 8.1 倍。其中，燃气投资 371 亿元，增长 3.5 倍；集中供热投资 517 亿元，增长 4.7 倍；排水投资 2677 亿元，增长 9.9 倍；园林绿化投资 1700 亿元，增长 8.4 倍；市容环境卫生投资 708 亿元，增长 11.3 倍。另一方面，城镇环境基础设施水平持续提高。2022 年，城市污水处理率为 98.1%，比 2000 年提高 63.8 个百分点；供水普及率为 99.4%，提高 35.5 个百分点；燃气普及率 98.1%，提高 52.7 个百分点；集中供热面积 111.3 亿平方米，增长 9.0 倍；建成区绿化覆盖率为 43.0%，提高 14.8 个百分点；人均公园绿地面积 15.3 平方米，增长 3.1 倍；生活垃圾无害化处理率为 99.9%，比 2001 年提高 41.7 个百分点。

农村人居环境不断改善。一方面，农村清洁卫生状况持续改善。2023 年，我国农村卫生厕所普及率达 75% 左右，生活污水治理（管控）率达 45% 以上。另一方面，农村生活基础设施大幅改善。全国具备条件的乡镇、建制村 100% 通硬化路、100% 通客车。2022 年，农村太阳能热水器为 7792 万平方米，与 2000 年相比，提高了 6.0 倍。

（二）降碳减污扩绿增长协同推进

碳达峰碳中和稳妥推进。实现碳达峰碳中和，是以习近平同志为核心的党中央经过深思熟虑作出的重大战略决策，是构建人类命运共同体的庄严承诺。“十四五”时期开局以来，生态文明建设进入了以降碳为重点战略方向的关键时期。国家相继出台《关于完整准确全面贯彻新发展理念做好碳达峰碳中和工作的意见》以及《2030 年前碳达峰行动方案》两个重要文件，构建了碳达峰碳中和“1+N”政策体系。2023 年，万元国内生产总值二氧化碳排放与上年持平。

能源结构持续调整。煤炭消费量占能源消费总量比重从 1980 年的 72.2% 下降至 2023 年的 55.3%，下降了 16.9 个百分点。水电、风电、核电、天然气等清洁能源消费量占能源消费总量的比重从 1980 年的 7.1% 上升至 2023 年的 26.4%，提高了 19.3 个百分点。2023 年，全国水电、风电和太阳能发电等可再生能源发电装机规模再创新高，为 15.19 亿千瓦，占全国发电总装机的比重达到 52.0%。

（三）绿色发展方式和生活方式逐渐形成

产业绿色转型加快发展。“十一五”以来，单位 GDP 能耗整体呈现下降态势，累计降低

43.8%，年均下降 3.1%。能源加工转换效率由 1980 年的 69.5% 提升至 2022 年的 73.2%，提升了 3.7 个百分点。

绿色交通运输快速发展。“十三五”时期，我国已成为全球新能源汽车保有量最多的国家。2020 年，新能源汽车保有量达 492 万辆，占汽车总量的 1.8%，与 2015 年相比，保有量和占比分别增长 7.4 倍和提高 1.4 个百分点。“十四五”时期以来，新能源汽车保有量增长迅猛。2023 年，新能源汽车保有量已达 2041 万辆，比“十三五”期末增长 3.1 倍，占汽车总量的 6.1%，比“十三五”期末提高 4.3 个百分点。

新中国成立以来，在党中央的坚强领导下，在全国人民的不懈努力奋斗下，我国生态环境保护事业和生态文明建设取得举世瞩目的历史成就。但同时应清醒地认识到，建设美丽中国是一项长期而艰巨的战略任务和系统工程，不可能一蹴而就。我们要深入践行习近平生态文明思想，顺势而为、乘势而上、持续奋斗，坚定不移朝着建设美丽中国的目标迈进，奋力谱写新时代生态文明建设新篇章。

撰稿：姜澍 任宝莹

15 人口大国向人力资源强国转变 人口高质量发展取得成效

人口发展是关系中华民族伟大复兴的大事。新中国成立 75 年来，我国人口数量稳步增长，人口素质大幅提升，城镇化水平持续提高，人口迁移流动日益活跃，人口整体面貌和生活质量实现了跨越式发展，有力支撑了改革开放和社会主义现代化事业。党的十八大以来，以习近平同志为核心的党中央高度重视人口工作，适时调整优化生育政策，作出促进人口高质量发展重要部署，推动我国从人口大国向人力资源强国转变。

一、由高速增长到高质量发展，人口规模优势明显

新中国成立 75 年来，伴随生育政策的优化完善，我国人口经历了由高速增长到平稳发展的过程，人口再生产类型转变，人口发展进入新阶段。

（一）人口总量由高速增长到平稳发展

1949 年我国人口为 5.4 亿人，2023 年增加到 14.1 亿人，增加了 8.7 亿人，平均每年增加 1173 万人，年均增长率为 1.3%。新中国成立初期至 20 世纪 70 年代，为人口高速增长阶段。新中国成立后，国家面貌焕然一新，社会安定，经济发展，医疗条件改善，人口死亡率大幅下降，自然增长率显著上升，人口迅速增长。1970 年，我国人口增加到 8.3 亿人，比 1949 年增加 2.9 亿人，年均增长 2.1%。

1971—1980 年，为调控增长阶段。因人口增速过快，人口与资源环境的紧张关系日益突出，为有效缓解压力，我国自 20 世纪 70 年代开始实施计划生育政策，人口增速逐步下降，1980 年人

图 1 1949—2023 年我国人口数量

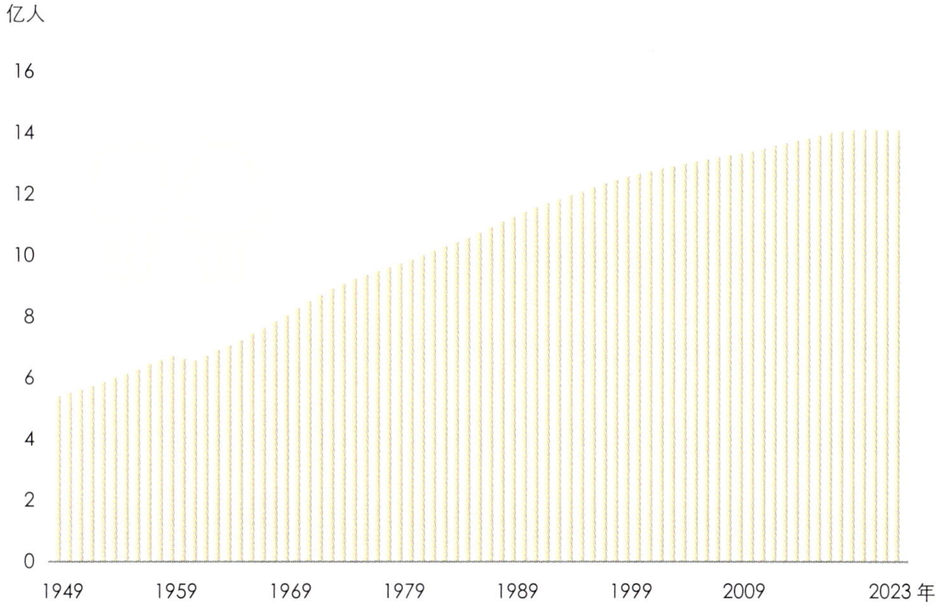

口增长率由 1971 年的 2.7% 下降至 1.2%。这一阶段全国人口由 8.52 亿人增加到 9.87 亿人，增加 1.35 亿人，年均增长 1497 万人。

1981—1990 年，为增速回升阶段。因新中国成立后在“生育高峰”中出生的人口陆续进入生育阶段，人口增长率出现回升，1987 年达到阶段峰值 1.7%。这一阶段全国人口由 1981 年的 10.0 亿人增加到 1990 年的 11.4 亿人，增加 1.4 亿人，年均增长 1585 万人。

1991—2021 年，为人口平稳发展阶段。在经济社会发展及计划生育政策的双重影响下，人口增速逐渐下降并趋于平稳。这一阶段全国人口由 1991 年的 11.6 亿人增加到 2021 年的 14.1 亿人，增加 2.5 亿人，年均增长 848 万人。

2022 年以来，受生育观念转变、育龄妇女人数减少等多重因素影响，人口总量有所下降，但仍保持在 14 亿以上，2023 年全国人口为 140967 万人。

（二）人口再生产类型发生转变

1949 年以来，我国人口发展深刻转变，经历了典型的从“高出生率、高死亡率、低自然增长率”到“低出生率、低死亡率、低自然增长率”的人口再生产类型转变。

新中国成立至 20 世纪 70 年代初，死亡率急剧下降带动人口增长率由低转高。1949 年我国人口出生率、死亡率都较高，分别为 36‰、20‰，自然增长率较低。新中国成立后，社会安定、经济发展、医疗条件改善，人口死亡率下降，1970 年已降至 8‰以下。人口再生产类型较快实现了第一次转变，进入了“高出生率、低死亡率、高自然增长率”的过渡型阶段。

20 世纪 70 年代以后至 2000 年，生育率下降带来人口增长率降低。70 年代前，我国生育率维持高位。1949—1969 年，除三年严重困难特殊时期，人口出生率和自然增长率基本在 30‰和 20‰以上。70 年代后，计划生育政策逐步推行，生育水平下降，20 世纪末人口出生率降至 15‰以下，自然增长率降至 8‰左右。人口再生产类型进入“低出生率、低死亡率、低自然增长率”的阶段。2000 年以后，我国完成人口再生产类型转变，与现代经济发达和较发达国家类似。总体看，我国人口再生产类型转变历程符合国际社会人口发展的一般规律。

图 2 1949—2023 年我国人口出生率、死亡率和自然增长率

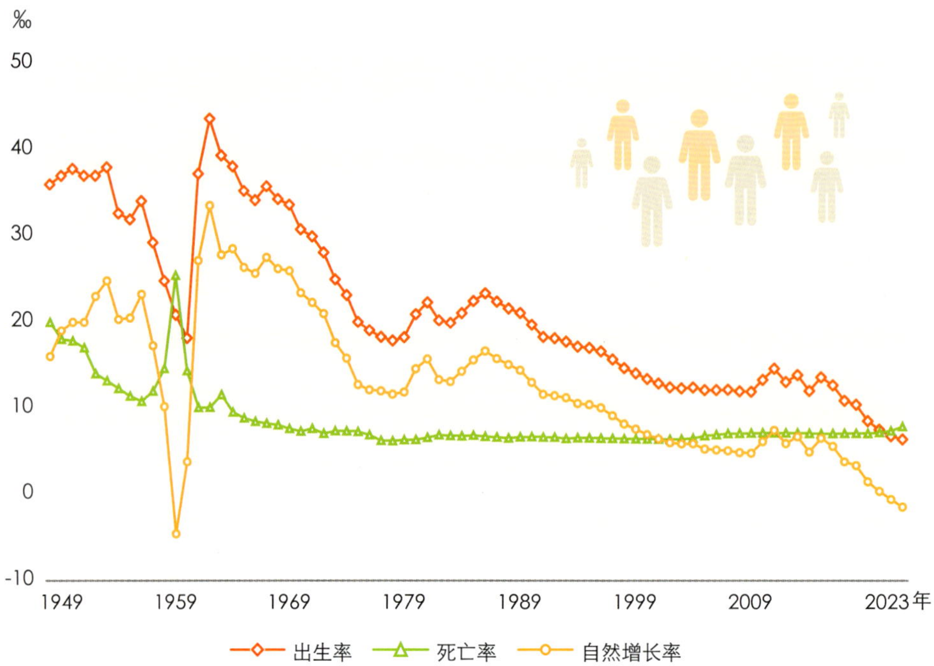

（三）人口政策不断完善

新中国成立初期，人口的过快增长使经济社会发展面临较大压力，人口与资源环境不平衡不协调的问题突出。为控制人口较快增长，20 世纪 70 年代，我国开始实施计划生育政策。1984 年逐步形成城市“一孩”、农村“一孩半”，少数民族和个别人群有照顾的，城乡间、区域间、民族间存在差异的生育政策体系，这一生育政策体系基本延续到 2013 年。

党的十八大以来，以习近平同志为核心的党中央站在推进中国式现代化、实现中华民族伟大复兴的战略高度，深刻洞察我国人口发展变化形势，科学把握人口发展规律，因时因势作出逐步调整完善生育政策、促进人口长期均衡发展的战略决策。2013 年，十八届三中全会决定启动实施“单

独二孩”政策。2015 年底，十八届五中全会会议公报提出，促进人口均衡发展，完善人口发展战略，全面实施一对夫妇可生育两个孩子政策。2021 年 6 月，中共中央、国务院发布《关于优化生育政策促进人口长期均衡发展的决定》，实施一对夫妻可以生育三个子女政策。生育政策的优化调整，有利于改善人口结构，推动实现适度生育水平。

专栏 1　生育支持政策体系

近年来，我国人口发展面临新形势新问题，国家出台了一系列政策文件构建积极生育政策体系。2021 年《关于优化生育政策促进人口长期均衡发展的决定》提出实施三孩生育政策和配套积极生育支持措施。2022 年，17 部门联合发布《关于进一步完善和落实积极生育支持措施的指导意见》。同年，党的二十大报告明确提出“建立生育支持政策体系，降低生育、养育、教育成本”。2023 年 5 月二十届中央财经委员会第一次会议提出，“要建立健全生育支持政策体系，大力发展普惠托育服务体系，显著减轻家庭生育养育教育负担，推动建设生育友好型社会，促进人口长期均衡发展”。2023 年 12 月召开的中央经济工作会议在部署 2024 年经济工作时强调要“加快完善生育支持政策体系”。

生育是人口发展的关键变量，生育政策作为人口政策的核心要素，应坚持以系统观念认识、构建和优化生育支持政策体系。自生育政策调整以来，国家从多个维度出台一系列的生育支持政策，各地政府在妇幼保健、育儿指导、生育保险、托育服务等多个领域进行尝试和探索。这些政策内容涵盖经济、时间、服务、文化支持等多个方面，覆盖个体和家庭多个全生命周期阶段。生育支持政策体系构建是促进人口高质量发展的重要内容。生育支持政策体系的完善，是服务于家庭，是以不断满足人民日益增长的美好生活需要为目的，终极目标落在为人民谋幸福的初心使命之上。

撰稿：李桂芝

二、“人才红利”逐步显现，人口素质显著提升

新中国成立以来，我国持续加大教育、医疗、健康等方面投入，着力提高人口整体素质，促进人口高质量发展和人民生活品质提高，推动创新主体和人才的活力进一步释放，科技创新生态进一步优化。

（一）劳动力资源丰富

新中国成立后，我国劳动力规模随人口的增加而扩大。1953 年全国 16—59 岁劳动年龄人口为 3.1 亿人，1964 年增加到 3.5 亿人。改革开放以后的 1982 年、1990 年、2000 年和 2010 年四次人口普查数据显示，我国劳动年龄人口规模分别为 5.7 亿人、7.0 亿人、8.1 亿人和 9.2 亿人。1982—

1990 年，劳动年龄人口增长了 23.2%，年均增长 1645 万人；1990—2000 年的 10 年间，增长了 15.6%，年均增长 1088 万人。进入 2000 年以后，2000—2010 年劳动年龄人口增长了 13.4%，年均增长 1082 万人。尽管增速下降，但庞大的人口基数带来的绝对量增加仍然十分可观。2012 年，我国 16—59 岁劳动年龄人口的总量达到峰值 9.3 亿人，之后劳动年龄人口减少，2023 年为 8.6 亿人。虽然劳动年龄人口有所减少，但我国劳动力依然充沛，劳动参与率在国际上属于较高水平，劳动力供给充足，为经济社会发展提供了重要支撑。

（二）科学文化素质显著提高

教育是提高人口素质的重要途径，也是推动“人口红利”向“人才红利”转变的关键，为我国实现从人力资源大国向人力资源强国的转变奠定坚实基础。新中国成立后，我国实施科教兴国战略和人才强国战略，坚持优先发展教育，大力推进教育领域综合改革，持续加大教育投入，教育总体发展水平进入世界中上行列，全民族素质大幅提高。1964 年，每 10 万人口中仅有 416 人受过大专及以上程度教育，2000 年增长到 3611 人，2020 年飞速增长到 15467 人。2023 年，具有大学文化程度人口超 2.5 亿人，而 1964 年全国仅有 288 万人受过大学文化程度教育。文盲率更是从 1964 年的 33.6%，下降到 2020 年的 2.7%。劳动年龄人口平均受教育年限由 1982 年刚刚超过 8 年提高到 2023 年的 11.05 年。2023 年，我国公民具备科学素质的比例达到 14.1%。我国人才队伍持续壮大，人才发展红利加快释放。

表 1 每十万人拥有的各种受教育程度人口

单位：人 /10 万人

普查年份	大专及以上	高中（含中专）	初中	小学
1964 年	416	1319	4680	28330
1982 年	615	6779	17892	35237
1990 年	1422	8039	23344	37057
2000 年	3611	11146	33961	35701
2010 年	8930	14032	38788	26779
2020 年	15467	15088	34507	24767

（三）健康水平持续改善

新中国成立以来，我国经济高速发展，公共卫生和医疗服务体系日益健全，建成了世界上规模最大的基本医疗保障网，人民身体素质日益增强，人口预期寿命不断延长。1949 年我国人口平均预期寿命仅为 35 岁，1957 年达到 57 岁，1981 年上升到 68 岁。30 多年间，人口平均预期寿命提高了 30 多岁。进入 21 世纪以后，尤其是党的十八大以来，我国社会保障制度更加健全，先进医疗服务体系覆盖面不断扩展，重大疾病防治成效显著，2020 年人口平均预期寿命达到 77.9 岁，比 2010 年提高 3.1 岁。此外，健康中国建设持续推进，全民健身场地设施明显改善，群众性体育赛事活动繁荣发展，全民健身参与程度不断提高，全民健康水平显著提升。2021 年底，经常参加体育锻炼的人数比例达到37.2%[1]，人口健康状况继续提升。老年人健康状况改善，健康老年人口比重上升，2020 年，60 岁及以上老年人口中，健康老年人口比重达到 54.6%，比 2010 年提高 10.8 个百分点。

专栏 2　健康中国

健康是促进人的全面发展的必然要求，是经济社会发展的基础条件。实现国民健康长寿，是国家富强、民族振兴的重要标志，也是全国各族人民的共同愿望。党和国家历来高度重视人民健康，习近平总书记在党的二十大报告中指出："人民健康是民族昌盛和国家强盛的重要标志。把保障人民健康放在优先发展的战略位置，完善人民健康促进政策。"

2016 年 10 月，中共中央、国务院印发了《"健康中国 2030"规划纲要》，提出推进健康中国建设，必须高举中国特色社会主义伟大旗帜，认真落实党中央、国务院决策部署，坚持以人民为中心的发展思想，牢固树立和贯彻落实新发展理念，坚持正确的卫生与健康工作方针，以提高人民健康水平为核心，以体制机制改革创新为动力，以普及健康生活、优化健康服务、完善健康保障、建设健康环境、发展健康产业为重点，把健康融入所有政策，加快转变健康领域发展方式，全方位、全周期维护和保障人民健康，大幅提高健康水平，显著改善健康公平，为实现"两个一百年"奋斗目标和中华民族伟大复兴的中国梦提供坚实健康基础。

2019 年 7 月，国家卫生健康委制定了《健康中国行动（2019—2030 年）》，以"大卫生、大健康"为理念，坚持预防为主、防治结合的原则，围绕疾病预防和健康促进两大核心，提出开展 15 个重大专项行动，建立健全健康教育体系，促进以治病为中心向以健康为中心转变，提高人民健康水平。

撰稿：李桂芝

三、城镇化率稳步提升，人口流动日益活跃

人口流动是新中国成立以来我国人口发展变化的重要特征之一，尤其是改革开放后，由乡村到城镇、由中西部地区向东部沿海地区的人口流动是推动国家建设与城镇化发展的重要因素。

1. 数据来自 2022 年 3 月 30 日国新办召开的构建更高水平的全民健身公共服务体系有关情况发布会。

（一）流动人口规模显著增加

新中国成立初期到改革开放前近30年间，受经济发展、社会环境以及户籍制度等因素限制，我国人口流动相对较少。这一阶段的人口迁移大多与国家总体发展规划相关，并且这种人口迁移经常是同户籍关系一起变动，一般是大规模、较长期的搬迁。

改革开放后，我国流动人口迅猛增长，规模不断扩大，占全国人口比重快速上升。1982—1990年，我国流动人口逐年增多，从657万人[2]增加到2135万人，占全国人口的比重从0.6%提高到1.9%，平均每年大约增加185万人。1990年以后，流动人口增速加快，2000年超过1亿人，占全国人口的9.5%；2010年为2.2亿人，占全国人口的16.5%；2020年，流动人口达到3.8亿人，比2010年增长69.7%，占全国人口的26.6%，平均每四人中就有一个流动人口。从人口流向上看，人口持续向沿海、沿江地区及内地城区集聚，东部地区人口持续增加。人口流动重塑人口空间分布，助推产业结构升级调整，对推动经济高质量发展发挥了重要作用，珠三角、长三角等流动人口密集区，成为经济发展最活跃、增长速度最快的地区。

图3 1982年以来历次人口普查年流动人口数量

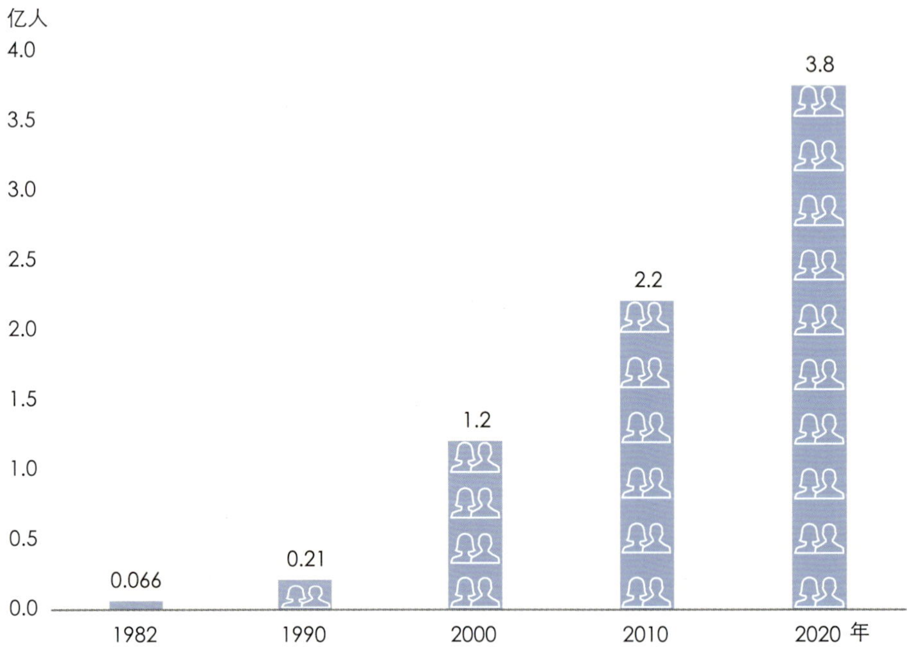

2. 1982年、1990年人口普查界定流动人口的时间跨度为“一年”，1995年及以后的人口抽样调查和普查界定人口流动的时间跨度为“半年”。

（二）城镇化水平大幅提高

城镇化是现代化的必由之路，是解决农业农村农民问题的重要途径，是扩大内需和促进产业升级的重要抓手。改革开放前，由于人口就业压力巨大、大城市基础设施建设严重不足以及城乡二元结构等方面的现实国情，城镇化进程较缓慢。1949—1978 年，我国城镇人口占全国人口的比重从 10.64% 增加到 17.92%，平均每年提高 0.25 个百分点。改革开放后，我国城镇化扎实推进。2023 年城镇人口达到 9.3 亿人，比 1978 年增加 7.6 亿人，平均每年增加 1689 万人；城镇人口占全国人口的比重达到 66.16%，比 1978 年提高 48.24 个百分点，平均每年提高 1.07 个百分点。

党的十八大以来，党中央高度重视城镇化建设，实施以提高城镇化质量为导向的新型城镇化战略。户籍制度改革不断深入，各级城市逐步放宽落户限制，2023 年底户籍人口城镇化率达到 48.3%。常住人口享有基本公共服务水平大幅提高，义务教育、就业服务等逐步覆盖常住人口，医保等各类社保跨转流程持续完善，市民化配套政策体系基本建立。

专栏 3　以人为核心的新型城镇化

党的十八大以来，在以习近平同志为核心的党中央坚强领导下，我国新型城镇化建设取得重大成就，城镇化率和质量大幅提升，2023 年末全国城镇人口超过 9.3 亿，城镇化率达到 66.16%，我国城镇化进入了新的发展阶段。党的二十大报告强调，“推进以人为核心的新型城镇化，加快农业转移人口市民化”。2023 年 12 月召开的中央经济工作会议上，习近平总书记进一步强调“要把推进新型城镇化和乡村全面振兴有机结合起来，促进各类要素双向流动，推动以县城为重要载体的新型城镇化建设，形成城乡融合发展新格局”。

2022 年，国务院批复同意《“十四五”新型城镇化实施方案》，批复中要求，《方案》实施要以习近平新时代中国特色社会主义思想为指导，全面贯彻党的十九大和十九届历次全会精神，坚持稳中求进工作总基调，完整、准确、全面贯彻新发展理念，加快构建新发展格局，以推动城镇化高质量发展为主题，以转变城市发展方式为主线，以体制机制改革创新为根本动力，以满足人民日益增长的美好生活需要为根本目的，统筹发展和安全，深入推进以人为核心的新型城镇化战略，持续促进农业转移人口市民化，完善以城市群为主体形态、大中小城市和小城镇协调发展的城镇化格局，推动城市健康宜居安全发展，推进城市治理体系和治理能力现代化，促进城乡融合发展，为全面建设社会主义现代化国家提供强劲动力和坚实支撑。

撰稿：李桂芝

（三）城市群人口持续聚集

新中国成立初期，我国跨区域人口流动是由东部向中、西部，由内陆向边疆，由人口稠密地区向人口稀疏地区转移。

20 世纪 80 年代后，人口迁移流动方向发生了根本逆转，流动人口集中趋势明显，以城市群为主体的城镇化空间格局持续优化。2020 年，全国 11 个主要城市群[3] 人口合计为 6.3 亿人，占全国人口的 44.6%。2010—2020 年，粤港澳大湾区城市群、长江三角洲城市群人口增长迅速，分别增长了 35.0%、12.0%。城区常住人口 1000 万以上的超大城市数量由 6 个增加到 7 个，城区常住人口 500 万以上 1000 万以下的特大城市数量由 10 个增加到 14 个。此外，人口向省会城市、中心城区集中，2020 年全国 27 个省会城市（不包括直辖市）常住人口 2.3 亿人，比 2010 年增加 5343 万人，增长 30.3%；各类城市城区人口达到 5.8 亿人，占全国人口的 40.7%，比 2010 年增加 1.7 亿人，占比提高 10.8 个百分点。

专栏 4　以人口高质量发展支撑中国式现代化

党的十八大以来，以习近平同志为核心的党中央高度重视人口问题，根据我国人口发展变化形势，作出适时调整完善生育政策、促进人口长期均衡发展的重大决策，各项工作取得显著成效，为全面建设社会主义现代化国家打下坚实基础。2023 年 5 月 5 日习近平总书记主持召开二十届中央财经委员会第一次会议，研究以人口高质量发展支撑中国式现代化问题。人口发展是关系中华民族伟大复兴的大事，必须着力提高人口整体素质，以人口高质量发展支撑中国式现代化。

当前我国人口发展呈现少子化、老龄化、区域人口增减分化的趋势性特征，必须全面认识、正确看待我国人口发展新形势。要着眼强国建设、民族复兴的战略安排，完善新时代人口发展战略，认识、适应、引领人口发展新常态，着力提高人口整体素质，努力保持适度生育水平和人口规模，加快塑造素质优良、总量充裕、结构优化、分布合理的现代化人力资源，以人口高质量发展支撑中国式现代化。要以系统观念统筹谋划人口问题，以改革创新推动人口高质量发展，把人口高质量发展同人民高品质生活紧密结合起来，促进人的全面发展和全体人民共同富裕。

会议分别从深化教育卫生事业改革创新，建立健全生育支持政策体系，加强人力资源开发利用，实施积极应对人口老龄化国家战略，更好统筹人口与经济社会、资源环境的关系等方面提出具体要求，促进人口高质量发展。

撰稿：李桂芝

3. 长江三角洲城市群、呼包鄂榆城市群、北部湾城市群、成渝城市群、中原城市群、长江中游城市群、兰西城市群、关中平原城市群、哈长城市群、京津冀城市群和粤港澳大湾区。

（四）城乡居民居住条件明显改善

新中国成立以来，我国居民居住条件显著改善，人均住房面积、房屋质量及配套设施等均有质的提升。2000 年，全国人均住房建筑面积为 22.8 平方米，2020 年增加到 41.8 平方米。房屋质量的提升更加明显。新中国成立之初，农村不少居民居住在土坯房中，2020 年居住在钢及混凝土结构的住房户数达到 66% 以上。另外，居民住房内设施的配备更加齐全，生活便利性有了极大提高。2020 年，95.1% 的住房内有独立使用的厨房，91.3% 的住房内有管道自来水，85.2% 的家庭主要炊事材料为燃气或电。

新中国成立以来，我国人口发展走过的每一步都与特定时期国家经济社会发展的大环境息息相关。当前，我国人口发展呈现少子化、老龄化、区域人口增减分化的趋势性特征，必须全面认识、正确看待我国人口发展新形势。要以习近平新时代中国特色社会主义思想为指导，坚决贯彻落实党的二十大和二十届二中、三中全会精神，健全人口发展支持和服务体系，推动实现人口高质量发展，促进人的全面发展和全体人民共同富裕，为实现中国式现代化创造长期有利的人口环境。

撰稿：刘慧

16 就业规模显著扩大 就业质量稳步提升

就业是最基本的民生。新中国成立 75 年来，党中央始终把就业工作摆在经济社会发展的突出位置，就业总量显著增长，就业结构持续优化，就业质量稳步提升。党的十八大以来，以习近平同志为核心的党中央深入实施就业优先战略，健全就业促进机制，有效应对各种压力挑战，在 14 亿多人口的发展中大国实现了比较充分的就业，就业形势长期保持稳定，为民生改善和经济高质量发展提供了重要支撑。

一、就业规模显著扩大，就业形势总体稳定

新中国成立 75 年来，我国经济总量连上新台阶，就业政策及时优化调整，为扩大就业规模、稳定就业形势打下了坚实基础。

（一）人口增长和经济发展促进就业规模显著扩大

新中国成立后，国家面貌焕然一新，社会安定，经济发展，医疗条件改善，人口和劳动力资源规模在很长时间内持续增长，为就业规模的扩大打下重要基础。我国从 20 世纪 50 年代初期薄弱的经济基础上起步，实行计划经济，优先发展重工业，有效带动就业规模扩大。全国就业人员由 1949 年的 18082 万人增加至 1978 年的 40152 万人，城镇就业人员由 1533 万人增加至 9514 万人，年均增长率分别为 2.8% 和 6.5%。改革开放以来，我国以经济建设为中心，逐步建立起社会主义市场经济体制，经济快速增长，就业规模不断扩大，2014 年达到 76349 万人的峰值。之后

受人口老龄化程度加深、劳动年龄人口减少的影响，全国就业人员总量有所下降，但城镇就业人员仍保持增长态势。2023 年全国就业人员 74041 万人，比 1978 年增长 0.8 倍；其中城镇就业人员达 47032 万人，比 1978 年增长 3.9 倍，年均增长 3.6%。

（二）有效克服阶段性矛盾实现长期较充分就业

新中国刚成立时，由于经济遭到严重破坏，城镇劳动力普遍处于失业状态，失业率高达 23.6%。国家在积极发展经济的同时，采取多种措施加强就业调控，1957 年时失业率降至 5.9%。20 世纪 50 年代末至 90 年代，由于人口快速增长及经济运行波动，不同时期也面临不同的就业矛盾。针对 70 年代末知识青年集中返城待业问题，我国采取劳动部门介绍就业、自愿组织起来就业和自谋职业相结合的方针，针对 90 年代末集中下岗的国企职工，实施税费减免、担保贷款、社保补贴、培训补贴等再就业政策，有效化解了相关就业矛盾。21 世纪以来，伴随经济的持续增长和就业政策的保驾护航，我国就业形势长期保持稳定，城镇登记失业率多年保持在 4.0% 左右。城镇调查失业率自 2018 年发布以来，除个别月份上升略超 6% 外，总体保持在 4.8%—5.2% 的较低水平。2020 年，新冠疫情突发，就业形势受到冲击，党中央、国务院科学统筹疫情防控和经济社会发展，出台了一系列稳就业政策，失业率得以快速回落。2023 年末，全国城镇调查失业率降至 5.1%，低

专栏 1　就业形势综合监测机制逐步建立

为监测劳动者就业失业情况，我国于 20 世纪 80 年代初，开始建立登记失业制度，由于当时还处于计划经济体制下，故被称为“待业登记”，所有的城镇无业者都必须到政府劳动部门去登记。1994 年后，社会主义市场经济体制开始建立，政府不再统一分配和安置就业，“待业登记”更名为“失业登记”，“城镇登记失业率”的概念也由此而来。长期以来，我国发布和使用登记失业率，改革开放初期，由于计划招工、商品粮配给和严格的户籍管理，实行城乡隔离，登记失业率对国家判断城镇劳动力市场的状况，特别是开展失业保险管理发挥了重要作用。

2005 年，我国正式建立了全国劳动力调查制度，开始按照国际通行做法组织开展劳动力调查，进行调查失业率统计。2016 年，全国劳动调查频率提高至月度，调查指标进一步丰富。调查失业率覆盖范围广，发布频率快，指标定义国际可比，可以更全面、及时、合理地反映我国劳动力市场变动情况。除失业率外，劳动力调查还涵盖了劳动参与、工作时间、就业质量、工作搜寻等方面的内容，是多维度研究劳动力市场运行的重要数据来源。2018 年，国家统计局正式发布全国城镇调查失业率数据，并逐步丰富发布内容。人社部门也不断加强就业形势监测，按月开展城镇新增就业、失业人员再就业、就业困难人员就业等就业统计工作，健全就业大数据监测体系。我国就业形势综合监测机制逐步建立，就业指标体系不断完善，为国家更好改进宏观调控，制定就业政策提供了重要依据。

撰稿：张楠

于 2019 年同期水平。就业形势的稳定成为民生改善的坚实基础、经济企稳的有力支撑和社会稳定的“压舱石”。

（三）精准开展分类帮扶强化重点群体就业保障

就业关系群众冷暖、民生底线。在社会主义市场经济快速发展过程中，为应对就业冲击和劳动力市场波动，各级党委和政府紧密结合不同时期就业重点群体特点制定精准有效的政策，强化分类帮扶援助，切实兜牢民生底线。针对农民工群体实施农业转移人口市民化行动，通过不断深化户籍制度改革减少外来人口落户限制，通过颁布实施《保障农民工工资支付条例》等推进依法治理拖欠农民工工资问题，扩大农业转移人口社会保险覆盖面，有力保障农民工劳动权益；开展职业技能培训，健全劳务协作机制，依托乡村振兴，开发本地就业岗位，有效促进了农村富余劳动力有序外出就业、就地就近就业和返乡创业。针对高校毕业生实施就业创业促进计划，支持引导企业吸纳就业，积极推动公共部门稳岗扩岗，鼓励毕业生创业创新，在高校毕业生规模持续扩大的情况下实现了就

专栏 2　实施就业优先战略

就业是最基本的民生，党中央、国务院高度重视就业问题。2021 年《中华人民共和国国民经济和社会发展第十四个五年规划和 2035 年远景目标纲要》提出要实施就业优先战略，强化就业优先政策，健全有利于更充分更高质量就业的促进机制。

2021 年《“十四五”就业促进规划》提出强化就业优先导向的宏观调控。将就业优先政策置于宏观政策层面并持续强化，完善调控手段，充实政策工具箱，强化财政、货币、投资、消费、产业、区域等政策支持就业的导向，实现与就业政策协同联动。深入实施扩大内需战略，持续促进消费、增加有效投资拉动就业，通过保市场主体保就业。健全就业影响评估机制，制定实施宏观政策时要充分考虑对就业的影响，提升重大政策规划、重大工程项目、重大生产力布局对就业的促进作用。健全就业目标责任考核机制，建立更加充分更高质量就业考核评价体系，探索开展高质量就业地区试点工作。

2022 年，党的二十大报告对实施就业优先战略的重点任务进行了新的重大部署。强化就业优先政策，健全就业促进机制，促进高质量充分就业。健全就业公共服务体系，完善重点群体就业支持体系，加强困难群体就业兜底帮扶。统筹城乡就业政策体系，破除妨碍劳动力、人才流动的体制和政策弊端，消除影响平等就业的不合理限制和就业歧视，使人人都有通过勤奋劳动实现自身发展的机会。健全终身职业技能培训制度，推动解决结构性就业矛盾。完善促进创业带动就业的保障制度，支持和规范发展新就业形态。健全劳动法律法规，完善劳动关系协商协调机制，完善劳动者权益保障制度，加强灵活就业和新就业形态劳动者权益保障。

撰稿：张楠

业形势总体稳定。针对困难群体，不断加强就业帮扶，健全就业援助机制，开发公益性岗位进行托底安置。2023 年末，城镇外来农业户籍劳动力调查失业率为 4.3%，低于全国城镇整体水平 0.8 个百分点；全国农民工总量达 29753 万人，较 2008 年增加 7211 万人。人力资源社会保障部数据显示，2023 年脱贫人口务工规模达到 3397 万人，全国组织农民工参加补贴性职业技能培训 643 万人次。2012 年以来，平均每年有超过 500 万城镇失业人员实现再就业，超过 170 万就业困难人员实现就业。

二、就业结构持续优化，就业质量稳步提升

新中国成立 75 年来，随着经济转型升级以及高质量发展的持续推进，我国就业结构持续优化，就业质量稳步提升。

（一）城镇就业占比持续提升

1949 年，我国城镇就业人员仅占全国就业人员的 8.5%，绝大部分劳动者在乡村就业。新中国成立后，随着国民经济的逐步恢复特别是工业化进程加快，吸引了大量农村劳动力到城镇就业。1978 年，城镇就业人员达 9514 万人，占全国就业人员比重升至 23.7%，较 1949 年增加 15.2 个百分点，平均每年提高 0.5 个百分点。改革开放后，劳动力市场活力充分释放，城乡人员流动加快，城镇化率不断提升，城镇就业人员持续增加。2013 年城镇就业比重首次超越乡村，达到 50.5%。

图 1 1949—2023 年分城乡就业人口比重

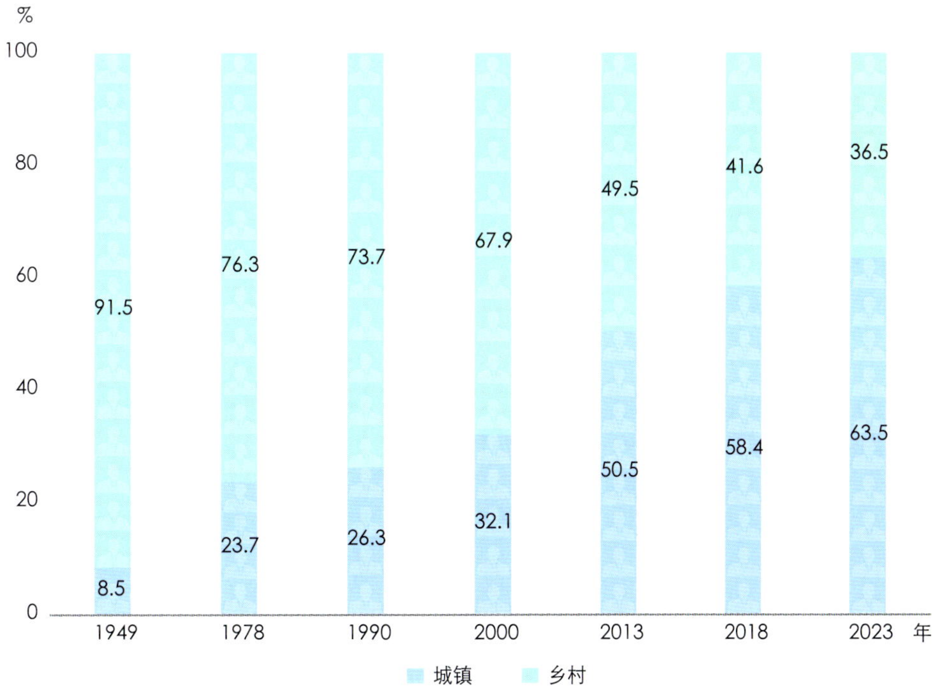

2023 年，城镇就业人员达 47032 万人，占全国就业人员比重进一步提高到 63.5%，比 1978 年增加 39.8 个百分点，平均每年提高近 0.9 个百分点。

（二）二、三产业就业吸纳能力显著增强

新中国成立之初，我国工业基础薄弱、服务业发展滞后，绝大多数劳动者以农业为生。1952 年，第一产业就业人员占比达 83.5%，第二、三产业就业人员占比仅分别为 7.4% 和 9.1%。随着门类比较齐全的现代工业基础初步形成，第二、三产业就业人员增加。1978 年，第一产业就业人员占比降至 70.5%，第二、三产业就业人员占比分别提升至 17.3% 和 12.2%。改革开放后，社会主义市场经济体制逐步建立，产业结构深刻调整，第二、三产业迅猛发展吸纳了大量农村剩余劳动力，切实解决了农村劳动力就业不充分问题，就业结构随之变迁。2011 年，第三产业就业比重升至 35.7%，首次超过第一产业，成为吸纳就业人数最多的产业；2014 年，第二产业就业比重升至 30.2%，超过第一产业，“三二一”的就业结构正式形成。2023 年，我国三次产业就业人员分别为 16882 万人、21520 万人和 35639 万人，比重分别为 22.8%、29.1% 和 48.1%，就业结构更加优化，服务业就业“蓄水池”作用更为凸显。

图 2 1952—2023 年分三次产业就业人口比重

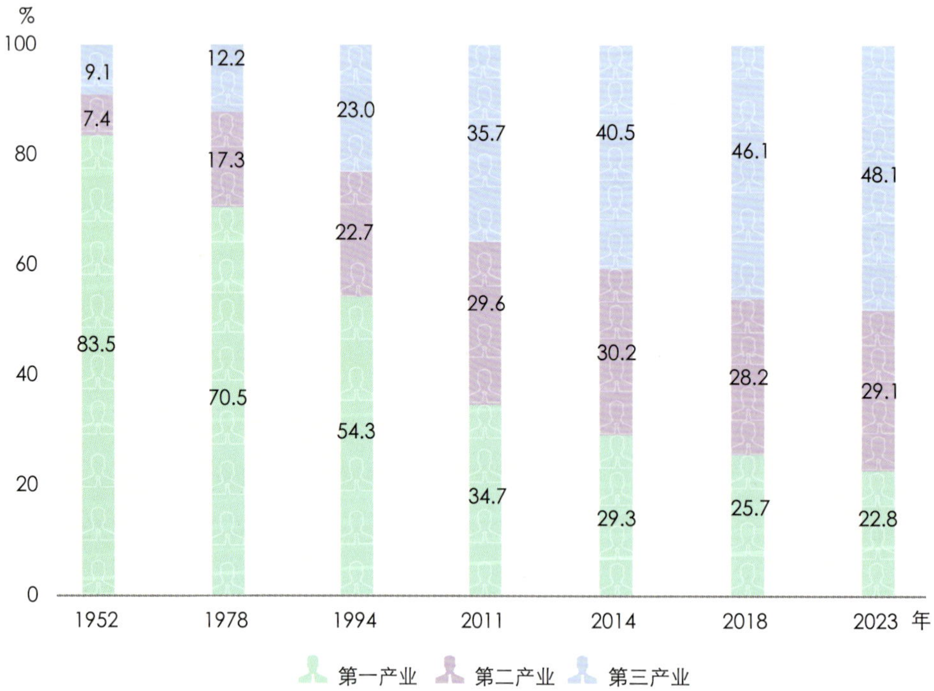

（三）就业渠道不断拓宽

计划经济时代，我国就业以国有和集体单位就业为主，城镇实行“统包统配”的就业管理体制和企业“固定工”制度，乡村实行农业集体经营。改革开放后，随着我国社会主义市场经济体制不断完善和非公有制经济蓬勃发展，一方面，劳动者就业渠道日益多元，通过私营企业、外资企业、个体工商户、自主创业和各类新就业形态实现就业的劳动者越来越多。另一方面，工作时间、地点、内容等更为灵活的兼职就业、自由职业、平台就业等形式不断出现，提高了劳动力资源配置效率，也为劳动者提供了工作生活平衡的新选择。至2023年底，国有及集体单位、私营及港澳台外资企业、个体户及自由职业、农村家庭承包经营就业人数分别占全国就业人数的15.0%、35.5%、26.4%和21.0%。近年来，新一轮科技革命以及数字经济快速发展，新产业新业态新商业模式日新月异，涌

专栏3　支持和规范发展新就业形态

近年来，平台经济迅速发展，创造了大量就业机会，依托互联网平台就业的网约配送员、网约车驾驶员、互联网营销师等劳动者数量大幅增加，新就业形态成为吸纳就业的重要“蓄水池”。支持和规范发展新就业形态，切实维护新就业形态劳动者劳动保障权益，促进平台经济规范健康持续发展，事关高质量充分就业、事关公平正义、事关社会和谐稳定。

2021年7月，人力资源社会保障部与国家发展改革委等8部门联合印发了《关于维护新就业形态劳动者劳动保障权益的指导意见》。2024年4月，人力资源社会保障部办公厅印发了《新就业形态劳动者休息和劳动报酬权益保障指引》《新就业形态劳动者劳动规则公示指引》《新就业形态劳动者权益维护服务指南》等系列指引指南，指导企业依法合规用工、新就业形态劳动者依法维权。这些文件明确指出：

在劳动报酬方面，不完全符合确立劳动关系情形但企业对劳动者进行劳动管理的新就业形态劳动者，适用劳动者实际工作地人民政府规定的小时最低工资标准。劳动者在法定节假日工作的，企业应向劳动者支付高于正常工作时间劳动报酬的合理报酬。企业要以货币形式将劳动报酬支付给劳动者本人，不得以实物及有价证券替代货币支付。

在工作时间和休息方面，工作时间包括劳动者累计接单时间和适当考虑劳动者必要的在线等单、服务准备、生理需求等因素确定的宽放时间。企业与工会或新就业形态劳动者代表协商合理确定劳动者连续最长接单时间和每日最长工作时间。劳动者工作时间达到上限的，系统应推送休息提示，并停止推送订单一定时间。

在劳动规则方面，平台企业要向劳动者公开订单分配、报酬及支付、工作时间和休息、职业健康与安全、服务规范等与劳动者基本权益直接相关的规章制度、格式合同条款、算法规则及其运行机制等。企业制定或修订规则，要提前通过应用程序弹窗等显著方式向劳动者公开征求意见，充分听取工会或劳动者代表的意见建议，将采纳情况告知劳动者。

撰稿：张楠

现出大数据工程技术人员、无人机驾驶员、网约配送员、互联网营销师等一系列新职业、新岗位。2022 年新出版的《中华人民共和国职业分类大典》比 2015 年版净增 158 个新职业，职业数达到 1639 个，首次标注了 97 个数字职业，占职业总数的 6%。新经济就业以其就业容量大、薪资水平高、灵活性和兼职性强等特点，成为吸纳就业的重要渠道，在增强就业弹性、增加劳动者收入等方面发挥了积极作用。与此同时，劳动者观念也发生了重大变化，大量劳动者为获得更满意的工作岗位，打破城乡、地区、行业和所有制界限进行流动，自主择业、职业调整、终身学习、技能提升等就业观念也逐渐深入人心。

（四）就业人员素质明显提升

新中国成立初期，我国的文化教育水平落后，劳动者普遍处在文盲半文盲状态，接受过高等教育的人更是凤毛麟角。党和政府积极发展正规学校教育，举办“扫盲班”“夜校”等，劳动者的文化素质快速提高。改革开放后，教育事业进入全面发展时期，义务教育不断完善，高等教育逐步加强，劳动者受教育程度显著提升。加之市场导向就业机制的逐步形成，劳动者为了提升在劳动力市场中的竞争力，也更加注重自身素质的提高。与 1982 年相比，2023 年就业人员中大专及以上受教育程度人员占比由 0.9% 上升到 25.7%；高中受教育程度人员占比由 10.5% 上升到 15.2%；初中受教育

图 3 1982 年和 2023 年就业人员分受教育程度构成

专栏 4 **大力开展职业技能培训**

技能人才是支撑中国制造、中国创造的重要力量。我国正处于经济增长新旧动能转换和产业结构转型升级的关键时期，对劳动者技能素质提出了更高要求。当前，我国仍面临技能人才规模不足、结构不优、素质不高，人才培养不适应市场需求等问题。开展大规模职业技能培训，不仅是提升劳动者就业创业能力、缓解就业结构性矛盾的重要举措，更是推动经济高质量发展的重要支撑。

近年来，中共中央、国务院及有关部门先后出台了《职业技能提升行动方案（2019—2021 年）》《“十四五”职业技能培训规划》《关于加强新时代高技能人才队伍建设的意见》《关于加强农民工职业技能培训工作的意见》等政策文件，健全终身职业技能培训制度。2019 年，国务院决定从失业保险基金结余中拿出 1000 亿元组织实施职业技能提升行动，面向企业职工、就业重点群体和贫困劳动力组织实施职业技能培训。“十三五”期间，全国共组织开展补贴性职业技能培训近 1 亿人次；其中，培训企业职工超过 3000 万人次，农民工超过 4000 万人次，贫困劳动力超过 900 万人次。目前，全国技能人才总量已超 2 亿人，高技能人才超过 6000 万人，各类技能人才活跃在生产一线和创新前沿，成为推动高质量发展的重要力量。

撰稿：张楠

程度人员占比由 26.0% 上升到 38.4%；小学及以下受教育程度人员占比由 62.6% 下降到 20.7%。就业人员平均受教育年限由 2012 年的 9.7 年提高到 2023 年的 10.5 年。

（五）工资收入稳步增长

图 4 1978—2023 年城镇非私营单位就业人员平均工资

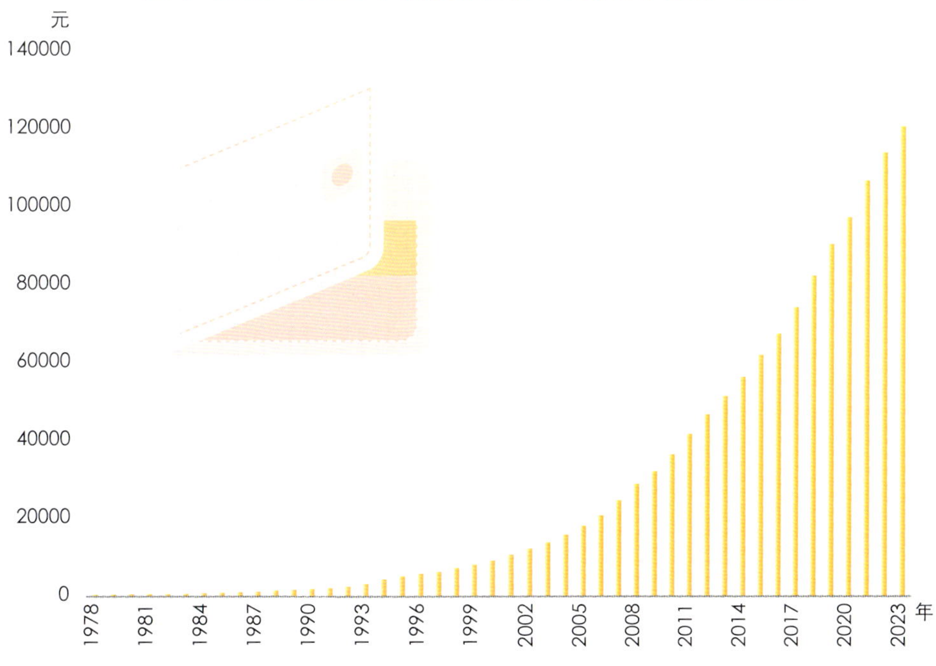

改革开放前，我国平均工资增长较慢，1952—1978年，全部职工平均工资从445元增加到615元，增长了38.2%，扣除物价因素，实际增长10.3%。改革开放后，经济发展不断迈上新台阶，再加上政府出台最低工资标准等一系列政策措施，城镇就业人员平均工资快速增长，劳动者获得感和满足感显著增强。2023年，我国城镇非私营单位就业人员平均工资达到120698元，是1978年的196倍，年均增长率达到12.4%，扣除物价因素，是1978年的25.9倍，年均实际增长率为7.5%；城镇私营单位就业人员平均工资为68340元，是2009年的3.8倍，年均增长率为9.9%，扣除物价因素，是2009年的2.7倍，年均实际增长率为7.5%。

三、劳动力市场机制建立健全，劳动保障逐步完善

随着社会主义市场经济体制的建立和完善，我国劳动力市场机制逐步建立健全，市场在劳动力资源配置中的决定性作用更好发挥，充分调动了劳动者积极性，为我国经济快速发展提供了有利条件。

（一）劳动力市场机制不断完善

改革开放前，我国主要以统筹计划方式实现劳动力资源配置。改革开放后，伴随着社会主义市场经济体制的建立完善，劳动力资源配置进行市场化改革，通过扩大企业用工自主权、引入劳动合同制等逐步改变了计划经济体制下传统劳动用工模式，与社会主义市场经济要求相适应的劳动力市场机制逐步形成完善。《中华人民共和国劳动法》《中华人民共和国劳动合同法》等一系列相关配套法律法规相继出台，明确了劳动关系各主体的法律地位，规定各类企业实行全员劳动合同制，明确劳动合同双方当事人的权利和义务。经过不断的探索，我国已经形成了以市场供求关系为基础的市场化就业决定和工资形成机制，市场在劳动力资源配置过程中的决定性作用得到充分发挥。

（二）公共就业服务体系逐步健全

公共就业服务是促进劳动力市场供需匹配、实施就业失业管理、落实就业政策的重要载体。20世纪80年代初，为适应双向选择和劳动力流动的需要，就业服务机构开始出现，并逐渐发展壮大。经过多年努力，我国覆盖全民、贯穿全程、辐射全域、便捷高效的全方位公共就业服务体系不断健全，有力服务促进劳动者就业创业。人力资源社会保障部数据显示，2023年末全国公共就业和人才服务机构共4434家，全年为劳动者提供登记求职、职业指导、创业服务1.25亿人次，登记招聘1.1

专栏 5　实施提升就业服务质量工程

就业服务是国家基本公共服务的重要组成，是稳定扩大就业、化解失业风险的基础手段。提升就业服务质量对推进实现更加充分更高质量就业、改善民生福祉、促进经济发展和社会和谐具有重要作用。近年来，人力资源社会保障等部门实施提升就业服务质量工程，持续巩固提升覆盖全民、贯穿全程、辐射全域、便捷高效的全方位公共就业服务。

优化公共就业服务机构人员设置。根据服务对象规模，合理优化现有公共就业服务机构人员结构和布局，将就业服务相关事项优先纳入社区工作者工作内容，引导服务力量向基层下沉。结合机构建设、服务成效等情况，开展公共就业服务机构星级评定。

加强零工市场建设。将零工信息纳入公共就业服务范围，在公共招聘网开设零工信息（灵活就业）专区，组织开展招聘。支持有条件的地区建设一批规范化零工市场，强化现有人力资源市场功能细分，根据本地区供需结构，因地制宜建设劳动力市场、人才市场、零工市场，或分时段分区域共享同一市场。

健全重点企业用工常态化服务机制。根据当地经济发展实际，确立一批带动就业能力强、用工规模大的重点企业，设立联络服务专员，通过有针对性的招聘服务，努力保障重点企业用工。对生产经营遇到困难的企业，提前介入指导稳岗，同步为被裁减人员提供就业帮扶。

推进“互联网 +”公共就业服务。加快省级集中的就业管理信息系统建设，持续推进就业信息联网发布，提升一站式求职招聘服务能力。探索运用大数据、云计算等技术手段，依据服务对象需求，匹配推送岗位信息。

撰稿：张楠

亿人次，为用人单位提供用工指导588万家次。全行业共有人力资源服务机构6.99万家，全年为3.31亿人次劳动者提供就业、择业和流动服务，服务用人单位5599万家次。

（三）劳动保障持续加强

随着劳动力市场的不断发展完善，我国的劳动保障制度也经历了从无到有、从城镇到农村、从企业职工到城乡居民、从不完善到比较完善的发展过程，实现了从单位福利向统筹互济的社会保险的转变，建成了世界上规模最大的社会保障体系。2023 年末，全国参加基本养老保险人数由 1989 年的 5710 万人增加到 106643 万人；参加基本医疗保险人数由 1994 年的 400 万人增加到 133389 万人；参加失业保险人数由 1994 年的 7968 万人增加到 24373 万人；参加工伤保险人数由 1994 年的 1822 万人增加到 30174 万人；参加生育保险人数由 1994 年的 916 万人增加到 24903 万人。

新中国成立 75 年来，就业领域不断取得历史性成就，劳动力市场蓬勃发展，就业规模显著扩大，就业结构不断优化，就业质量稳步提升，就业形势长期稳定。当前受人口结构与经济结构深度调整影响，我国劳动力供求两侧出现较大变化，就业领域面临新形势，就业结构性矛盾较为突出。党的二十大报告提出“强化就业优先政策，健全就业促进机制，促进高质量充分就业”，为做好就业工作提供了根本遵循。下阶段要坚持以习近平新时代中国特色社会主义思想为指导，坚持实施就业优先战略，切实抓好就业这个民生头等大事，努力促进高质量充分就业，不断增进人民福祉，为以中国式现代化全面推进强国建设、民族复兴伟业提供有力支撑。

撰稿：陈潇潇 张楠

17 人民生活实现全面小康 稳步迈向共同富裕

新中国成立75年以来，党中央、国务院高度重视人民生活，持续增进民生福祉，坚持让人民群众共享经济发展和社会进步成果，城乡居民收入和消费水平大幅提高，生活质量显著改善，实现了从温饱不足到全面小康的巨大跃升，人民生活发生了举世瞩目的巨大变化。党的十八大以来，以习近平同志为核心的党中央坚持以人民为中心，在发展中保障和改善民生，全面打赢脱贫攻坚战，历史性地解决了绝对贫困问题，如期全面建成小康社会，人民生活水平全方位提升，扎实迈向共同富裕。

一、居民收入跨越式增长，脱贫攻坚取得历史性成就

新中国成立75年来，居民收入水平持续较快增长，脱贫事业取得了举世瞩目的重大成就。1949年我国居民人均可支配收入仅为49.7元，2023年达到39218元，扣除物价因素实际增长75.8倍，年均实际增长6.0%。2020年农村贫困人口全部脱贫，绝对贫困得以消除，区域性整体贫困得到解决，脱贫攻坚战取得全面胜利。

（一）居民收入大幅增长，水平连上新台阶

新中国成立初期，国家百废待兴，经济逐步恢复，人民生活水平不断改善，但总体上仍然处于奋力争取温饱的阶段。居民人均可支配收入从1949年的49.7元增加到1978年的171元，扣除物价因素实际增长137.6%，1950—1978年年均实际增长3.0%。

图 1 1949—2023 年居民人均可支配收入水平

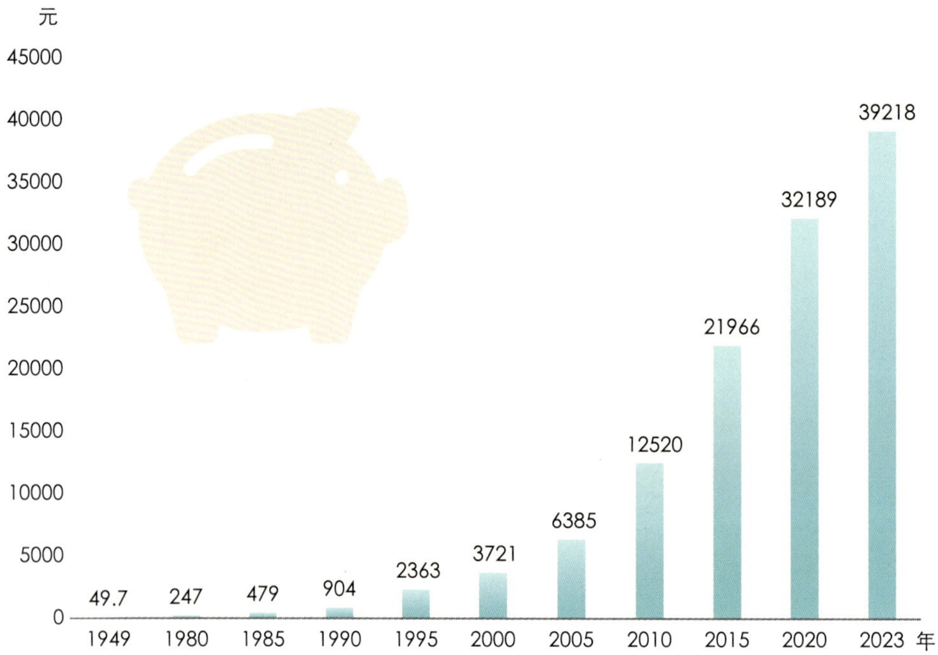

党的十一届三中全会以后，农村家庭联产承包责任制极大地解放了农村生产力，特别是改革开放以后，非公有制经济迅速发展，国家经济持续高速增长，党中央、国务院不断调整国民收入分

专栏 1　居民收入增长和经济增长同步

《中华人民共和国国民经济和社会发展第十四个五年规划和 2035 年远景目标纲要》在设定"十四五"时期经济社会发展主要目标时，明确将"居民人均可支配收入增长与国内生产总值增长基本同步"作为衡量民生福祉的指标之一，党的二十大在规划未来五年目标任务中提出"居民收入增长和经济增长基本同步，劳动报酬提高与劳动生产率提高基本同步"。实现居民收入增长和经济增长同步，是经济高质量发展的应有之义，体现了坚持以人民为中心的发展思想，让现代化建设成果更多更公平惠及全体人民。

当前，伴随经济的快速增长，党和国家更加注重保障和改善民生，让百姓收入不断增长，分享经济增长的成果，成为社会各界的新期待。强调"同步增长"，体现了民生优先、惠民富民的政策取向。实现居民收入增长和经济增长同步，还必须正确处理经济发展与收入分配的关系，要坚持按劳分配为主体、多种分配方式并存，提高劳动报酬在初次分配中的比重。要加大税收、社会保障、转移支付等调节力度和精准性，发挥慈善等第三次分配作用，改善收入分配格局。

党的十八大以来，党中央高度重视民生改善，各地区各部门多措并举增加居民收入，努力实现居民收入增长与经济增长基本同步。2023 年，全国居民人均可支配收入 39218 元，与 2012 年相比，年均实际增长 6.2%；同期，不变价国内生产总值年均增长 6.1%，居民收入增长与经济增长基本同步。

撰稿：韩迪

配格局，在增加居民收入和改善人民生活方面取得显著成效。2012 年，居民人均可支配收入达到 16510 元，扣除物价因素比 1978 年实际增长 15.6 倍，1979—2012 年年均实际增长 8.6%。

党的十八大以来，在以习近平同志为核心的党中央坚强领导下，各地区各部门坚持以人民为中心的发展思想，把保障和改善民生作为工作的根本出发点和落脚点。收入分配制度改革全面深化实施，重点群体收入增长措施持续发力，脱贫攻坚取得全面胜利，对城乡居民的收入增加起到至关重要的作用。2023 年，居民人均可支配收入增加到 39218 元，扣除物价因素比 2012 年实际增长 94.4%，2013—2023 年年均实际增长 6.2%。

（二）农村贫困人口全部脱贫，脱贫县农村居民收入保持较快增长

按照 2010 年农村贫困标准，1978 年末，农村贫困人口 7.7 亿人，农村贫困发生率高达 97.5%。到 2012 年末，农村贫困人口大幅减少，降至 9899 万人，农村贫困发生率降至 10.2%。党的十八大以来，特别是脱贫攻坚战打响以后，各地区各部门将脱贫攻坚作为全面建成小康社会的底线任务，认真贯彻落实精准扶贫方略，扎实推进精准扶贫各项工作。2020 年，农村贫困人口全部脱贫，打赢了人类历史上规模最大的脱贫攻坚战，历史性地解决了绝对贫困问题，为全球减贫事业作出了重大贡献。各地区各部门深入贯彻落实党中央决策部署，把巩固拓展脱贫攻坚成果作为全面推进乡

专栏 2 全面建成小康社会

小康是中华民族的千年梦想和夙愿。党的十二大首次把“小康”作为经济建设总的奋斗目标，提出到 20 世纪末力争使人民的物质文化生活达到小康水平。此后，根据改革开放进程和经济社会发展，我国提出一系列建设小康社会的战略安排，小康社会内涵也不断丰富和充实。20 世纪末，人民生活总体上达到小康水平的目标如期实现，党的十六大提出小康社会建设由“总体小康”向“全面小康”迈进。

进入新时代，习近平总书记把全面建成小康社会放在治国理政突出位置。2012 年党的十八大提出，在中国共产党成立 100 年时全面建成小康社会，并确定了全面建成小康社会目标。由“全面建设小康”到“全面建成小康”，彰显了党团结带领人民夺取全面建成小康社会胜利的坚定决心。习近平总书记强调，全面建成小康社会，是党向人民、向历史作出的庄严承诺，是实现中华民族伟大复兴中国梦的关键一步。小康不小康，关键看老乡，全面建成小康社会最艰巨最繁重的任务在农村特别是在贫困地区。经过全党和全国人民持续奋斗和不懈努力，全面建成小康社会目标如期实现，实现中华民族伟大复兴迈出了关键一步。2021 年 7 月 1 日，习近平总书记在庆祝中国共产党成立 100 周年大会上庄严宣告，经过全党全国各族人民持续奋斗，我们实现了第一个百年奋斗目标，在中华大地上全面建成了小康社会。

撰稿：彭丽荃

村振兴的底线任务扎实推进，脱贫县农村居民人均可支配收入持续增长，从2020年的12588元增长至2023年的16396元，年均实际增长8.2%。

二、居民收入分配格局持续优化，收入结构不断改善

随着整体经济的发展壮大和收入分配制度的改革完善，居民收入来源更加多元化，城乡和区域居民收入差距持续缩小，收入分配格局不断优化。

（一）居民收入来源多元化，收入结构不断优化

新中国成立后至改革开放前，城镇居民就业者绝大多数为国有和集体职工，工资性收入几乎是唯一的收入来源。改革开放后，随着非公有制经济蓬勃发展，投资渠道不断拓宽，社会保障体系逐渐完善，城镇居民的收入来源日益多元化。2023年城镇居民人均工资性收入占人均可支配收入的比重为60.4%，比1964年下降30.5个百分点；人均经营净收入占比为11.4%，比1964年提高8.5个百分点；人均财产净收入占比为10.4%，比1985年提高9.9个百分点；人均转移净收入占比为17.8%，比1964年提高13.3个百分点。

改革开放前，农村居民从集体得到的工分收入是最主要的收入来源，1956年，农村居民人均从集体得到的收入占人均可支配收入的比重为62.4%，人均家庭经营净收入占比为23.3%。改革开放后，家庭联产承包责任制的实行使得农户成为独立的经营单位，家庭经营收入比重上升。随着大量农村富余劳动力向第二、第三产业转移，工资性收入成为拉动农村居民收入快速增长的重要来源。进入21世纪后，随着各种惠农补贴的发放、农村社会保障制度的完善和脱贫攻坚政策的深入推进，转移性收入快速增长。2023年，农村居民人均工资性收入占人均可支配收入的比重为42.2%，人均经营净收入占比为34.3%，人均财产净收入占比为2.5%，人均转移净收入占比为21.0%。

（二）城乡和地区居民收入差距持续缩小

改革开放以来，以按劳分配为主体、多种分配方式并存的分配制度逐步确立并日臻完善。特别是党的十八大以来，党和国家着力深化收入分配制度改革，使发展成果更多更公平惠及全体人民。农村居民收入增长快于城镇居民，城乡居民收入差距持续缩小。2023年城镇居民人均可支配收入51821元，比1956年实际增长22.8倍，年均实际增长4.8%；比2012年实际增长75.4%，年均实际增长5.2%。2023年农村居民人均可支配收入21691元，比1956年实际增长40.1倍，年均实际增长5.7%，快于城镇居民年均实际增速0.9个百分点；比2012年实际增长111.4%，年均实际增

长7.0%，快于城镇居民年均实际增速1.8个百分点。2023年，城乡居民人均可支配收入之比为2.39，比1956年下降0.94，比2012年下降0.49。

地区居民收入差距不断缩小。2023年，东部、中部、西部、东北地区居民人均可支配收入分别为49822元、33328元、31100元和33207元。以西部地区居民收入为1，东部、中部、东北地区与西部地区居民人均可支配收入之比分别为1.60、1.07和1.07，收入相对差距分别比2013年缩小0.10、0.03和0.22。

专栏3 扎实推动共同富裕

共同富裕是社会主义的本质要求，是中国式现代化的重要特征。中国共产党在波澜壮阔的百年奋斗中，始终坚持以人民为中心，团结带领全国各族人民为创造美好生活、实现共同富裕而不懈奋斗。中国特色社会主义进入新时代，推动共同富裕历史性地站到了新的起点上。党的二十大报告指出，中国式现代化是全体人民共同富裕的现代化。我们坚持把实现人民对美好生活的向往作为现代化建设的出发点和落脚点，着力维护和促进社会公平正义，着力促进全体人民共同富裕，坚决防止两极分化。

党的十八大以来，以习近平同志为核心的党中央把握发展阶段新变化，把逐步实现全体人民共同富裕摆在更加重要的位置上，推动区域协调发展，采取有力措施保障和改善民生，打赢脱贫攻坚战，全面建成小康社会，为促进共同富裕创造了良好条件。习近平总书记指出，实现共同富裕是一个长期任务，必须久久为功，咬定青山不放松，不断取得新进展。到“十四五”末，全体人民共同富裕迈出坚实步伐，居民收入和实际消费水平差距逐步缩小。到2035年，全体人民共同富裕取得更为明显的实质性进展，基本公共服务实现均等化。到本世纪中叶，全体人民共同富裕基本实现，居民收入和实际消费水平差距缩小到合理区间。

撰稿：王冉

三、居民消费水平显著提高，消费结构不断优化升级

新中国成立75年来，随着居民收入的持续增长，居民消费水平显著提高，2023年居民人均消费支出达到26796元，扣除物价因素比1956年实际增长35.5倍，1957—2023年年均实际增长5.5%。居民消费质量显著提升，消费结构不断优化，发展型享受型消费较快增长，服务消费潜力不断释放。

（一）居民消费水平持续较快增长

新中国成立后至改革开放前，经济形态以计划经济为主导，居民消费按计划进行。居民人均消费支出从1956年的88.2元增加到1978年的151元，扣除物价因素实际增长45.8%，年均实际增

长1.7%。改革开放后，随着社会主义市场经济的发展，居民收入水平不断提高，推动消费需求不断提升。2012年，居民人均消费支出增加到12054元，扣除物价因素实际增长12.8倍，1979—2012年年均实际增长8.0%。党的十八大以来，各地区各部门认真落实扩大居民消费的各项政策措施，持续完善消费市场环境，城乡居民消费水平不断提高。到2023年，居民人均消费支出增加到26796元，比2012年实际增长82.1%，2013—2023年年均实际增长5.6%。

（二）恩格尔系数显著下降，基本消费品质持续提升

改革开放前，居民消费水平较低，家庭支出主要用于解决衣食温饱，城镇居民家庭恩格尔系数达57%以上，农村居民家庭恩格尔系数在1954年高达68.6%。改革开放后，城乡居民家庭恩格尔系数显著下降。2023年全国居民恩格尔系数为29.8%，比1978年下降34.1个百分点。分城乡看，城镇和农村居民的恩格尔系数分别为28.8%和32.4%，分别比1978年下降28.7个和35.3个百分点。城乡居民食品消费品质不断提高，主食消费明显减少，肉蛋奶消费显著增加，膳食结构更趋合理。2023年城镇居民人均粮食消费量115.6公斤，比1956年下降33.4%；人均猪肉、牛羊肉和蛋类消费量分别为28.7公斤、5.7公斤和14.6公斤，分别比1956年增长3.9倍、2.6倍和3.3倍；人均奶类消费量16.3公斤，比1985年增长6.4倍。2023年农村居民人均粮食消费量159.8公斤，比1956年下降35.2%；人均猪肉、牛羊肉和蛋类消费量分别为32.9公斤、3.8公斤和15.4公斤，分别比1956年增长9.6倍、2.4倍和21.6倍；人均奶类消费量8.9公斤，比1985年增长10.9倍。

居民衣着从不够穿到穿暖穿美，消费品质不断提升。新中国成立初期，由于物质条件的限制，居民对衣着的需求较为简单，显著特点是“一衣多季”“自制或裁缝做衣”。改革开放以后，居民的衣着需求越来越多元化，更加注重服装的质地和款式，名牌化、时装化和个性化成为人们的共同追求，衣着消费支出大幅增长。2023年，城镇居民人均衣着支出1880元，比1978年增长43.5倍；农村居民人均衣着支出921元，比1978年增长61.5倍。

（三）发展型享受型消费增长较快，服务消费展现强劲活力

新中国成立初期，居民消费主要用于基本日常消费，改革开放后，随着居民收入水平的大幅提高，生存型温饱型支出在居民消费支出中的占比不断下降，交通出行、子女教育、医疗服务等消费快速增长，居民消费结构持续优化升级。2023年城镇居民和农村居民人均交通通信支出分别为4495元和2480元，分别比1985年增长509.8倍和441.8倍；占消费支出的比重均为13.6%，分别比1985年提高12.3个和11.9个百分点。2023年城镇居民和农村居民人均教育文化娱乐支出分别为

图 2 1985 年和 2023 年城镇居民人均消费支出结构情况

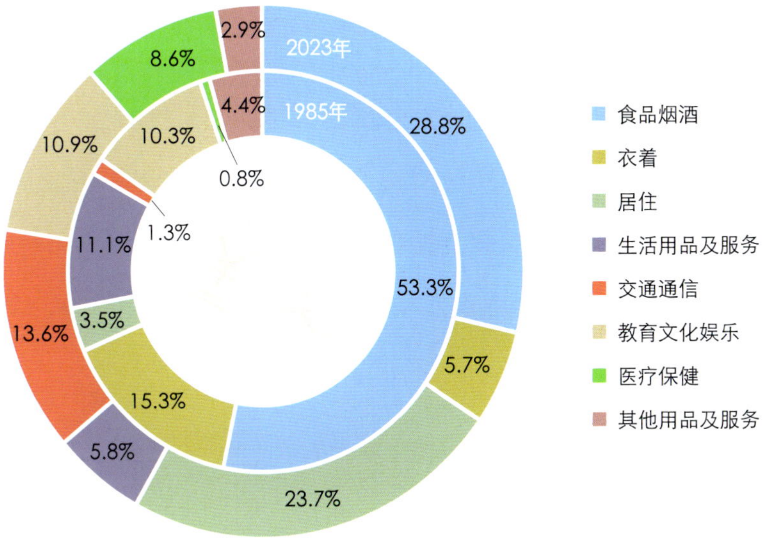

图 3 1985 年和 2023 年农村居民人均消费支出结构情况

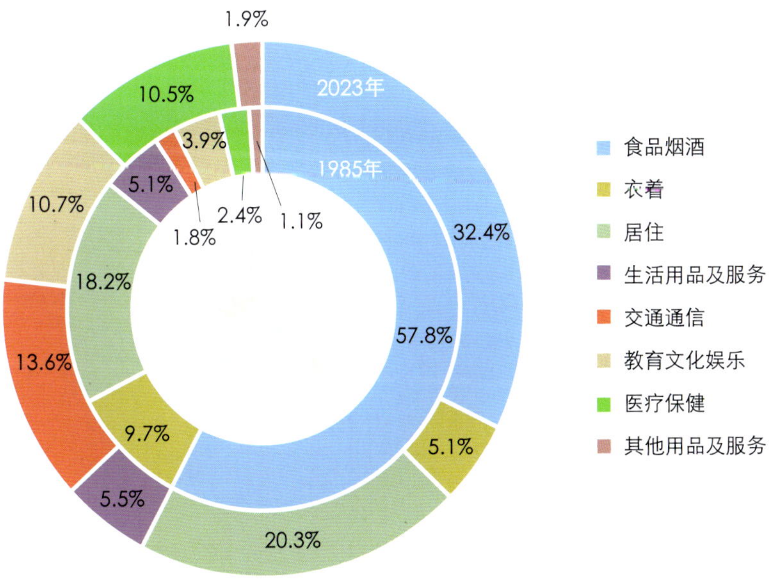

3589 元和 1951 元，分别比 1985 年增长 50.8 倍和 156.3 倍；占消费支出的比重分别为 10.9% 和 10.7%，分别比 1985 年提高 0.6 个和 6.8 个百分点。2023 年城镇居民和农村居民人均医疗保健消费支出分别为 2850 元和 1916 元，占人均消费支出的比重分别为 8.6% 和 10.5%，分别比 1985 年提高 7.8 个和 8.1 个百分点。

居民消费从注重量的满足向追求质的提升，从以商品消费为主向商品和服务消费并重转变。尤其是党的十八大以来，不断优化和扩大服务供给，释放服务消费潜力，不断满足人民群众更高的服务消费需求。2023年，全国居民人均服务性消费支出12114元，比2013年的5246元名义增长130.9%，占人均消费支出的比重达到45.2%，比2013年的39.7%提高5.5个百分点。分城乡看，城镇居民人均服务性消费支出15673元，比2013年的7706元名义增长103.4%，占人均消费支出的比重达到47.5%，比2013年的41.7%提高5.8个百分点；农村居民人均服务性消费支出7164元，比2013年的2567元名义增长179.1%，占人均消费支出的比重达到39.4%，比2013年的34.3%提高5.1个百分点。

四、人民生活持续改善，生活质量稳步提升

（一）耐用消费品加快升级换代

新中国成立初期，城乡居民家庭拥有耐用消费品的品类有限，数量也很少。1956年城镇居民平均每百户拥有自行车6.7辆，机械手表10.0只，电子管收音机2.7部。改革开放后，城乡居民收入水平不断提高，彩电、洗衣机、电冰箱等成为居民家庭普遍拥有的耐用消费品。随着收入的持续增长和消费品工业的发展，城乡居民家庭耐用消费品快速普及，并不断更新换代，空调、家用电脑、家用汽车、移动电话等电气化、现代化的消费品走进了千家万户。到2023年，每百户城镇居民彩电拥有量达到107.2台，洗衣机、电冰箱的拥有量分别达到了98.5台和101.9台，每百户拥有移动电话239.5部、计算机58.2台、家用汽车55.9辆、空调171.7台；每百户农村居民彩电拥有量达到108.8台，洗衣机、电冰箱的拥有量也分别达到了97.6台和105.7台，每百户拥有移动电话271.2部、计算机23.1台、家用汽车40.0辆、空调105.7台。

（二）生活环境全面改善

新中国成立初期，人们居住条件相对较差，城镇居民大多住的是瓦片平房，农村居民大多住的是草房和土房，人口多，面积小，设施简陋，卫生条件差。改革开放后，住房制度从福利分房逐步向市场化转型，城乡居民住房短缺的情况逐步改善，居住环境更加舒适宽敞。党的十八大以来，居民居住环境持续向好，生活更加便捷舒适。截至2023年，全国范围内通电和通电话的社区已基本实现全覆盖。城镇地区居民所在社区已基本实现通有线电视信号，有99.8%的户所在社区实现通公路，比2013年提高0.6个百分点。农村地区分别有99.9%和99.8%的户所在社区实现通有线电视

信号和通公路，比 2013 年提高 10.7 个和 1.5 个百分点。

2023 年，城镇地区有 98.2% 的户所在社区饮用水经过集中净化处理，农村地区有 88.2% 的户所在自然村饮用水经过集中净化处理，分别比 2013 年提高 6.9 个和 42.6 个百分点。城镇地区有 99.6% 的户所在社区垃圾能够做到集中处理，农村地区有 97.4% 的户所在自然村垃圾能够做到集中处理，分别比 2013 年提高 3.8 个和 48.7 个百分点。

居民享有的医疗和教育服务水平明显改善。2023 年，农村地区有 96.1% 的户所在自然村有卫生站，比 2013 年提高 14.5 个百分点。农村地区有 92.4% 的户所在自然村可以便利地上幼儿园或学前班，比 2013 年提高 16.7 个百分点；有 92.8% 的户所在自然村可以便利地上小学，比 2013 年提高 12.0 个百分点。

新中国成立 75 年来，在中国共产党的坚强领导下，人民生活水平和质量实现历史性跨越，党和人民胜利完成脱贫攻坚、全面建成小康社会的历史任务，实现第一个百年奋斗目标。当前，扎实推进共同富裕，巩固拓展脱贫攻坚成果同乡村振兴有效衔接，持续提高居民生活水平和质量任重而道远。下一步要更加紧密地团结在以习近平同志为核心的党中央周围，着力在发展中持续保障和改善民生，不断提高居民收入水平，改善居民生活质量，为实现人民对美好生活的向往、实现建设社会主义现代化强国作出新的更大贡献。

撰稿：韩迪

18 农村发展取得历史成就 乡村振兴开启崭新篇章

“农，天下之大本也，民所恃以生也。”重农固本，是安民之基、治国之要。新中国成立75年来，我国农村发展取得历史性成就，农业生产持续发展、农村经济全面繁荣、农民生活显著改善，“三农”面貌发生了翻天覆地的变化。党的十八大以来，以习近平同志为核心的党中央高度重视“三农”工作，引领推进新时代农业农村现代化事业发展，带领全党全国各族人民为农业强、农村美、农民富不懈奋斗，有力有效推进乡村全面振兴，为全面建成社会主义现代化强国、实现第二个百年奋斗目标，以中国式现代化全面推进中华民族伟大复兴提供了关键支撑。

一、农业综合生产能力显著增强，乡村产业发展全面推进

（一）粮食稳产保供不断加强，中国饭碗端得更稳

新中国成立初期，我国粮食产量仅2000多亿斤，人均粮食产量仅200多公斤。20世纪50—70年代，粮食生产得到一定发展，1978年突破6000亿斤。改革开放以来，以家庭承包经营为基础、统分结合的双层经营体制建立并完善，农产品流通体制改革不断深化，农业税彻底取消，农业支持保护制度开始建立，广大农民的种粮积极性得到激发，促进粮食产量快速增长，2012年粮食产量超过1.2万亿斤。党的十八大以来，党中央把粮食安全作为治国理政的头等大事，各地区各部门坚决扛起保障国家粮食安全责任，全力抓好粮食和重要农产品稳产保供，确保把饭碗牢牢端在自己手上。粮食综合生产能力稳步提升。我国粮食生产连年丰收，粮食库存充裕，市场

供应充足。2023 年我国粮食产量 13908 亿斤，连续 9 年稳定在 1.3 万亿斤以上；人均粮食产量 493 公斤，连续多年远超世界平均水平，也高于国际公认的 400 公斤粮食安全线。我国农业发展在有限的资源基础上实现养活、养好中国人的任务和目标成就卓著。同时，我国也为全球粮食安全、贫困治理和农业可持续发展作出了巨大贡献。科技在农业生产中的作用日益增强。据农业农村部统计，目前我国农业科技创新整体水平已迈入世界第一方阵，2023 年我国农业科技进步贡献率达 63.2%，比 2012 年提高 8.7 个百分点。科技助力粮食单产不断提升，粮食单产由 1949 年的 69 公斤 / 亩提高到 2023 年的 390 公斤 / 亩。

专栏 1　我国农村土地制度改革

新中国成立后，中国共产党领导广大农民进行了土地改革，实现农民土地所有制的根本转变。在土地改革完成后，中国农村土地制度经历了多次调整和完善，最终确立了以家庭承包经营为基础、统分结合的双层经营体制，促进农业、农村和农民的全面发展。

新中国成立初期，1950 年 1 月，新解放区分批实行土改准备工作。1950 年 6 月，国家颁布了《中华人民共和国土地改革法》，明确了土地改革的法律依据和具体政策。各级政府派出土改工作队深入农村，领导农民开展土地改革运动。通过发动群众、划分阶级、没收和分配地主土地财产等步骤，使全国 3 亿多农民无偿分得约 7 亿亩土地，逐步实现了农民土地所有制的转变。

改革开放时期，家庭联产承包责任制逐渐成为农村土地制度的核心。家庭联产承包责任制是农民以家庭为单位，向集体经济组织承包土地等生产资料和生产任务的农业生产责任制形式，使农民获得生产和分配的自主权，将土地承包到户，实行“交够国家的，留足集体的，剩下都是自己的”分配原则，极大地调动了农民的生产积极性，促进了农业生产的快速发展。

党的十八大以来，为进一步深化农村土地制度改革，2016 年，国家颁布《关于完善农村土地所有权承包权经营权分置办法的意见》，实行农村土地所有权、承包权、经营权分置并行（简称“三权分置”）。农村土地所有权归农民集体所有始终不变，农户享有土地承包权，而土地经营权流转给经营主体。“三权分置”的实施巩固和完善了我国农村基本经营制度，通过优化土地资源配置、促进农业现代化和产业升级等方式，有力推动农村经济发展。

撰稿：迟敏敏

（二）农业生产结构持续优化，融合发展不断深化

新中国成立以来，随着农业生产方式的变革，我国农业生产实现了由“以种植业为主、以粮为纲”的高度单一结构向“农林牧渔全面、多元、协调发展”的立体式复合型结构转变，多元化食物供给体系加快构建。党的十八大以来，各地区各部门认真贯彻落实党中央、国务院关于“三农”工

作的各项决策部署，农业经济活动不断增加，农林牧渔业总产值持续增长，产业结构进一步优化，一二三产业融合发展加快促进，农业基础作用发挥更加充分。农业生产实现量增质优。2023 年，农林牧渔业总产值[1]15.9 万亿元，按可比价格计算，比 1952 年年均增长 4.5%。2023 年农业产值占农林牧渔业产值的比重为 54.9%，比 1952 年下降 31.0 个百分点；林业、牧业和渔业分别比 1952 年提高 2.8 个、13.4 个和 8.9 个百分点，林、牧、渔业全面发展，协调性明显增强。乡村三产融合发展取得新成效。2022 年我国农业及相关产业增加值占 GDP 比重为 16.2%，是农林牧渔业增加值的 2 倍以上；农产品加工业加快发展，2022 年规模以上农产品加工业企业营业收入超过 19 万亿元；新产业新业态加快培育，2023 年末全国开展休闲农业和乡村旅游接待的村占比为 14.7%，比 2019 年末提高 4.5 个百分点。

（三）农村居民收入快速增长，城乡差距持续缩小

新中国成立初期，我国农村居民人均可支配收入仅为 40 多元。20 世纪 50—70 年代，随着土地改革和农业合作社的发展，农村居民收入较快增长。改革开放以来，市场经济体制不断完善，为商品流通特别是农副产品交换提供了便利条件，农产品价格提高也为农民增收带来实惠。党的十八大以来，国家加大对社会保障和民生改善的投入力度，农民的钱袋子更加殷实，“劳有所得”取得

图 1 1949—2023 年全国农村居民人均可支配收入

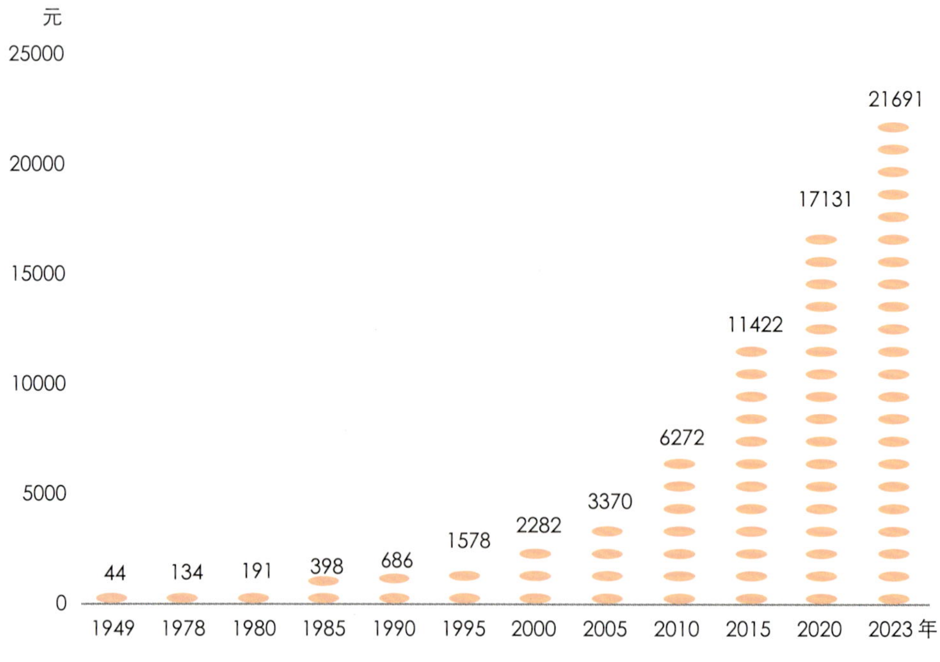

1. 2003 年起农林牧渔业总产值包括农林牧渔专业及辅助性活动产值。

新成绩。农村居民收入快速增长。2023 年，我国农村居民人均可支配收入 21691 元，比 1956 年名义增长 296.5 倍，实际增长 40.1 倍，年均实际增长 5.7%；比 2012 年名义增长 158.6%，实际增长 111.4%，年均实际增长 7.0%。城乡收入差距持续缩小。我国农村居民收入增长快于城镇居民，1957—2023 年农村居民人均可支配收入平均实际增速快于城镇居民 0.9 个百分点，2013—2023 年平均增速快于城镇居民 1.8 个百分点。2023 年，城乡居民人均可支配收入之比（农村居民收入 =1）为 2.39，比 1956 年下降 0.94，比 2012 年下降 0.49。

专栏 2　农村集体产权制度改革

农村集体产权制度改革，是涉及农村基本经营制度和中国基本经济制度的一件大事，是全面深化农村改革的重大任务。习近平总书记多次强调，农村集体产权制度改革是对农村生产关系的进一步调整和完善，要着力推进农村集体资产确权到户和股份合作制改革。党的十八大以来，党中央全面推进农村集体产权制度改革，为激发农村集体经济发展活力创造了良好环境。2016 年底，中共中央、国务院印发了《关于稳步推进农村集体产权制度改革的意见》，标志着农村集体产权制度改革进入了一个新的阶段，为改革的全面推进提供了政策依据和行动指南。

通过农村集体产权制度改革，逐步构建归属清晰、权能完整、流转顺畅、保护严格的中国特色社会主义农村集体产权制度，保护和发展农民作为农村集体经济组织成员的合法权益。2024 年 6 月，《中华人民共和国农村集体经济组织法》的出台，为巩固农村集体产权制度改革成果，促进新型农村集体经济高质量发展，奠定了良好法治基础。党的二十届三中全会《中共中央关于进一步全面深化改革、推进中国式现代化的决定》提出，“发展新型农村集体经济，构建产权明晰、分配合理的运行机制”。随着改革的深入推进和配套政策的不断完善，农村集体产权制度将更加健全和完善，为乡村振兴战略的实施提供有力保障。

撰稿：迟敏敏

二、农村基础设施建设扎实推进，乡村建设水平持续提高

（一）农村提质工程加快升级，基础设施更加完善

新中国成立初期，我国农村百废待兴，基础设施建设几乎从零起步。20 世纪 50—70 年代，农村基础设施建设逐渐加强。改革开放以来，农村基础设施建设能力和水平大幅提高。党的十八大以来，我国农村公共基础设施建设持续推进，水电路网加快建设，全国范围内所有行政村已基本实现通电、通电话、通有线电视信号和通公路全覆盖，提质增效工程正加快升级。农村饮用水安全进一步提升。2023 年末，全国有 96.0% 的村通自来水，比 2013 年末提高 20.0 个百分点；全国农村居

民有安全饮用水的户比重为98.7%，比2013年提高24.0个百分点。农村电气化有序推进。农村用电量由1952年的0.5亿千瓦时增加到2023年的7991.9亿千瓦时[2]。农村交通条件得到极大改善。据交通运输部统计，全国农村公路总里程由1978年的59.6万公里增加到2023年的460万公里。十年前，一些地区仍然存在通乡、通村及村内道路破损、年久失修的情况，而如今这一情况大为改善。2023年全国具备条件的乡镇和建制村全部通硬化路、通客车，通达深度也不断增加。2023年末，全国99.4%的村进村主要道路路面为水泥或柏油（沥青）；98.5%的村村内主要道路路面为水泥或柏油（沥青），农村道路养护管理布局日趋完善。农村通信设施不断完善。2023年末，全国超过99%的村通宽带互联网，比2013年末提高超过19个百分点。

（二）农村人居环境持续改善，乡村更加美丽宜居

新中国成立初期，我国农村生态环境处于“治水治山”“战天斗地”的艰苦境地。20世纪50—70年代，农村生态环境建设不断推进。改革开放以来，我国持续加大生态环境保护与建设力度，环境认知和生态意识逐步提升，农村生态环境得以自我修复和改善。党的十八大以来，各地牢固树立“绿水青山就是金山银山”的理念，积极推进美丽宜居乡村建设，村容村貌日益整洁，农村人居环境焕然一新，“住有所居”取得新成效。农村生活垃圾治理持续加力。2023年末，全国有87.6%的村生活垃圾集中处理，比2013年末提高37.5个百分点。农村乱排乱放污水现象得到有效治理。2023年末，全国有63.0%的村生活污水集中处理或部分集中处理，其中34.8%的村生活污水集中处理，比2013年末提高23.2个百分点。农村人居环境的改善对增强农民的获得感幸福感安全感起到了极大的促进作用。

（三）数字乡村建设不断深化，生产生活更加便捷

新中国成立初期，农村地区基础设施落后，交通不便、供水不足、电力不稳定等问题严重制约了农村居民的生产和生活水平。20世纪50—70年代，农村地区基础设施建设取得一定进展。改革开放以来，农村居民的生产和生活水平持续提升。党的十八大以来，各地在提高乡村基础设施的完备度上不断加力，持续加强数字乡村建设，加快完善县乡村电子商务和快递物流配送体系，加快建设农村充电基础设施，以绿色化数字化协同发展赋能，点亮农村居民幸福生活。农村电子商务和快递物流配送体系不断完善。近年来，农村物流体系“微循环”越来越畅通，往村覆盖、向户延

---

2. 2020年起，农村用电量口径改为“农林牧渔业用电量＋乡村居民生活用电量”，数据来源于中国电力企业联合会。

伸，2023 年末全国 74.5% 的村有电子商务配送站点，大大提升了农村居民生活便捷性和舒适性。农村充电基础设施快速建设。随着新能源汽车下乡、引导农村地区居民绿色出行等政策效应持续释放，近十年来农村充电公共基础设施建设经历了从无到有的发展历程，截至 2023 年末，全国已有 10.2% 的村安装新能源电动汽车公共充电桩。

专栏 3　乡村振兴战略

2017 年，党的十九大提出实施乡村振兴战略，并写入党章，在我国“三农”发展进程中具有划时代的里程碑意义，具有鲜明的时代特色，反映了发展的必然、人民的期盼。实施乡村振兴战略，是以习近平同志为核心的党中央，着眼党和国家事业全局，顺应亿万农民对美好生活的期待，作出的重大决策部署，是决胜全面建成小康社会、全面建设社会主义现代化国家的重大历史任务，是新时代做好“三农”工作的总抓手。

实施乡村振兴战略的总体要求和主要任务为，以产业兴旺为重点，提升农业发展质量，培育乡村发展新动能；以生态宜居为关键，推进乡村绿色发展，打造人与自然和谐共生发展新格局；以乡风文明为保障，繁荣兴盛农村文化，焕发乡风文明新气象；以治理有效为基础，加强农村基层基础工作，构建乡村治理新体系；以生活富裕为根本，提高农村民生保障水平，塑造美丽乡村新风貌；以摆脱贫困为前提，打好精准脱贫攻坚战，增强贫困群众获得感。

党的二十大报告提出全面推进乡村振兴，加快建设农业强国，扎实推动乡村产业、人才、文化、生态、组织振兴。科学有序推动乡村“五大振兴”，抓重点、补短板、强弱项，促进乡村全面发展，让乡村尽快跟上国家发展步伐，走好中国特色社会主义乡村振兴道路，实现“两个一百年”奋斗目标。

撰稿：迟敏敏

三、农村公共服务体系不断完善，乡村治理效能明显提升

（一）乡村教育得到快速发展，群众素质显著提升

新中国成立初期，我国农村教育十分落后。20 世纪 50—70 年代，农村教育事业得到持续发展。改革开放以来，国家把教育放在优先发展战略地位，逐步将农村义务教育全面纳入公共财政保障范围，农村义务教育阶段免交学杂费、免费提供教科书。党的十八大以来，我国教育事业蓬勃发展，已建成世界上规模最大的教育体系，劳动年龄人口平均受教育年限超过 11 年，各级教育普及程度达到或超过中高收入国家平均水平，县域义务教育实现基本均衡发展，特别是大力支持农村教育，实施农村寄宿制学校建设、教育脱贫攻坚等重大工程，“幼有所育”“学有所教”迈上新台阶。农

村办学条件持续改善。2023 年末，全国平均每个乡镇拥有幼儿园（托儿所）达到 7.1 个，比 2013 年末增加 1.1 个。乡村师生结构更趋合理。据教育部统计，2023 年，全国乡村义务教育阶段专任教师 195.3 万人，生师比达到 12.4:1，比 2013 年下降 1.4。农村居民文化素质明显提升。2023 年，全国农村居民家庭户主初中及以上文化程度的占比为 64.9%，比 2013 年提高 1.8 个百分点。

（二）医疗体系建设持续深化，健康中国成效明显

新中国成立初期，广大农村缺医少药。20 世纪 50—70 年代，农村卫生机构逐步建立，“赤脚医生”发挥了历史作用。改革开放以来，我国不断加强农村医疗卫生服务体系建设，以县级医院为龙头、乡镇卫生院为枢纽、村卫生室为基础的农村医疗卫生服务网络加快形成，农村医疗卫生状况大为改观。党的十八大以来，农村医疗医保事业深入发展，农村医疗服务体系进一步完善，医疗保障水平显著提高，“病有所医”取得新进展。城乡居民医保参保覆盖面持续高位。据国家医保局统计，当前我国基本医保参保覆盖面稳定在 95% 以上，农村低收入人口和脱贫人口参保率稳定在 99% 以上，参保质量持续提升。城乡居民财政补助标准不断提高。据国家医保局统计，国家财政对城乡居民基本医疗保险人均财政补助标准逐年提高，从 2003 年到 2023 年，从不低于 10 元 / 人增长到不低于 640 元 / 人。对于低保户等困难人员，财政还会给予全额或部分补助。农村居民健康水平明显改善。据国家卫生健康委统计，随着医疗服务体系完善和医疗保障水平的提高，农村居民健康水平大幅提升，农村孕产妇死亡率从新中国成立初期的 1500/10 万下降到 2023 年的 17.0/10 万，农村婴儿死亡率从 200‰下降到 5.2‰。

（三）养老服务体系不断完善，民生保障更加有力

新中国成立初期，农村养老保障尚属空白。20 世纪 50—70 年代，初步建立了“五保户”等保障机制。改革开放以来，全国农村社会养老保险制度逐步建立。党的十八大以来，农村养老服务能力和保障水平显著提高，“老有所养”“弱有所扶”取得新成效。城乡居民养老保障水平持续提升。据人力资源和社会保障部统计，当前我国基本养老保险参保人数达到 10.7 亿人，困难人员参保率保持在 99% 以上。养老保险最低标准不断提高。2023 年，全国城乡居民基本养老保险基础养老金最低标准提高至每人每月 103 元。城乡居民人均预期寿命明显增加。据国家卫生健康委统计，新中国成立初期，我国城乡居民人均预期寿命仅为 35 岁。党的十八大以来，我国人民健康水平显著提高，人均预期寿命提高到 2023 年的 78.6 岁。农村救助帮扶持续加力。我国对农村孤寡残病等失去劳动能力的低收入人群和独居老人持续加强救助帮扶。据民政部统计，2023 年，全国农村最低生活保

障支出 1484.2 亿元，比 2013 年增长 71.2%；农村最低生活保障平均标准提高到 621.3 元 / 人・月，比 2013 年增长 206.3%。2023 年末，全国农村养老服务机构和设施达到 14.4 万个。

（四）精神文明建设持续加强，休闲娱乐日益丰富

新中国成立初期，农村文化事业发展落后，农民群众的娱乐活动基本在田间地头上。20 世纪 50—70 年代，农村扫除文盲、发展文化事业取得积极进展。改革开放以来，各级政府持续加大投入力度，构建覆盖城乡的公共文化服务体系，加快乡村文化设施建设，推进文化信息共享、农家书屋和农村电影放映等工程。党的十八大以来，农村思想道德建设不断加强，以社会主义核心价值观为引领，培育文明乡风、良好家风、淳朴民风，农村居民文化生活极大丰富，农村文化事业实现长足发展。乡村公共文化服务覆盖面和实效性持续提高。2023 年末，超过 91% 的乡镇有文化站，超过 71% 的村有农民业余文化组织。乡村公共文化服务设施建设加快完善。2023 年末，全国平均每个乡镇拥有文化站 1.1 个，比 2013 年末增长 8.2%，农民群众精神文化需求得到更好满足。

专栏 4　千万工程

2003 年，习近平同志在浙江工作时亲自谋划推动的“千村示范、万村整治”工程，从全省 4 万个村庄选择 1 万个左右进行全面整治，把其中 1000 个左右中心村建成全面小康示范村。二十年来，“千万工程”由点及面、迭代升级，从“千村示范、万村整治”到“千村精品、万村美丽”再到“千村未来、万村共富、全域和美”，造就了万千美丽乡村，造福了万千农民群众，成为涵盖农村经济、政治、文化、社会、生态文明和党的建设在内的一项系统性工程，为推进乡村全面振兴作出了先行探索和示范。

“千万工程”作为贯彻落实习近平总书记关于“三农”工作重要论述的整省全域成功实践样本，蕴含的理念方法具有普遍指导意义和旺盛实践活力，成为新时代新征程全面推进乡村振兴的重要引领，2024 年中央一号文件《中共中央 国务院关于学习运用“千村示范、万村整治”工程经验有力有效推进乡村全面振兴的意见》也明确要求学习运用“千万工程”经验引领乡村全面振兴。

撰稿：迟敏敏

新中国成立 75 年来，我国农业生产取得历史性成就，农村面貌发生历史性变革，农民生活实现历史性跨越。但也必须清醒认识到，全面推进乡村振兴、加快农业农村现代化、扎实推动共同富裕还任重道远，特别是当前城乡发展不平衡、农村发展不充分等问题依然存在。新时代新征程，我

们要更加紧密地团结在以习近平同志为核心的党中央周围，锚定建设农业强国目标，把牢推进乡村全面振兴这个“三农”工作总抓手，学好用好“千万工程”宝贵经验，分类施策、久久为功，努力推动“三农”工作持续取得新进展新提升，为实现建设社会主义现代化强国、迈向全体人民共同富裕的目标持续奋斗。

撰稿：夏欢

19 沧桑巨变换新颜 城市发展启新篇

城市是国家发展的主阵地与增长极，是推动高质量发展、培育新质生产力、实现共同富裕和推进中国式现代化的排头兵。新中国成立 75 年来，我国的城镇化建设不断推进，城市规模不断扩大，综合实力显著增强，基础设施持续改善，城市更加宜业宜居。党的十八大以来，在以习近平同志为核心的党中央坚强领导下，中国特色新型城镇化步入新时代，城市群一体化发展扎实推进，城市对外开放站上新起点，城乡融合发展初见成效，为实现中国式现代化打下坚实基础。

一、城镇化水平不断提高，城市规模逐步扩大

新中国成立以来，我国城镇化进程不断推进，工作和生活在城镇的人口显著增加。2011 年末，全国常住人口城镇化率超过 50%，2023 年末达 66.16%，比 1949 年末提高 55.52 个百分点，年均提高 0.75 个百分点。总体上看，我国城镇化历程可分为五个阶段：一是起步阶段（1949—1957 年）。1949 年末，我国的人口城镇化率只有 10.64%，伴随国民经济恢复和发展，一批新兴工矿业城市诞生，城镇人口数量不断增加。1957 年末，人口城镇化率达到 15.39%，比 1949 年末提高 4.75 个百分点，年均提高 0.59 个百分点。二是调整巩固阶段（1958—1978 年）。国民经济曲折前行，城镇化和城市发展十分缓慢。到 1978 年末，人口城镇化率为 17.92%，比 1957 年末提高 2.53 个百分点，年均提高 0.12 个百分点。三是稳步提升阶段（1979—1995 年）。改革开放后，城市发展呈现蓬勃生机，大批农村人口进入城市，各项城乡改革和对外开放举措密集出台，为中国城镇化的起飞做好

了准备。1995 年末，常住人口城镇化率为 29.04%，比 1978 年末提高 11.12 个百分点，年均提高 0.65 个百分点。四是快速增长阶段（1996—2011 年）。随着社会主义市场经济体制改革目标确立和各项改革举措陆续出台，城市集聚效应更加明显，区域协调性进一步增强，城镇化率快速增长，到 2011 年末，常住人口城镇化率为 51.83%，比 1995 年末提高 22.79 个百分点，年均提高 1.42 个百分点。五是高质量发展阶段（2012 年至今）。党的十八大确立了以人为本的中国特色新型城镇化发展战略，各领域配套改革稳步推动，农业转移人口市民化进程加快。2023 年底，常住人口城镇化率为 66.16%，比 2011 年末提高 14.33 个百分点，年均提高 1.19 个百分点。

图 1 新中国成立以来常住人口城镇化率情况

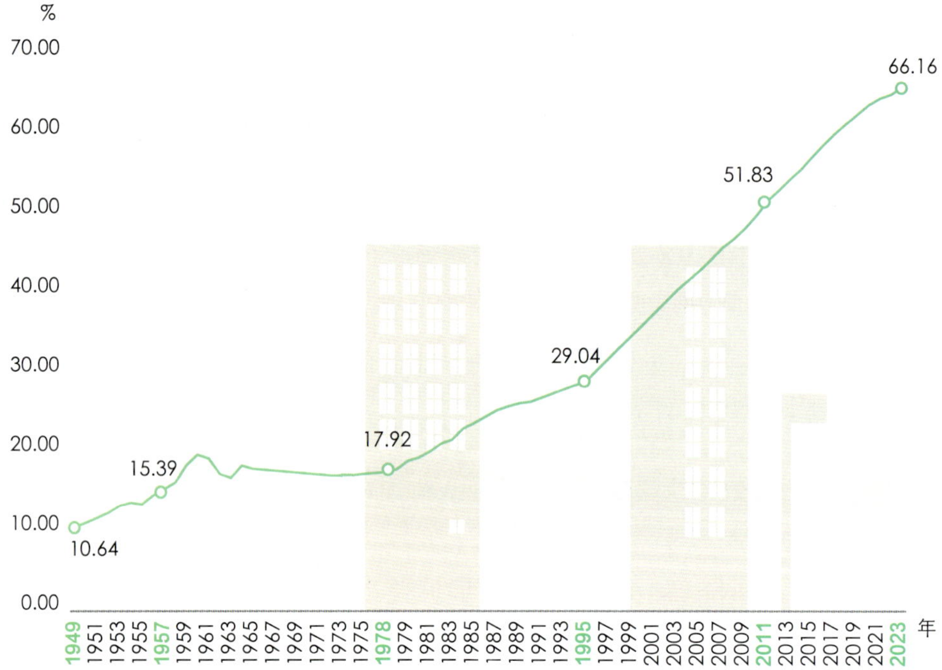

（一）城市数量显著增长

1948 年末，我国城市[1]共有 58 个，新中国成立后，大批县城改设为城市。1949 年末，全国城市共有 129 个，其中，地级以上城市 68 个，县级市 61 个，建制镇 2000 个左右。改革开放前，我国城镇化进程整体曲折，大中小城市发展缓慢。1978 年末，全国城市共有 193 个，其中，地级以上城市 101 个，县级市 92 个，建制镇 2173 个。改革开放以来，城镇化建设步入快车道，大中小城市和小城镇加快发展，城市数量快速增加。2023 年末，城市个数达到 694 个，其中，地级以上城市 297 个，县级市 397 个，建制镇 21421 个。

1. 除特别说明外，本文城市均为城市市辖区口径。

（二）城市人口规模逐步扩大

新中国成立初期，城市数量少，人口规模小。1949 年末，城市人口共 3949 万人，其中非农业人口为 2741 万人。百万人口以上城市仅 5 个，九成城市人口在 50 万以下。改革开放后，城镇化进程快速推进，城市人口规模不断扩大，人口集聚效应更加明显。2023 年末，我国地级以上城市常住人口达到 67313 万人，比 1949 年末增长了 16.0 倍。常住人口超过 500 万的城市有 29 个，超过 1000 万的城市有 11 个。

表 1 1978 年城市户籍人口[2]和 2023 年城市常住人口规模情况

规模	1978 年		2023 年	
	城市数（个）	比重（%）	地级以上城市数（个）	比重（%）
合计	193	100.0	297	100.0
500 万人以上	1	0.5	29	9.8
300 万—500 万人	3	1.6	22	7.4
50 万—300 万人	60	31.1	210	70.7
50 万人以下	129	66.8	36	12.1

（三）城市地域面积不断增加

新中国成立以来，随着城市扩建和行政区划调整，城市地域面积不断扩展。在改革开放大潮激荡下，开发区、工业园、新城和新区等不断涌现，城市建设快速突破老城区的界限。1981 年，全国城市建成区面积 7438 平方公里，到了 2023 年，全国城区实体地域面积达到 64026 平方公里，增加了 56588 平方公里，增长了 7.6 倍。

（四）城市区域分布更加均衡

新中国成立初期，西部地区城市数量较少，随着 156 项重点工程建设开展，一批工矿业城市在西部涌现。到 1978 年，东、中、西和东北地区城市分布相对均衡的格局基本形成。2000 年以来，随着西部大开发、东北地区老工业基地振兴、中部地区崛起等战略的相继实施，区域经济发展规划陆续发布，我国城市区域发展的协调性不断增强，2011 年以来增加的 11 个地级市中，有 9 个位于西部地区，优化了我国城市的空间布局。

2. 1982 年之前不开展常住人口统计，但当时人口流动不频繁，户籍人口与常住人口数据差别不大。

表 2 城市区域分布情况

区域	1949 年		1978 年		2023 年	
	城市数（个）	比重（%）	城市数（个）	比重（%）	城市数（个）	比重（%）
合 计	132	100.0	193	100.0	694	100.0
东 部	53	40.2	52	26.9	212	30.5
中 部	34	25.8	56	29.0	178	25.6
西 部	23	17.4	55	28.5	213	30.7
东 北	22	16.7	30	15.5	91	13.1

二、城市经济实力日益增强，质量效益明显提升

（一）经济实力日益雄厚

新中国成立时，城市基础薄弱，经过 75 年发展，尤其是改革开放以来的高速发展，城市经济充满活力，实力日益雄厚。1988 年，全国城市地区生产总值只有 7025 亿元，占全国的 50.7%。到 2023 年，仅地级以上城市地区生产总值就达 77.0 万亿元，占全国的 61.1%。城市工业由小变大，由弱变强，效益不断提高。1978 年，城市工业总产值为 2977 亿元，全年独立核算工业企业利润 477 亿元。2023 年，地级以上城市仅规模以上工业企业营业收入达 819914 亿元，全年利润总额 45627 亿元。城市财政实力明显增强。1978 年，全部城市公共财政收入只有 584 亿元，财政支出只有 127 亿元。到 2023 年，地级以上城市一般公共预算本级收入达 70095 亿元，一般公共预算支出 107282 亿元，分别占全国的 32.3% 和 39.1%。上海、北京、深圳和杭州等 14 个城市的地方一般公共预算收入超过千亿元。

（二）产业结构明显优化

75 年前，城市产业基础十分薄弱。新中国成立后，我国实行优先发展重工业的方针，经过五个“五年计划”的实施，城市工业快速发展，建立起门类比较齐全的工业体系。改革开放以来，社会主义市场经济体制逐步确立，劳动力、资金和技术迅速向城市集聚，现代工业和服务业体系快速建立，城市产业结构深刻调整。党的十八大以来，城市经济步入高质量发展阶段，工业化与信息化“两化融合”快速发展，先进制造业与现代服务业“两业融合”持续推进，平台经济、共享经济、数字经济不断壮大，新旧动能转换提速，城市经济活力持续释放。从 2011 年起，地级以上城市第三产业增加值占比快速提升，2013 年首次超过第二产业，2014 年超过 50%，占到了城市经济的半壁江山。到 2023 年，地级以上城市第一、第二、第三产业增加值比重分别为 2.8%、36.8% 和 60.4%，第三

产业增加值占比较 1990 年提高了 27.4 个百分点。

图 2 1990 年和 2023 年地级以上城市三次产业增加值占比

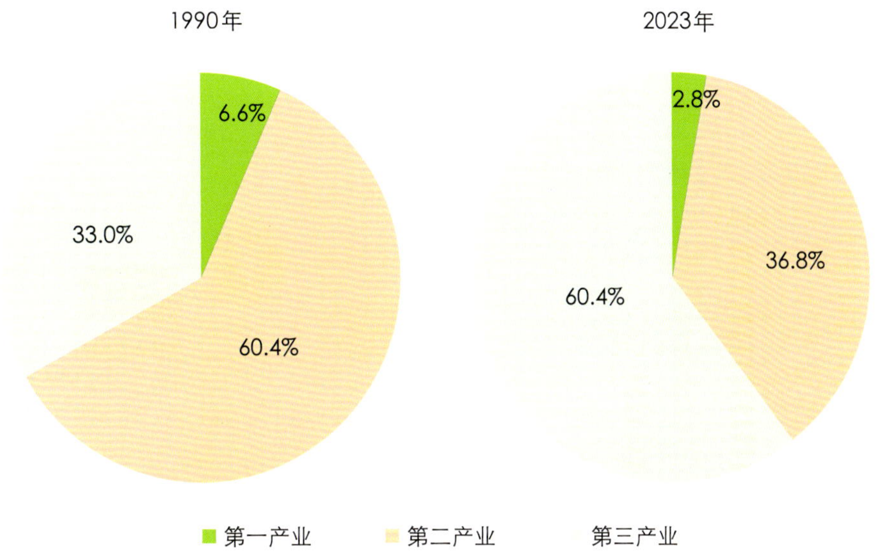

（三）消费市场活跃繁荣

新中国成立以来，城市消费市场不断发展，尤其是改革开放以来，消费市场活力逐渐显现，消费品由数量短缺向供给充裕转变，消费对经济增长的拉动作用不断增强。党的十八大以来，我国内外贸发展取得历史性成就，扩内需促消费取得新进展；消费结构持续升级，服务消费市场不断拓展；新业态新商业模式蓬勃发展，网络零售异军突起，电子商务强劲发展。到 2023 年，全国城镇消费品零售额为 407490 亿元，1979—2023 年年均增长 16.3%，占全社会消费品零售总额的 86.4%，比 1978 年提高 57.6 个百分点；其中，地级以上城市 305762 亿元，占比 64.8%；地级以上城市通过公共网络实现的商品销售额 82537 亿元，占实物商品网上零售额的比重为 63.4%。

（四）创新能力持续增强

新中国的科技事业是在一片空白中起步的。改革开放以来，科技规划相继出台，科技体制改革稳步推进，863 计划、973 计划、火炬计划等一系列科技计划顺利实施，涌现出大批产学研结合的重大成果，科学技术对经济社会发展的助力作用日益彰显。党的十八大以来，创新引领成为城市实现高质量发展的第一动力，科研人才队伍不断壮大，科技投入大幅增加，科技产出量质齐升，重大科技成果不断涌现，创新活力竞相迸发，支撑引领作用显著增强。2023 年，地级以上城市（全市）

科学技术支出达6430亿元，比2012年增加2.4倍；专利授权348.7万项，比2012年增加2.1倍；发明专利授权81.1万项，比2012年增加4.8倍；发明专利有效量400万项，其中高价值发明专利占比超四成。

三、城市建设日新月异，基础设施持续改善

（一）市政设施明显改善

新中国成立初期，我国市政设施十分落后、运行效率低，严重制约了经济发展和人民生活水平的提升。1949年末，全国只有72个城镇建有自来水厂，供水管道6589公里；污水处理厂仅4座，日处理能力4万吨，排水管道6035公里；有供气设施的城市仅9个，年供气总量为3970万立方米；全年城市维护建设资金支出仅17亿元。经过75年建设改造，基础设施网络不断优化，设施质量持续提升，服务能力显著增强。2022年末，供水管道长度达110.3万公里，年供水总量674亿立方米，供水普及率99.4%；供气管道长度99.0万公里，年供气总量为2544亿立方米，燃气普及率98.1%；污水处理厂达2894座，日处理能力21606万立方米，排水管道91.4万公里，污水处理率达到98.1%；生活垃圾处理率达99.98%，无害化处理率为99.90%；城市公厕19.4万座，市容环卫专用车辆设备34.2万辆；城市集中供热面积达111.3亿平方米，管道长度49.3万公里；城市地

专栏1　城市更新

党的十九届五中全会通过的《中共中央关于制定国民经济和社会发展第十四个五年规划和二〇三五年远景目标的建议》明确提出实施城市更新行动。

城市更新是指对中心城区建成区内城市空间形态和功能进行整治、改善、优化，从而实现房屋使用、市政设施、公建配套等全面完善，产业结构、环境品质、文化传承等全面提升的建设活动。实施城市更新行动不是狭义的拆旧建新，是适应城市发展新形势，转变城市开发建设方式，构建新发展格局，提升人民群众获得感幸福感安全感，推动城市高质量发展的必然要求，是对城市发展提出的新方略。

城市更新的重点任务主要有以下方面：一是要调整城市的空间结构、优化城市空间布局、完善城市功能。二是实施城市生态修复和功能完善工程。三是强化历史文化资源的保护和城市风貌的塑造。四是加强居住社区建设，完善人居环境。五是推进基于信息化、数字化、智能化的新型城市基础设施建设和改造。六是增强城市防洪排涝能力，打造生态、安全、可持续的城市水循环系统。七是加强城镇老旧小区改造，健全管理、筹资机制，完善相关配套政策。八是加强以县城为重要载体的就地城镇化，推动城乡融合发展。

撰稿：李嵩

下综合管廊长度为7094公里；道路照明灯3352万盏；全年城市市政公用设施建设固定资产投资达22310亿元。

（二）交通出行更加便利

新中国成立初期城市交通非常落后，装备陈旧，发展十分缓慢。1949年末，全国城市道路面积8432万平方米，拥有公共交通设施的城市仅27个，公共汽（电）车2299辆，步行、骑乘自行车、人力车是市民比较普遍的出行方式。75年来，交通运输作为城市发展的先导领域得到持续投入，基础设施建设力度不断加大，运输保障能力显著提升，城市公交、地铁、城铁、出租车、网约车和各类共享车辆极大方便了市民的出行。2022年，全国城市道路长度达55.2万公里，道路面积108.9亿平方米，人均城市道路面积19.3平方米；公共汽（电）车运营车辆70.3万辆，运营线路总长度166.4万公里，客运总量353.4亿人次；55个城市建成轨道交通线路，建成线路长度9575公里，运营里程9555公里，客运总量193.1亿人次；出租汽车136.2万辆。

（三）邮政通信方便快捷

新中国成立之初，城市邮电通信发展水平低，网络规模小，生产设备老旧，物资信息交流方式落后。75年来，伴随改革开放和科技进步，邮政通信业蓬勃发展，快递业与电商、制造业等行业深度联动，与综合交通运输体系有效衔接，产业链不断延伸，触角直达城市的各个角落。党的十八大以来，通信技术从3G追赶、4G并行到5G领先，实现了跨越式发展；信息技术不断迭代，“互联网+”融入城市的各行各业，改变着市民生活的方方面面。2023年，地级以上城市（全市）邮政业务收入累计完成14845亿元，比2012年增加3.9倍；快递业务收入11647亿元。地级以上城市（全市）电信业务收入15350亿元，比2012年增加40.4%；移动电话年末用户16.4亿户，比2012年增加38.2%；5G移动电话用户7.9亿户；固定宽带接入用户6.2亿户，其中，1000Mbps及以上接入速率用户1.6亿户。

（四）人居环境更加优美

新中国成立以来，我国城市环境基础设施建设经历了从低水平起步到迅速发展的过程。1981年，城市建成区绿地面积11.0万公顷，其中，公园绿地面积2.2万公顷，公园面积1.5万公顷，人均公园绿地面积1.50平方米。改革开放后，随着城镇化进程的不断加快，环境污染治理和生态保护力度逐步加大，城市环境基础设施建设加速推进。党的十八大以来，作为“五位一体”总体布局重要一环的生态文明建设受到高度重视，“绿色城市”“海绵城市”建设如火如荼，城市人居环境更加美丽。到 2022 年，城市建成区绿化覆盖面积 282.1 万公顷，建成区绿化覆盖率 43.0%；建成区绿地面积 258.0 万公顷，建成区绿地率 39.3%；公园绿地面积 86.9 万公顷，公园面积 67.3 万公顷，人均公园绿地面积 15.3 平方米。2023 年，全国地级及以上城市细颗粒物（$PM_{2.5}$）平均浓度 30 微克 / 立方米，比 2015 年下降 16 微克 / 立方米。全国地表水水质优良断面比例达 89.4%，黑臭水体基本消除。

四、民生保障不断健全，市民生活更加美好

（一）生活水平显著提高

党和政府高度重视改善人民生活，75 年来特别是改革开放以来，城镇居民收入大幅增长，居民消费水平明显提升，生活质量显著改善。党的十八大以来，陆续出台的一系列惠民政策措施，特别是精准扶贫战略带动居民收入持续增长，消费水平和生活质量进一步提高。1978 年，城镇非私营单位就业人员平均工资为 615 元，城镇居民人均可支配收入 343 元，人均消费支出 311 元。到 2023 年，城镇非私营单位就业人员平均工资达 120698 元；城镇居民人均可支配收入 51821 元，人均消费支出 32994 元。2013—2023 年累计实现城镇新增就业超 1.4 亿人，城镇调查失业率除 2020 年、2022 年受疫情影响外，其他年份均保持在 5.5% 以内。

（二）文教事业稳步发展

新中国成立之初，城市文化教育事业百废待兴，公共文化服务设施极其短缺，文化活动匮乏，文盲率高企且超过三分之二为妇女，各学段在校生规模很小，师资力量薄弱。75 年来，我国城市文教事业经过长时期艰苦曲折的探索，迎来改革开放后的蓬勃发展，取得举世瞩目的历史性成就。文化事业繁荣兴盛，服务体系日趋完善，新兴业态快速发展，文化软实力大幅提升。1978 年，全国有 1218 个公共图书馆、349 个博物馆，92 个地市以上级群众艺术馆。2023 年末，地级以上城市共有 2104 个公共图书馆、3598 个博物馆，404 个地市以上级群众艺术馆；地级以上城市文化体育与传媒支出 1745 亿元；全国范围共有 1016 个艺术表演场馆，1891 个艺术表演团体，这些馆团大部分集中在城市。城市教育事业实现跨越式发展，办学质量不断提升，教育保障体系日益完善，教育为经济社会发展提供有力支撑。1978 年末，全国共有研究生在校生 1.1 万人，普通、职业本专科在校生 85.6 万人。到 2023 年，地级以上城市（全市）高等教育学校在校生达 4613 万人，其中，研究生在校生 378 万人，普通、职业本专科在校生 3680 万人；地级以上城市（全市）教育支出达

32213亿元。

（三）医疗体系不断健全

新中国成立伊始，城市卫生健康工作面临着医疗卫生资源短缺、水平低下的严峻形势，经过几代人的艰苦奋斗，我国城市建立起覆盖全部行政区域的省、市、县三级公立医院网络。改革开放以来，我国全面推进“健康中国”建设，通过发展基本医疗保障制度，城市卫生筹资规模和医疗保障能力持续提升，在较短时间内建立起了世界上最大规模的城镇基本医保网。1978年，全国有各类医院9293家，医院床位110.0万张；卫生技术人员246.4万人，其中，执业（助理）医师97.8万人，注册护士40.5万人。党的十八大以来，围绕构建分级诊疗等五项基本医疗卫生制度，持续深化医改，在解决市民看病难、看病贵问题上持续发力，取得扎实成效。到2023年，地级以上城市医院20642家，医院床位461.3万张，其中，三甲医院1569家，床位214.1万张；卫生技术人员725.2万人，其中，执业（助理）医师275.0万人，注册护士338.0万人。地级以上城市医疗卫生与计划生育支出达11519亿元。

（四）社会保障逐步完善

新中国成立后，城市国营及部分大型集体企业迅速建立起与计划经济体制相适应的社会保险制度，国家机关与事业单位实行公费医疗、死亡抚恤等社会保障项目。改革开放后，我国以养老、医疗、失业保险为重点，逐步构建起多层次、广覆盖的社会保障体系。党的十八大以来，社会保障体系改革进入全面覆盖和深化阶段，朝着全面建成覆盖全民、城乡统筹、权责清晰、保障适度、可持续的多层次社会保障体系不断推进。2023年末，地级以上城市城镇职工基本养老保险参保人数为3.1亿人，比2012年增加88.0%；城镇职工基本医疗保险参保人数达2.4亿人，比2012年增加58.1%；城镇居民基本医疗保险参保人数达2.7亿人；失业保险参保人数为1.7亿人，比2012年增加67.6%；工伤保险参保人数为1.9亿人，比2012年增加68.2%。

五、新型城镇化深入推进，城市高质量发展向优向好

（一）城市群一体化发展扎实推进

党的十八大以来，我国城市群一体化建设取得重大进展，日益成为承载发展要素的主要空间形式，对完善“两横三纵”城镇化战略格局、优化区域经济布局、推动高质量发展发挥了重要作用。城市群在交通基础设施、产业创新、统一市场、生态环境、公共服务等重点领域加大合作力度，一

体化水平明显提升。北京、天津与河北实现公交、地铁一卡通行，自西向东连接惠州、东莞、广州、佛山、肇庆的“湾区地铁 1 号线”开通运营（总里程达 258 公里），作为珠江口 A 字形交通网络骨架的深中通道正式通车；长三角三省一市共建科技资源共享服务平台，截至 2023 年末，已集聚重大科研装置 27 个、大型科学仪器 45911 万台（套）、科技人才 20 余万人、服务机构 3188 家、服务项目 1.57 万条、国内外标准 160 万项[3]；京津冀三地口岸合建“快速反应通道”，长三角三省一市优化跨省审批流程，统一市场准入制度和考核标准；三大城市群均建立了大气污染联防联控机制，开展跨境水域污染综合整治；京津两地优质学校在河北设立分校，多所高职院校开展跨省市招生，多个城市群实现异地就医直接结算，通信、社保、旅游等领域互通共享不断深化。

（二）新型城市建设亮点纷呈

新时代我国城市积极贯彻新发展理念，以中国式现代化目标要求为牵引，坚持人民城市人民建、人民城市为人民，各类新型城市建设快速推进。随着东部沿海地区步入后工业化发展阶段，城市的生活属性受到更多关注，各地不断提升公共服务供给质量，完善住房保障体系，有序推进城市更新，

专栏 2　韧性城市

韧性城市是指在面临如经济危机、公共卫生事件、自然灾害、战争等各种风险时，城市能够有效预测、应对并从中恢复的综合能力，同时通过合理调配资源，将各类风险带来的损失降到最低，确保城市各方面的基本运转。韧性城市具备鲁棒性、可恢复性、冗余性、智慧性和适应性等五大特性，要求城市从技术、组织、社会和经济四个维度增强抵御各类风险的能力。

随着城镇化进程加快，城市作为开放的复杂巨系统面临的不确定性因素和未知风险也不断增加。在各种突如其来的自然和人为灾害面前，往往表现出极大的脆弱性，而这正逐渐成为制约城市生存和可持续发展的瓶颈问题。如何提高城市系统面对不确定性因素的抵御力、恢复力和适应力，提升城市规划的预见性和引导性逐渐成为当前国际城市规划领域研究的热点和焦点问题，“韧性”的理念为破解这一难题提供了新的研究思路和规划视角。由此，“韧性城市”应运而生，并在全球掀起了韧性城市规划和实践的新浪潮。

近年来，我国韧性城市建设加快推进。《安全韧性城市评价指南》国家标准 (GB/T 40947—2021) 于 2022 年 5 月 1 日开始实施，明确安全韧性城市的概念、评价内容及具体依据，为我国推进韧性城市建设、开展城市安全韧性的衡量对比提供了标准支撑。北京、上海、重庆、成都、广州、南京等多个城市纷纷出台韧性城市相关政策或规划，从智慧城市、海绵城市、绿色低碳、生态环保等多个方面发力推进韧性城市建设。

撰稿：李嵩

3. 相关数据来源于长三角科技创新券通用通兑平台。

“宜居城市”建设取得积极进展。针对各类安全、灾害事件频发的现实，越来越多的城市从防灾减灾、内涝治理、公共卫生、管网更新改造等方面排除风险，建立机制，“韧性城市”建设成效显著。作为同步推进城镇化和信息化的重要结合点，“智慧城市”围绕提高数字政府服务能力、丰富数字技术应用场景，与高水平基建项目结合，进一步提升城市的智慧度与便利度，目前试点城市已达290个。城市精神文明建设、生态文明建设和绿色发展有序规范推进，“文明城市”“人文城市”“创新城市”建设有序推进。

（三）城市对外开放站上新起点

1984年，14个城市被国务院批准为全国首批沿海开放城市，40年来，这些沿海城市与经济特区一起，连点成线、织线成网，共同构成今天中国全方位对外开放新格局。中国国际进口博览会、中国国际服务贸易交易会、国际消费中心城市建设等一项项开放新举措对推动城市经济高质量发展具有重要意义。随着近年来综合保税区、自由贸易试验区建设从沿海逐渐深入内地，我国城市不断推进制度性开放，目前已分批次设立的22个自贸试验区，成为我国全方位扩大开放的“排头兵”和“领头雁”。共建“一带一路”倡议为我国城市对外开放带来全新机遇，东部港口城市连云港成为哈萨克斯坦出口产品的物流基地，通过海铁联运为哈方提供贸易解决方案，截止到2024年6月，中哈（连云港）物流合作基地中欧（亚）班列累计开行超6000列。高质量共建“一带一路”必将使城市对

专栏3　网红城市

随着5G时代的到来，得益于网民移动端社交习惯的养成，移动短视频APP拥有了强大且坚实的用户基础，不少热门城市短视频关注量陡增，被网友们称为“网红城市”。

“网红”，最早是“网络红人”一词的缩写。凡在互联网上拥有较高流量、被广泛关注的事物，都常被冠以“网红”二字。网红建筑、网红美食、网红商场……随着“网红”所指范围不断扩大，“网红城市”应运而生。从重庆洪崖洞、淄博烧烤，到天津大爷跳水、哈尔滨冰雪大世界、甘肃天水麻辣烫，再到“我的阿勒泰”先后火热出圈……热门城市接力火爆，持续成为社会大众日常生活的热点话题。

近年来，随着旅游市场复苏和消费者需求多样化，文旅融合成为推动城市发展的重要力量，许多城市借助移动短视频的形式与渠道优势，在视频中植入有吸引力的城市文化符号，使抽象城市品牌概念具象化，实现了城市品牌的初始化或优化。网络流行文化催生出的一系列网络符号及元素将网红城市的特色升级为网红城市的标签，而居民和游客的自我表达、传播与再创造是城市成为网红的坚实基础。

撰稿：李嵩

外开放水平再上新台阶，站上新起点。

（四）城乡融合发展初见成效

党的十八大以来，城乡融合发展取得积极成效。城区常住人口 300 万以下城市的落户限制基本取消，城镇基本公共服务加快向常住人口覆盖、供给水平不断提高。城乡基本公共服务均等化深入推进，城乡学校共同体建设持续发力，紧密型县域医共体建设取得显著成效，覆盖全民的社会保障体系不断完善。城乡基础设施一体化水平显著提升，水电路信等基础设施覆盖面联通度持续提升。县城的城乡融合纽带作用不断增强，对农民就近城镇化和城乡要素跨界融合的支撑作用不断凸显。农村居民人均可支配收入与城镇居民的差距明显缩小，全国城乡居民收入比由 2012 年的 2.88 下降到 2023 年的 2.39。

75 年来，中国经历了世界历史上规模最大、速度最快的城镇化进程，城市发展和城镇化建设取得了举世瞩目的成就。步入新的历史征程，在实现中国式现代化的道路上，城镇化和城市发展前景更加光明。让我们更加紧密地团结在以习近平同志为核心的党中央周围，深入学习贯彻习近平新时代中国特色社会主义思想，坚持新发展理念，以促进人的城镇化为核心，遵循城市发展规律，开拓创新，扎实工作，以创新引领新型城镇化高质量发展，不断开创城市发展新局面，为实现中国式现代化和中华民族伟大复兴的中国梦而不懈奋斗。

撰稿：张丽萍　袁泽庆　陈小龙　李嵩　韩宜臻　李敏

20 教育强国建设行稳致远 教育改革发展成就斐然

新中国成立 75 年来，我国教育事业取得举世瞩目的巨大成就，中国特色社会主义教育体系不断完善，14 亿人享有更好更公平教育正逐步成为现实，多层次、宽领域、全方位的教育对外开放格局初步形成。党的十八大以来，以习近平同志为核心的党中央高度重视教育事业，始终把教育摆在优先发展的战略位置，我国教育普及程度实现新提升，教育改革激发新活力，教育强国建设推动扎实有力，为全面推进中华民族伟大复兴提供重要支撑。

一、教育普及程度大幅提高，国民教育水平显著提升

1949 年，全国约 80% 人口不识字，只有 2000 多万名小学在校生，100 多万名中学在校生，10 多万名大学在校生，教育基础极其落后。新中国成立 75 年来，党中央、国务院坚持教育为人民服务，不断扩大人民群众受教育机会，各级各类教育普及水平实现历史性跨越。

（一）学前教育普及水平快速提升

1952 年，教育部颁布《幼儿园暂行规程（草案）》，明确学前教育“福利性”和“教育性”的双重功能，为我国学前教育发展指明方向。1950 年，我国学前教育毛入园率仅为 0.4%，2023 年达到 91.1%，提高 90.7 个百分点；幼儿园数从 1950 年的 1799 所增加到 2023 年的 27.4 万所，在园幼儿数从 14 万人增加到 2023 年的 4093 万人。

（二）义务教育普及程度大幅提高

1963年发布《小学四十条》《中学五十条》，提出中小学教育任务和培养目标。1986年《中华人民共和国义务教育法》颁布，1992年党的十四大提出基本普及九年义务教育和基本扫除青壮年文盲的“两基”战略目标，我国义务教育底子薄、基础弱的面貌逐步改变，义务教育普及程度大幅提高。1949年，我国小学学龄儿童净入学率仅为20%；近年来，小学学龄儿童净入学率接近100%。1949年，全国义务教育阶段在校生2522万人，其中，小学2439万人，初中83万人；2023年，全国共有义务教育阶段在校生1.6亿人，其中，小学1.1亿人，初中0.5亿人。

图1 1949—2023年义务教育在校生数

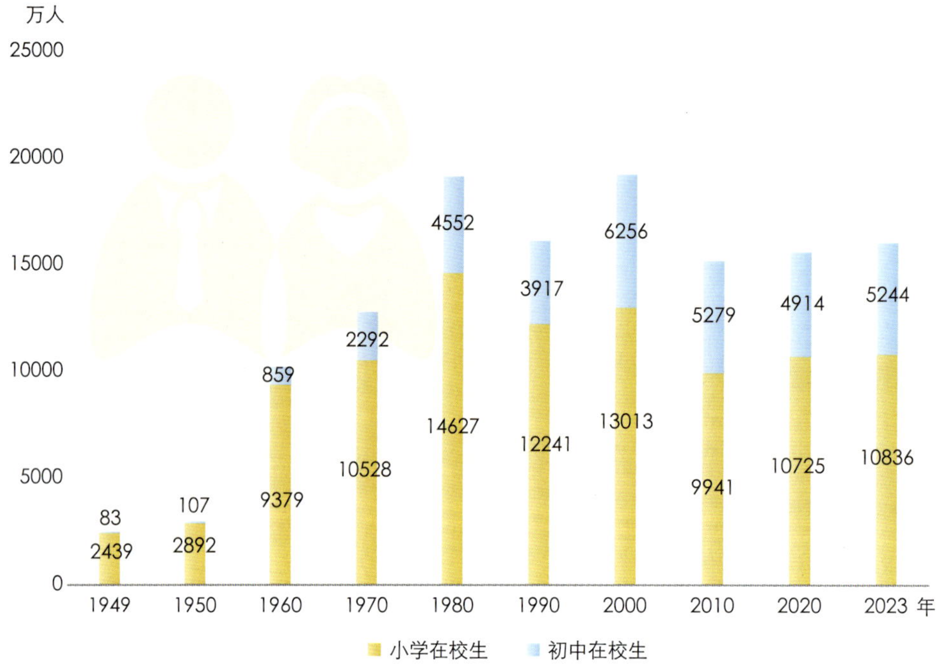

（三）高中阶段教育水平不断提高

新中国成立初期，我国高中阶段教育基础非常薄弱，毛入学率仅为1.1%。20世纪90年代以来，我国将贫困地区、民族地区、边远地区和革命老区等教育基础薄弱、普及程度较低的地区作为攻坚重点，高中阶段教育普及水平不断提高。2010年印发《国家中长期教育改革和发展规划纲要（2010—2020年）》，提出加快普及高中阶段教育。2017年实施《高中阶段教育普及攻坚计划（2017—2020年）》，提出到2020年各地区毛入学率均达到90%以上。2023年，我国高中阶段毛入学率达到91.8%，比1949年提高90.7个百分点。1949年高中阶段在校生数44万人，2023年达到

4542万人[1]，增长103倍；其中，普通高中在校生数由1949年的21万人增加到2023年的2804万人，增长134倍。2023年我国高中阶段教育共有学校2.2万所；其中，普通高中1.5万所，比1949年的1597所增长9倍。

（四）职业教育规模日益扩大

75年来，我国职业教育规模从小到大，办学层次从低到高，办学能力由弱变强。1951年第一次全国中等技术教育会议召开，1980年国务院批转《关于中等教育结构改革的报告》，确定大力发展职业教育。党的十八大以来，随着《关于加快发展现代职业教育的决定》《国家职业教育改革实施方案》《关于推动现代职业教育高质量发展的意见》相继印发实施，我国现代职业教育体系加快构建。2023年，全国有职业院校11133所[2]，职业教育在校生3478万人；其中，中等职业教育在校生1738万人，比1965年增加1246万人。

专栏1　职业教育培养更多“大国工匠”

近年来，国家对职业教育的重视不断增加，出台了一系列政策举措，不断提升职业教育的地位和质量。2019年，国务院印发《国家职业教育改革实施方案》，对职业教育进行了全方位改革部署。2021年，中办、国办印发《关于推动现代职业教育高质量发展的意见》，明确提出到2025年职业本科教育的规模不低于10%。2022年4月20日，十三届全国人大常委会第三十四次会议表决通过新修订的职业教育法，这是该法自1996年颁布施行以来的首次大修。一项项制度安排，夯实了职业教育稳健前行的根基，也为更多“大国工匠”的涌现提供了扎实支撑。

数据显示，截至2023年末，我国共有本科层次职业学校33所、在校生32万人，高职（专科）学校1547所、在校生1708万人，教育部管理的中等职业学校7085所、在校生1298万人，人力资源社会保障部管理的技工院校2468所、在校生439万人。目前，我国已建成全世界规模最大的职业教育体系，培养了一大批高素质技术技能人才、能工巧匠、大国工匠。

撰稿：张溪婷

（五）高等教育普及水平实现跨越

1961年发布《教育部直属高等学校暂行工作条例（草案）》，对完善教学秩序、提高教学质量提出明确要求。20世纪90年代以来，相继启动“211工程”“985工程”发展战略，1999年开始实施高校扩招政策，高等教育进入大众化发展阶段。2015年起，提出“双一流”建设新要求，

1. 包括普通高中、中等职业教育（含技工院校）。
2. 包括技工院校，下同。

我国高等教育迈上新的历史起点。1949 年，全国仅有高等学校 205 所，各类高校在校生 11.7 万人，高等教育毛入学率仅为 0.26%。2023 年，全国有高等学校 3074 所[3]，比 1949 年增长 14 倍；各种形式的高等教育在学总规模 4763 万人，比 1949 年增长 406 倍；高等教育毛入学率为 60.2%，比 1949 年提高 59.9 个百分点。

图 2 1949—2023 年普通、职业本专科在校生数和学校数

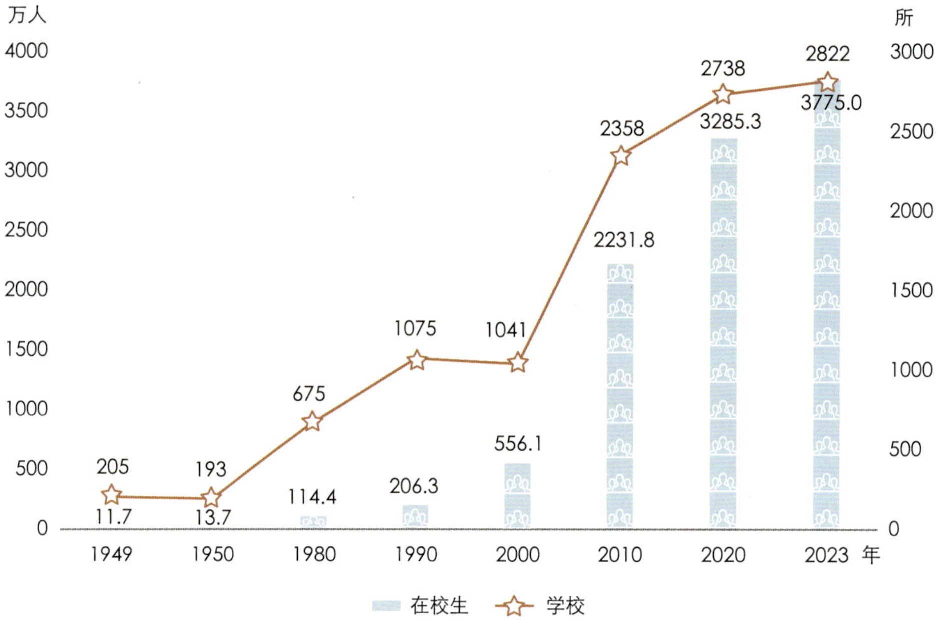

专栏 2

“双一流”建设统筹推进

2015 年，国务院印发《统筹推进世界一流大学和一流学科建设总体方案》，对统筹推进世界一流大学和一流学科建设作出战略部署。2017 年，教育部、财政部、国家发展改革委印发《关于公布世界一流大学和一流学科建设高校及建设学科名单的通知》，公布世界一流大学和一流学科（简称“双一流”）建设高校及建设学科名单。2022 年，三部委印发《关于深入推进世界一流大学和一流学科建设的若干意见》，并公布第二轮“双一流”建设高校及建设学科名单。

“双一流”建设以 5 年为一个周期，首轮“双一流”建设的时间从 2016 年到 2020 年，共建设高校 137 所、建设学科 465 个。第二轮“双一流”建设共涉及建设高校 147 所、建设学科 331 个，并对 16 个首轮建设学科给予警示，体现了“双一流”建设的动态调整机制。教育部 2022 年发布数据显示，我国“双一流”建设高校承担了全国超过 80%的博士生和近 60%的硕士生培养任务，“双一流”建设引领带动各地建设了 410 所地方高水平大学和 1387 个地方优势特色学科。“双一流”建设在人才培养、人才队伍建设、科学研究和国际交流合作等方面取得了积极成效和进展，若干所高校和一批学科正逐步进入世界一流行列，为建设高等教育强国奠定了更加坚实的基础。

撰稿：张溪婷

3. 包括普通、职业本专科学校和成人高等学校。

二、教育服务更加公平可及，教育均等化扎实推进

新中国成立 75 年来，我国始终把促进教育公平作为基本政策目标，努力让人民群众共享公平而有质量的教育。习近平总书记多次强调教育公平是社会公平的重要基础，要办人民满意的教育，不断促进教育事业发展成果更多更公平地惠及全体人民。

（一）普惠性学前教育覆盖面持续扩大

近年来，我国着力构建以普惠性资源为主体的办园体系，持续增加普惠性学前教育资源供给，不断推进学前教育普及普惠安全优质发展。2010 年《关于当前发展学前教育的若干意见》印发，要求提供“广覆盖、保基本”的学前教育公共服务，明确学前教育公益普惠基本方向，同年 11 月《中共中央 国务院关于学前教育深化改革规范发展的若干意见》印发，学前教育管理和保障力度不断加强。2023 年，全国共有普惠性幼儿园 23.6 万所，占幼儿园总数的 86.2%；其中，公办园 12.5 万所，比 2013 年增长 91.9%。普惠性幼儿园在园幼儿 3717 万人，占幼儿园在园幼儿总数的 90.8%，比 2016 年提高 23.5 个百分点。

专栏 3　学前教育普及普惠发展

自 2010 年国务院印发《关于当前发展学前教育的若干意见》以来，教育部会同相关部门连续实施四期“学前教育行动计划”，多渠道扩大普惠性资源，大力发展公办园，积极扶持普惠性民办园，学前教育普及普惠水平大幅提高。2021 年，教育部等九部门印发《“十四五”学前教育发展提升行动计划》，提出要进一步提高学前教育普及普惠水平。2023 年，教育部组织实施“新时代基础教育扩优提质行动计划”，旨在办好更加公平、更高质量的基础教育。2023 年 11 月，教育部确立了 35 个“完善普惠性学前教育保障机制试点地区”和 24 个“幼儿园保育教育质量提升试点地区”，聚焦解决学前教育人财物发展保障问题。2024 年 6 月，《学前教育法（草案）》提请全国人大常委会会议二次审议，进一步强调学前教育公益普惠的发展方向，要求新建居住区按照规定配套建设普惠性幼儿园，增加保障农村留守儿童接受普惠性学前教育等规定，学前教育普及普惠优质发展不断推进。

撰稿：张溪婷

（二）城乡义务教育差距逐渐缩小

2002 年《关于加强基础教育办学管理若干问题的通知》提出“积极推进义务教育阶段学校均衡发展”的目标。2010 年《国家中长期教育改革和发展规划纲要（2010—2020 年）》审议通过，

农村义务教育学生营养改善计划、“全面改薄”[4]等基础教育重大系列工程陆续实施。2016年印发《关于统筹推进县域内城乡义务教育一体化改革发展的若干意见》，加快城乡义务教育资源统筹配置。2017年《县域义务教育优质均衡发展督导评估办法》颁布，截至2021年底，全国各省（自治区、直辖市）全部通过国家义务教育基本均衡发展督导评估认定。

专栏4　“营养改善计划”实施成效显著

2011年11月，国务院办公厅印发《关于实施农村义务教育学生营养改善计划的意见》，启动实施“农村义务教育学生营养改善计划”（以下简称“营养改善计划”），旨在切实改善农村学生营养状况，提高农村学生健康水平。我国政府将“营养改善计划”纳入基本公共服务，贯穿义务教育全过程，中央财政每年投入约200亿元支持其实施。2022年10月，教育部等七部门印发《农村义务教育学生营养改善计划实施办法》，进一步明确农村义务教育学生营养改善计划实施范围。截至2022年末，全国共有28个省份实施农村义务教育学生营养改善计划，惠及学生3504万人。

数据显示[5]，营养改善计划实施以来成效显著，营养改善计划受益学生的体质健康合格率从2012年的70.3%提高至2021年的86.7%，营养不良率从2012年的20.3%下降到10.2%，贫血率从2012年的19.2%下降到9.6%，农村学生的体质健康、运动能力、学习能力都有了显著提升，整体面貌有了显著改善。

撰稿：张溪婷

（三）困难群体平等受教育权利得到保障

党的十八大以来，我国建立起覆盖学前教育至研究生教育的学生资助政策体系，实现家庭经济困难学生资助全覆盖。特别是在义务教育阶段，建档立卡脱贫家庭学生辍学实现动态清零，长期存在的辍学问题得到解决。同时根据各地经济发展状况和巩固拓展脱贫攻坚成果同乡村振兴有效衔接等要求，建立资助标准动态调整机制，逐步提高各学段资助标准。2022年，全国累计资助金额2922亿元，资助学生1.6亿人次。

（四）特殊教育实现更好更快发展

20世纪50年代，《政务院关于改革学制的决定》《办好盲童学校、聋哑学校的几点指示》相

4. 指全面改善贫困地区义务教育薄弱学校基本办学条件。
5. 数据来源于2021年教育部财务司会同中国发展研究基金会发布的《农村义务教育学生营养改善计划十周年评估报告》。

继颁布，明确特殊教育的教育属性。20 世纪 80 年代，义务教育法、残疾人保障法、残疾人教育条例等相继颁布和修订，特殊教育步入依法治教轨道。2017 年修订残疾人教育条例，确立推进融合教育、优先采取普通教育方式的特殊教育发展原则。党的十八大以来，三期“特殊教育提升计划”等相继实施，随班就读支持保障体系不断完善，在普通学校随班就读的残疾学生规模不断扩大，全国实现家庭经济困难残疾学生从小学到高中阶段 12 年免费教育。2023 年，全国共有特殊教育学校 2345 所，比 1953 年增加 2281 所，增长 36 倍；在校学生 91.2 万人，比 1953 年增加 90.7 万人，增长 181 倍；专任教师 7.8 万人，比 1979 年增加 6.8 万人，增长 7 倍。

（五）民族地区教育发展水平不断提升

75 年来，我国通过中央财政转移支付和重大教育项目实施等方式向民族地区倾斜教育资源，民族地区教育整体发展水平不断提升，目前已形成民族地区学前教育到高等教育，包括民族院校、普通高等院校的少数民族预科教育和民族班、中东部发达地区民族班在内的比较完整的少数民族教育体系。2004 年正式启动西部地区“两基”攻坚计划，2015 年印发《关于加快发展民族教育的决定》、2016 年颁布《关于加快中西部教育发展的指导意见》，大力促进民族地区、中西部地区教育公平发展。

三、人才培养成果斐然，国民素质全面提高

新中国成立 75 年来，我国人才培养成果斐然，国民文化素质全面提升，基本实现从人口大国到人力资源大国的历史性转变，为经济社会高质量发展提供强有力支撑。

（一）国民文化素质全面提升

随着“两基”战略目标的实现和各级各类教育的不断发展，我国人口素质稳步提高，劳动力素质结构更加优化。第七次全国人口普查数据显示，2020 年全国 15 岁及以上人口平均受教育年限为 9.9 年，比 1982 年增加 4.6 年。2023 年，我国劳动年龄人口平均受教育年限为 11.05 年，比 1982 年增加 3 年；我国新增劳动力平均受教育年限为 14 年，接受高等教育的人口达到 2.5 亿人。

（二）高层次人才培养进入快车道

我国高层次人才培养经历从小到大、由大到强的历史转变。党的十九大以来，通过实施“教育现代化推进工程”，重点推动高校“双一流”建设、中西部高校基础能力建设、自主创新能力建设。加强学科专业与行业企业、区域发展的对接联动，加大创新型应用型人才培养，目前专业学位硕士生招生超过 60%，形成学术学位和专业学位分类发展、齐头并进的格局。1949 年，我国研究生在

学人数仅为 629 人；2023 年在学研究生 388 万人，其中在学博士、硕士生数分别为 61 万人和 327 万人。

（三）高校创新支撑作用不断增强

高校是教育、科技、人才的集中交汇点，是前沿技术研究和颠覆性技术创新的策源地，拥有众多相互交融的学科和一流科研创新平台。75 年来，我国高校立足国家需要，以高水平学科布局、高精尖科研攻关、高效能科技成果转化和高质量创新人才培育为经济社会发展提供重要战略支撑。近年来，我国高校承担 60% 以上的国家基础研究和重大科研任务，承建 60% 的国家重点实验室，获得 60% 以上的国家科技三大奖。同时，高校哲学社会科学研究队伍规模不断扩大。截至 2021 年底，中央财政累计投入“高校哲学社会科学繁荣计划”专项资金 47.9 亿元，支持设立教育部哲学社会科学各类研究项目 3.6 万余项，布局建设教育部人文社科重点研究基地 151 个、教育部哲学社会科学实验室 30 个、各类协同创新中心 40 家。

四、教育保障体系日益完善，保障能力不断提升

新中国成立 75 年来，教育经费投入稳步增长，教师队伍配置水平持续提高，教育法律法规体系日益完善，教育信息化建设支撑作用不断加强，为促进学生全面发展、提升教育教学质量奠定坚实基础。

（一）教育经费投入稳步增长

党中央、国务院一直高度重视教育财政支出，持续增加财政投入。我国教育经费投入结构持续优化，教育投入保障机制逐步完善，充分发挥以政府投入为主、多渠道筹集教育经费的体制优势，实现教育投入保障更加有力有效。2012 年，国家财政性教育经费占 GDP 比例首次超过 4%，截至 2022 年底，已连续 11 年实现教育财政投入占国内生产总值 4% 以上。2022 年全国教育经费总投入为 61329 亿元；其中国家财政性教育经费为 48473 亿元，比 1991 年增长 77 倍。

（二）教师队伍建设有力推进

推进教育强国建设，教师队伍建设是重要的基础工作。1951 年印发《关于中小学教师进修问题的通报》，中央统筹、地方为主的教师培训体系逐步形成。1978 年国务院转批教育部《关于加强中小学教师队伍管理工作的意见》，教师队伍建设不断加强。进入新时代，相继出台《乡村教师支持计划（2015—2020 年）》和《关于全面深化新时代教师队伍建设改革的意见》，成为做好教

师队伍建设的重要遵循。2023 年，全国各级教育专任教师总数达 1892 万人，比 1949 年增长 19 倍；其中，学前教育 307 万人，义务教育 1074 万人，高中阶段教育 295 万人，高等教育 207 万人。

图 3 1991—2022 年国家财政性教育经费

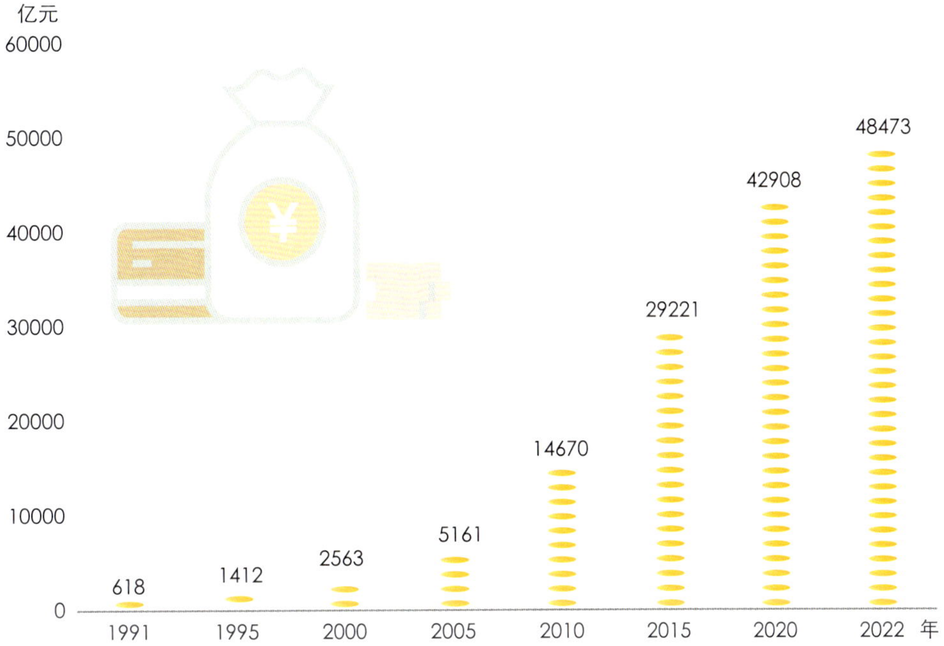

（三）信息技术支撑作用更加凸显

随着国家教育数字化战略行动的实施，我国教育数字化、信息化取得积极成效。2023 年，各级各类学校互联网接入率达到 100%，超过 3/4 的学校实现无线网络覆盖，99.5% 的学校拥有多媒体教室。各地教育新基建逐步推进，推动 5G、IPv6 等网络技术落地应用。国家智慧教育公共服务平台不断丰富优质资源供给，目前已汇聚超过 4.4 万条中小学资源、1300 多个职业教育专业教学资源库、2.7 万门优质大学慕课，为广大师生和社会学习者提供“一站式”服务。

五、国际教育交流广泛开展，国际影响力持续增强

新中国成立 75 年来，我国在开展中外国际教育交流方面取得瞩目成就，教育对话交流“请进来、走出去”稳步推进，双边、多边教育交流持续深化，教育国际影响力不断提升。

（一）双向留学交流稳步推进

新中国成立之初，我国就提出“争取一切爱国的知识分子为人民服务”的主张。1956 年起，来华留学生规模逐渐扩大，留学生生源国日趋多样。1993 年，《中国教育改革和发展纲要》强调

要进一步扩大教育对外开放。2004 年，国务院印发《2003—2007 年教育振兴行动计划》，提出加强全方位、高层次教育国际合作与交流。党的十八大以来，《关于做好新时期教育对外开放工作的若干意见》《推进共建“一带一路”教育行动》《关于加快和扩大新时代教育对外开放的意见》相继印发。在各项政策的引领和推动下，更全方位、更宽领域、更多层次、更加主动的教育对外开放局面逐步形成。我国出国留学人数从 1978 年的 860 人增加到 2019 年的 70 万人，来华留学生规模从 1978 年的 1236 人增加到 2018 年的 49 万人。

（二）国际教育合作持续深化

我国一直高度重视教育领域的国际交流与合作，近年来以“一带一路”为重点，全方位、多层次、宽领域的教育国际交流与合作持续推进。“鲁班工坊”成为中国境外办学的“新名片”，助力“一带一路”共建国家经济共同发展。截至 2023 年底，“鲁班工坊”开设自动化、云计算、电子信息、动车组检修、工业机器人、城市热能应用等 70 多个专业，累计招收学历生 6100 余人，非学历生 31000 余人次，培训外方专业教师 4000 余人次。中外院校合作开发教材 220 余本，多个职业教育国际化专业教学标准纳入合作国国民教育体系，与数家中国企业、海外企业开展合作。

新中国成立 75 年来，我国确立教育优先发展战略地位，教育普及程度显著提高，国民文化素质全面提升，教育国际影响力持续扩大，教育事业发展取得历史性成就，具有中国特色、世界水平的现代教育体系逐步构建起来。继往开来，在习近平新时代中国特色社会主义思想指导下，我国教育事业将以更加开放的胸怀、更加扎实的举措，持续深化教育体制改革创新，全面提升教育服务能力，有力推动教育发展成果更多更公平惠及全体人民，为 2035 年总体实现教育现代化、建成教育强国奠定坚实基础。

撰稿：陈伊丽

21 文化改革发展成效凸显 文化强国建设加力提速

文明兴则民族兴，文化强则国家强。新中国成立 75 年来，我国走出了中国特色社会主义文化发展道路，文化建设各方面取得突破性进展。党的十八大以来，以习近平同志为核心的党中央把文化建设摆在治国理政的突出位置，文化建设取得历史性成就，全国各族人民文化自信明显增强、精神面貌更加奋发昂扬，为以中国式现代化全面推进强国建设、民族复兴伟业提供了强大精神动力。

一、文化建设投入持续增加，文化事业全面发展

（一）文化建设投入资金持续增加

新中国成立初期，文化设施和文化服务极度匮乏。1953—1957 年累计，我国文化事业费总投入仅为 5.0 亿元，1978 年为 4.4 亿元。改革开放后，文化建设投入日益增加。党的十八大以来，全国文化和旅游事业费[1]从 2012 年的 480.1 亿元增长到 2023 年的 1280.4 亿元，年均增长 9.3%[2]；全国人均文化和旅游事业费从 35.5 元增长到 90.8 元，年均增长 8.9%。2022 年全国一般公共预算文化旅游体育与传媒支出 3913.3 亿元[3]，比 2012 年增长 72.5%；其中地方一般公共预算文化旅游体育与传媒支出 3740.0 亿元，比 2012 年增长 80.3%。

1. 2018 年及以前为文化事业费。
2. 本文全部价值量指标均按现价计算增长速度，未扣除价格因素。
3. 2019 年起，政府收支分类科目“文化”调整为“文化和旅游”。

图 1 1978—2023 年全国文化和旅游事业费

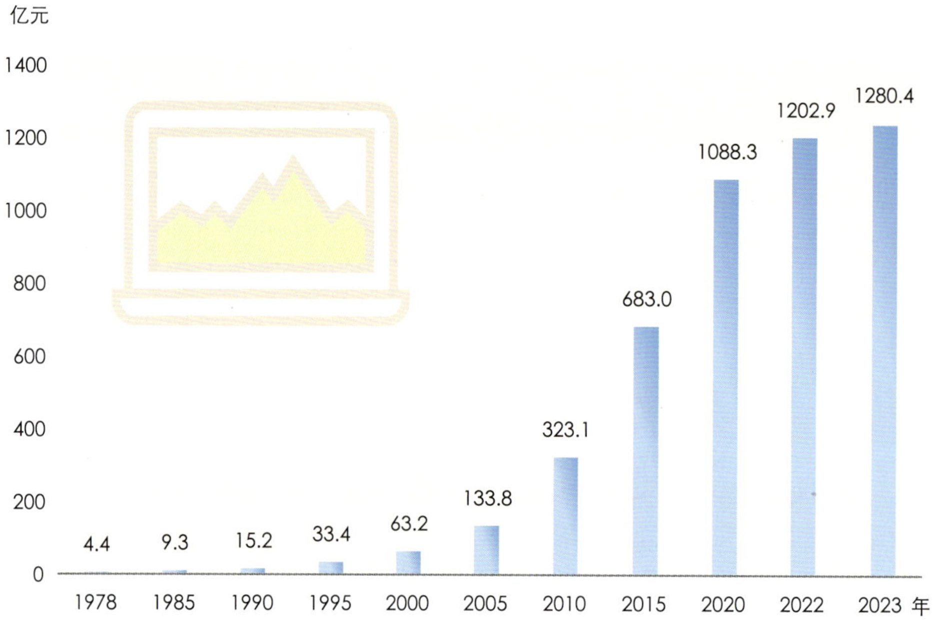

（二）广播影视传媒融合创新发展

新中国成立初期，广播电台是主要的信息传播工具，中央人民广播电台正式开播标志着我国广播事业的开端。1949 年末我国广播电台仅有 49 家，1978 年末发展到 93 家。1958 年北京电视台（即现在的中央广播电视总台）成立并开始试验播出，是我国电视事业的起点，到 1978 年末我国电视台发展到 32 家。2023 年末全国共有广播电台、电视台、广播电视台等播出机构 2521 家[4]，广播电视节目制作经营机构约 4.1 万家，全国信息网络传播视听节目许可证持证及备案机构 2989 家。逐步建成功能齐全、技术先进、覆盖城乡、具有较强传播力影响力的现代广播电视和网络传媒融合发展体系，广播影视制播能力显著增强，覆盖范围不断扩展。1978 年全国广播电台播出时间约 7.7 万小时，电视台播出时间约 1600 小时。2023 年全国广播节目播出时间 1616.0 万小时，电视节目播出时间 2001.6 万小时。2023 年末全国广播节目综合人口覆盖率 99.71%，电视节目综合人口覆盖率 99.79%，分别比 1982 年末提高 35.61 个、42.49 个百分点。

4. 含 33 家教育电视台。

图 2 1982—2023 年广播和电视节目综合人口覆盖率

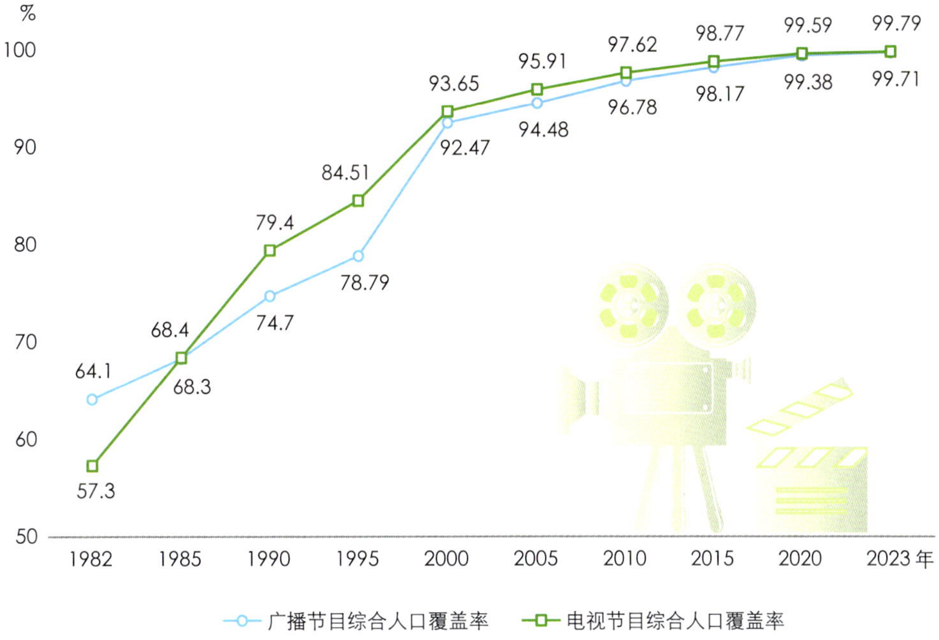

（三）新闻出版发行事业繁荣活跃

新中国成立后，建立起社会主义新闻出版体制，《人民日报》等中央级报刊以及各类地方报刊陆续创刊，形成了全国性报刊网络。1950 年图书出版品种 1.2 万种、总印数 2.7 亿册（张）；期刊出版品种 295 种、总印数 0.4 亿册；报纸出版品种 382 种、总印数 8.0 亿份。改革开放后，

图 3 全国图书、期刊、报纸总印数

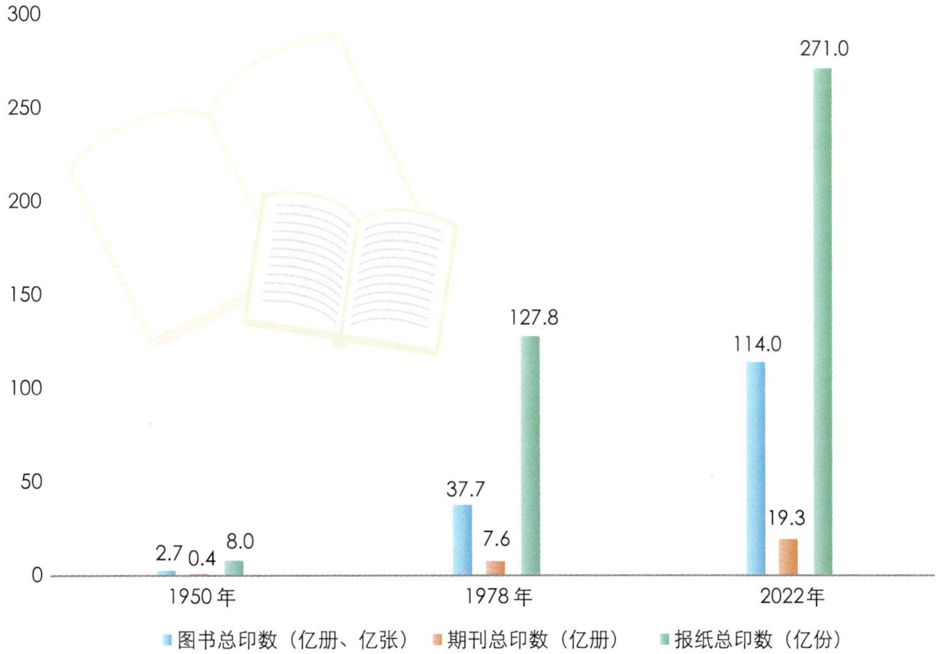

新闻出版业引入市场竞争机制，逐步形成种类齐全、分工明确、业务多元的出版结构，出版能力不断加强。2022 年图书出版品种达到 50.2 万种、总印数 114.0 亿册（张）；期刊出版品种 10139 种、总印数 19.3 亿册；报纸出版品种 1709 种、总印数 271.0 亿份。党的十八大以来，出版业日趋规范化和精细化，推动文学创作全面繁荣，围绕弘扬社会主义主旋律出版了大批优秀出版物，全面展现我国经济社会生活的壮阔场景，社会公众版权意识不断加强，有效推动作品的创作与传播。全国著作权登记总量由 2013 年末的 101.0 万件增加到 2023 年末的 892.4 万件，其中作品著作权登记由 84.5 万件增加到 642.8 万件。

（四）文化文物遗产保护卓有成效

新中国成立以来，大力推动文化遗产保护，文博文物事业与经济社会协同发展。1956 年我国进行了第一次文物普查，登记了大量不可移动文物。1961 年公布了第一批 180 处全国重点文物保护单位，标志着文物建筑受到重视和保护。改革开放后，文物保护法律体系建设加快。1982 年颁布的《中华人民共和国文物保护法》是文化领域第一部专门法律，标志着文物保护事业进入新的历

专栏 1　中华文明探源工程取得重大成果

习近平总书记强调，“中华文明探源工程对中华文明的起源、形成、发展的历史脉络，对中华文明多元一体格局的形成和发展过程，对中华文明的特点及其形成原因等，都有了较为清晰的认识”。中华文明探源工程（中华文明起源与早期发展综合研究）是以考古调查发掘为获取相关资料的主要手段，以现代科学技术为支撑，采取多学科交叉研究的方式，揭示中华民族五千多年文明起源与早期发展的重大科研项目。

中华文明探源工程项目于 2001 年正式提出，2004 年立项并开展分阶段研究。第一阶段（2004—2005 年），开展公元前 2500 年至公元前 1500 年，中原地区文明形态研究。第二阶段（2006—2008 年），扩展到公元前 3500 年至公元前 1500 年，空间范围从黄河中游扩展至黄河上、中、下游，长江中、下游和辽河流域等地。第三阶段（2009—2012 年），重点研究包括黄河、长江及西辽河流域考古学文化年代谱系的完善和各地文明化进程中重大事件的年代学研究等。第四阶段（2013—2018 年），对第三阶段设置的年代、环境、生业、都邑和聚落反映的社会结构以及整合研究等几大课题继续开展研究。第五阶段（2020—2024 年），将近年新发现的距今 5500 年到 3500 年的重要遗址纳入工程中，并加强了理论阐释方面的力度。

围绕辽宁建平牛河梁、山东章丘焦家遗址、浙江余杭良渚、山西襄汾陶寺、陕西神木石峁、河南偃师二里头、四川广汉三星堆等，中华文明探源工程开展了大规模考古调查和发掘，取得了显著成果，展现了中华文明起源与发展的脉络，实证了中华五千多年文明，提出了判断进入文明社会标志的中国方案，为探索世界各地文明起源作出了中国贡献。

撰稿：丁婷婷

史阶段。2023 年末全国重点文物保护单位达 5058 处，比 1961 年增长了 27.1 倍。在加强文物保护的同时，重大文化工程项目取得辉煌成就，中华文明探源工程深化对中华文明根脉的认识。文化精髓挖掘阐释不断深入，文化遗产事业硕果累累。我国入选“世界遗产名录”的文化和自然遗产总数由 2012 年的 43 项增加到 2024 年的 59 项。非物质文化遗产系统性保护水平不断提升，自 2006 年起发布国家级非遗代表性项目，截至 2023 年末共有国家级非遗代表性项目 1557 项；列入联合国教科文组织人类非物质文化遗产代表作名录（名册）项目 43 个，位居世界第一。

二、公共文化服务日益完善，服务效能不断提升

（一）公共文化服务机构健全完善

新中国成立之初，公共文化服务设施极其短缺，全国仅有群众文化机构 896 个，到 1978 年末增加到6893个。改革开放以来，我国公共文化服务建设取得长足进展，已建成覆盖国家、省、市、县、乡、村（社区）六级的公共文化服务设施网络。2023 年末全国共有群众文化机构 43752 个。公共文化服务标准化、规范化全面推进，基础设施进一步夯实，文化惠民工程稳步推进，服务能力和普惠水平不断提高，居民基本文化权益得到保障。全国群众文化机构实际使用房屋建筑面积由 1985 年末的 308.5 万平方米增加到 2023 年末的 5631.6 万平方米。通过配备流动文化服务设备器材，实现流动文化服务常态化，2023 年末全国群众文化机构拥有流动舞台车 1873 辆，是 2012 年末的 4.6 倍。

图 4 公共图书馆、博物馆、文化馆（站）和群众艺术馆数量

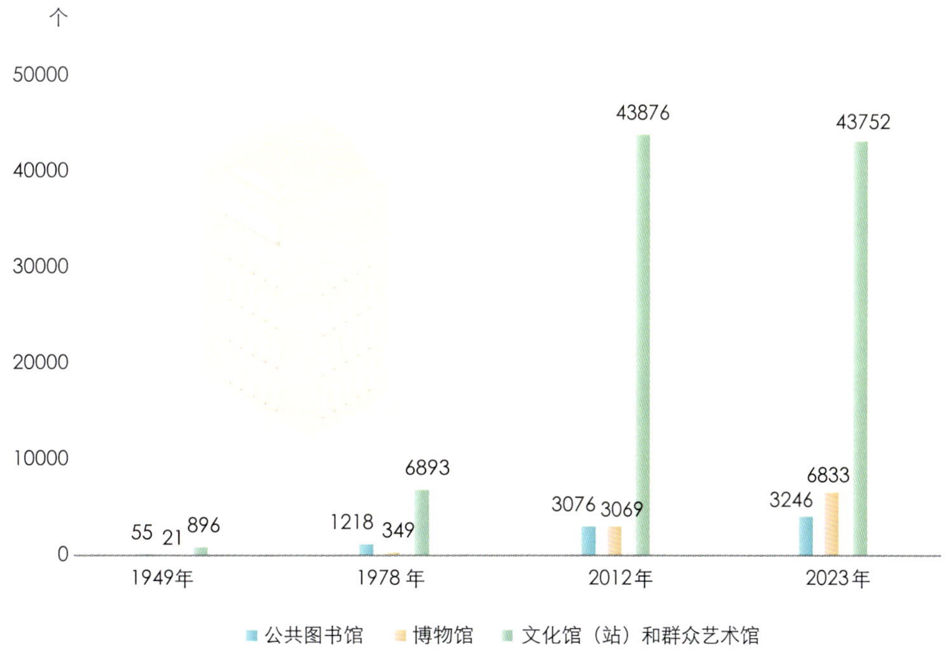

专栏 2　文化惠民工程稳步推进

“文化惠民工程”首次出现在党的十七届三中全会审议通过的《中共中央关于推进农村改革发展若干重大问题的决定》，在“繁荣发展农村文化”中提出“推进广播电视村村通、文化信息资源共享、乡镇综合文化站和村文化室建设、农村电影放映、农家书屋等重点文化惠民工程”。随后，党的十八大提出“加快推进重点文化惠民工程”，党的十九大提出“深入实施文化惠民工程”，党的二十大提出“创新实施文化惠民工程”。随着文化惠民工程不断深入推进，现已成为我国公共文化服务体系的重要组成部分，是构建公共文化服务体系、推动城乡基本公共文化服务均等化和保障人民基本文化权益的重要途径。

在文化惠民工程有力推动下，我国公共文化服务体系建设快速发展，人民群众多层次、多方面、多样化的精神文化需求得到极大满足。2023 年末，全国基层图书馆、文化馆分馆和服务点数量超过 10 万个，乡村文艺团队数量超 46 万个。各地纷纷开展“村晚”活动，2023 年春节、元宵节期间，全国共组织“村晚”活动 20476 场，参与人次约 1.3 亿。全国广播电视制作播出和传输覆盖基本实现数字化，覆盖城乡、便捷高效、功能完备、服务到户的新型广播电视服务体系日趋完善。2023 年末，全国广播节目综合人口覆盖率 99.71%，电视节目综合人口覆盖率 99.79%。乡村广播节目综合人口覆盖率 99.59%，乡村电视节目综合人口覆盖率 99.72%。农村公益电影放映工程不断推进，越来越多票房口碑俱佳的新片、大片，在城市院线下线后第一时间被送到农村群众家门口。2023 年，电影公益放映服务覆盖全国 260 余条农村院线、4 万多个放映队、近 60 万个放映点，实现影片订购 927.6 万场，开展公益放映 824 万场，观影人次约 4.5 亿，全年新供应影片 543 部，其中两年内出品新片 134 部，城市票房过亿影片 22 部。

撰稿：丁婷婷

（二）群众文化活动愈发丰富多彩

1953 年颁布《关于整顿和加强文化馆、站工作的指示》，明确了文化馆、站开展群众文化工作、活跃群众文化生活的职能。随着改革开放的深入，群众文化机构的设施建设、设备条件明显改善，举办各种文化艺术展览、讲座、培训等活动，有效对接居民多样文化需求。1980 年全国群众文化机构共组织文艺活动 20.3 万次、训练班次 2.0 万次、展览 2.4 万次；2023 年分别增加到 246.0 万次、134.9 万次、25.0 万次。群众文化机构服务人次由 2012 年的 4.4 亿人次增加到 2023 年的 18.4 亿人次。党的十八大以来，公共文化服务方式不断创新，通过搭建各类文化展示交流平台，充分发挥居民在公共文化建设中的主体地位，服务效能显著提高。2012 年末全国群众文化机构共有馆办文艺团体 8750 个，2023 年末增加到 9843 个；2023 年馆办文艺团体演出 14.9 万场，观众 10651.7 万人次。

专栏 3 **“村 BA”、村超、村晚展现乡村振兴文化风貌**

随着文化强国、美丽乡村建设等稳步推进，群众性文体活动在各地蓬勃开展，坚持农民唱主角的“村 BA”、村超、村晚等群众性文体活动逐步走入乡村百姓生活。“村 BA”、村超是由农民自发组织和参与的体育活动，比赛场地设在村口球场，比赛由村民组织，参赛者以村民为主，具有浓厚的农趣农味和民族特色。“村 BA”起源于贵州省黔东南州台盘乡“六月六”吃新节篮球赛，参照“NBA”“CBA”的命名规则。村超是乡村足球超级联赛的简称，发起于贵州乡村体育赛事。村晚是由“乡村春晚”一词简化而来，初期指代为庆祝春节村庄举办的文娱活动，以类似“春节联欢晚会”的形式而得名，而后渐渐扩大范围，泛指在村庄开展的群体性文娱活动，不受限于庆祝某一节日。

近年来，“村 BA”、村超、村晚不仅丰富了乡村文化生活，成为乡村文化体育的重要组成部分，还展示了地区的民族、民俗文化，成为有效促进各民族交往、交流、交融的创新载体。为此，中共中央、国务院发布《关于做好 2023 年全面推进乡村振兴重点工作的意见》指出，要支持乡村自办群众性文化活动。2024 年发布《关于学习运用“千村示范、万村整治”工程经验有力有效推进乡村全面振兴的意见》进一步指出，促进“村 BA”、村超、村晚等群众性文体活动健康发展。

撰稿：张鹏

（三）图书馆建设助力全民阅读

新中国成立之初，对图书馆进行了大力改造，补充了马列主义、毛泽东思想的经典著作，北京大学、武汉大学等院校建立图书馆学专修科，为图书馆事业培养专业人才。1949 年末全国共有公共图书馆 55 个，1978 年末增加到 1218 个。改革开放带来了图书馆事业的繁荣，形成了由公共图书馆、高校图书馆、专业图书馆等构成的图书馆体系。2018 年《中华人民共和国公共图书馆法》施行，为公共图书馆事业的发展提供了法律保障。2023 年末全国共有公共图书馆 3246 个，总藏量 143609 万册。2023 年总流通人次 116061 万人次，书刊文献外借 78299 万册次，分别是 1979 年的 14.9 倍、8.1 倍；组织讲座、展览、培训班等由 2012 年的 8.2 万次增加到 2023 年的 29.4 万次。随着优质图书增多和全民阅读深入开展，阅读推广活动丰富多彩，数字平台极大丰富了阅读资源，持续激发居民阅读热情。2012 年我国成年国民包括书报刊和数字出版物在内的各种媒介的综合阅读率为 76.3%，2023 年为 81.9%；人均纸质图书阅读量、人均电子书阅读量分别由 2012 年 4.39 本、2.35 本增加到 2023 年的 4.75 本、3.40 本。

（四）“博物馆热”持续升温

新中国成立后，博物馆事业逐步恢复和发展。1949 年末全国仅有博物馆 21 个，到 1957 年末博物馆数量达到 72 个，除青海、西藏外，省级博物馆基本建立。随着改革开放的推进，博物馆事业迎来了发展高峰，博物馆数量显著增加，类型日益丰富，功能不断拓展。2022 年末全国共有博物馆 6091 个，拥有藏品 4691.6 万件（套），是 1995 年末的 5.3 倍；展览用房、文物用房建筑面积分别为 1681.2 万平方米、264.3 万平方米，分别是 2012 年末的 2.4 倍、2.1 倍，藏品保存展示环境明显改善。博物馆积极适应时代变化，展览主题内容、科技含量、艺术感染力大幅提升，2008 年起全国博物馆陆续实行免费开放政策，极大激发居民对博物馆的兴趣和参与度，“博物馆热”现象持续升温。全国博物馆举办基本陈列数量、临时展览数量分别由 2012 年的 8230 个、11885 个增加到 2022 年的 16711 个、14587 个。

三、文化市场建设有序推进，文化产业蓬勃发展

（一）文化产业整体规模稳步扩大

改革开放为文化产业发展带来了契机，1979 年第一家音乐茶座在广州东方宾馆开设，标志着文化市场的兴起，文化产业概念逐渐成形、快速发展。2003 年，文化体制改革试点，我国文化产

图 5 2004—2022 年文化及相关产业增加值及占 GDP 比重

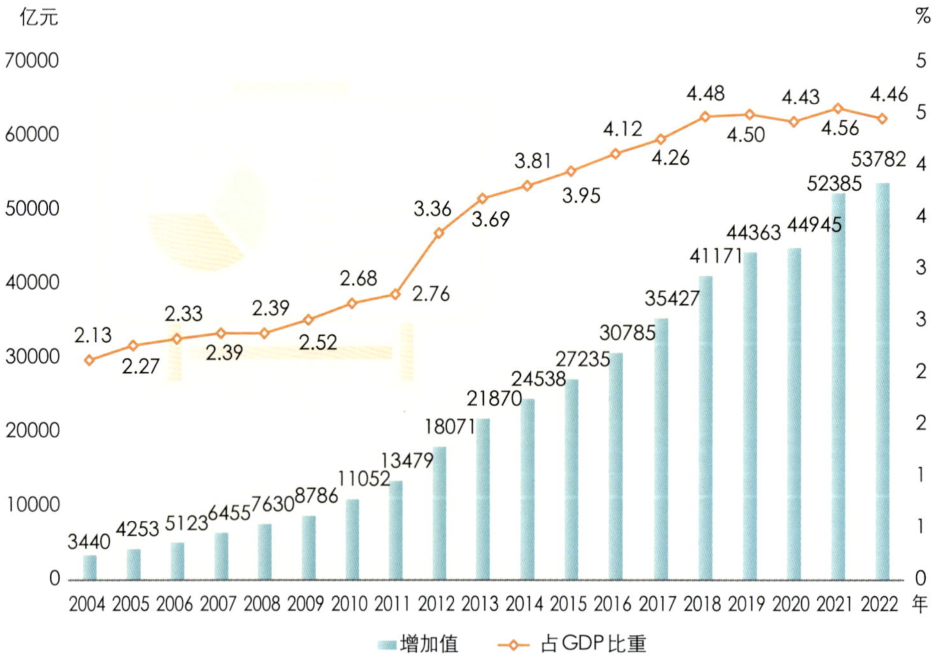

业发展从探索、起步、培育的初级阶段，逐步进入全面提升新阶段，文化产业经济总量保持较快增长。2004 年全国文化及相关产业增加值为 3440 亿元，2022 年增加到 53782 亿元，增长 14.6 倍，年均增长 16.5%；文化及相关产业增加值占 GDP 比重由 2004 年的 2.13% 提高到 2022 年的 4.46%；2004—2022 年文化产业对 GDP 增量的年平均贡献率为 4.8%。文化产业协调发展加快推进，产业布局不断优化，文化服务业成为推动文化产业发展的主体力量。2012 年文化服务业增加值占文化及相关产业增加值的比重为 53.3%，2022 年达到 65.4%，2012—2022 年文化服务业对文化及相关产业增加值增量的贡献率为 71.5%。

（二）文化骨干企业不断扩充壮大

2009 年，我国第一部文化产业专项规划《文化产业振兴规划》出台，推动了文化产业的规模化、集约化发展，文化经营主体逐步发展壮大，规模以上文化企业数量较快增长，吸纳就业人员数量稳步提高。全国规模以上文化企业由 2012 年末的 3.6 万家增加到 2022 年末的 7.2 万家，年均增长 7.0%；吸纳就业人员由 699 万人增加到 772 万人，年均增长 1.0%。规模以上文化企业竞争力和影响力逐步增强，对文化产业发展的带动效应凸显。2012 年全国规模以上文化企业实现营业收入 5.6 万亿元、利润总额 3705 亿元，2022 年分别达到 12.4 万亿元、9370 亿元。营业收入、利润总额占全部文化及相关产业法人单位比重由 2012 年的 72.3%、68.5%，分别提高到 2022 年的 74.8%、73.7%。

（三）文化数字化战略扎实推进

党的二十大提出“实施国家文化数字化战略”，推动文化与科技深度融合，进一步加强科技创新在文化产业发展中的战略支撑作用。全国规模以上文化制造业企业研究与试验发展（R&D）经费投入由 2012 年 267 亿元增加到 2022 年 577 亿元，年均增长 8.0%；占规模以上文化制造业企业营业收入的比重由 2012 年 0.86% 提高到 2022 年 1.33%。全国规模以上文化制造业企业 R&D 人员全时当量由 2012 年 8.9 万人年增加到 2022 年 17.3 万人年，年均增长 6.8%。随着国家文化数字化战略稳步推进，文化数字化实践取得丰硕成果。2023 年末国家级广电视听产业基地（园区）达到 28 个[5]，规划建筑面积总计 3.9 亿平方米，入驻广电视听企业 10680 家；2023 年国家级广电视听产业基地（园区）实际投资额 579.8 亿元，营业收入 1658.3 亿元，分别比 2020 年增长 81.5%、88.1%，年均增长 22.0%、23.4%。

5. 指纳入统计范围的国家级广电视听产业基地数量。

专栏4 **国家文化数字化战略启动实施**

大数据、云计算、物联网、区块链、人工智能等数字技术的加速创新，深刻改变着社会生产方式和生活方式，极大激发了以社交媒体、视频平台、数字阅读、数字音频等为代表的数字文化消费需求，推动数字文化建设快速全面发展。为应对互联网快速发展给文化建设带来的机遇和挑战，党的十九届五中全会提出“实施文化产业数字化战略”。2022年，中共中央办公厅、国务院办公厅印发《关于推进实施国家文化数字化战略的意见》，对推进国家文化数字化的路径和步骤作出重要部署。党的二十大正式提出“实施国家文化数字化战略”，并将其纳入《数字中国建设整体布局规划》。

“十四五”时期末，国家文化数字化战略主要目标为基本建成文化数字化基础设施和服务平台，基本贯通各类文化机构的数据中心，基本完成文化产业数字化布局，公共文化数字化建设跃上新台阶，形成线上线下融合互动、立体覆盖的文化服务供给体系。当前，国家文化数字化战略重点任务包括关联形成中华文化数据库，夯实文化数字化基础设施，搭建文化数据服务平台，促进文化机构数字化转型升级，发展数字化文化消费新场景，提升公共文化服务数字化水平，加快文化产业数字化布局，构建文化数字化治理体系等。

撰稿：张鹏

（四）文化新业态发展势头强劲

科技创新赋能文化产业发展，推动供给侧深刻变革，以数字化、网络化、智能化为主要特征的文化新业态应运而生并快速发展，已成为推动文化产业高质量发展的重要支撑。2012年文化新业态特征较为明显的16个行业小类[6]实现营业收入6439亿元，2022年达到50106亿元，年均增长22.8%；占全部文化及相关产业营业收入比重由2012年的8.3%提高到2022年的30.3%。2012—2022年文化新业态行业对文化产业营业收入增量的贡献率为49.8%。文化创新产品广泛传播，数字内容、动漫游戏、视频直播、网络表演、数字出版等基于互联网和移动互联网的新兴文化业态彰显巨大发展潜力，成为文化产业发展的新动能和新增长点。2023年新增互联网视频节目11291.9万小时，互联网音频节目7968.6万小时，短视频54746.3万小时，分别比上年增长160.9%、32.7%、5.5%。全国共有互联网视频年度付费用户7.3亿，互联网音频年度付费用户1.8亿，短视频上传用户超过7.5亿。

6. 新业态特征明显的16个行业小类是：广播电视集成播控，互联网搜索服务，互联网其他信息服务，数字出版，其他文化艺术业，动漫、游戏数字内容服务，互联网游戏服务，多媒体、游戏动漫和数字出版软件开发，增值电信文化服务，其他文化数字内容服务，互联网广告服务，互联网文化娱乐平台，版权和文化软件服务，娱乐用智能无人飞行器制造，可穿戴智能文化设备制造，其他智能文化消费设备制造。

图 6 2012—2022 年文化新业态行业法人单位营业收入及占全部文化法人单位比重

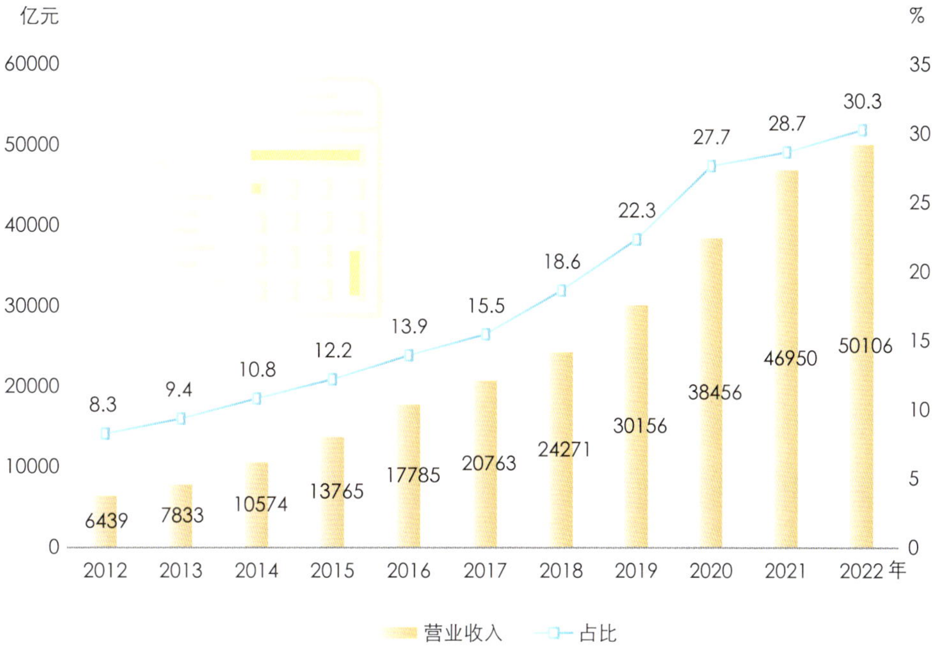

四、文化产品不断丰富拓展，文化软实力显著增强

（一）文艺表演创作百花齐放

新中国成立以来，我国艺术创作演出事业坚持以人民为中心，树立精品意识，成为展现民族文化、促进艺术创新和增强社会凝聚力的重要力量。1949 年末全国共有艺术表演团体 1000 个，到 1978 年末增加到 3150 个，2023 年末达到 17781 个。2012 年艺术表演团体共演出 135.0 万场，2023 年达到 254.2 万场，观众 9.0 亿人次。文艺工作者们创作了大量优秀文艺作品，为人民群众提供了丰富精神食粮。大型音乐舞蹈史诗《东方红》奏响了高昂激越的革命颂歌，《白毛女》《小二黑结婚》深刻反映了社会变革，《红色娘子军》《青春之歌》等经典影视作品不仅在国内产生广泛影响，也在国际获得高度认可。党的十八大以来，戏剧和演艺剧目佳作迭出，展演展示平台多元发展，系列艺术创作工程稳步推进，奉献大批优秀剧本和剧目。大型情景史诗《伟大征程》等弘扬传承优秀传统文化和革命文化、歌颂时代精神，《大道薪火》等重大题材作品厚重真挚，《文脉春秋》等文化类作品展现中华文明悠久历史和人文底蕴，《黄河安澜》等记录作品描绘奋进新征程，《声生不息·宝岛季》等节目热播荧屏。

（二）文旅融合资源得到广泛开发

新中国成立初期，旅游业主要以外事接待为主，国内旅游市场尚未大规模开发。改革开放后，旅游业快速发展。2009年《关于促进文化与旅游结合发展的指导意见》发布，明确提出文旅融合发展思路，标志着文旅融合正式进入政策视野和实际操作。党的二十大提出“坚持以文塑旅、以旅彰文，推进文化和旅游深度融合发展”，为文旅融合的未来发展指明了方向，文旅产业在资源禀赋、产品形态、产业链条等方面相互渗透程度日益加深。国内出游人次由1994年的5.2亿人次增加到2023年的48.9亿人次；国内游客出游总花费由1994年的1023.5亿元增加到2023年的4.9万亿元。文旅融合创新发展，红色旅游线路阔步推进，乡村旅游精品工程深化实施，文化主题公园、文旅节庆活动、非遗工坊等迅速发展。全国各类非物质文化遗产保护机构举办演出由2014年的3.5万场增加到2023年的8.2万场，举办民俗活动由1.3万场增加到1.8万场。2023年末国家文化产业和旅游产业融合发展示范区建设单位达到50个，评选出国家考古遗址公园55家。

（三）居民文化消费潜力持续释放

新中国成立75年来，随着经济的快速增长和人民生活水平的提高，文化消费基础不断改善，文化需求日益增长，居民文化消费总体水平持续提升。居民用于文化娱乐的人均消费支出由2013年的577元增加到2023年的823元。居民文化消费观念更新，文化消费品类更加丰富，文化消费持续升级。城镇居民家庭和农村居民家庭平均每百户彩色电视机拥有量分别由1990年的59.0台、4.7台增加到2023年的107.2台、108.8台。随着电影产业内容与技术的深度发展，居民观影热情逐步提升，电影票房保持强劲增长势头。全国电影票房总收入由2012年的170.7亿元增加到2023年的549.2亿元；其中国产电影票房占比由48.5%提高到83.8%；城市院线观影人次由2013年的6.2亿人次增加到2023年的13.0亿人次。

（四）中华文明影响力显著增强

新中国成立以来，我国文化进出口规模持续扩大，结构不断优化，贸易伙伴日益增多，中华文化“走出去”步伐加快，与世界各国优秀文化交融互利。2012年我国文化产品进出口总额为887.5亿美元，2023年达到1621.8亿美元。我国与“一带一路”共建国家和地区文化产品进出口总额由2012年的129.1亿美元增加到2023年的484.5亿美元。新话语、新形式助推文化交流国际化水平进一步提高，国家文化软实力、中华文化感召力、国际传播影响力显著提升。《习近平谈治国理政》面向海外发行引发热烈反响，《国家宝藏》《传承者》等节目海外热映塑造可信、可爱、可敬的中国形象，“欢乐春节”“文化中国”等庆典活动推广绚丽多彩的文化遗产，中华文化在世界舞台展现永恒魅力与新时代风采。

新中国成立75年来，我国文化建设呈现高质量、跨越式发展局面，人民群众文化获得感和幸福感不断增强，中华文化持续焕发出勃勃生机与时代风采。新时代新征程，要坚持以习近平新时代中国特色社会主义思想为指导，深入学习贯彻习近平文化思想，围绕新的文化使命，进一步坚定文化自信，秉持开放包容，坚持守正创新，为全面建设社会主义现代化国家、全面推进中华民族伟大复兴提供坚强思想保证和强大精神力量。

撰稿：潘旭华

22 卫生健康事业取得长足发展 人民健康权益得到有效保障

人民健康是社会主义现代化的重要标志。健康连着千家万户的幸福，关系国家和民族的未来。新中国成立 75 年来，我国大力推动卫生健康事业改革发展，不断完善医疗卫生服务体系建设，充分发挥中医药独特优势，持续强化覆盖全民的公共卫生服务。党的十八大以来，以习近平同志为核心的党中央把人民健康放在优先发展的战略地位，全方位、全周期维护和保障人民健康，人民健康水平大幅提高，逐步走出了一条中国特色卫生健康事业改革发展之路。

一、医疗卫生服务体系建设扎实推进

新中国成立 75 年来，我国持续优化医疗卫生服务体系，加强卫生人才队伍建设，建立健全医疗保障制度，完善药品供应保障机制，医药卫生服务体系不断健全完善，服务能力持续提升。

（一）医疗卫生资源总量持续增加

医疗卫生机构和床位数量显著攀升。全国医疗卫生机构数和床位数分别从 1949 年的 3670 个、8.5 万张增加到 2023 年的 107 万个、1017 万张，分别增长 290.8 倍、119.3 倍。其中，医院数和床位数分别从 1949 年的 2600 个、8.0 万张增加到 2023 年的 3.8 万个、800 万张，分别增长 13.8 倍、99.1 倍。每千人口医疗卫生机构床位数由 1949 年的 0.16 张提高到 2023 年的 7.23 张。

基层医疗卫生服务网络不断健全。截至 2023 年底，全国共有基层医疗卫生机构 102 万个，占医疗卫生机构总数的 94.9%，2000 年以来保持在 90% 以上。2023 年，全国医疗卫生机构总诊疗人次 95.5 亿人次，其中 51.8% 由基层医疗卫生机构提供服务，这一比例自 2004 年以来均稳定在 50% 以上。2018 年全国第六次卫生服务统计调查显示，87.1% 的居民在县域内医疗机构就诊，89.9% 的家庭 15 分钟以内能够到达最近的医疗点。截至 2023 年底，全国共建成各种形式的医联体 1.8 万余个，双向转诊人次数达到 3032 万人次，县域内常见病、多发病就诊率达到 90% 以上。

（二）医疗卫生人才队伍逐步壮大

卫生人员力量日渐充盈。全国卫生人员总数从 1949 年的 54.1 万人增加到 2023 年的 1524 万人，增长 27.2 倍；其中，卫生技术人员 1249 万人，增长 23.7 倍。在卫生技术人员中，执业（助理）医师 478 万人，增长 12.2 倍；注册护士 564 万人，增长 169.8 倍。每千人口执业（助理）医师由 1949 年的 0.67 人提高到 2023 年的 3.40 人，每千人口注册护士由 0.06 人提高到 4.00 人。

图 1 每千人口执业（助理）医师及注册护士数

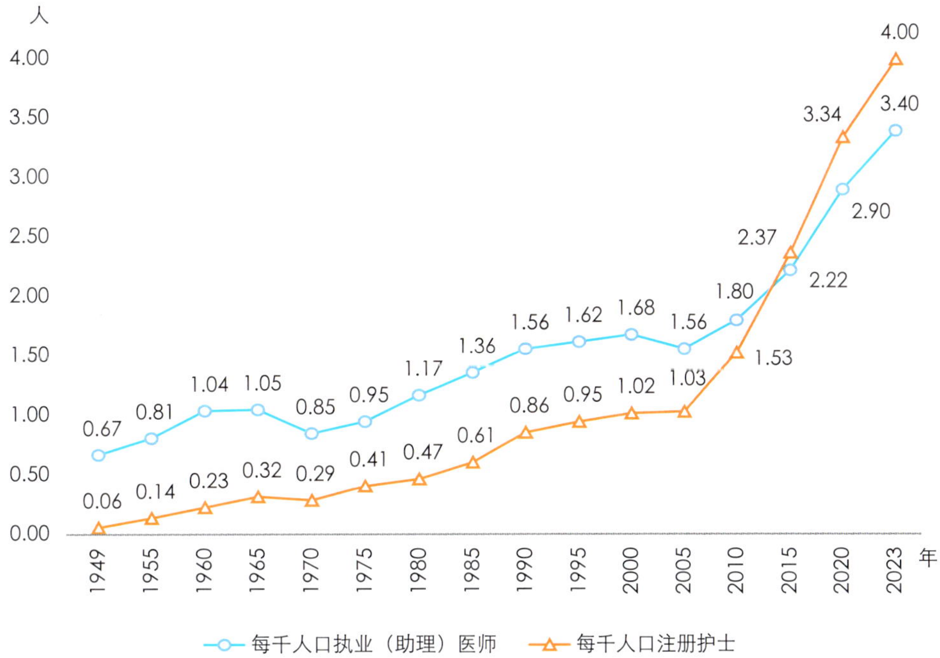

卫生人才队伍结构持续优化。截至 2023 年底，卫生技术人员占卫生人员的比重提高到 82.0%，比 1978 年提高 50.7 个百分点。医护比从 1949 年的 1∶0.09 优化为 2023 年的 1∶1.18。截至 2021 年底，全国卫生技术人员中，研究生学历占 6.5%，比 2002 年提高 5.4 个百分点；大学本科占 37.7%，提高 24.5 个百分点；大学专科占 38.8%，提高 12.1 个百分点。

（三）医疗保障网底不断织密织牢

医疗保障能力持续提升。新中国成立后，我国在较短时间内建成了世界上最大、覆盖全民的基本医疗保障网，为人民群众看病就医提供了坚实制度保障。截至 2023 年底，基本医疗保险参保人数为 13.3 亿人，参保覆盖面自 2018 年起持续稳定在 95% 以上。城乡居民基本医疗保险人均财政补助标准从 2007 年的不低于 40 元提高到 2023 年的 640 元，增长 15 倍；2023 年，职工医保、居民医保住院费用目录内基金支付比例分别为 84.6% 和 68.1%，连续多年稳定在 80% 左右和 70% 左右。为缓解因病致贫、因病返贫问题，我国建立医疗兜底保障机制。2023 年，医疗救助基金共资助 8020 万人参加基本医疗保险，全国纳入监测范围农村低收入人口参保率稳定在 99% 以上。2023 年，基本医疗保险、大病保险等各项医保综合帮扶政策惠及农村低收入人口就医 1.9 亿人次，减轻医疗费用负担 1884 亿元。

医疗服务更加便民惠民。为提升医疗卫生服务质量，近年来我国“互联网 + 医疗健康”加快发展。截至 2023 年底，全国二级及以上公立医院中，67.6% 开展了远程医疗服务，59.2% 开展了预约诊疗；截至 2023 年底，全国共有 55.0 万家跨省联网定点医药机构；2023 年，门诊费用跨省直接结算 1.2 亿人次，住院费用跨省直接结算 1125 万人次，有力提升了医疗卫生服务效率。

专栏 1　全国医疗机构信息互通共享三年攻坚行动

党中央、国务院高度重视新一代信息技术在医药卫生领域的应用，推动用新一代信息技术重塑医药卫生管理和服务模式，优化资源配置，提升服务效率。

2023 年起，国家卫生健康委会同相关部门，开展全国医疗卫生机构信息互通共享攻坚行动，截至 2023 年 11 月，国家全民健康信息平台已基本建成，省级统筹区域全民健康信息平台不断完善，基本实现了国家、省、市、县平台的联通全覆盖，已经有 8000 多家二级以上公立医院接入区域全民健康信息平台，20 个省份超过 80% 的三级医院已接入省级的全民健康信息平台，25 个省份开展了电子健康档案省内共享调阅，17 个省份开展了电子病历省内共享调阅，204 个地级市开展了检查检验结果的互通共享。在此基础上，以广大群众需求为导向，攻坚行动提出了八个方面的目标任务，提升群众的就医体验。一是普及推广电子健康卡。二是推动检查检验结果互通共享。到 2025 年底，全国所有的二级公立医院要实现检查检验结果跨机构调阅。三是推广商业健康保险就医费用一站式结算。到 2025 年底，有条件的省份要实现商业健康保险就医费用即时结算。四是推动电子健康档案“跨省份查询”。计划 2025 年底，试点省份要实现电子健康档案向居民本人提供实时授权查询服务。五是完善国家及省统筹区域全民健康信息平台。六是建立统一的卫生健康信息传输网。七是推动医院信息化建设提档升级。八是全力提升网络和数据安全的防护能力，加强个人信息保护。

撰稿：辛佳

（四）药品供应保障机制不断完善

药品品种数量大幅增加。经过 75 年的努力，我国已扭转了缺医少药的局面，药品品种和数量基本满足国内需求，实现了药品注册申请、审批、生产、销售全程监管。1953 年我国颁布第一版《中国药典》，仅录入 531 种药品；2020 年颁布的第 11 版《中国药典》显示，我国药品品种总数已提高到 5911 种。

药品供应保障力度加大。1979 年我国引入基本药物制度，2011 年实现基本药物制度在政府办基层医疗卫生机构的全覆盖，2018 年版国家基本药物目录总品种增至 685 种，在覆盖主要临床病种的基础上，重点聚焦癌症、儿科疾病、慢性病等病种。自 2018 年药品集中带量采购改革实施以来，九批药品集采共覆盖 374 种药品，中选药品价格平均下降超 50%。

二、公共卫生服务水平全面提升

新中国成立 75 年来，我国始终坚持预防为主、防治结合的方针，加大传染病、慢性病等疾病预防控制力度，不断提高公共卫生服务的可及性，切实提升突发公共卫生事件应急能力，有力保障人民群众生命健康。

（一）疾病预防控制体系不断健全

图 2 专业公共卫生机构床位和人员情况

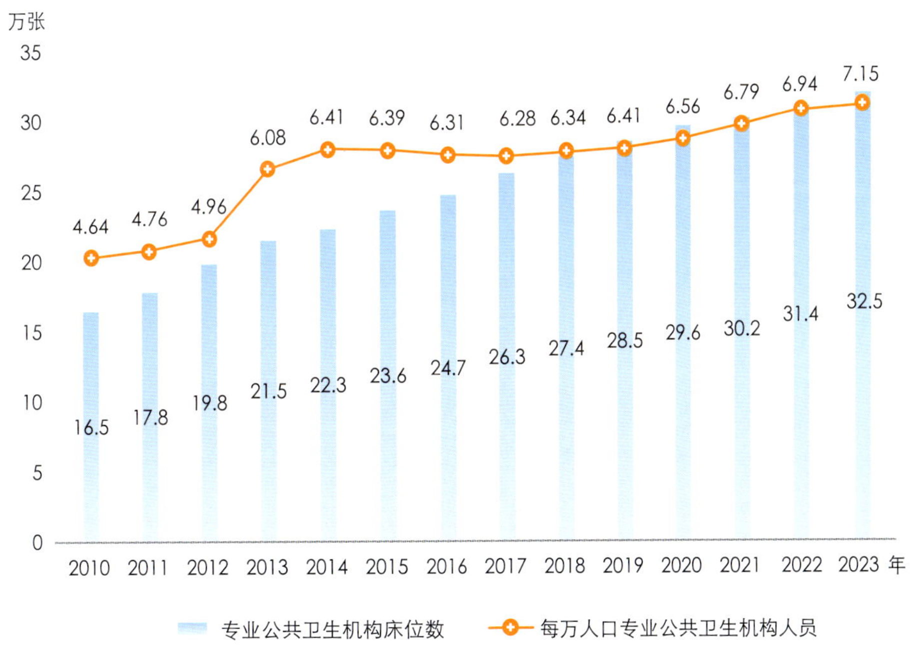

公共卫生资源稳步增加。新中国成立 75 年来，我国加大疾病预防控制体系建设力度，建立起国家、省、市、县四级疾病预防控制体系。截至 2023 年底，我国共有专业公共卫生机构 1.2 万个，其中疾病预防控制中心从 1950 年的 61 个增加到 2023 年的 3426 个，专科疾病防治机构从 1950 年的 30 个增加到 2023 年的 823 个。全国专业公共卫生机构共有床位 32.5 万张，卫生人员 101 万人，分别比 2010 年增长 97.6% 和 61.1%；每万人口专业公共卫生机构人员从 2010 年的 4.64 人提高到 2023 年的 7.15 人。2009 年我国启动实施了国家基本公共卫生服务项目，到 2023 年，人均财政补助标准从 15 元提高到 89 元，服务内容不断拓展。

疾病预防控制成效显著。我国 1962 年消灭天花，基本消灭和控制了鼠疫、黑热病等烈性传染病；1994 年消灭脊髓灰质炎；2008 年消除丝虫病；2012 年消除新生儿破伤风；2017 年首次实现了无本地疟疾病例报告。我国从 20 世纪 70 年代开始实行国家免疫规划，逐步将免疫规划疫苗扩大到 14 种，可以预防 15 种传染病，目前适龄儿童免疫规划疫苗接种率保持在 90% 以上，疫苗可预防的多种传染病发病率降至历史最低水平。全国甲乙类传染病报告发病率由 1955 年的 2139.7/10 万降至 2023 年的 198.2/10 万，死亡率由 18.4/10 万降至 1.9/10 万。

（二）公共卫生应急能力有效增强

突发事件应急机制不断完善。我国建成了全球最大的法定传染病和突发公共卫生事件网络直报系统，平均报告时间缩短到 4 小时以内，国家层面建立了 72 小时内快速鉴定 300 种病原体的技术体系，100% 的省级和 90% 的市级疾控中心具备核酸检测和病毒分离能力。此外，还建立了突发公共卫生事件应急指挥决策体系，建成 4 大类 59 支国家级卫生应急队伍。

重大疫情防控能力持续提升。我国有序有效处置了血吸虫病、“非典”、H7N9、新冠病毒感染等重大突发疫情，埃博拉出血热防控实现国内“严防控、零输入”和援非抗疫“打胜仗、零感染”。2020 年，面对新中国成立以来传播速度最快、感染范围最广、防控难度最大的一次重大突发公共卫生事件——新冠病毒感染疫情，我国用 1 个多月的时间初步遏制疫情蔓延势头，用 2 个月左右的时间将本土每日新增病例控制在个位数以内，用 3 个月左右的时间取得武汉保卫战、湖北保卫战的决定性成果，夺取了全国抗疫斗争重大战略成果。随后及时将全国总体防控策略调整为“外防输入、内防反弹”，推动防控工作由应急性超常规防控向常态化防控转变，健全及时发现、快速处置、精准管控、有效救治的常态化防控机制，最大限度保障人民正常生产生活。

（三）慢性病防治取得积极成效

慢性病监测体系不断健全。20 世纪 60 年代我国开始建设中国居民死因监测和肿瘤登记报告系统，1980 年开始建设国家综合疾病监测系统，目前已建成覆盖全国的以死因监测、慢性病与营养监测、肿瘤登记为主体的慢性病监测体系。截至 2023 年底，全国有 485 个国家级慢性病综合防控示范区，2896 个区县启动了全民健康生活方式行动。

慢性病早筛早诊早治稳步推进。2005 年开始，依托国家重大公共卫生服务项目，我国每年向高发地区居民提供癌症、心脑血管疾病等慢性病早筛早诊早治惠民服务。截至 2022 年底，我国高发地区重点癌种的早诊率已经达到 55% 以上。2022 年，我国居民重大慢性病过早死亡率为 15.2%，与 2015 年的 18.5% 相比下降了 3.3 个百分点。

（四）人居环境卫生状况明显改善

爱国卫生运动不断创新发展。1952 年以来，我国开展了全国范围的爱国卫生运动，各地深入推进“两管五改”[1] 工作，广泛开展“五讲四美”活动，人民文明卫生素质得到提升。截至 2023 年底，全国命名国家卫生城市（区）438 个（含直辖市所辖区、地级市和县级市），占城市总数的 57.5%；命名国家卫生乡镇（县城）3307 个，占乡镇总数的 10.5%。

城乡人居环境进一步优化。2022 年，城市污水处理率为 98.1%，比 2000 年提高 63.8 个百分点；生活垃圾无害化处理率为 99.9%，比 2001 年提高 41.7 个百分点。2023 年末，全国有 87.6% 的村生活垃圾集中处理，有 34.8% 的村生活污水集中处理，比 2013 年末分别提高 37.5 个和 23.2 个百分点。

三、中医药传承创新发展阔步向前

新中国成立 75 年来，我国从“团结中西医”到“中西医并重”，不断增强中医药传承创新发展能力，建立健全中医药服务体系，持续完善中医药人才培养体系，有力发挥中医药在治未病、重大疾病治疗和康复、重大疫情防治等方面的重要作用。

（一）中医药服务体系建设持续推进

中医药发展政策机制日益完善。新中国成立初期，我国把“团结中西医”作为卫生工作三大方针之一，2003 年颁布《中华人民共和国中医药条例》，2009 年颁布实施《关于扶持和促进中医药事业发展的若干意见》，2017 年正式实施首部中医药专门法律《中华人民共和国中医药法》，建

1. 指管水、管粪以及改水井、改厕所、改畜圈、改炉灶、改环境。

立国务院中医药工作部际联席会议制度，为推动中医药传承创新、促进中医药振兴发展提供了有力政策和机制保障。

中医医疗服务网络逐步健全。截至2023年底，全国共有中医类医疗卫生机构9.3万个，占医疗卫生机构总数的8.6%，其中，中医医院从1950年的4个增加到2023年的5053个；床位173万张，占17.0%。2023年，全国已有99.6%的社区卫生服务中心、99.6%的乡镇卫生院、94.2%的社区卫生服务站、82.9%的村卫生室能够提供中医服务。医保药品目录内中成药（含民族药）品种从2000年的622种提高到2023年的1390种，占比保持在40%以上。

（二）中医药健康服务能力稳步提升

中医药健康服务获得更多认可。2023年，全国中医类医疗卫生机构总诊疗人次15.4亿人次，出院人次4981万人次，分别占医疗服务总量（不含村卫生室）的18.8%和16.5%。2023年，中国公民中医药健康文化素养水平[2]达到24.62%，比2016年的12.85%提高11.77个百分点；全国中医药健康文化知识普及率、阅读率、信任率均高于90%，中医药以其独特的优势受到群众广泛欢迎。

中医药在重大疫情防治和突发公共事件医疗救治中充分发挥作用。在“非典”、流感、埃博拉出血热、新冠病毒感染等新发突发传染病的防控和四川汶川特大地震、甘肃舟曲特大泥石流等突发公共事件医疗应急中，中医药均发挥了重要作用。

（三）中医药人才队伍建设不断强化

中医药卫生人员力量日益增强。截至2023年底，全国共有中医药卫生人员104.5万人，比2008年增长2.0倍；中医药卫生人员占卫生人员总数的6.9%，提高2.0个百分点；其中，中医类别执业（助理）医师86.8万人，增长2.4倍；中医类别执业（助理）医师占同类人员总数的18.2%，提高6.6个百分点；中药师（士）16.1万人，增长80.9%。

中医药人才培养成效显著。自1956年批准成立首批中医学院以来，我国中医药高等教育培养了近200万名中医药专门人才。截至2021年底，全国共有高等中医药院校44所，411所高等西医药院校或非医药院校设置了中医药专业。截至2023年底，共评选表彰了120名“国医大师”、201名“全国名中医”和60名中医药高等学校教学名师，使中医药根脉相继、薪火相传。

2. 2016年起，国家中医药局联合国家卫生健康委组织开展中国公民中医药健康文化素养调查，调查包括中国公民中医药健康文化素养水平和全国中医药健康文化知识普及情况两方面内容。全国中医药健康文化知识普及情况主要涉及4个指标：全国中医药健康文化知识普及率、阅读率、信任率和行动率，分别指接触、阅读、信任和使用中医药健康文化知识的人占总人群的比例。

专栏 2 **中药青蒿助力全球抗疟**

疟疾是一种由疟原虫引起、蚊子叮咬传播的急性传染病，是全球最大的公共卫生问题之一，至今仍威胁着人类的健康。

20 世纪 60 年代，引发疟疾的疟原虫渐渐表现出强大的抗药性。在氯喹抗疟失效、人类饱受疟疾之害的情况下，我国启动了抗疟药物研究项目。1969 年，被任命为中医研究院中药抗疟科研组组长的屠呦呦和她的团队开始了中药抗疟研究。1971 年 10 月，在经历了 190 次失败后，屠呦呦团队成功实现 191 号青蒿乙醚中性提取物样品对鼠疟的抑制率达到 100%，这是青蒿素发现史中最为关键的一步。当年 11 月，又进一步从抗疟有效部位中分离提纯得到有效单体——青蒿素。两年的时间，从中药青蒿到青蒿素首次临床试用，其速度之快，在药物研发史上极为罕见。1981 年，世界卫生组织致函原中国卫生部，抗疟新药青蒿素得到世界认可。青蒿素药品不仅价格低，而且见效快、副作用小，非洲疫区民众将这种疗效明显、价格便宜的中国药称为“来自遥远东方的神药”。

2015 年 12 月，屠呦呦因青蒿素抗疟研究的杰出贡献获颁诺贝尔生理学或医学奖。她说：“青蒿素是人类征服疟疾进程中的一小步，是中国传统医药献给世界的一份礼物。”

如今距青蒿素发现已过去半个世纪，但它依然是全球重要的抗疟药物，青蒿素联合疗法与药浸蚊帐推广等预防手段配合，有效降低了全球疟疾发病率和死亡率，为全球抗疟工作作出了巨大贡献。

撰稿：辛佳

（四）中医药走向世界步伐逐步加快

中医药文化传播愈发广泛。截至 2023 年底，全国已有 182 个中医药类项目列入国家级非物质文化遗产代表性项目名录，“中医针灸”“藏医药浴法”列入联合国教科文组织“人类非物质文化遗产代表作名录”，《黄帝内经》和《本草纲目》入选世界记忆名录，部分中药材品种已纳入《美国药典》《欧盟药典》，《中华医藏》首批“养生卷”74 种图书正式出版。

中医药“走出去”取得积极成效。截至 2022 年 9 月，中医药已传播到 196 个国家和地区，据世界卫生组织统计，113 个成员国认可针灸等中医药诊疗方式，29 个成员国制定了传统医学相关法律法规。以中医药为代表的传统医学纳入世界卫生组织国际疾病分类代码（ICD-11），国际标准化组织成立中医药技术委员会（ISO/TC249），截至 2023 年 6 月陆续制定颁布 95 项中医药国际标准。

四、人民健康水平稳步提高

新中国成立 75 年来，我国医疗卫生事业立足全人群和全生命周期两个着力点，高度重视妇女、儿童、老年人等群体的健康权益，大力推动实施健康中国战略，人民总体健康水平位居中高收入国家前列。

（一）居民健康水平持续提升

人均预期寿命不断提高。据国家卫生健康委统计，新中国成立初期，我国人均预期寿命仅35.0岁，1996年超过70岁，达到70.8岁，随后持续提高，到2021年人均预期寿命超过78岁，达到78.2岁，2023年进一步提高到78.6岁。

国民体质水平明显上升。2020年全国7岁及以上人口中每周参加1次及以上体育锻炼人数比例为67.5%，经常参加体育锻炼人数[3]比例为37.2%；全国达到《国民体质测定标准》“合格”等级以上的人数比例为90.4%，比2000年提高3.3个百分点。全民健身运动蓬勃发展，人均体育场

专栏3　全国居民健康素养监测

健康素养是指个人获取和理解基本健康信息和服务，并运用这些信息和服务作出正确决策，以维护和促进自身健康的能力。提升健康素养是提高全民健康水平最根本、最经济、最有效的措施之一。为及时了解我国城乡居民健康素养水平及其变化趋势，为制订、完善卫生健康相关政策提供依据，从2012年起，国家卫生健康委持续组织开展全国居民健康素养监测。

2023年全国居民健康素养监测覆盖31个省（自治区、直辖市）的336个县（区）1008个乡镇（街道），监测对象为15—69岁常住人口共约7.3万人。监测结果显示，2023年我国居民健康素养水平[4]达到29.70%，比2022年提高1.92个百分点，继续呈现稳步提升态势，接近《“健康中国2030”规划纲要》中2030年达到30%的目标。分城乡看，城市、农村居民健康素养水平分别为33.25%、26.23%，较2022年分别增长1.31个、2.45个百分点。分区域看，东、中、西部地区居民健康素养水平分别为33.30%、28.85%和24.44%，较2022年分别增长1.42个、2.15个和1.88个百分点。城乡居民基本知识和理念素养水平为42.00%，健康生活方式与行为素养水平为32.21%，基本技能素养水平为26.76%，较2022年分别提升0.74个、1.58个、0.76个百分点。6类健康问题素养水平由高到低依次为：安全与急救素养59.33%、科学健康观素养54.71%、健康信息素养41.05%、慢性病防治素养30.43%、基本医疗素养28.84%和传染病防治素养28.02%。

撰稿：辛佳

3. 经常参加体育锻炼的人指每周参加体育锻炼频度3次及以上，每次体育锻炼时间30分钟及以上，每次体育锻炼的运动强度达到中等及以上的人。

4. 居民健康素养水平指具备健康素养的人数占总人数的比例，可分为知识、行为和技能三个方面，即基本知识和理念素养水平、健康生活方式与行为素养水平和基本技能素养水平。

地面积从 1995 年的 0.65 平方米提高到 2023 年的 2.89 平方米。

（二）妇女儿童健康状况明显改善

优孕优生服务体系持续健全。截至 2023 年底，我国参加生育保险人数 2.5 亿人，比 1994 年增长 26.2 倍。全国所有县（市、区）普遍开展免费孕前优生健康检查，2023 年全国共为 828 万名农村计划怀孕夫妇提供免费检查，目标人群覆盖率平均达 96.9%。2023 年，孕产妇产前检查率、产后访视率和系统管理率分别为 98.2%、97.0% 和 94.5%，比 1996 年分别提高 14.5 个、16.9 个和 29.0 个百分点；孕产妇死亡率由 1991 年的 80.0/10 万降至 2023 年的 15.1/10 万。

儿童健康水平进一步提高。2023 年，3 岁以下儿童系统管理率为 94.3%，比 1990 年提高 48.0 个百分点；新生儿死亡率、婴儿死亡率和 5 岁以下儿童死亡率分别为 2.8‰、4.5‰和 6.2‰，比 1991 年分别下降 30.3 个、45.7 个和 54.8 个千分点。2015—2019 年中国居民慢性病与营养监测结果显示，6 岁以下儿童生长迟缓率降至 7% 以下，低体重率降至 5% 以下，6—17 岁儿童青少年贫血率为 6.1%，儿童营养不足问题得到持续改善。

（三）老年人健康服务积极推进

老年健康服务能力稳步提升。2019 年我国出台首个老年健康服务体系的指导性文件《关于建立完善老年健康服务体系的指导意见》，就构建综合连续、覆盖城乡的老年健康服务体系提出明确要求。截至 2023 年底，全国设有老年医学科的二级及以上综合性医院 6877 个，建成老年友善医疗机构的综合性医院 11097 个、基层医疗卫生机构 27755 个，国家安宁疗护试点覆盖 185 个市（区）。2023 年，全国 65 岁及以上老年人中，有 1.4 亿人在基层医疗卫生机构接受健康管理，占比为 62.5%。

医养结合逐步推进。2013 年，我国提出“积极推进医疗卫生与养老服务相结合”，开始推进医养结合。我国从 2016 年起组织开展医养结合试点工作，先后两批确定了 90 个国家级试点单位，对试点工作典型经验进行总结和推广。截至 2024 年 5 月，全国医疗卫生机构与养老服务机构建立签约合作关系的共有 8.7 万对；两证齐全[5]的医养结合机构共有 7800 多家，共有床位 200 万余张。截至 2022 年底，养老机构护理型床位占比为 53.1%，比 2020 年提高 15.1 个百分点。

5. 指具备医疗机构执业许可或备案，并进行养老机构备案。

专栏4 **医养结合取得积极成效**

医养结合就是将医疗卫生服务和养老服务相结合，在老年人日常生活照料的基础上，为他们提供医疗卫生服务。这是我国积极应对人口老龄化的重要途径，也是满足广大老年人健康养老服务需求的有效举措。

近年来，我国大力推进医养结合服务，形成了医疗卫生机构和养老服务机构进行签约合作、医疗卫生机构开展医养结合服务、养老机构依法依规开展医疗卫生服务以及医疗卫生服务延伸到居家和社区等四种比较成熟的医养结合服务模式，医养结合服务的效率和质量不断提高。一是开展医养结合机构服务质量提升行动，通过自查整改，提高医养结合机构服务质量。二是实施医养结合示范项目，评选全国医养结合示范省、医养结合示范县（市、区）、医养结合示范机构，及时把示范省、县（市、区）和机构的经验共200个案例编辑成册，供各地借鉴、推广、使用。三是启动医疗卫生机构医养结合服务能力建设项目，支持符合条件的医疗卫生机构建设医养结合服务设施，为广大老年人提供高质量的医养结合服务。四是加强人员队伍培养培训，在全国高等职业教育本科专业中，专门增设了“医养照护与管理”专业，组织编写了系列专业教材。此外，还实施了医养结合人才能力提升培训项目，截至2024年5月累计培训了10万多名医养结合从业人员。五是推进医养结合智能支持，开展医养结合远程协同服务、智慧健康养老产业发展行动等，为老年人提供远程医疗服务，进一步促进智慧健康养老产业发展。

撰稿：辛佳

新中国成立75年来，我国医疗卫生事业取得显著成就，覆盖城乡居民的中国特色基本医疗卫生制度基本建立并不断完善，医疗服务水平不断提升，公共卫生服务能力明显增强，中医药振兴发展全面推进，人民群众健康水平持续提高。展望未来，在习近平新时代中国特色社会主义思想指导下，我国将进一步贯彻落实健康中国战略，深化医药卫生体制改革，健全公共卫生服务体系，完善中医药传承创新发展机制，促进医疗、医保、医药协同发展和治理，促进优质医疗资源扩容下沉和区域均衡布局，不断提高人民群众生活质量，延长健康寿命，以卫生健康事业高质量发展筑牢推进中国式现代化的健康根基。

撰稿：叶晓妹

23 妇女儿童权益得到全方位保障 妇女儿童事业取得历史性成就

妇女儿童事业是党和国家事业的重要组成部分，推进强国建设、民族复兴伟业，妇女是重要力量，儿童是未来生力军。新中国成立 75 年来，党和国家始终高度重视妇女儿童事业发展，中国妇女儿童地位发生翻天覆地的巨大变化。党的十八大以来，党对妇女儿童工作的领导全面加强，男女平等基本国策和儿童优先原则得到全面落实，妇女儿童权益保障法治体系不断健全完善，妇女儿童发展环境持续优化提升，我国妇女儿童事业与经济社会发展同步推进，中国特色社会主义妇女儿童发展道路越走越宽广。

一、妇女儿童保障体系建立健全

（一）妇女儿童事业发展不断开创新局面

1949 年，中国妇女第一次全国代表大会召开，确定妇女运动和妇女工作的方针原则和主要任务。1995 年，我国承办第四次世界妇女大会，制定通过旨在提高全球妇女地位的《北京宣言》和《行动纲领》。进入新时代，党的十八大、十九大、二十大连续三次将“坚持男女平等基本国策，保障妇女儿童合法权益”写进党代会报告。1950 年，儿童节正式确定为 6 月 1 日。20 世纪 90 年代初印发的《九十年代中国儿童发展规划纲要》提出坚持“儿童优先”原则，国家相继制定多项政策措施维护儿童权益。我们党在各个历史时期，始终高度重视妇女儿童解放和发展，开辟了中国特色社会主义妇女儿童发展道路。

专栏 1 男女平等基本国策

男女平等是我国一项基本国策，这是促进妇女与经济社会同步发展、男女两性平等协调发展、妇女自身全面发展的一项带有长远性和根本性的总政策。

新中国成立以来，党和政府高度重视男女两性平等发展进程。1954 年，新中国第一部宪法明确男女平等原则。1995 年，在北京召开的联合国第四次世界妇女大会上，中国政府向国际社会庄严宣示，把男女平等作为促进我国社会发展的一项基本国策。2005 年，新修订的《中华人民共和国妇女权益保障法》将“国家实行男女平等的基本国策”写入总则，首次明确男女平等的法律地位。

党的十八大以来，以习近平同志为核心的党中央对坚持男女平等基本国策提出新的更高要求。2012 年，“坚持男女平等基本国策”被写入党的十八大报告，男女平等首次进入中国共产党的施政纲领。此后，党的十九大报告和党的二十大报告两次重申“坚持男女平等基本国策，保障妇女儿童合法权益”，为新时代妇女事业发展指明前进方向，提供根本遵循。

撰稿：冯巍

专栏 2 世界妇女大会

世界妇女大会又称联合国世界妇女大会，是世界妇女组织的重要会议。为促进全世界妇女事业发展，联合国迄今已召开 4 次世界妇女大会。第一次世界妇女大会于 1975 年在墨西哥首都墨西哥城召开，会议通过《墨西哥城宣言》和《世界行动计划》。第二次世界妇女大会于 1980 年在丹麦首都哥本哈根召开，会议通过《联合国妇女十年后半期行动纲领》，并举行《消除对妇女一切形式歧视公约》签字仪式，时任全国妇联主席代表中国政府签署公约。第三次世界妇女大会于 1985 年在肯尼亚首都内罗毕举行，会议审查和评价了联合国妇女十年成就和存在问题，通过《到 2000 年提高妇女地位内罗毕前瞻性战略》（简称《内罗毕战略》）。

第四次世界妇女大会于 1995 年 9 月 4—15 日在中国北京举行。会议审查和评价《内罗毕战略》的执行情况，制定和通过旨在提高全球妇女地位的《北京宣言》和《行动纲领》。《北京宣言》肯定了国际社会在提高妇女地位方面取得的成绩，指出了存在的主要问题，要求各国和国际社会作出承诺并立即采取行动，加快实现《内罗毕战略》各项目标。《行动纲领》详细阐述各国妇女面临的 12 个主要问题，确定解决问题的战略目标和措施。《北京宣言》和《行动纲领》反映了各国妇女共同关心的问题，确定了各国和国际社会 20 世纪末和 21 世纪初在提高妇女地位方面的共同目标，是指导全球妇女事业前进的重要文件。

世界妇女大会总结世界妇女事业发展成果，对探求进一步推动世界妇女事业发展的途径具有十分重要的意义。

撰稿：温馨

（二）保障妇女儿童发展工作机制逐步完善

全国人大及其常委会持续修订完善妇女儿童权益保障法律法规并加强监督和实施。政协全国委员会对涉及妇女儿童发展的重点难点问题提交提案建议。1993 年国务院妇女儿童工作委员会（前身为国务院妇女儿童工作协调委员会）成立，委员会依据法定职能组织、协调、指导和督促有关部门做好妇女儿童相关工作，负责组织实施各周期《中国妇女发展纲要》和《中国儿童发展纲要》。人大立法保障妇女儿童权益的工作机制、政治协商推动妇女儿童事业发展的工作机制、政府贯彻落实男女平等基本国策的工作机制不断建立健全。

专栏 3　中国妇女儿童发展纲要

党和国家高度重视妇女儿童事业发展，国务院先后制定实施了四个周期的《中国妇女发展纲要》和《中国儿童发展纲要》，持续推动妇女儿童事业与经济社会协调发展。

1995 年，国务院发布《中国妇女发展纲要（1995—2000 年）》，这是我国政府制定的第一个以促进妇女全面发展为目标的总体规划，也是我国妇女事业发展的重要里程碑。1992 年，参照世界儿童问题首脑会议提出的全球目标和《儿童权利公约》，结合中国国情发布了《九十年代中国儿童发展规划纲要》，这是我国政府制定的第一部以儿童为主体，促进儿童发展的国家行动计划。此后，国务院分别于 2001 年和 2011 年颁布了第二周期和第三周期《中国妇女发展纲要》和《中国儿童发展纲要》。

进入新时代，为科学规划妇女儿童事业全面发展，2021 年国务院颁布了《中国妇女发展纲要 (2021—2030 年)》和《中国儿童发展纲要（2021—2030 年）》。本周期妇女纲要围绕健康、教育、经济、参与决策和管理、社会保障、家庭建设、环境、法律 8 个领域，提出 75 项主要目标和 93 项策略措施。本周期儿童纲要围绕健康、安全、教育、福利、家庭、环境、法律保护 7 个领域，提出 70 项主要目标和 89 项策略措施。

中国妇女儿童发展纲要的颁布实施是我国妇女儿童事业发展的政策参考和行动指引，是指导全国妇女儿童工作的纲领性文件，对推动我国妇女儿童事业高质量发展具有重要意义。

撰稿：冯巍

（三）保障妇女儿童发展法律法规体系加快完善

宪法作为国家根本大法始终坚持男女平等原则；宪法所确立的基本原则和公民的基本权利，为儿童权益的保障提供了最根本的法律依据。1950 年，新中国第一部法律《中华人民共和国婚姻法》确立了男女权利平等的婚姻制度。改革开放 40 多年来，我国相继制定和修订《中华人民共和国母婴保健法》《中华人民共和国未成年人保护法》《中华人民共和国妇女权益保障法》等法律法规，签署保护儿童权利的国际准则联合国《儿童权利公约》，男女平等原则和儿童优先原则得到鲜明体现。

党的十八大以来，保障妇女儿童权益立法取得新突破，《中华人民共和国反家庭暴力法》《中华人民共和国预防未成年人犯罪法》相继出台，2020年通过的《中华人民共和国民法典》对性骚扰防治、夫妻共有财产、家务劳动补偿等方面作出规定。新中国成立75年来，中国逐步形成并完善了以宪法为基础，以妇女儿童权益保障法和未成年人保护法为主体，包括各专项法律、法规、行政规章在内的一整套保障妇女儿童权益的法律法规体系。

二、妇女经济社会地位全面提升

（一）女性经济权利得到充分保障

平等参与经济活动和公平享有经济资源是妇女生存发展的基本条件。1949年中国人民政治协商会议通过的《共同纲领》和1954年颁布的《中华人民共和国宪法》中均明确规定“女性在政治、经济和社会生活中拥有同男性一样的权利”。改革开放以来，我国相继颁布实施《女职工劳动保护规定》等保护妇女劳动权益的专门规定，为女性平等参与经济发展提供了系列法律保障。2022年，全国女性就业人员占全部就业人员的比重为43.2%，比2015年提高0.3个百分点。2023年，全国已建工会组织的基层单位女职工人数由1980年的2518.6万人增加到1.1亿人，占全部职工的比重由33.8%提高至39.1%。执行了《女职工劳动保护特别规定》的企业比重为73.5%，比2008年提高30.1个百分点。

（二）女性参与国家管理水平提升

妇女和妇女组织在国家民主政治建设中的影响力日益增强。我国支持鼓励妇女有序参与国家和社会事务管理，注重将性别平等纳入决策，各级女领导干部在决策管理中发挥重要作用，多项政策强调要统筹做好培养选拔女干部工作，女干部成为参与国家管理治理的重要力量。2023年，第十四届全国人民代表大会女代表比例为26.5%，比1954年第一届女代表比例提高14.5个百分点。2022年，省级政府工作部门领导班子配有女干部的班子比例为55.2%，比2000年提高20.6个百分点。

（三）女性参与基层民主管理更加广泛

妇女作为经济社会发展的“半边天”，是基层社会治理的重要力量。我国积极引导妇女有序参与基层民主管理和协商，注重培养和选拔基层女干部。1995年颁布的第一个周期《中国妇女发展纲要》规定“使妇女平等参与管理国家事务、社会事务”。1998年颁布实施的《中华人民共和国村民委员会组织法》规定“妇女村民代表应当占村民代表会议组成人员的三分之一以上”。21世纪以来颁布的第二个周期的《中国妇女发展纲要》中将“村民委员会、居民委员会成员中女性要占一定比例”作为重要目标。2022年，村委会成员、居委会成员中女性比例为26.1%和54.3%，分别比2012年提高4.0个和5.5个百分点。

三、妇女儿童受教育水平显著提升

（一）扫除妇女文盲成果斐然

新中国成立之初，妇女文盲率远高于男性。1949年第一次全国教育工作会提出在全国范围扫除文盲。20世纪50年代开展的三次扫盲运动帮助1600万妇女脱盲。1995年后连续颁布实施的四个周期《中国妇女发展纲要》，始终把扫除妇女文盲、提高妇女识字率作为重要目标。2020年，全国15岁及以上女性人口文盲率由新中国成立前的约90%下降至4.95%。

（二）女童平等接受学前教育

学前教育是终身学习的开端，是国民教育体系的重要组成部分。新中国成立以来，学前教育实现跨越式发展，实现“从无到有、从有到优”。新中国成立之初，随着男女平等思想转变，幼儿看护与成长也受到了前所未有的关注。21世纪以来，学前教育事业发展得到重点关注，广覆盖、保基本、有质量的学前教育公共服务体系不断完善，女童接受学前教育机会得到有力保障。2023年，学前教育毛入园率为91.1%，比1950年提高90.7个百分点。在园幼儿数由1987年的1807.8万人增长至4093.0万人，其中女童由846.7万人增长到1935.7万人，占比由46.8%提高至47.3%。

（三）义务教育基本消除性别差距

义务教育是国家教育的基石。新中国成立以来，九年义务教育全面普及，义务教育均衡发展积极推进，两性接受义务教育差距基本消除。新中国成立后国家通过“两条腿走路”“多种形式办学”等政策措施推进初等教育。1985年，《中共中央关于教育体制改革的决定》颁布实施，首次提出普及九年义务教育。1989年以来，我国持续实施帮助贫困失辍学女童重返校园、继续学业的“春蕾计划”公益项目。进入21世纪后，在实现全面普及基础上积极推进义务教育均衡发展，女童能够平等接受公平优质的义务教育。1949年，我国小学学龄儿童净入学率仅为20%，2018年以来，学龄儿童净入学率接近100%，其中女童和男童净入学率基本无性别差距。

专栏4 春蕾计划

1989年，中国儿童少年基金会发起并组织实施了旨在帮助贫困失辍学女童重返校园、继续学业的“春蕾计划”公益项目。随着时代变迁，该项目不断转型升级，帮扶方式由直接为困境女童提供学费和生活补贴，逐渐扩展到为困境女童提供青春期教育、心理健康、权益保护等多种支持服务。

截至2023年底，该项目共投入社会资金32亿元，覆盖全国各省（自治区、直辖市）、56个民族，为422万人次女童提供助学帮扶，为52.7万人次女童提供实用技术培训，为18万人次女童提供了一对一陪伴成长服务和个性化心理疏导。该项目缓解了女童家庭经济困难，赋能女童发展，助其成长成才，改变了女童和家庭命运，有效阻断了贫困代际传递，并有助于进一步提升性别平等意识。

2023年9月28日，“春蕾计划”获得联合国教科文组织女童和妇女教育奖，这是联合国教科文组织在促进女童和妇女教育领域的唯一奖项。

撰稿：冯巍

（四）女性接受高中阶段教育机会逐步巩固

高中阶段教育是义务教育向高等教育过渡的关键节点。新中国成立以来，高中阶段教育规模不断发展，普及程度超过世界中上收入国家平均水平，女性接受高中阶段教育的机会逐步巩固。改革开放以来，通过普通教育与职业技术教育并举等途径，不断推动高中阶段教育多样化发展。2023年，高中阶段教育毛入学率为91.8%，比1949年提高90.7个百分点。高中阶段教育在校生人数由1949年的44万人增加至2023年的4541.6万人，其中女生2121.3万人，占比46.7%；普通高中在校生由1995年的713.2万人增加至2023年的2803.6万人，女生由284.9万人增加至1388.2万人，占比由40.0%提高至49.5%。

（五）高等教育男女比例基本均衡

高等教育是国家发展水平和发展潜力的重要标志。新中国成立以来，高等教育普及水平不断提升，女性接受高等教育权利得到有力保障。新中国成立初期，按照《共同纲领》确立的“新民主主义，即民族的、科学的、大众的文化教育”方针开始构建高等教育政策体系。世纪之交，《高等教育法》《面向21世纪教育振兴行动计划》等相继颁布制定实施，包括女性在内公民享有更多接受高等教育的机会。2010年，《国家中长期教育改革和发展规划纲要》颁布实施，高等教育进入快速发展期，女性入学机会得到进一步保障。2023年，高等教育毛入学率为60.2%，比1949年提高59.9个百分点。

高等教育在校生[1]中女生占比由1949年的19.8%提高至2023年的49.9%。

四、妇女儿童健康状况极大改善

（一）妇幼健康服务体系不断加强

我国始终将妇幼健康作为卫生健康事业重要内容，积极推进妇幼保健工作。自1950年起，在城乡逐步建立以妇幼保健机构为核心、以基层医疗卫生机构为基础、以大中型综合医院专科医院和相关科研教学机构为支撑，具有中国特色的妇幼健康服务网络。党的十八大以来，妇幼保健服务网络逐步嵌入覆盖14亿人口的医疗保障网和覆盖城乡的三级医疗保健网。全国妇幼保健机构由1950年的426个增加到2022年的3031个，儿童医院由1983年的25个增加到2022年的151个，我国被世界卫生组织列为妇幼健康高绩效的10个国家之一。

（二）妇幼保健服务能力持续提高

我国坚持以妇女儿童为中心，不断完善政策制度和服务链条，为孕产妇提供全方位孕期保健服务和产后保健服务，加强儿童健康管理和儿童疾病防治，为全体妇女儿童提供公平可及和系统连续的妇幼健康服务。2023年，孕产妇系统管理率、产前检查率、孕产妇住院分娩率和产后访视率分别为94.5%、98.2%、99.95%和97.0%，分别比1996年提高29.0个、14.5个、39.25个和16.9个百分点。2022年，新生儿访视率、3岁以下儿童系统管理率和7岁以下儿童健康管理率分别为96.7%、93.3%和94.9%，分别比1996年提高15.3个、31.9个和32.2个百分点。

（三）妇女儿童健康水平大幅提升

妇女儿童健康是全民健康的基石，是衡量社会文明进步的标尺。新中国成立以来，我国妇女儿童健康水平不断提高。2020年，妇女平均预期寿命为80.88岁，比1981年提高了11.61岁。孕产妇死亡率持续降低，城乡差距不断缩小，孕产妇死亡率由1990年的88.8/10万下降至2023年的15.1/10万，城市和农村孕产妇死亡率分别为12.5/10万和17.0/10万，城乡孕产妇死亡率之比由1990年的1:2.2下降至2023年的1:1.4。全国新生儿死亡率、婴儿死亡率和5岁以下儿童死亡率分别由1991年的33.1‰、50.2‰和61.0‰下降至2023年的2.8‰、4.5‰和6.2‰。

1. 高等教育在校生包括研究生在校生、普通本科在校生、职业本专科在校生、成人本专科在校生和网络本专科在校生。

图 1 1991—2023 年妇女儿童健康情况

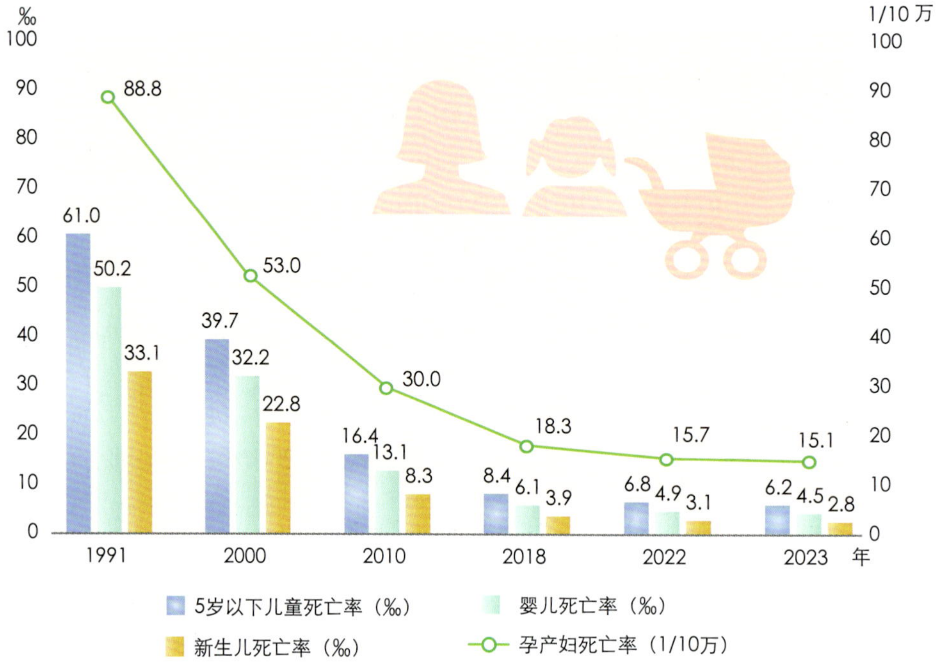

五、妇女儿童社会保障水平不断提高

（一）妇女医疗保障实现制度全覆盖

新中国成立之初，机关事业单位和企业分别实行公费医疗和劳保医疗，农村依托合作社基础建立农村合作医疗。改革开放后，逐步建立健全职工基本医疗保险制度、新型农村合作医疗和城镇居民基本医疗保险制度，城乡妇女基本医疗保障实现制度全覆盖。党的十八大以来，多层次的医疗保障体系进一步完善，整合建立统一城乡居民医疗保险，推动完善城乡医疗救助和补充医疗保险制度，女性享有与男性平等的基本医疗保障。2022 年末，全国女性参加基本医疗保险的人数为 6.5 亿人，比 2013 年末增加 4.0 亿人；占全部参加基本医疗保险人数的 48.5%，比 2013 年末提高 5.0 个百分点。

（二）妇女养老保障水平显著提高

我国建立并不断完善城镇职工养老保险制度，女职工平等享受养老保险保障。改革开放后，城镇居民养老保险制度加快建立，新型农村社会养老保险大力推进，城乡未就业妇女参保人数和待遇水平实现“从无到有、从少到多、从低到高”的历史性变化。党的十八大以来，随着 2014 年新型农村养老保险和城镇居民社会养老保险合并为城乡居民基本养老保险，养老保障制度更加完善，妇女更加公平享有基本养老保障。2023 年末，全国女性参加基本养老保险的人数为 5.2 亿人，比

2016 年末增加 1.8 亿人。

（三）妇女生育保障水平大幅提升

新中国成立后至 1992 年间，劳动保险条例、公费医疗以及女工产假等政策规定相继出台，规定生育女性享有产假及生育津贴、生育补助和医疗服务费用报销等待遇。1994 年出台《企业职工生育保险试行办法》，城镇职工生育保险制度全面推行。2010 年颁布的《中华人民共和国社会保险法》设生育保险专章，为保障妇女生育权益提供法律依据。党的十八大以来，生育保障制度不断完善，2019 年全面推进生育保险和职工基本医疗保险合并实施，妇女生育保障水平明显提升。2022 年末，全国女性参加生育保险人数为 1.08 亿人，是 2010 年末参加生育保险人数的 2.0 倍。

（四）妇女儿童福利救助水平稳步提高

我国建立并逐步完善社会救助制度体系，为困难妇女提供基本生活保障。从新中国成立初期的自然灾害救助、城市单位保障和农村集体救助、农村五保供养，到 20 世纪 90 年代逐步建立的最低生活保障、特困人员救助供养、临时救助制度等，妇女儿童都能平等享受相应福利救助。党的十八大以来，社会救助体系进一步完善，有效帮助困难妇女和儿童共享改革发展成果。2023 年，全国城市、农村低保人均保障标准分别为每月 785.9 元和 621.3 元，分别是 2011 年的 2.7 倍和 4.3 倍。机构内集中养育孤儿、社会散居孤儿每人每月平均保障标准分别为 1902.1 元和 1453.9 元，分别比 2017 年提高 643.4 元和 595.7 元。

六、妇女儿童友好环境全面营造

（一）妇女儿童生活环境不断改善

优化妇女儿童生活环境是促进妇女儿童事业高质量发展的重要前提。新中国成立初期，我国积极开展爱国卫生运动，将管理厕所作为改善环境卫生的重要内容。1978 年，国务院发布《关于坚持开展爱国卫生运动的通知》，同年原卫生部等五部委联合颁发《全国农村人民公社卫生院暂行条例（草案）》，提出开展农村改水改厕工作。从第九个五年计划开始，我国将农村改水改厕列入国家经济社会发展规划中。2000 年以后，我国陆续颁布实施《关于进一步加强农村卫生工作的决定》《全国城乡环境卫生整洁行动方案（2015—2020 年）》等，农村地区的饮用水和厕所卫生状况得到较大改善。全国农村卫生厕所普及率由 2000 年的 40.3% 提高至 2023 年的 75% 左右。农村自来水普及率由 2000 年的 55.2% 提高至 2023 年的 90.0%，妇女儿童生活环境不断优化。

（二）妇女儿童保护屏障有效筑牢

维护妇女儿童合法权益是促进妇女儿童事业高质量发展的重要保障。1991年至2000年，公安部先后组织开展了四次大规模的全国性“打拐”专项行动。2007年，打击拐卖妇女儿童犯罪办公室正式成立。同年，国务院印发《中国反对拐卖妇女儿童行动计划(2008—2012年)》。2013年开始，国务院陆续发布两个周期的《中国反对拐卖人口行动计划》，进一步完善部门联动协作机制，坚决打击暴力侵害妇女儿童的违法犯罪行为。2013年、2014年分别出台《关于进一步推进法律援助工作的意见》《关于建立完善国家司法救助制度的意见（试行）》，为更多妇女获得法律援助和司法救助提供制度保障。破获拐卖妇女、儿童案件数分别由2000年的17963起、3851起大幅下降至2022年的970起、824起。法律援助机构由2000年的1890个增加至2023年的3066个，妇女获得法律援助由4.1万人次增加至2023年的36.5万人次，未成年人获得法律援助由2.7万人次增加至2023年的19.8万人次。

（三）妇女儿童社会环境逐步优化

丰富妇女儿童精神文化生活是促进妇女儿童事业高质量发展的有益补充。改革开放以来，我们党明确提出要一手抓物质文明，一手抓精神文明。党的十八大以来，党中央高度重视文化建设，国家层面就推进文化发展作出一系列重大部署。从颁布实施公共文化服务保障法、公共图书馆法、博物馆条例等法律法规，到制定出台国家基本公共服务标准，再到稳步推进公共文化服务均等化建设，包括妇女儿童在内的全体人民基本文化权益的保障更加有力。儿童图书出版物由2010年的3.6亿册（张）增加至2022年的10.5亿册（张）。公共图书馆少儿文献由2011年的3099万册增加至2022年的1.9亿册。未成年人参观博物馆人次由2001年的1905万人次增加至2022年的1.5亿人次。少儿广播节目播出时间、少儿电视节目播出时间和电视动画片播出时间分别由2011年的13.6万小时、37.6万小时、28.0万小时增加至2022年的27.8万小时、64.3万小时、46.5万小时。

（四）家庭发展支持体系积极构建

营造和谐平等的家庭环境是促进妇女儿童事业高质量发展的重要基础。1982年，全国妇联倡导并发起“争创五好家庭”活动，随后更名为“五好文明家庭”活动；2014年起组织开展寻找“最美家庭”活动，持续宣传倡导文明家风。2020年，我国出台《关于加强新时代婚姻家庭辅导教育工作的指导意见》，引导建立和维护平等、和睦、文明的婚姻家庭关系。2022年，各级妇联组织共表彰五好家庭4.2万户，寻找推荐各级各类最美家庭166.8万户。全年开展家庭家教家风巡讲宣讲活动 11.3 万场，直接参与群众 6243.8 万人。

新中国成立 75 年来，我国妇女儿童事业所取得的历史性成就、发生的历史性变革，彰显了中国共产党领导和中国特色社会主义制度的显著优势，为我们站在新的历史起点上，科学谋划妇女儿童事业全面发展奠定了坚实基础。展望未来，在习近平新时代中国特色社会主义思想的指导下，我国将持续发挥妇女儿童群体在人类文明进步与发展中的独特作用，不断开创新时代新征程妇女儿童事业高质量发展新局面。

撰稿：赵利婧 温馨

新中国 75 年

新中国经济社会发展成就

（1949-2024）

数据资料篇

表 1　全国行政区划（年底数）

单位：个

年份	省级	地级	#地级市	县级	#市辖区	#县级市
1949	50	295	56	2741	394	61
1950	53	282	64	2668	331	66
1951	53	283	69	2765	414	78
1952	45	259	67	2762	432	74
1953	47	265	75	2786	474	74
1954	32	284	82	2813	471	80
1955	29	288	83	2649	421	78
1956	29	287	88	2676	336	86
1957	30	287	92	2664	336	81
1958	29	236	68	2278	271	114
1959	29	242	75	2153	274	102
1960	29	244	88	2099	296	109
1961	29	262	80	2403	312	126
1962	29	268	81	2533	322	111
1963	29	268	78	2524	321	97
1964	29	272	75	2536	310	90
1965	29	287	76	2550	288	90
1966	29	294	79	2559	291	90
1967	30	293	79	2561	308	90
1968	30	291	79	2544	308	90
1969	30	289	80	2567	331	93
1970	30	291	79	2582	342	95
1971	30	292	82	2594	349	96
1972	30	294	82	2604	358	97
1973	30	296	83	2589	360	95
1974	30	300	87	2599	372	91
1975	30	310	96	2617	380	86
1976	30	311	96	2629	388	89
1977	30	311	97	2639	396	90
1978	30	310	98	2653	408	92
1979	30	315	104	2690	428	109
1980	30	318	107	2775	511	113
1981	30	316	108	2780	514	122
1982	30	322	112	2797	527	130
1983	30	322	144	2785	552	142
1984	30	322	147	2814	595	150
1985	30	327	162	2826	621	159
1986	30	325	166	2830	629	184

表 1 续表

单位：个

年份	省级	地级	#地级市	县级	#市辖区	#县级市
1987	30	326	170	2826	632	208
1988	31	334	183	2831	647	248
1989	31	336	185	2829	648	262
1990	31	336	185	2833	651	279
1991	31	338	187	2833	650	289
1992	31	339	191	2833	662	323
1993	31	335	196	2835	669	371
1994	31	333	206	2845	697	413
1995	31	334	210	2849	706	427
1996	31	335	218	2858	717	445
1997	33	332	222	2862	727	442
1998	33	331	227	2863	737	437
1999	34	331	236	2858	749	427
2000	34	333	259	2861	787	400
2001	34	332	265	2861	808	393
2002	34	332	275	2860	830	381
2003	34	333	282	2861	845	374
2004	34	333	283	2862	852	374
2005	34	333	283	2862	852	374
2006	34	333	283	2860	856	369
2007	34	333	283	2859	856	368
2008	34	333	283	2859	856	368
2009	34	333	283	2858	855	367
2010	34	333	283	2856	853	370
2011	34	332	284	2853	857	369
2012	34	333	285	2852	860	368
2013	34	333	286	2853	872	368
2014	34	333	288	2854	897	361
2015	34	334	291	2850	921	361
2016	34	334	293	2851	954	360
2017	34	334	294	2851	962	363
2018	34	333	293	2851	970	375
2019	34	333	293	2846	965	387
2020	34	333	293	2844	973	388
2021	34	333	293	2843	977	394
2022	34	333	293	2843	977	394
2023	34	333	293	2844	977	397

注：仅省级区划数包含港澳台。

表 2 人口状况

年份	年底总人口（万人）	按性别分（万人）		按城乡分（万人）		人口出生率（‰）	人口死亡率（‰）	人口自然增长率（‰）
		男	女	城镇	乡村			
1949	54167	28145	26022	5765	48402	36.00	20.00	16.00
1950	55196	28669	26527	6169	49027	37.00	18.00	19.00
1951	56300	29231	27069	6632	49668	37.80	17.80	20.00
1952	57482	29833	27649	7163	50319	37.00	17.00	20.00
1953	58796	30468	28328	7826	50970	37.00	14.00	23.00
1954	60266	31242	29024	8249	52017	37.97	13.18	24.79
1955	61465	31809	29656	8285	53180	32.60	12.28	20.32
1956	62828	32536	30292	9185	53643	31.90	11.40	20.50
1957	64653	33469	31184	9949	54704	34.03	10.80	23.23
1958	65994	34195	31799	10721	55273	29.22	11.98	17.24
1959	67207	34890	32317	12371	54836	24.78	14.59	10.19
1960	66207	34283	31924	13073	53134	20.86	25.43	-4.57
1961	65859	33880	31979	12707	53152	18.13	14.33	3.80
1962	67295	34517	32778	11659	55636	37.22	10.08	27.14
1963	69172	35533	33639	11646	57526	43.60	10.10	33.50
1964	70499	36142	34357	12950	57549	39.34	11.56	27.78
1965	72538	37128	35410	13045	59493	38.06	9.55	28.51
1966	74542	38189	36353	13313	61229	35.21	8.87	26.34
1967	76368	39115	37253	13548	62820	34.12	8.47	25.65
1968	78534	40226	38308	13838	64696	35.75	8.25	27.50
1969	80671	41289	39382	14117	66554	34.25	8.06	26.19
1970	82992	42686	40306	14424	68568	33.59	7.64	25.95
1971	85229	43819	41410	14711	70518	30.74	7.34	23.40
1972	87177	44813	42364	14935	72242	29.92	7.65	22.27
1973	89211	45876	43335	15345	73866	28.07	7.08	20.99
1974	90859	46727	44132	15595	75264	24.95	7.38	17.57
1975	92420	47564	44856	16030	76390	23.13	7.36	15.77
1976	93717	48257	45460	16341	77376	20.01	7.29	12.72
1977	94974	48908	46066	16669	78305	19.03	6.91	12.12
1978	96259	49567	46692	17245	79014	18.25	6.25	12.00
1979	97542	50192	47350	18495	79047	17.82	6.21	11.61
1980	98705	50785	47920	19140	79565	18.21	6.34	11.87
1981	100072	51519	48553	20171	79901	20.91	6.36	14.55
1982	101654	52352	49302	21480	80174	22.28	6.60	15.68
1983	103008	53152	49856	22274	80734	20.19	6.90	13.29
1984	104357	53848	50509	24017	80340	19.90	6.82	13.08
1985	105851	54725	51126	25094	80757	21.04	6.78	14.26
1986	107507	55581	51926	26366	81141	22.43	6.86	15.57
1987	109300	56290	53010	27674	81626	23.33	6.72	16.61
1988	111026	57201	53825	28661	82365	22.37	6.64	15.73
1989	112704	58099	54605	29540	83164	21.58	6.54	15.04

表 2 续表

年份	年底总人口（万人）	按性别分（万人）		按城乡分（万人）		人口出生率（‰）	人口死亡率（‰）	人口自然增长率（‰）
		男	女	城镇	乡村			
1990	114333	58904	55429	30195	84138	21.06	6.67	14.39
1991	115823	59466	56357	31203	84620	19.68	6.70	12.98
1992	117171	59811	57360	32175	84996	18.24	6.64	11.60
1993	118517	60472	58045	33173	85344	18.09	6.64	11.45
1994	119850	61246	58604	34169	85681	17.70	6.49	11.21
1995	121121	61808	59313	35174	85947	17.12	6.57	10.55
1996	122389	62200	60189	37304	85085	16.98	6.56	10.42
1997	123626	63131	60495	39449	84177	16.57	6.51	10.06
1998	124761	63940	60821	41608	83153	15.64	6.50	9.14
1999	125786	64692	61094	43748	82038	14.64	6.46	8.18
2000	126743	65437	61306	45906	80837	14.03	6.45	7.58
2001	127627	65672	61955	48064	79563	13.38	6.43	6.95
2002	128453	66115	62338	50212	78241	12.86	6.41	6.45
2003	129227	66556	62671	52376	76851	12.41	6.40	6.01
2004	129988	66976	63012	54283	75705	12.29	6.42	5.87
2005	130756	67375	63381	56212	74544	12.40	6.51	5.89
2006	131448	67728	63720	58288	73160	12.09	6.81	5.28
2007	132129	68048	64081	60633	71496	12.10	6.93	5.17
2008	132802	68357	64445	62403	70399	12.14	7.06	5.08
2009	133450	68647	64803	64512	68938	11.95	7.08	4.87
2010	134091	68748	65343	66978	67113	11.90	7.11	4.79
2011	134916	69161	65755	69927	64989	13.27	7.14	6.13
2012	135922	69660	66262	72175	63747	14.57	7.13	7.43
2013	136726	70063	66663	74502	62224	13.03	7.13	5.90
2014	137646	70522	67124	76738	60908	13.83	7.12	6.71
2015	138326	70857	67469	79302	59024	11.99	7.07	4.93
2016	139232	71307	67925	81924	57308	13.57	7.04	6.53
2017	140011	71650	68361	84343	55668	12.64	7.06	5.58
2018	140541	71864	68677	86433	54108	10.86	7.08	3.78
2019	141008	72039	68969	88426	52582	10.41	7.09	3.32
2020	141212	72357	68855	90220	50992	8.52	7.07	1.45
2021	141260	72311	68949	91425	49835	7.52	7.18	0.34
2022	141175	72206	68969	92071	49104	6.77	7.37	-0.60
2023	140967	72032	68935	93267	47700	6.39	7.87	-1.48

注：1. 1981 年及以前数据为户籍统计数，1982、1990、2000、2010 和 2020 年数据为当年人口普查数据推算数，1987、1995、2005 和 2015 年数据根据全国 1% 人口抽样调查数据推算，其余年份数据为年度人口抽样调查推算数，其中，2011-2019 年数据根据第七次全国人口普查数据进行修订。

2. 总人口和按性别分人口中包括中国人民解放军现役军人，按城乡分人口中现役军人计入城镇人口。

3. 1982 年以前的城镇人口是指市辖区和建制镇内全部人口；乡村人口是指县人口，但不包括镇人口。1982 年及以后的城乡人口是按国家统计局关于统计上划分城乡规定计算的。

表 3 国民总收入和国内生产总值

单位：亿元

年份	国民总收入	国内生产总值				人均国内生产总值（元）	人均国民总收入（元）
			第一产业	第二产业	第三产业		
1952	679.1	679.1	342.9	141.1	195.1	119	119
1953	824.4	824.4	378.0	191.6	254.8	142	142
1954	859.8	859.8	392.0	210.8	257.0	144	144
1955	911.6	911.6	421.0	221.5	269.1	150	150
1956	1030.7	1030.7	443.9	280.4	306.5	166	166
1957	1071.4	1071.4	430.0	316.6	324.8	168	168
1958	1312.3	1312.3	445.9	483.6	382.8	201	201
1959	1447.5	1447.5	383.8	616.7	447.0	217	217
1960	1470.1	1470.1	340.7	652.6	476.8	220	220
1961	1232.3	1232.3	441.1	393.5	397.7	187	187
1962	1162.2	1162.2	453.1	363.9	345.1	175	175
1963	1248.3	1248.3	497.5	412.8	337.9	183	183
1964	1469.9	1469.9	559.0	519.3	391.6	210	210
1965	1734.0	1734.0	651.1	608.5	474.4	242	242
1966	1888.7	1888.7	702.2	715.4	471.1	257	257
1967	1794.2	1794.2	714.2	608.0	472.0	238	238
1968	1744.1	1744.1	726.3	542.6	475.3	225	225
1969	1962.2	1962.2	736.2	695.0	531.0	247	247
1970	2279.7	2279.7	793.3	918.1	568.3	279	279
1971	2456.9	2456.9	826.3	1029.9	600.6	292	292
1972	2552.4	2552.4	827.4	1091.6	633.3	296	296
1973	2756.2	2756.2	907.5	1180.3	668.4	313	313
1974	2827.7	2827.7	945.2	1199.8	682.7	314	314
1975	3039.5	3039.5	971.2	1378.7	689.6	332	332
1976	2988.6	2988.6	967.1	1346.0	675.6	321	321
1977	3250.0	3250.0	942.2	1517.8	790.1	344	344
1978	3678.7	3678.7	1018.5	1755.1	905.1	385	385
1979	4100.5	4100.5	1259.0	1925.3	916.1	423	423
1980	4586.1	4587.6	1359.5	2204.7	1023.4	468	467
1981	4933.7	4935.8	1545.7	2269.0	1121.1	497	496
1982	5380.5	5373.4	1761.7	2397.6	1214.0	533	533
1983	6043.8	6020.9	1960.9	2663.0	1397.1	588	591
1984	7314.2	7278.5	2295.6	3124.7	1858.2	702	705
1985	9123.6	9098.9	2541.7	3886.4	2670.8	866	868
1986	10375.4	10376.2	2764.1	4515.1	3097.0	973	973
1987	12166.6	12174.6	3204.5	5273.8	3696.3	1123	1122
1988	15174.4	15180.4	3831.2	6607.2	4742.0	1378	1377
1989	17188.4	17179.7	4228.2	7300.7	5650.8	1536	1537
1990	18923.3	18872.9	5017.2	7744.1	6111.6	1663	1667

表 3 续表

单位：亿元

年份	国民总收入	国内生产总值				人均国内生产总值（元）	人均国民总收入（元）
			第一产业	第二产业	第三产业		
1991	22050.3	22005.6	5288.8	9129.6	7587.2	1912	1916
1992	27208.2	27194.5	5800.3	11725.0	9669.2	2334	2336
1993	35599.2	35673.2	6887.6	16472.7	12313.0	3027	3021
1994	48548.2	48637.5	9471.8	22452.5	16713.1	4081	4073
1995	60356.6	61339.9	12020.5	28676.7	20642.7	5091	5009
1996	70779.6	71813.6	13878.3	33827.3	24108.0	5898	5813
1997	78802.9	79715.0	14265.2	37545.0	27904.8	6481	6406
1998	83817.6	85195.5	14618.7	39017.5	31559.3	6860	6749
1999	89366.5	90564.4	14549.0	41079.9	34935.5	7229	7134
2000	99066.1	100280.1	14717.4	45663.7	39899.1	7942	7846
2001	109276.2	110863.1	15502.5	49659.4	45701.2	8717	8592
2002	120480.4	121717.4	16190.2	54104.1	51423.1	9506	9410
2003	136576.3	137422.0	16970.2	62695.8	57756.0	10666	10600
2004	161415.4	161840.2	20904.3	74285.0	66650.9	12487	12454
2005	185998.9	187318.9	21806.7	88082.2	77430.0	14368	14267
2006	219028.5	219438.5	23317.0	104359.2	91762.2	16738	16707
2007	270704.0	270092.3	27674.1	126630.5	115787.7	20494	20541
2008	321229.5	319244.6	32464.1	149952.9	136827.5	24100	24250
2009	347934.9	348517.7	33583.8	160168.8	154765.1	26180	26136
2010	410354.1	412119.3	38430.8	191626.5	182061.9	30808	30676
2011	483392.8	487940.2	44781.5	227035.1	216123.6	36277	35939
2012	537329.0	538580.0	49084.6	244639.1	244856.2	39771	39679
2013	588141.2	592963.2	53028.1	261951.6	277983.5	43497	43143
2014	644380.2	643563.1	55626.3	277282.8	310654.0	46912	46971
2015	685571.2	688858.2	57774.6	281338.9	349744.7	49922	49684
2016	742694.1	746395.1	60139.2	295427.8	390828.1	53783	53516
2017	830945.7	832035.9	62099.5	331580.5	438355.9	59592	59514
2018	915243.5	919281.1	64745.2	364835.2	489700.8	65534	65246
2019	983751.2	986515.2	70473.6	380670.6	535371.0	70078	69881
2020	1005451.3	1013567.0	78030.9	383562.4	551973.7	71828	71253
2021	1141230.8	1149237.0	83216.5	451544.1	614476.4	81370	80803
2022	1194401.4	1204724.0	88207.0	473789.9	642727.1	85310	84579
2023	1249990.6	1260582.1	89755.2	482588.5	688238.4	89358	88607

注：1. 本表按当年价格计算。
2. 1980 年以后国民总收入与国内生产总值的差额为来自国外的初次分配收入净额。
3. 三次产业分类依据国家统计局 2018 年修订的《三次产业划分规定》。第一产业是指农、林、牧、渔业（不含农、林、牧、渔专业及辅助性活动）；第二产业是指采矿业（不含开采专业及辅助活动），制造业（不含金属制品、机械和设备修理业），电力、热力、燃气及水生产和供应业，建筑业；第三产业即服务业，是指除第一产业、第二产业以外的其他行业。
4. 2023 年为初步核算数（以下相关表同）。

表 4 国内生产总值指数

（上年 =100）

年份	国民总收入	国内生产总值				人均国内生产总值	人均国民总收入
			第一产业	第二产业	第三产业		
1953	115.6	115.6	101.9	135.9	124.9	113.1	113.1
1954	104.3	104.3	101.7	114.8	99.7	101.8	101.8
1955	106.9	106.9	107.9	107.6	104.8	104.6	104.6
1956	115.0	115.0	104.7	134.5	112.5	112.7	112.7
1957	105.1	105.1	103.1	108.2	104.4	102.4	102.4
1958	121.3	121.3	100.4	153.1	118.0	118.4	118.4
1959	109.0	109.0	84.1	126.0	115.5	106.9	106.9
1960	100.0	100.0	83.6	106.0	105.0	99.8	99.8
1961	72.7	72.7	101.4	58.1	74.4	73.5	73.5
1962	94.4	94.4	104.5	89.4	91.0	93.7	93.7
1963	110.3	110.3	111.3	114.5	104.7	107.6	107.6
1964	118.2	118.2	112.9	125.5	115.4	115.5	115.5
1965	117.0	117.0	109.7	124.0	115.8	114.2	114.2
1966	110.7	110.7	107.2	122.2	98.5	107.6	107.6
1967	94.3	94.3	101.9	85.7	100.4	91.9	91.9
1968	95.9	95.9	98.4	90.8	100.6	93.5	93.5
1969	116.9	116.9	100.8	133.0	113.5	113.8	113.8
1970	119.3	119.3	107.7	134.6	107.4	116.1	116.1
1971	107.1	107.1	101.9	112.4	105.8	104.2	104.2
1972	103.8	103.8	99.1	106.7	105.2	101.3	101.3
1973	107.8	107.8	109.0	108.3	105.4	105.3	105.3
1974	102.3	102.3	104.1	101.4	101.7	100.2	100.2
1975	108.7	108.7	102.0	115.7	105.1	106.8	106.8
1976	98.4	98.4	98.2	97.6	100.4	96.9	96.9
1977	107.6	107.6	97.8	113.2	109.3	106.1	106.1
1978	111.7	111.7	104.1	115.0	113.6	110.2	110.2
1979	107.6	107.6	106.1	108.2	107.8	106.2	106.2
1980	107.8	107.8	98.5	113.5	106.1	106.5	106.5
1981	105.1	105.1	107.0	101.9	109.6	103.8	103.8
1982	109.2	109.0	111.5	105.6	112.7	107.4	107.6
1983	111.0	110.8	108.3	110.4	114.6	109.2	109.5
1984	115.3	115.2	112.9	114.4	119.4	113.7	113.8
1985	113.2	113.4	101.8	118.4	118.1	111.9	111.7
1986	108.6	108.9	103.3	110.2	112.3	107.3	107.0
1987	111.6	111.7	104.7	113.6	114.7	109.9	109.8

表 4 续表

（上年 =100）

年份	国民总收入	国内生产总值				人均国内生产总值	人均国民总收入
			第一产业	第二产业	第三产业		
1988	111.3	111.2	102.5	114.3	113.2	109.4	109.5
1989	104.3	104.2	103.1	103.7	105.8	102.6	102.7
1990	104.1	103.9	107.3	103.2	102.7	102.4	102.6
1991	109.2	109.3	102.4	113.8	109.2	107.8	107.7
1992	114.1	114.2	104.7	121.0	112.6	112.8	112.7
1993	113.6	113.9	104.6	119.7	112.2	112.6	112.3
1994	113.1	113.0	103.9	118.1	111.4	111.8	111.8
1995	109.4	111.0	104.9	113.8	110.1	109.8	108.2
1996	110.1	109.9	105.0	112.1	109.2	108.8	109.0
1997	109.6	109.2	103.4	110.5	110.4	108.1	108.4
1998	107.3	107.8	103.4	108.9	108.4	106.8	106.3
1999	108.0	107.7	102.7	108.2	109.2	106.7	107.1
2000	108.6	108.5	102.3	109.5	109.8	107.6	107.8
2001	108.1	108.3	102.6	108.5	110.3	107.6	107.3
2002	109.6	109.1	102.7	109.9	110.5	108.4	108.9
2003	110.5	110.0	102.4	112.7	109.5	109.4	109.8
2004	110.5	110.1	106.1	111.1	110.1	109.5	109.9
2005	110.9	111.4	105.1	112.1	112.4	110.7	110.3
2006	113.3	112.7	104.8	113.5	114.1	112.1	112.7
2007	114.7	114.2	103.5	115.1	116.1	113.6	114.1
2008	110.1	109.7	105.2	109.8	110.5	109.1	109.5
2009	108.5	109.4	104.0	110.3	109.6	108.9	108.0
2010	110.3	110.6	104.3	112.7	109.7	110.1	109.8
2011	109.0	109.6	104.2	110.7	109.5	109.0	108.4
2012	108.6	107.9	104.5	108.4	108.0	107.1	107.9
2013	107.1	107.8	103.8	108.0	108.3	107.1	106.4
2014	108.4	107.4	104.1	107.2	108.3	106.8	107.8
2015	106.4	107.0	103.9	105.9	108.8	106.4	105.8
2016	106.8	106.8	103.3	106.0	108.1	106.2	106.2
2017	107.3	106.9	104.0	105.9	108.3	106.3	106.7
2018	106.4	106.7	103.5	105.8	108.0	106.3	105.9
2019	106.1	106.0	103.1	104.9	107.2	105.6	105.7
2020	101.7	102.2	103.1	102.5	101.9	102.0	101.5
2021	108.6	108.4	107.1	108.7	108.5	108.4	108.5
2022	102.8	103.0	104.2	102.6	103.0	103.0	102.8
2023	105.3	105.2	104.1	104.7	105.8	105.4	105.4

注：本表按不变价格计算。

表 5 三大需求对国内生产总值增长的贡献率

单位：%

年份	最终消费支出	资本形成总额	货物和服务净出口
1953	62.0	38.4	-0.4
1954	19.5	66.7	13.8
1955	104.2	5.5	-9.7
1956	42.2	45.3	12.4
1957	57.4	40.4	2.2
1958	14.8	84.7	0.6
1959	-41.2	139.7	1.5
1960	-74.3	144.8	29.5
1961	19.1	82.4	-1.5
1962	-0.2	107.4	-7.2
1963	50.1	49.3	0.6
1964	55.1	45.2	-0.3
1965	56.7	45.5	-2.2
1966	36.4	64.8	-1.2
1967	-21.7	121.9	-0.2
1968	-51.2	144.7	6.5
1969	57.6	39.1	3.3
1970	26.1	77.0	-3.0
1971	51.6	40.8	7.6
1972	164.2	-69.7	5.5
1973	49.0	52.8	-1.7
1974	91.3	46.7	-38.0
1975	37.5	58.5	4.0
1976	465.6	-412.8	47.2
1977	42.8	56.4	0.8
1978	38.7	66.7	-5.4
1979	84.0	19.2	-3.2
1980	78.1	20.1	1.8
1981	89.4	-1.7	12.3
1982	56.7	22.6	20.7
1983	75.0	33.0	-8.0
1984	69.3	41.3	-10.6
1985	71.9	79.6	-51.5
1986	50.6	15.2	34.2
1987	41.5	25.9	32.6

表 5 续表

单位：%

年份	最终消费支出	资本形成总额	货物和服务净出口
1988	43.8	55.3	0.9
1989	79.4	0.0	20.6
1990	89.0	-69.4	80.5
1991	61.2	37.2	1.6
1992	56.9	52.3	-9.2
1993	58.5	54.8	-13.3
1994	35.1	33.7	31.2
1995	46.7	46.1	7.2
1996	62.3	33.8	3.8
1997	42.6	14.5	42.9
1998	65.6	27.7	6.7
1999	88.7	21.2	-9.9
2000	78.8	21.7	-0.5
2001	50.0	63.5	-13.5
2002	58.1	40.0	1.9
2003	36.1	68.8	-4.9
2004	42.9	62.0	-4.9
2005	56.8	33.1	10.1
2006	43.2	42.5	14.3
2007	47.9	44.2	7.8
2008	44.0	53.3	2.7
2009	57.6	85.3	-42.8
2010	47.4	63.4	-10.8
2011	65.7	41.1	-6.8
2012	55.4	42.1	2.5
2013	50.2	53.1	-3.3
2014	56.3	45.0	-1.3
2015	69.0	22.6	8.4
2016	66.0	45.7	-11.7
2017	55.9	39.5	4.7
2018	64.0	43.2	-7.2
2019	58.6	28.9	12.6
2020	-6.8	81.5	25.3
2021	58.3	19.8	21.9
2022	39.4	46.8	13.8
2023	82.5	28.9	-11.4

注：本表按不变价格计算。

表 6 国际收支概况

单位：百万美元

年份	经常账户差额				资本和金融账户差额				净误差与遗漏
		货物和服务	初次收入	二次收入		资本账户	非储备性质的金融账户	储备资产	
1982	5674	4812	376	486	-5953		-1736	-4217	279
1983	4240	2571	1158	511	-4067		-1372	-2695	-173
1984	2030	54	1534	442	-3221		-3752	531	1191
1985	-11417	-12501	841	243	13907		8485	5422	-2490
1986	-7035	-7390	-23	378	8267		6540	1727	-1232
1987	300	291	-215	224	1071		2731	-1660	-1371
1988	-3803	-4061	-161	419	4814		5269	-455	-1011
1989	-4318	-4928	229	381	4226		6428	-2202	92
1990	11997	10668	1055	274	-8863		-2774	-6089	-3134
1991	13271	11601	840	830	-6510		4581	-11091	-6761
1992	6401	4998	248	1155	1851		-251	2102	-8252
1993	-11904	-11792	-1284	1172	21707		23474	-1767	-9803
1994	7658	7357	-1036	1337	2117		32644	-30527	-9775
1995	1618	11958	-11774	1434	16212		38675	-22463	-17830
1996	7242	17550	-12437	2129	8305		39967	-31662	-15547
1997	36963	42823	-11004	5143	-14667	21	21036	-35724	-22296
1998	31471	43837	-16644	4278	-12735	-47	-6262	-6426	-18736
1999	21114	30641	-14470	4943	-3326	-26	5205	-8505	-17788
2000	20432	28786	-14666	6311	-8626	-35	1958	-10548	-11805
2001	17405	28086	-19173	8492	-12550	-54	34829	-47325	-4856
2002	35422	37383	-14945	12984	-43216	-50	32340	-75507	7794
2003	43052	35821	-10218	17449	-51275	-48	54921	-106148	8224
2004	68941	51174	-5132	22898	-81908	-69	108222	-190060	12967
2005	132378	124627	-16114	23865	-155300	4102	91247	-250649	22921
2006	231843	208919	-5143	28068	-235471	4020	45285	-284776	3628
2007	353183	308036	8044	37102	-366473	3099	91132	-460704	13290
2008	420569	348833	28580	43156	-439413	3051	37075	-479539	18844
2009	243257	220130	-8533	31659	-201874	3939	194531	-400344	-41383
2010	237810	223024	-25899	40686	-184874	4630	282234	-471739	-52936
2011	136097	181904	-70318	24511	-122331	5446	260024	-387801	-13766
2012	215392	231845	-19887	3434	-128317	4272	-36038	-96552	-87074
2013	148204	235380	-78442	-8733	-85279	3052	343048	-431379	-62925
2014	236047	221299	13301	1446	-169174	-33	-51361	-117780	-66873
2015	293022	357871	-52199	-12649	-91207	316	-434462	342939	-201816
2016	191337	255737	-54880	-9520	27250	-344	-416070	443665	-218587
2017	188676	217010	-16478	-11856	17930	-91	109537	-91516	-206606
2018	24131	87905	-61365	-2410	153227	-569	172682	-18887	-177358
2019	102910	131844	-39184	10250	26271	-327	7308	19291	-129181
2020	248836	358573	-118192	8455	-90073	-76	-61147	-28850	-158763
2021	352886	461494	-124476	15868	-218420	94	-30288	-188226	-134466
2022	443374	577609	-154370	20135	-354068	-310	-257322	-96436	-89306
2023	252987	386063	-148242	15166	-215061	-298	-209937	-4826	-37926

表 7 就业人员和城镇调查失业率

单位：万人

年份	就业人员	按城乡分		按三次产业分			城镇调查失业率 (%)
		城镇	乡村	第一产业	第二产业	第三产业	
1952	20729	2486	18243	17317	1531	1881	
1953	21364	2754	18610	17747	1715	1902	
1954	21832	2744	19088	18151	1882	1799	
1955	22328	2802	19526	18592	1913	1823	
1956	23018	2993	20025	18544	2468	2006	
1957	23771	3205	20566	19309	2142	2320	
1958	26600	5300	21300	15490	7076	4034	
1959	26173	5389	20784	16271	5402	4500	
1960	25880	6119	19761	17016	4112	4752	
1961	25590	5336	20254	19747	2856	2987	
1962	25910	4537	21373	21276	2059	2575	
1963	26640	4603	22037	21966	2038	2636	
1964	27736	4828	22908	22801	2183	2752	
1965	28670	5136	23534	23396	2408	2866	
1966	29805	5354	24451	24297	2600	2908	
1967	30814	5446	25368	25165	2661	2988	
1968	31915	5630	26285	26063	2743	3109	
1969	33225	5825	27400	27117	3030	3078	
1970	34432	6312	28120	27811	3518	3103	
1971	35620	6868	28752	28397	3990	3233	
1972	35854	7200	28654	28283	4276	3295	
1973	36652	7388	29264	28857	4492	3303	
1974	37369	7687	29682	29218	4712	3439	
1975	38168	8222	29946	29456	5152	3560	
1976	38834	8692	30142	29443	5611	3780	
1977	39377	9127	30250	29340	5831	4206	
1978	40152	9514	30638	28318	6945	4890	
1979	41024	9999	31025	28634	7214	5177	
1980	42361	10525	31836	29122	7707	5532	
1981	43725	11053	32672	29777	8003	5945	
1982	45295	11428	33867	30859	8346	6090	
1983	46436	11746	34690	31151	8679	6606	
1984	48197	12229	35968	30868	9590	7739	
1985	49873	12808	37065	31130	10384	8359	
1986	51282	13292	37990	31254	11216	8811	
1987	52783	13783	39000	31663	11726	9395	
1988	54334	14267	40067	32249	12152	9933	
1989	55329	14390	40939	33225	11976	10129	

表7 续表

单位：万人

年份	就业人员	按城乡分		按三次产业分			城镇调查失业率(%)
		城镇	乡村	第一产业	第二产业	第三产业	
1990	64749	17041	47708	38914	13856	11979	
1991	65491	17465	48026	39098	14015	12378	
1992	66152	17861	48291	38699	14355	13098	
1993	66808	18262	48546	37680	14965	14163	
1994	67455	18653	48802	36628	15312	15515	
1995	68065	19040	49025	35530	15655	16880	
1996	68950	19922	49028	34820	16203	17927	
1997	69820	20781	49039	34840	16547	18432	
1998	70637	21616	49021	35177	16600	18860	
1999	71394	22412	48982	35768	16421	19205	
2000	72085	23151	48934	36043	16219	19823	
2001	72797	24123	48674	36399	16234	20165	
2002	73280	25159	48121	36640	15682	20958	
2003	73736	26230	47506	36204	15927	21605	
2004	74264	27293	46971	34830	16709	22725	
2005	74647	28389	46258	33442	17766	23439	
2006	74978	29630	45348	31941	18894	24143	
2007	75321	30953	44368	30731	20186	24404	
2008	75564	32103	43461	29923	20553	25087	
2009	75828	33322	42506	28890	21080	25857	
2010	76105	34687	41418	27931	21842	26332	
2011	76196	36003	40193	26472	22539	27185	
2012	76254	37287	38967	25535	23226	27493	
2013	76301	38527	37774	23838	23142	29321	
2014	76349	39703	36646	22372	23057	30920	
2015	76320	40916	35404	21418	22644	32258	
2016	76245	42051	34194	20908	22295	33042	
2017	76058	43208	32850	20295	21762	34001	
2018	75782	44292	31490	19515	21356	34911	4.9
2019	75447	45249	30198	18652	21234	35561	5.2
2020	75064	46271	28793	17715	21543	35806	5.6
2021	74652	46773	27879	17072	21712	35868	5.1
2022	73351	45931	27420	17663	21105	34583	5.6
2023	74041	47032	27009	16882	21520	35639	5.2

注：1. 1990年及以后的就业人员数据根据劳动力调查、全国人口普查推算，其中1991-2019年非普查年份数据已根据历次人口普查修订。
2. 城镇调查失业率为每年1-12月份的平均值。

表 8 城镇非私营单位就业人员工资和指数

年份	工资总额		平均工资			
	绝对数（亿元）	名义指数（上年 =100）	绝对数（元）	名义指数（上年 =100）	实际指数（1978 年 =100）	实际指数（上年 =100）
1952			445			
1953			495			
1954			517			
1955			527			
1956			601			
1957			624			
1958			536			
1959			512			
1960			511			
1961			510			
1962			551			
1963			576			
1964			586			
1965			590			
1966			583			
1967			587			
1968			577			
1969			575			
1970			561			
1971			560			
1972			588			
1973			587			
1974			584			
1975			580			
1976			575			
1977			576			
1978	568.9	110.5	615	106.8	100.0	106.0
1979	646.7	113.7	668	108.6	106.6	106.6
1980	772.4	119.4	762	114.1	113.2	106.1
1981	820.0	106.2	772	101.3	111.9	98.8
1982	882.0	107.6	798	103.4	113.4	101.3
1983	934.6	106.0	826	103.5	115.1	101.5
1984	1133.4	121.3	974	117.9	132.1	114.8
1985	1383.0	122.0	1148	117.9	139.0	105.3
1986	1659.7	120.0	1329	115.8	150.4	108.2
1987	1881.1	113.3	1459	109.8	151.9	100.9
1988	2316.2	123.1	1747	119.7	150.7	99.2

表 8 续表

年份	工资总额		平均工资			
	绝对数（亿元）	名义指数（上年=100）	绝对数（元）	名义指数（上年=100）	实际指数（1978年=100）	实际指数（上年=100）
1989	2618.5	113.1	1935	110.8	143.5	95.2
1990	2951.1	119.0	2140	110.6	156.7	109.2
1991	3323.9	112.6	2340	109.3	162.9	104.0
1992	3939.2	118.5	2711	115.9	173.8	106.7
1993	4916.2	124.8	3371	124.3	186.1	107.1
1994	6656.4	135.4	4538	134.6	200.4	107.7
1995	8055.8	119.0	5348	118.9	204.0	101.8
1996	8964.4	111.3	5980	111.8	209.7	102.8
1997	9602.4	107.1	6444	107.8	219.1	104.5
1998	9540.2	99.4	7446	115.5	254.7	116.2
1999	10155.9	106.5	8319	111.7	288.3	113.2
2000	10954.7	107.9	9333	112.2	320.9	111.3
2001	12205.4	111.4	10834	116.1	370.0	115.3
2002	13638.1	111.7	12373	114.2	426.8	115.4
2003	15329.6	112.4	13969	112.9	477.5	111.9
2004	17615.0	114.9	15920	114.0	526.8	110.3
2005	20627.1	117.1	18200	114.3	592.8	112.5
2006	24262.3	117.6	20856	114.6	669.3	112.9
2007	29471.5	121.5	24721	118.5	758.9	113.4
2008	35289.5	119.7	28898	116.9	840.1	110.7
2009	40288.2	114.2	32244	111.6	946.1	112.6
2010	47269.9	117.3	36539	113.3	1038.7	109.8
2011	59954.7	126.8	41799	114.4	1128.4	108.6
2012	70914.2	118.3	46769	111.9	1230.0	109.0
2013	93064.3	131.2	51483	110.1	1319.9	107.3
2014	102817.2	110.5	56360	109.5	1415.2	107.2
2015	112007.8	108.9	62029	110.1	1535.5	108.5
2016	120074.8	107.2	67569	108.9	1637.7	106.7
2017	129889.1	108.2	74318	110.0	1771.4	108.2
2018	141480.0	108.9	82413	110.9	1923.9	108.6
2019	154296.1	109.1	90501	109.8	2055.2	106.8
2020	164126.9	106.4	97379	107.6	2161.7	105.2
2021	180817.5	110.2	106837	109.7	2348.2	108.6
2022	190820.2	105.5	114029	106.7	2457.1	104.6
2023	197416.7	103.5	120698	105.8	2593.0	105.5

注：1. 1994年及以前数据为单位职工工资总额和平均工资。
2. 2013年工资总额数据变动较大，系将原不属于劳动工资调查对象的乡镇企业中的规模以上法人单位纳入统计范围所致。

表 9 价格指数

（上年 =100）

年份	居民消费价格指数	农产品生产者价格指数	工业生产者出厂价格指数	工业生产者购进价格指数
1951	112.5			
1952	102.7			
1953	105.1			
1954	101.4			
1955	100.3			
1956	99.9			
1957	102.6			
1958	98.9			
1959	100.3			
1960	102.5			
1961	116.1			
1962	103.8			
1963	94.1			
1964	96.3			
1965	98.8			
1966	98.8			
1967	99.4			
1968	100.1			
1969	101.0			
1970	100.0			
1971	99.9			
1972	100.2			
1973	100.1			
1974	100.7			
1975	100.4			
1976	100.3			
1977	102.7			
1978	100.7	103.9	100.1	
1979	101.9	122.1	101.5	
1980	107.5	107.1	100.5	
1981	102.5	105.9	100.2	
1982	102.0	102.2	99.8	
1983	102.0	104.4	99.9	
1984	102.7	104.0	101.4	
1985	109.3	108.6	108.7	
1986	106.5	106.4	103.8	109.5
1987	107.3	112.0	107.9	111.0
1988	118.8	123.0	115.0	120.2

表9 续表

（上年 =100）

年份	居民消费价格指数	农产品生产者价格指数	工业生产者出厂价格指数	工业生产者购进价格指数
1989	118.0	115.0	118.6	126.4
1990	103.1	97.4	104.1	105.6
1991	103.4	98.0	106.2	109.1
1992	106.4	103.4	106.8	111.0
1993	114.7	113.4	124.0	135.1
1994	124.1	139.9	119.5	118.2
1995	117.1	119.9	114.9	115.3
1996	108.3	104.2	102.9	103.9
1997	102.8	95.5	99.7	101.3
1998	99.2	92.0	95.9	95.8
1999	98.6	87.8	97.6	96.7
2000	100.4	96.4	102.8	105.1
2001	100.7	103.1	98.7	99.8
2002	99.2	99.7	97.8	97.7
2003	101.2	104.4	102.3	104.8
2004	103.9	113.1	106.1	111.4
2005	101.8	101.4	104.9	108.3
2006	101.5	101.2	103.0	106.0
2007	104.8	118.5	103.1	104.4
2008	105.9	114.1	106.9	110.5
2009	99.3	97.6	94.6	92.1
2010	103.3	110.9	105.5	109.6
2011	105.4	116.5	106.0	109.1
2012	102.6	102.7	98.3	98.2
2013	102.6	103.2	98.1	98.0
2014	102.0	99.8	98.1	97.8
2015	101.4	101.7	94.8	93.9
2016	102.0	103.4	98.6	98.0
2017	101.6	96.5	106.3	108.1
2018	102.1	99.1	103.5	104.1
2019	102.9	114.5	99.7	99.3
2020	102.5	115.0	98.2	97.7
2021	100.9	97.8	108.1	111.0
2022	102.0	100.4	104.1	106.1
2023	100.2	97.7	97.0	96.4

注：1. 本表1985年前居民消费价格指数为职工生活费用价格总指数。
2. 从2011年起，原工业品出厂价格指数改称为工业生产者出厂价格指数，原材料、燃料、动力购进价格指数改称为工业生产者购进价格指数。

表 10 居民人均可支配收入、人均消费支出和恩格尔系数

年份	人均可支配收入			人均消费支出			恩格尔系数		
	全体居民（元）	城镇居民（元）	农村居民（元）	全体居民（元）	城镇居民（元）	农村居民（元）	全体居民(%)	城镇居民(%)	农村居民(%)
1949	50	100	44			40			
1950									
1951									
1952		156			168				
1953									
1954			64			60			68.6
1955									
1956	98	243	73	88	214	67		56.9	68.1
1957	101	254	73	94	222	71		58.4	65.7
1958		253			219			58.1	
1959									
1960									
1961									
1962			99			92			60.9
1963	129	265	101	114	214	94		60.6	63.3
1964	128	244	102	117	221	94		59.2	67.1
1965			107			95			68.5
1966									
1967									
1968									
1969									
1970									
1971									
1972									
1973									
1974									
1975									
1976			113						
1977			117						
1978	171	343	134	151	311	116	63.9	57.5	67.7
1979	207	405	160			135			64.0
1980	247	478	191	211	412	162	59.9	56.9	61.8
1981	279	500	223	244	457	191	58.6	56.7	59.8
1982	326	535	270	273	471	220	59.9	58.6	60.6
1983	365	565	310	304	506	248	59.4	59.2	59.4
1984	424	652	355	340	559	274	58.8	58.0	59.3
1985	479	739	398	402	673	317	56.0	53.3	57.8
1986	541	901	424	465	799	357	54.8	52.4	56.5

表10 续表

年份	人均可支配收入			人均消费支出			恩格尔系数		
	全体居民（元）	城镇居民（元）	农村居民（元）	全体居民（元）	城镇居民（元）	农村居民（元）	全体居民(%)	城镇居民(%)	农村居民(%)
1987	599	1002	463	521	884	398	54.8	53.5	55.8
1988	709	1180	545	639	1104	477	52.8	51.4	54.0
1989	804	1374	602	712	1211	535	54.7	54.5	54.8
1990	904	1510	686	768	1279	585	56.8	54.2	58.8
1991	976	1701	709	844	1454	620	55.9	53.8	57.6
1992	1125	2027	784	937	1672	659	55.3	52.9	57.5
1993	1385	2577	922	1145	2111	770	54.0	50.1	58.1
1994	1870	3496	1221	1540	2851	1017	54.1	49.9	58.9
1995	2363	4283	1578	1957	3538	1310	54.1	49.9	58.6
1996	2814	4839	1926	2288	3919	1572	52.3	48.6	56.3
1997	3070	5160	2090	2437	4186	1617	50.3	46.4	55.1
1998	3254	5418	2171	2516	4340	1604	48.0	44.2	53.2
1999	3485	5839	2229	2658	4633	1604	45.5	41.3	52.0
2000	3721	6256	2282	2914	5027	1714	42.2	38.6	48.3
2001	4070	6824	2407	3139	5350	1803	40.5	37.0	46.7
2002	4532	7652	2529	3548	6089	1917	39.2	36.4	44.9
2003	5007	8406	2690	3889	6587	2050	38.1	35.5	43.9
2004	5661	9335	3027	4395	7280	2326	38.8	35.8	45.3
2005	6385	10382	3370	5035	8068	2749	37.3	34.5	43.3
2006	7229	11620	3731	5634	8851	3072	35.5	33.3	40.7
2007	8584	13603	4327	6592	10196	3536	35.6	33.6	40.5
2008	9957	15549	4999	7548	11489	4054	36.3	34.5	40.9
2009	10977	16901	5435	8377	12558	4464	34.3	32.9	38.0
2010	12520	18779	6272	9378	13821	4945	33.4	31.9	37.9
2011	14551	21427	7394	10820	15554	5892	33.6	32.3	37.1
2012	16510	24127	8389	12054	17107	6667	33.0	32.0	35.9
2013	18311	26467	9430	13220	18488	7485	31.2	30.1	34.1
2014	20167	28844	10489	14491	19968	8383	31.0	30.0	33.6
2015	21966	31195	11422	15712	21392	9223	30.6	29.7	33.0
2016	23821	33616	12363	17111	23079	10130	30.1	29.3	32.2
2017	25974	36396	13432	18322	24445	10955	29.3	28.6	31.2
2018	28228	39251	14617	19853	26112	12124	28.4	27.7	30.1
2019	30733	42359	16021	21559	28063	13328	28.2	27.6	30.0
2020	32189	43834	17131	21210	27007	13713	30.2	29.2	32.7
2021	35128	47412	18931	24100	30307	15916	29.8	28.6	32.7
2022	36883	49283	20133	24538	30391	16632	30.5	29.5	33.0
2023	39218	51821	21691	26796	32994	18175	29.8	28.8	32.4

注：1. 1949-1977年数据来源于历史资料，其中全体居民数据根据当年城乡人口加权计算获得。
2. 1978-2012年数据根据历史数据按住户收支与生活状况调查可比口径推算获得，2013年及以后数据来源于住户收支与生活状况调查。

表 11 农村贫困状况

年份	1978 年标准		2008 年标准		2010 年标准	
	贫困人口（万人）	贫困发生率（%）	贫困人口（万人）	贫困发生率（%）	贫困人口（万人）	贫困发生率（%）
1978	25000	30.7			77039	97.5
1980	22000	26.8			76542	96.2
1981	15200	18.5				
1982	14500	17.5				
1983	13500	16.2				
1984	12800	15.1				
1985	12500	14.8			66101	78.3
1986	13100	15.5				
1987	12200	14.3				
1988	9600	11.1				
1989	10200	11.6				
1990	8500	9.4			65849	73.5
1991	9400	10.4				
1992	8000	8.8				
1994	7000	7.7				
1995	6540	7.1			55463	60.5
1997	4962	5.4				
1998	4210	4.6				
1999	3412	3.7				
2000	3209	3.5	9422	10.2	46224	49.8
2001	2927	3.2	9029	9.8		
2002	2820	3.0	8645	9.2		
2003	2900	3.1	8517	9.1		
2004	2610	2.8	7587	8.1		
2005	2365	2.5	6432	6.8	28662	30.2
2006	2148	2.3	5698	6.0		
2007	1479	1.6	4320	4.6		
2008			4007	4.2		
2009			3597	3.8		
2010			2688	2.8	16567	17.2
2011					12238	12.7
2012					9899	10.2
2013					8249	8.5
2014					7017	7.2
2015					5575	5.7
2016					4335	4.5
2017					3046	3.1
2018					1660	1.7
2019					551	0.6
2020					全部脱贫	全部脱贫

注：1. 1978 年标准：1978-1999 年称为农村贫困标准，2000-2007 年称为农村绝对贫困标准。
2. 2008 年标准：2000-2007 年称为农村低收入标准，2008-2010 年称为农村贫困标准。
3. 2010 年标准：即现行农村贫困标准。现行农村贫困标准为每人每年生活水平 2300 元（2010 年不变价）。
4. 2020 年我国现行农村贫困标准下的农村贫困人口全部脱贫。

表 12 一般公共预算收支总额及增长速度

年份	一般公共预算收入（亿元）	一般公共预算支出（亿元）	收支差额（亿元）	比上年增长 (%)	
				一般公共预算收入	一般公共预算支出
1950	62.17	68.05	-5.88		
1951	124.96	122.07	2.89	101.0	79.4
1952	173.94	172.07	1.87	39.2	41.0
1953	213.24	219.21	-5.97	22.6	27.4
1954	245.17	244.11	1.06	15.0	11.4
1955	249.27	262.73	-13.46	1.7	7.6
1956	280.19	298.52	-18.33	12.4	13.6
1957	303.20	295.95	7.25	8.2	-0.9
1958	379.62	400.36	-20.74	25.2	35.3
1959	487.12	543.17	-56.05	28.3	35.7
1960	572.29	643.68	-71.39	17.5	18.5
1961	356.06	356.09	-0.03	-37.8	-44.7
1962	313.55	294.88	18.67	-11.9	-17.2
1963	342.25	332.05	10.20	9.2	12.6
1964	399.54	393.79	5.75	16.7	18.6
1965	473.32	459.97	13.35	18.5	16.8
1966	558.71	537.65	21.06	18.0	16.9
1967	419.36	439.84	-20.48	-24.9	-18.2
1968	361.25	357.84	3.41	-13.9	-18.6
1969	526.76	525.86	0.90	45.8	47.0
1970	662.90	649.41	13.49	25.8	23.5
1971	744.73	732.17	12.56	12.3	12.7
1972	766.56	765.86	0.70	2.9	4.6
1973	809.67	808.78	0.89	5.6	5.6
1974	783.14	790.25	-7.11	-3.3	-2.3
1975	815.61	820.88	-5.27	4.1	3.9
1976	776.58	806.20	-29.62	-4.8	-1.8
1977	874.46	843.53	30.93	12.6	4.6
1978	1132.26	1122.09	10.17	29.5	33.0
1979	1146.38	1281.79	-135.41	1.2	14.2
1980	1159.93	1228.83	-68.90	1.2	-4.1
1981	1175.79	1138.41	37.38	1.4	-7.5
1982	1212.33	1229.98	-17.65	3.1	8.0
1983	1366.95	1409.52	-42.57	12.8	14.6
1984	1642.86	1701.02	-58.16	20.2	20.7
1985	2004.82	2004.25	0.57	22.0	17.8
1986	2122.01	2204.91	-82.90	5.8	10.0

表 12 续表

年份	一般公共预算收入（亿元）	一般公共预算支出（亿元）	收支差额（亿元）	比上年增长 (%)	
				一般公共预算收入	一般公共预算支出
1987	2199.35	2262.18	-62.83	3.6	2.6
1988	2357.24	2491.21	-133.97	7.2	10.1
1989	2664.90	2823.78	-158.88	13.1	13.3
1990	2937.10	3083.59	-146.49	10.2	9.2
1991	3149.48	3386.62	-237.14	7.2	9.8
1992	3483.37	3742.20	-258.83	10.6	10.5
1993	4348.95	4642.30	-293.35	24.8	24.1
1994	5218.10	5792.62	-574.52	20.0	24.8
1995	6242.20	6823.72	-581.52	19.6	17.8
1996	7407.99	7937.55	-529.56	18.7	16.3
1997	8651.14	9233.56	-582.42	16.8	16.3
1998	9875.95	10798.18	-922.23	14.2	16.9
1999	11444.08	13187.67	-1743.59	15.9	22.1
2000	13395.23	15886.50	-2491.27	17.0	20.5
2001	16386.04	18902.58	-2516.54	22.3	19.0
2002	18903.64	22053.15	-3149.51	15.4	16.7
2003	21715.25	24649.95	-2934.70	14.9	11.8
2004	26396.47	28486.89	-2090.42	21.6	15.6
2005	31649.29	33930.28	-2280.99	19.9	19.1
2006	38760.20	40422.73	-1662.53	22.5	19.1
2007	51321.78	49781.35	1540.43	32.4	23.2
2008	61330.35	62592.66	-1262.31	19.5	25.7
2009	68518.30	76299.93	-7781.63	11.7	21.9
2010	83101.51	89874.16	-6772.65	21.3	17.8
2011	103874.43	109247.79	-5373.36	25.0	21.6
2012	117253.52	125952.97	-8699.45	12.9	15.3
2013	129209.64	140212.10	-11002.46	10.2	11.3
2014	140370.03	151785.56	-11415.53	8.6	8.3
2015	152269.23	175877.77	-23608.54	5.8	13.2
2016	159604.97	187755.21	-28150.24	4.5	6.3
2017	172592.77	203085.49	-30492.72	7.4	7.6
2018	183359.84	220904.13	-37544.29	6.2	8.7
2019	190390.08	238858.37	-48468.29	3.8	8.1
2020	182913.88	245679.03	-62765.15	-3.9	2.9
2021	202554.64	245673.00	-43118.36	10.7	0.0
2022	203649.29	260552.12	-56902.83	0.5	6.1
2023	216795.43	274622.94	-57827.51	6.5	5.4

注：1. 各年数据为财政决算数。
2. 2016-2023 年一般公共预算收入、支出增长速度均按同口径计算。

表 13 一次能源生产总量及构成

年份	一次能源生产总量（万吨标准煤）	构成（一次能源生产总量 =100）			
		原 煤	原 油	天然气	一次电力及其他能源
1949	2374	96.3	0.7		3.0
1950	3174	96.7	0.9		2.4
1951	3903	97.0	1.1		1.9
1952	4871	96.7	1.3		2.0
1953	5192	96.3	1.7		2.0
1954	6262	95.8	1.8		2.4
1955	7295	95.9	1.9		2.2
1956	8242	95.3	2.0		2.7
1957	9861	94.9	2.1	0.1	2.9
1958	19845	97.1	1.6	0.1	1.2
1959	27161	97.0	2.0	0.1	0.9
1960	29637	95.6	2.5	0.5	1.4
1961	21224	93.5	3.6	0.9	2.0
1962	17185	91.4	4.8	0.9	2.9
1963	17009	91.0	5.5	0.8	2.7
1964	17232	89.1	7.0	0.8	3.1
1965	18824	88.0	8.6	0.8	2.6
1966	20833	86.3	10.0	0.9	2.8
1967	17494	84.1	11.3	1.1	3.5
1968	18715	83.9	12.2	1.0	2.9
1969	23104	82.2	13.5	1.1	3.2
1970	30990	81.6	14.1	1.2	3.1
1971	35289	79.3	16.0	1.4	3.3
1972	37785	77.5	17.3	1.7	3.5
1973	40013	74.4	19.2	2.0	4.4
1974	41626	70.8	22.3	2.4	4.5
1975	48754	70.6	22.6	2.4	4.4
1976	50340	68.4	24.8	2.7	4.1
1977	56396	69.6	23.7	2.9	3.8
1978	62770	70.3	23.7	2.9	3.1
1979	64562	70.2	23.5	3.0	3.3
1980	63735	69.4	23.8	3.0	3.8
1981	63227	70.2	22.9	2.7	4.2
1982	66778	71.3	21.8	2.4	4.5
1983	71270	71.6	21.3	2.3	4.8
1984	77855	72.4	21.0	2.1	4.5
1985	85546	72.8	20.9	2.0	4.3
1986	88124	72.4	21.2	2.1	4.3

表 13 续表

年份	一次能源生产总量（万吨标准煤）	构成（一次能源生产总量 =100）			
		原 煤	原 油	天然气	一次电力及其他能源
1987	91266	72.6	21.0	2.0	4.4
1988	95801	73.1	20.4	2.0	4.5
1989	101639	74.1	19.3	2.0	4.6
1990	103922	74.2	19.0	2.0	4.8
1991	104844	74.1	19.2	2.0	4.7
1992	107256	74.3	18.9	2.0	4.8
1993	111059	74.0	18.7	2.0	5.3
1994	118729	74.6	17.6	1.9	5.9
1995	129034	75.3	16.6	1.9	6.2
1996	133032	75.0	16.9	2.0	6.1
1997	133460	74.2	17.2	2.1	6.5
1998	129834	73.3	17.7	2.2	6.8
1999	131935	73.9	17.3	2.5	6.3
2000	138570	72.9	16.8	2.6	7.7
2001	147425	72.6	15.9	2.7	8.8
2002	156277	73.1	15.3	2.8	8.8
2003	178299	75.7	13.6	2.6	8.1
2004	206108	76.7	12.2	2.7	8.4
2005	229037	77.4	11.3	2.9	8.4
2006	244763	77.5	10.8	3.2	8.5
2007	264173	77.8	10.1	3.5	8.6
2008	277419	76.8	9.8	3.9	9.5
2009	286092	76.8	9.4	4.0	9.8
2010	312125	76.2	9.3	4.1	10.4
2011	340178	77.8	8.5	4.1	9.6
2012	351041	76.2	8.5	4.1	11.2
2013	358784	75.4	8.4	4.4	11.8
2014	362212	73.5	8.3	4.7	13.5
2015	362193	72.2	8.5	4.8	14.5
2016	345954	69.8	8.3	5.2	16.7
2017	358867	69.6	7.6	5.4	17.4
2018	378859	69.2	7.2	5.4	18.2
2019	397317	68.5	6.9	5.6	19.0
2020	407295	67.5	6.8	6.0	19.7
2021	427115	66.7	6.7	6.0	20.6
2022	463808	67.2	6.3	5.9	20.6
2023	483000	66.6	6.2	6.0	21.2

注：电力折算标准煤的系数根据当年平均发电煤耗计算，2023 年为初步核算数。

表 14 能源消费总量及构成

年份	能源消费总量（万吨标准煤）	构成（能源消费总量=100）			
		煤 炭	石 油	天然气	一次电力及其他能源
1953	5411	94.4	3.8		1.8
1954	6234	93.5	4.3		2.2
1955	6968	93.0	4.9		2.1
1956	8800	92.8	4.8		2.4
1957	9644	92.3	4.6	0.1	3.0
1958	17599	94.6	3.9	0.1	1.4
1959	23926	94.7	4.1	0.1	1.1
1960	30188	93.9	4.1	0.5	1.5
1961	20390	91.3	5.5	0.9	2.3
1962	16540	89.3	6.6	0.9	3.2
1963	15567	88.9	7.2	0.8	3.1
1964	16637	88.0	8.0	0.7	3.3
1965	18901	86.1	10.3	0.9	2.7
1966	20269	86.2	10.2	0.7	2.9
1967	18328	84.8	10.9	0.8	3.5
1968	18405	83.7	12.1	0.8	3.4
1969	22730	81.9	13.8	0.8	3.5
1970	29291	80.9	14.7	0.9	3.5
1971	34496	79.2	16.0	1.4	3.4
1972	37273	77.5	17.2	1.7	3.6
1973	39109	74.8	18.6	2.0	4.6
1974	40144	72.1	20.7	2.5	4.7
1975	45425	71.8	21.1	2.5	4.6
1976	47831	69.9	23.0	2.8	4.3
1977	52354	70.2	22.6	3.1	4.1
1978	57144	70.7	22.7	3.2	3.4
1979	58588	71.3	21.8	3.3	3.6
1980	60275	72.2	20.7	3.1	4.0
1981	59447	72.7	20.0	2.8	4.5
1982	62067	73.7	18.9	2.5	4.9
1983	66040	74.2	18.1	2.4	5.3
1984	70904	75.3	17.4	2.4	4.9
1985	76682	75.8	17.1	2.2	4.9
1986	80850	75.8	17.2	2.3	4.7
1987	86632	76.2	17.0	2.1	4.7

表 14 续表

年份	能源消费总量（万吨标准煤）	构成（能源消费总量 =100）			
		煤 炭	石 油	天然气	一次电力及其他能源
1988	92997	76.1	17.1	2.1	4.7
1989	96934	76.1	17.1	2.1	4.7
1990	98703	76.2	16.6	2.1	5.1
1991	103783	76.1	17.1	2.0	4.8
1992	109170	75.7	17.5	1.9	4.9
1993	115993	74.7	18.2	1.9	5.2
1994	122737	75.0	17.4	1.9	5.7
1995	131176	74.6	17.5	1.8	6.1
1996	135192	73.5	18.7	1.8	6.0
1997	135909	71.4	20.4	1.8	6.4
1998	136184	70.9	20.8	1.8	6.5
1999	140569	70.6	21.5	2.0	5.9
2000	146964	68.5	22.0	2.2	7.3
2001	155547	68.0	21.2	2.4	8.4
2002	169577	68.5	21.0	2.3	8.2
2003	197083	70.2	20.1	2.3	7.4
2004	230281	70.2	19.9	2.3	7.6
2005	261369	72.4	17.8	2.4	7.4
2006	286467	72.4	17.5	2.7	7.4
2007	311442	72.5	17.0	3.0	7.5
2008	320611	71.5	16.7	3.4	8.4
2009	336126	71.6	16.4	3.5	8.5
2010	360648	69.2	17.4	4.0	9.4
2011	387043	70.2	16.8	4.6	8.4
2012	402138	68.5	17.0	4.8	9.7
2013	416913	67.4	17.1	5.3	10.2
2014	428334	65.8	17.3	5.6	11.3
2015	434113	63.8	18.4	5.8	12.0
2016	441492	62.2	18.7	6.1	13.0
2017	455827	60.6	18.9	6.9	13.6
2018	471925	59.0	18.9	7.6	14.5
2019	487488	57.7	19.0	8.0	15.3
2020	498314	56.9	18.8	8.4	15.9
2021	525896	55.9	18.6	8.8	16.7
2022	540956	56.0	18.0	8.4	17.6
2023	572000	55.3	18.3	8.5	17.9

注：电力折算标准煤的系数根据当年平均发电煤耗计算，2023 年为初步核算数。

表 15 主要能源产品产量

年份	原 煤（万吨）	原 油（万吨）	天然气（亿立方米）	焦 炭（万吨）	发电量（亿千瓦时）
1949	3200	12	0.1	54	43
1950	4300	20	0.1	150	46
1951	5300	31	0.0	203	57
1952	6600	44	0.1	289	73
1953	7000	62	0.1	355	92
1954	8400	79	0.2	450	110
1955	9800	97	0.2	548	123
1956	11000	116	0.3	637	166
1957	13100	146	0.7	830	193
1958	27000	226	1.1	2174	275
1959	36900	373	2.9	4504	423
1960	39700	520	10.4	5647	594
1961	27800	531	14.7	2809	480
1962	22000	575	12.1	1342	458
1963	21700	648	10.2	1106	490
1964	21500	848	10.6	1113	560
1965	23200	1131	11.0	1333	676
1966	25200	1455	13.4	1634	825
1967	20600	1388	14.6	1102	774
1968	22000	1599	14.0	1098	716
1969	26600	2174	19.6	1676	940
1970	35400	3065	28.7	2330	1159
1971	39200	3941	37.4	3023	1384
1972	41000	4567	48.4	3437	1524
1973	41700	5361	59.8	3451	1668
1974	41300	6485	75.3	3104	1668
1975	48200	7706	88.5	3680	1958
1976	48300	8716	101.0	3570	2031
1977	55000	9364	121.2	3929	2234
1978	61800	10405	137.3	4690	2566
1979	63500	10615	145.1	4583	2820
1980	62015	10595	142.7	4343	3006
1981	62164	10122	127.4	3895	3093
1982	66633	10212	119.3	4019	3277
1983	71453	10607	122.1	4220	3514
1984	78923	11461	124.3	4557	3770
1985	87228	12490	129.3	4802	4107
1986	89404	13069	137.6	5276	4495

表 15 续表

年份	原 煤（万吨）	原 油（万吨）	天然气（亿立方米）	焦 炭（万吨）	发电量（亿千瓦时）
1987	92797	13414	138.9	5795	4973
1988	97988	13705	142.6	6108	5452
1989	105414	13764	150.5	6624	5848
1990	107988	13831	153.0	7328	6212
1991	108741	14099	160.7	7352	6776
1992	111638	14210	157.9	7984	7539
1993	115067	14517	167.7	9283	8383
1994	123990	14608	175.6	9781	9281
1995	136073	15004	179.5	13424	10077
1996	139670	15733	201.1	13643	10813
1997	138753	16074	227.0	13731	11356
1998	133203	16100	232.8	12806	11670
1999	136400	16000	252.0	12074	12393
2000	138418	16300	272.0	12184	13556
2001	147153	16396	303.3	13131	14808
2002	155040	16700	326.6	14280	16540
2003	183490	16960	350.2	17776	19106
2004	212261	17587	414.6	20619	22033
2005	236515	18135	493.2	26512	25003
2006	256973	18477	585.5	30074	28657
2007	275989	18632	692.4	33105	32816
2008	290341	19044	803.0	32314	34669
2009	311535	18949	852.7	35744	37147
2010	342845	20301	957.9	38658	42072
2011	376444	20288	1053.4	43433	47130
2012	394513	20748	1106.1	43831	49876
2013	397432	20992	1208.6	48179	54316
2014	387392	21143	1301.6	47981	57945
2015	374654	21456	1346.1	44823	58146
2016	341060	19969	1368.7	44911	61332
2017	352356	19151	1480.3	43143	66044
2018	369774	18932	1601.6	44834	71661
2019	384633	19163	1753.6	47126	75034
2020	390158	19477	1925.0	47116	77791
2021	412583	19888	2075.8	46446	85342
2022	455855	20472	2201.1	47344	88487
2023	471129	20903	2324.3	49260	94564

表 16 固定资产投资及增长情况

年份	固定资产投资（亿元）	比上年增长（%）	年份	固定资产投资（亿元）	比上年增长（%）
1952	44		1988	4754	25.4
1953	92	110.3	1989	4410	-7.2
1954	103	12.1	1990	4517	2.4
1955	105	2.5	1991	5595	23.9
1956	161	52.8	1992	8080	44.4
1957	151	-6.0	1993	13072	61.8
1958	279	84.5	1994	17042	30.4
1959	368	31.9	1995	20019	17.5
1960	417	13.2	1996	22974	14.8
1961	156	-62.5	1997	24941	8.8
1962	87	-44.1	1998	28406	13.9
1963	117	33.7	1999	29855	5.1
1964	166	42.2	2000	32918	10.3
1965	217	30.7	2001	37214	13.0
1966	255	17.5	2002	43500	16.9
1967	188	-26.3	2003	53841	23.8
1968	152	-19.3	2004	66235	23.0
1969	247	62.9	2005	80994	22.3
1970	368	49.1	2006	97583	20.5
1971	417	13.4	2007	118323	21.3
1972	413	-1.1	2008	144587	22.2
1973	438	6.1	2009	181760	25.7
1974	463	5.7	2010	218834	20.4
1975	545	17.6	2011	205036	20.1
1976	524	-3.9	2012	241745	17.9
1977	548	4.6	2013	282485	16.9
1978	669	22.0	2014	320331	13.4
1979	699	4.6	2015	347827	8.6
1980	746	6.7	2016	372021	7.0
1981	961	5.5	2017	394926	6.2
1982	1230	28.0	2018	418215	5.9
1983	1430	16.2	2019	439541	5.1
1984	1833	28.2	2020	451155	2.6
1985	2543	38.8	2021	473003	4.8
1986	3121	22.7	2022	495966	4.9
1987	3792	21.5	2023	509708	2.8

注：1. 1980 年及之前为全民所有制单位固定资产投资口径，1981 年及之后为全社会固定资产投资口径。

2. 1997 年起，除房地产投资、农村集体投资、农村个人投资外，其他固定资产投资的统计起点由 5 万元提高到 50 万元。2011 年起，除房地产投资、农村个人投资外，固定资产投资统计起点由 50 万元提高到 500 万元。

3. 本表对 2010 年以来固定资产投资总量及增速进行了修订，主要原因是：①加强投资项目审核管理，剔除流动资产、消耗性生物资产等不符合固定资产投资统计范围的项目。②改进和完善数据质量审核管理方法，剔除不应纳入报告期完成投资的前期土地费用以及跨地区、跨行业重复统计数据。③加强统计执法，对统计执法检查中发现的问题数据，按照相关规定进行了改正。

4. 各年增速均按可比口径计算，未扣除价格因素。

表 17 货物进出口总额

年份	进出口总额（亿元人民币）	出口额	进口额	进出口总额（亿美元）	出口额	进口额
1950	41.5	20.2	21.4	11.3	5.5	5.8
1951	59.5	24.2	35.3	19.6	7.6	12.0
1952	64.6	27.1	37.5	19.4	8.2	11.2
1953	80.9	34.8	46.1	23.7	10.2	13.5
1954	84.7	40.0	44.7	24.3	11.5	12.9
1955	109.8	48.7	61.1	31.5	14.1	17.3
1956	108.7	55.7	53.0	32.1	16.5	15.6
1957	104.5	54.5	50.0	31.0	16.0	15.1
1958	128.7	67.1	61.7	38.7	19.8	18.9
1959	149.3	78.1	71.2	43.8	22.6	21.2
1960	128.5	63.3	65.2	38.1	18.6	19.5
1961	90.7	47.8	43.0	29.4	14.9	14.5
1962	80.9	47.1	33.8	26.6	14.9	11.7
1963	85.8	50.0	35.7	29.2	16.5	12.7
1964	97.5	55.4	42.1	34.6	19.2	15.5
1965	118.4	63.1	55.3	42.5	22.3	20.2
1966	127.1	66.0	61.1	46.1	23.7	22.5
1967	112.2	58.8	53.4	41.6	21.4	20.2
1968	108.5	57.6	50.9	40.5	21.0	19.5
1969	107.0	59.8	47.2	40.3	22.0	18.3
1970	112.9	56.8	56.1	45.9	22.6	23.3
1971	121.0	68.5	52.4	48.4	26.4	22.1
1972	147.0	82.9	64.0	63.0	34.4	28.6
1973	220.5	116.9	103.6	109.8	58.2	51.6
1974	292.2	139.4	152.8	145.7	69.5	76.2
1975	290.4	143.0	147.4	147.5	72.6	74.9
1976	264.1	134.8	129.3	134.3	68.6	65.8
1977	272.5	139.7	132.8	148.0	75.9	72.1
1978	355.0	167.7	187.4	206.4	97.5	108.9
1979	454.6	211.7	242.9	293.3	136.6	156.7
1980	570.0	271.2	298.8	381.4	181.2	200.2
1981	735.3	367.6	367.7	440.2	220.1	220.2
1982	771.4	413.8	357.5	416.1	223.2	192.9
1983	860.2	438.3	421.8	436.2	222.3	213.9
1984	1201.0	580.6	620.5	535.5	261.4	274.1
1985	2066.7	808.9	1257.9	696.0	273.5	422.5
1986	2580.4	1082.1	1498.3	738.5	309.4	429.0

表 17 续表

年份	进出口总额（亿元人民币）	出口额	进口额	进出口总额（亿美元）	出口额	进口额
1987	3084.2	1470.0	1614.2	826.5	394.4	432.2
1988	3821.8	1766.7	2055.1	1027.8	475.2	552.7
1989	4155.9	1956.1	2199.9	1116.8	525.4	591.4
1990	5560.1	2985.8	2574.3	1154.4	620.9	533.5
1991	7225.8	3827.1	3398.7	1356.3	718.4	637.9
1992	9119.6	4676.3	4443.3	1655.3	849.4	805.9
1993	11271.0	5284.8	5986.2	1957.0	917.4	1039.6
1994	20381.9	10421.8	9960.1	2366.2	1210.1	1156.2
1995	23499.9	12451.8	11048.1	2808.6	1487.8	1320.8
1996	24133.9	12576.4	11557.4	2898.8	1510.5	1388.3
1997	26967.2	15160.7	11806.6	3251.6	1827.9	1423.7
1998	26849.7	15223.5	11626.1	3239.5	1837.1	1402.4
1999	29896.2	16159.8	13736.5	3606.3	1949.3	1657.0
2000	39273.3	20634.4	18638.8	4743.0	2492.0	2250.9
2001	42183.6	22024.4	20159.2	5096.5	2661.0	2435.5
2002	51378.2	26947.9	24430.3	6207.7	3256.0	2951.7
2003	70483.5	36287.9	34195.6	8509.9	4382.3	4127.6
2004	95539.1	49103.3	46435.8	11545.5	5933.3	5612.3
2005	116921.8	62648.1	54273.7	14219.1	7619.5	6599.5
2006	140974.7	77597.9	63376.9	17604.4	9689.8	7914.6
2007	166924.1	93627.1	73296.9	21761.8	12200.6	9561.2
2008	179921.5	100394.9	79526.5	25632.6	14306.9	11325.6
2009	150648.1	82029.7	68618.4	22075.4	12016.1	10059.2
2010	201722.3	107022.8	94699.5	29740.0	15777.5	13962.5
2011	236402.0	123240.6	113161.4	36418.6	18983.8	17434.8
2012	244160.2	129359.3	114801.0	38671.2	20487.1	18184.1
2013	258168.9	137131.4	121037.5	41589.9	22090.0	19499.9
2014	264241.8	143883.8	120358.0	43015.3	23422.9	19592.4
2015	245502.9	141166.8	104336.1	39530.3	22734.7	16795.6
2016	243386.5	138419.3	104967.2	36855.6	20976.3	15879.3
2017	278099.2	153309.4	124789.8	41071.4	22633.4	18437.9
2018	305010.1	164128.8	140881.3	46224.4	24867.0	21357.5
2019	315627.3	172373.6	143253.7	45778.9	24994.8	20784.1
2020	322215.2	179278.8	142936.4	46559.1	25899.5	20659.6
2021	387391.8	214255.2	173136.6	59954.3	33160.2	26794.1
2022	416727.8	236336.8	180391.0	62509.4	35444.3	27065.1
2023	417510.1	237656.4	179853.7	59359.8	33790.4	25569.4

注：本表 1979 年及以前为外贸业务统计数，1980 年起为海关进出口统计数。

表 18 农业生产条件

年份	农作物总播种面积（千公顷）	#粮食面积	农业机械总动力（万千瓦）	耕地灌溉面积（千公顷）	农用化肥施用量（万吨）
1949	124286	109959			
1950	128826	114406			
1951	132860	117769			
1952	141256	123979	18		8
1953	144035	126637			
1954	147925	128995			
1955	151081	129839			
1956	159173	136339			
1957	157244	133633	121		37
1958	151995	127613			
1959	142405	116023			
1960	150575	122429			
1961	143214	121443			
1962	140229	121621	757		63
1963	140218	120741			
1964	143531	122103			
1965	143291	119627	1099		194
1966	146829	120988			
1967	144943	119230			
1968	139827	116157			
1969	140944	117604			
1970	143487	119267	2165		
1971	145684	120846			
1972	147919	121209			
1973	148547	121156	4783		
1974	148635	120976	5931		
1975	149545	121062	7479		
1976	149723	120743	8629		
1977	149333	120400	10262		
1978	150104	120587	11750	44965	884
1979	148477	119263	13379	45003	1086
1980	146380	117234	14746	44888	1269
1981	145157	114958	15680	44574	1335
1982	144755	113462	16614	44177	1513
1983	143993	114047	18022	44644	1660
1984	144221	112884	19497	44453	1740
1985	143626	108845	20913	44036	1776
1986	144204	110933	22950	44226	1931
1987	144957	111268	24836	44403	1999

表 18 续表

年份	农作物总播种面积（千公顷）		农业机械总动力（万千瓦）	耕地灌溉面积（千公顷）	农用化肥施用量（万吨）
		#粮食面积			
1988	144869	110123	26575	44376	2142
1989	146554	112205	28067	44917	2357
1990	148362	113466	28708	47403	2590
1991	149586	112314	29389	47822	2805
1992	149007	110560	30308	48590	2930
1993	147741	110509	31817	48728	3152
1994	148241	109544	33803	48759	3318
1995	149879	110060	36118	49281	3594
1996	152381	112548	38547	50381	3828
1997	153969	112912	42016	51239	3981
1998	155706	113787	45208	52296	4086
1999	156373	113161	48996	53158	4124
2000	156300	108463	52574	53820	4146
2001	155708	106080	55172	54249	4254
2002	154636	103891	57930	54355	4339
2003	152415	99410	60387	54014	4412
2004	153553	101606	64028	54478	4637
2005	155488	104278	68398	55029	4766
2006	152149	104958	72522	55750	4928
2007	153010	105999	76590	56518	5108
2008	155566	107545	82190	58472	5239
2009	157242	110255	87496	59261	5404
2010	158579	111695	92780	60348	5562
2011	160360	112980	97735	61682	5704
2012	162071	114368	102559	62491	5839
2013	163702	115908	103907	63473	5912
2014	165183	117455	108057	64540	5996
2015	166829	118963	111728	65873	6023
2016	166939	119230	97246	67141	5984
2017	166332	117989	98783	67816	5859
2018	165902	117038	100372	68272	5653
2019	165931	116064	102758	68679	5404
2020	167487	116768	105622	69161	5251
2021	168695	117631	107764	69609	5191
2022	169991	118332	110597	70359	5079
2023	171624	118969	113866	71644	5022

注：2023 年，农业机械总动力和耕地灌溉面积为初步数。

表 19 主要农产品产量

单位：万吨

年份	粮食	#稻谷	#小麦	#玉米	棉花	油料	蔬菜
1949	11318	4865	1382	1242	44	256	
1950	13213	5511	1450	1389	69	294	
1951	14369	6056	1724	1381	103	350	
1952	16393	6843	1813	1685	130	419	
1953	16684	7128	1829	1669	117	382	
1954	16953	7086	2334	1715	106	419	
1955	18395	7803	2297	2032	152	472	
1956	19276	8249	2481	2307	145	507	
1957	19505	8678	2364	2144	164	420	
1958	19766	8085	2259	2313	197	477	
1959	16969	6937	2219	1665	171	410	
1960	14386	5973	2218	1603	106	194	
1961	13651	5365	1426	1550	75	181	
1962	15441	6299	1667	1627	70	200	
1963	16574	7377	1848	2058	114	246	
1964	18089	8300	2084	2270	166	337	
1965	19453	8772	2522	2366	210	363	
1966	21401	9539	2528	2843	234	392	
1967	21782	9369	2849	2741	235	398	
1968	20906	9453	2746	2503	235	343	
1969	21097	9507	2729	2492	208	333	
1970	23996	10999	2919	3303	228	377	
1971	25014	11521	3258	3585	210	411	
1972	24048	11336	3599	3210	196	412	
1973	26494	12174	3523	3863	256	419	
1974	27527	12391	4087	4292	246	441	
1975	28452	12556	4531	4722	238	452	
1976	28631	12581	5036	4816	206	401	
1977	28273	12857	4108	4939	205	402	
1978	30477	13693	5384	5595	217	522	
1979	33212	14375	6273	6004	221	644	
1980	32056	13991	5521	6260	271	769	
1981	32502	14396	5964	5921	297	1021	
1982	35450	16160	6847	6056	360	1182	
1983	38728	16887	8139	6821	464	1055	
1984	40731	17826	8782	7341	626	1191	
1985	37911	16857	8581	6383	415	1578	

表 19 续表

单位：万吨

年份	粮食	#稻谷	#小麦	#玉米	棉花	油料	蔬菜
1986	39151	17222	9004	7086	354	1474	
1987	40473	17442	8777	7982	425	1528	
1988	39408	16911	8543	7735	415	1320	
1989	40755	18013	9081	7893	379	1295	
1990	44624	18933	9823	9682	451	1613	
1991	43529	18381	9595	9877	568	1638	
1992	44266	18622	10159	9538	451	1641	
1993	45649	17751	10639	10270	374	1804	
1994	44510	17593	9930	9928	434	1990	
1995	46662	18523	10221	11199	477	2250	25727
1996	50454	19510	11057	12747	420	2211	30123
1997	49417	20073	12329	10431	460	2157	35962
1998	51230	19871	10973	13295	450	2314	38492
1999	50839	19849	11388	12809	383	2601	40514
2000	46218	18791	9964	10600	442	2955	44468
2001	45264	17758	9387	11409	532	2865	48422
2002	45706	17454	9029	12131	492	2897	52861
2003	43070	16066	8649	11583	486	2811	54032
2004	46947	17909	9195	13029	632	3066	55065
2005	48402	18059	9745	13937	571	3077	56451
2006	49804	18172	10847	15160	753	2640	53953
2007	50414	18638	10949	15512	760	2787	57538
2008	53434	19261	11290	17212	723	3037	58669
2009	53941	19620	11580	17326	624	3139	59139
2010	55911	19723	11609	19075	577	3157	57265
2011	58849	20288	11857	21132	652	3213	59767
2012	61223	20653	12247	22956	661	3286	61624
2013	63048	20629	12364	24845	628	3348	63198
2014	63965	20961	12824	24976	630	3372	64949
2015	66060	21214	13256	26499	591	3390	66425
2016	66044	21109	13319	26361	534	3400	67434
2017	66161	21268	13424	25907	565	3475	69193
2018	65789	21213	13144	25717	610	3433	70347
2019	66384	20961	13360	26078	589	3493	72103
2020	66949	21186	13425	26067	591	3586	74913
2021	68285	21284	13694	27255	573	3613	77549
2022	68653	20849	13772	27720	598	3654	79997
2023	69541	20660	13659	28884	562	3864	82868

表 20 水产品及畜产品产量

单位：万吨

年份	水产品产量	肉类产量	#猪肉产量	牛奶产量	禽蛋产量
1949	45				
1950	91				
1951	133				
1952	167				
1953	190				
1954	229				
1955	252				
1956	265				
1957	312				
1958	281				
1959	309				
1960	304				
1961	231				
1962	228				
1963	261				
1964	280				
1965	298				
1966	310				
1967	305				
1968	271				
1969	290				
1970	318				
1971	350				
1972	384				
1973	393				
1974	428				
1975	441				
1976	448				
1977	470				
1978	465	943		88	
1979	431	1062		107	
1980	450	1205		114	
1981	461	1261		129	
1982	516	1351		162	281
1983	546	1402		185	332
1984	619	1541		219	432
1985	705	1927		250	535
1986	936	2112		290	555

表 20 续表

单位：万吨

年份	水产品产量	肉类产量	#猪肉产量	牛奶产量	禽蛋产量
1987	1092	2216		330	590
1988	1225	2480		366	696
1989	1333	2629		381	720
1990	1427	2857		416	795
1991	1573	3144		465	922
1992	1824	3431		503	1020
1993	2152	3842		499	1180
1994	2516	4499		529	1479
1995	2953	5260		576	1677
1996	3281	4584	3158	629	1965
1997	3119	5269	3596	601	1897
1998	3383	5724	3884	663	2021
1999	3570	5949	4006	718	2135
2000	3706	6014	3966	827	2182
2001	3796	6106	4052	1026	2210
2002	3955	6234	4123	1300	2266
2003	4077	6443	4239	1746	2333
2004	4247	6609	4341	2261	2371
2005	4420	6939	4555	2753	2438
2006	4584	7100	4650	2945	2424
2007	4748	6916	4308	2947	2547
2008	4896	7371	4682	3011	2700
2009	5116	7707	4933	2995	2752
2010	5373	7994	5138	3039	2777
2011	5603	8023	5132	3110	2830
2012	5502	8471	5444	3175	2885
2013	5744	8633	5619	3001	2906
2014	6002	8818	5821	3160	2930
2015	6211	8750	5645	3180	3046
2016	6379	8628	5425	3064	3161
2017	6445	8654	5452	3039	3096
2018	6458	8625	5404	3075	3128
2019	6480	7759	4255	3201	3309
2020	6549	7748	4113	3440	3468
2021	6690	8990	5296	3683	3409
2022	6866	9328	5541	3932	3456
2023	7116	9748	5794	4197	3563

注：1997-2006 年及 2012-2016 年水产品数据根据农业普查结果进行了修订。

表 21 规模以上工业主要产品产量

年份	原 盐（万吨）	乙 烯（万吨）	农用化肥（折纯）（万吨）	钢 材（万吨）	汽 车（万辆）	移动通信手持机（万台）
1949	299.0		0.6	13.0		
1950	246.0		1.5	37.0		
1951	435.0		2.8	67.0		
1952	495.0		3.9	106.0		
1953	357.0		5.0	147.0		
1954	489.0		6.7	172.0		
1955	754.0		7.9	216.0	0.0	
1956	494.0		11.1	314.0	0.2	
1957	828.0		15.1	415.0	0.8	
1958	1040.0		19.4	591.0	1.6	
1959	1106.0		26.6	897.0	2.0	
1960	1287.0	0.1	40.5	1111.0	2.3	
1961	1113.0		29.7	613.0	0.4	
1962	994.0	0.1	46.4	455.0	1.0	
1963	1056.0	0.2	64.8	533.0	2.1	
1964	501.0	0.2	100.8	688.0	2.8	
1965	1147.0	0.3	172.6	881.0	4.1	
1966	998.0	0.5	240.9	1035.0	5.6	
1967	1043.0	0.4	164.1	718.0	2.0	
1968	1325.0	0.4	110.9	666.0	2.5	
1969	966.0	0.5	174.9	926.0	5.3	
1970	1109.0	1.5	243.5	1188.0	8.7	
1971	1235.0	3.2	299.4	1389.0	11.1	
1972	1386.0	4.4	370.1	1561.0	10.8	
1973	1076.0	5.1	459.2	1684.0	11.6	
1974	1456.0	6.1	422.2	1466.0	10.5	
1975	1481.0	6.5	524.7	1622.0	14.0	
1976	1401.0	13.4	524.4	1466.0	13.5	
1977	1710.0	30.3	723.8	1633.0	12.5	
1978	1953.0	38.0	869.3	2208.0	14.9	
1979	1477.0	43.5	1065.4	2497.0	18.6	
1980	1728.0	49.0	1232.1	2716.0	22.2	
1981	1832.0	50.5	1239.0	2670.0	17.6	
1982	1638.0	56.5	1278.1	2902.0	19.6	
1983	1613.0	65.4	1378.9	3072.0	24.0	
1984	1642.0	64.8	1460.2	3372.0	31.6	

表 21 续表

年份	原 盐（万吨）	乙 烯（万吨）	农用化肥（折纯）（万吨）	钢 材（万吨）	汽 车（万辆）	移动通信手持机（万台）
1985	1479.0	65.2	1322.2	3693.0	43.7	
1986	1766.0	69.5	1395.7	4058.0	37.0	
1987	1764.0	93.7	1672.2	4386.0	47.2	
1988	2264.0	123.2	1740.2	4689.0	64.5	
1989	2829.0	139.6	1802.5	4859.0	58.4	
1990	2023.0	157.2	1879.7	5153.0	51.4	
1991	2410.0	176.1	1979.5	5638.0	71.4	
1992	2838.0	200.3	2047.9	6697.0	106.7	
1993	2943.0	202.7	1956.3	7716.0	129.9	
1994	2996.0	212.9	2272.8	8428.0	136.7	
1995	2977.7	240.1	2548.1	8979.8	145.3	
1996	2903.6	304.0	2809.0	9338.0	147.5	
1997	3082.7	358.6	2821.0	9978.9	158.3	
1998	2242.5	377.3	3010.0	10737.8	163.0	
1999	2812.4	435.0	3251.0	12109.8	183.2	
2000	3128.0	470.0	3186.0	13146.0	207.0	5247.9
2001	3410.5	480.6	3383.0	16067.6	234.2	8031.7
2002	3602.4	543.0	3791.0	19251.6	325.1	12146.4
2003	3437.7	611.8	3881.3	24108.0	444.4	18231.4
2004	4043.4	629.9	4804.8	31975.7	509.1	23751.6
2005	4661.1	755.5	5177.9	37771.1	570.5	30354.2
2006	5663.1	940.5	5345.1	46893.4	727.9	48013.8
2007	6167.0	1027.8	5825.0	56560.9	888.9	54857.9
2008	6664.4	987.6	6028.1	60460.3	930.6	55945.1
2009	6662.8	1072.6	6385.0	69405.4	1379.5	68193.4
2010	7037.8	1421.3	6337.9	80276.6	1826.5	99827.4
2011	6742.2	1527.5	6419.4	88619.6	1841.6	113257.7
2012	6911.8	1486.8	6832.1	95577.8	1927.6	118154.6
2013	7367.6	1599.3	7026.2	108200.5	2212.1	152343.9
2014	7049.7	1696.7	6876.9	112513.1	2372.5	168202.8
2015	6665.5	1714.6	7432.0	103468.4	2450.4	181261.4
2016	6620.1	1781.1	6629.6	104813.5	2811.9	184845.7
2017	6654.2	1821.8	5891.7	104642.1	2901.8	188982.4
2018	6363.6	1861.8	5403.5	113287.3	2782.7	180050.6
2019	6701.4	2052.3	5731.2	120456.9	2567.7	169603.4
2020	5852.7	2160.0	5496.0	132489.2	2532.5	146961.8
2021	5706.5	2825.7	5543.6	133666.8	2625.7	166151.6
2022	5359.9	2897.5	5573.4	134033.5	2713.6	156080.0
2023	5256.8	3189.9	5713.6	136268.2	3011.3	156642.2

注：主要工业产品产量2023年数据统计范围为规模以上工业企业，即年主营业务收入2000万元及以上的工业企业。

表 22 社会消费品零售总额

年份	社会消费品零售总额（亿元）	比上年增长（%）	年份	社会消费品零售总额（亿元）	比上年增长（%）
1952	276.8		1988	7440.0	27.8
1953	348.0	25.7	1989	8101.4	8.9
1954	381.1	9.5	1990	8300.1	2.5
1955	392.2	2.9	1991	9415.6	13.4
1956	461.0	17.5	1992	10993.7	16.8
1957	474.2	2.9	1993	14240.1	29.5
1958	548.0	15.6	1994	18544.0	30.2
1959	638.0	16.4	1995	23463.9	26.5
1960	696.9	9.2	1996	28120.4	19.8
1961	607.7	-12.8	1997	30922.9	10.0
1962	604.0	-0.6	1998	32955.6	6.6
1963	604.5	0.1	1999	35122.0	6.6
1964	638.2	5.6	2000	38447.1	9.5
1965	670.3	5.0	2001	42240.4	9.9
1966	732.8	9.3	2002	47124.6	11.6
1967	770.5	5.1	2003	51303.9	8.9
1968	737.3	-4.3	2004	58004.1	13.1
1969	801.5	8.7	2005	66491.7	14.6
1970	858.0	7.0	2006	76827.2	15.5
1971	929.2	8.3	2007	90638.4	18.0
1972	1023.3	10.1	2008	110994.6	22.5
1973	1106.7	8.2	2009	128331.3	15.6
1974	1163.6	5.1	2010	152083.1	18.5
1975	1271.1	9.2	2011	179803.8	18.2
1976	1339.4	5.4	2012	205517.3	14.3
1977	1432.8	7.0	2013	232252.6	13.0
1978	1558.6	8.8	2014	259487.3	11.7
1979	1800.0	15.5	2015	286587.8	10.4
1980	2140.0	18.9	2016	315806.2	10.2
1981	2350.0	9.8	2017	347326.7	10.0
1982	2570.0	9.4	2018	377783.1	8.8
1983	2849.4	10.9	2019	408017.2	8.0
1984	3376.4	18.5	2020	391980.6	-3.9
1985	4305.0	27.5	2021	440823.2	12.5
1986	4950.0	15.0	2022	439732.5	-0.2
1987	5820.0	17.6	2023	471495.2	7.2

注：1. 本表按当年价格计算。
2. 1992 年及以前为社会商品零售总额，1997 年起社会消费品零售总额不含居民购买住房。
3. 根据第四次全国经济普查结果及有关制度规定，对 1993-2019 年社会消费品零售总额数据进行修订。

表 23 运输线路长度

单位：万公里

年份	铁路营业里程	#铁路电气化里程	公路里程	#高速公路	内河航道里程	定期航班航线里程	#国际航线	输油（气）管道里程
1949	2.18		8.08		7.36			
1950	2.22		9.96		7.36	1.14	0.69	
1951	2.23		11.44		7.36	1.12	0.69	
1952	2.29		12.67		9.50	1.31	0.51	
1953	2.38		13.71		9.50	1.40	0.50	
1954	2.45		14.61		9.50	1.52	0.50	
1955	2.56		16.73		9.99	1.55	0.30	
1956	2.65		22.63		10.36	1.91	0.49	
1957	2.67		25.46		14.41	2.64	0.43	
1958	3.02		42.18		15.20	3.30	0.44	0.02
1959	3.23		50.79		16.30	3.72	0.53	0.02
1960	3.39		51.95		17.39	3.81	0.53	0.02
1961	3.45		47.74		17.22	3.91	0.45	0.02
1962	3.46	0.01	46.35		16.19	3.53	0.44	0.02
1963	3.50	0.01	47.51		15.72	3.58	0.44	0.03
1964	3.69	0.01	47.92		15.69	3.85	0.44	0.03
1965	3.80	0.01	51.45		15.77	3.94	0.45	0.04
1966	3.93	0.01	54.36		14.72	3.94	0.45	0.07
1967	3.86	0.01	55.75		14.78	4.45	0.38	0.08
1968	3.88	0.01	57.17		14.78	4.01	0.44	0.09
1969	4.17	0.01	60.06		14.81	3.99	0.44	0.10
1970	4.37	0.03	63.67		14.84	4.06	0.44	0.12
1971	4.53	0.03	67.54		14.16	4.21	0.44	0.20
1972	4.63	0.04	69.99		14.06	4.25	0.44	0.23
1973	4.66	0.06	71.56		13.88	4.54	0.44	0.34
1974	4.75	0.06	73.79		13.74	8.13	3.71	0.42
1975	4.86	0.07	78.36		13.56	8.42	3.71	0.53
1976	4.91	0.07	82.34		13.74	9.78	4.09	0.63
1977	5.06	0.10	85.56		13.74	13.21	4.09	0.67
1978	5.17	0.10	89.02		13.60	14.89	5.53	0.83
1979	5.30	0.10	87.58		10.78	16.00	5.13	0.91
1980	5.33	0.17	88.83		10.85	19.53	8.12	0.87
1981	5.39	0.17	89.75		10.87	21.82	8.28	0.97
1982	5.33	0.18	90.70		10.86	23.27	9.99	1.04
1983	5.46	0.23	91.51		10.89	22.91	9.99	1.08
1984	5.48	0.30	92.67		10.93	26.02	10.74	1.10
1985	5.52	0.41	94.24		10.91	27.72	10.60	1.17
1986	5.58	0.44	96.28		10.94	32.31	10.76	1.30
1987	5.60	0.46	98.22		10.98	38.91	14.89	1.38

表 23 续表

单位：万公里

年份	铁路营业里程	#铁路电气化里程	公路里程	#高速公路	内河航道里程	定期航班航线里程	#国际航线	输油（气）管道里程
1988	5.62	0.57	99.96	0.01	10.94	37.38	12.83	1.43
1989	5.70	0.64	101.43	0.03	10.90	47.19	16.64	1.51
1990	5.79	0.69	102.83	0.05	10.92	50.68	16.64	1.59
1991	5.78	0.78	104.11	0.06	10.97	55.91	17.74	1.62
1992	5.81	0.84	105.67	0.07	10.97	83.66	30.30	1.59
1993	5.86	0.89	108.35	0.11	11.02	96.08	27.87	1.64
1994	5.90	0.90	111.78	0.16	11.02	104.56	35.19	1.68
1995	6.24	0.97	115.70	0.21	11.06	112.90	34.82	1.72
1996	6.49	1.01	118.58	0.34	11.08	116.65	38.63	1.93
1997	6.60	1.20	122.64	0.48	10.98	142.50	50.44	2.04
1998	6.64	1.30	127.85	0.87	11.03	150.58	50.44	2.31
1999	6.74	1.40	135.17	1.16	11.65	152.22	52.33	2.49
2000	6.87	1.49	167.98	1.63	11.93	150.29	50.84	2.47
2001	7.01	1.69	169.80	1.94	12.15	155.36	51.69	2.76
2002	7.19	1.74	176.52	2.51	12.16	163.77	57.45	2.98
2003	7.30	1.81	180.98	2.97	12.40	174.95	71.53	3.26
2004	7.44	1.86	187.07	3.43	12.33	204.94	89.42	3.82
2005	7.54	1.94	334.52	4.10	12.33	199.85	85.59	4.40
2006	7.71	2.34	345.70	4.53	12.34	211.35	96.62	4.81
2007	7.80	2.40	358.37	5.39	12.35	234.30	104.74	5.45
2008	7.97	2.50	373.02	6.03	12.28	246.18	112.02	5.83
2009	8.55	3.02	386.08	6.51	12.37	234.51	91.99	6.91
2010	9.12	3.27	400.82	7.41	12.42	276.51	107.02	7.85
2011	9.32	3.43	410.64	8.49	12.46	349.06	149.44	8.33
2012	9.76	3.55	423.75	9.62	12.50	328.01	128.47	9.16
2013	10.31	3.60	435.62	10.44	12.59	410.60	150.32	9.85
2014	11.18	3.69	446.39	11.19	12.63	463.72	176.72	10.57
2015	12.10	7.47	457.73	12.35	12.70	531.72	239.44	10.87
2016	12.40	8.03	469.63	13.10	12.71	634.81	282.80	11.34
2017	12.70	8.66	477.35	13.64	12.70	748.30	324.59	11.93
2018	13.17	9.22	484.65	14.26	12.71	837.98	359.89	12.23
2019	13.99	10.04	501.25	14.96	12.73	948.22	401.47	12.66
2020	14.63	10.63	519.81	16.10	12.77	942.63	382.87	12.87
2021	15.07	11.08	528.07	16.91	12.76	689.78	131.96	13.12
2022	15.49	11.45	535.48	17.73	12.80	699.89	153.74	13.64
2023	15.90	11.94	543.70	18.40	12.82	875.96	284.30	14.76

注：1. 铁路电气化里程 2014 年及以前为国家铁路电气化里程，2015 年起为全国铁路电气化里程。
2. 2004 年起内河航道里程为内河航道通航里程数。
3. 2005 年起公路里程包括村道。
4. 2011 年起民航航线里程改为定期航班航线里程。
5. 2012 年起，管道运输统计口径在原中国石油天然气集团公司、中国石油化工集团公司基础上增加中国海洋石油总公司；2020 年起，上述三家公司中的部分油气运输管线剥离移交至新增的国家管网集团公司，报送单位改为四家企业。

表 24 客运量及货运量

年份	客运量（万人）	旅客周转量（亿人公里）	货运量（万吨）	货物周转量（亿吨公里）
1949	13695	155.0	18713	258
1950	20370	239.9	24396	457
1951	22334	269.6	28692	634
1952	24518	248.0	35605	767
1953	35627	350.0	49542	997
1954	37465	370.9	60286	1213
1955	36764	353.5	65083	1330
1956	50621	465.3	82002	1602
1957	63821	496.6	89990	1826
1958	75136	572.3	132377	2480
1959	91183	711.7	206050	3347
1960	106700	883.6	223052	3740
1961	119835	1105.3	132477	2665
1962	122154	1085.6	92185	2252
1963	97538	726.6	94062	2363
1964	94300	685.8	114168	2769
1965	96334	697.0	133253	3485
1966	108656	778.8	144289	3920
1967	114067	863.8	123804	3069
1968	111182	936.3	115053	3126
1969	123859	1070.7	138238	3774
1970	130056	1031.1	167913	4590
1971	142931	1106.9	194469	5236
1972	160828	1235.7	211877	5685
1973	174805	1325.2	225473	6342
1974	182146	1376.6	223860	6367
1975	192969	1434.6	251593	7594
1976	201411	1469.6	253967	6979
1977	225007	1586.7	290254	8063
1978	253993	1743.1	319431	9928
1979	289665	1968.0	318258	11014
1980	341785	2281.3	310841	11629
1981	384763	2500.0	298642	11747
1982	428964	2743.0	311937	12540
1983	470614	3095.0	323956	13466
1984	530217	3620.0	339995	14920
1985	620206	4435.4	745763	18365
1986	688211	4896.5	853557	20147
1987	746422	5415.5	948229	22229

表 24 续表

年份	客运量（万人）	旅客周转量（亿人公里）	货运量（万吨）	货物周转量（亿吨公里）
1988	809592	6208.9	982195	23826
1989	791374	6074.6	988435	25592
1990	772682	5628.4	970602	26208
1991	806048	6178.3	985793	27987
1992	860855	6949.4	1045899	29218
1993	996634	7858.0	1115902	30647
1994	1092882	8591.4	1180396	33435
1995	1172596	9001.9	1234938	35909
1996	1245357	9164.8	1298421	36590
1997	1326094	10055.5	1278218	38385
1998	1378717	10636.7	1267427	38089
1999	1394413	11299.7	1293008	40568
2000	1478573	12261.1	1358682	44321
2001	1534122	13155.1	1401786	47710
2002	1608150	14125.6	1483447	50686
2003	1587497	13810.5	1564492	53859
2004	1767453	16309.1	1706412	69445
2005	1847018	17466.7	1862066	80258
2006	2024158	19197.2	2037060	88840
2007	2227761	21592.6	2275822	101419
2008	2867892	23196.7	2585937	110300
2009	2976898	24834.9	2825222	122133
2010	3269508	27894.3	3241807	141837
2011	3526319	30984.0	3696961	159324
2012	3804035	33383.1	4100436	173804
2013	2122992	27571.7	4098900	168014
2014	2032218	28647.1	4167296	181668
2015	1943271	30058.9	4175886	178356
2016	1900194	31258.5	4386763	186629
2017	1848620	32812.8	4804850	197373
2018	1793820	34218.2	5152732	204686
2019	1760436	35349.2	4713624	199394
2020	966540	19251.5	4725862	201946
2021	830257	19758.1	5298499	223600
2022	558738	12921.5	5152571	231783
2023	930442	28609.7	5570636	247745

表 25 货币供应量及金融机构人民币存贷款余额

单位：亿元

年份	货币供应量余额			货币供应量比上年增长 (%)			金融机构	
	货币和准货币 (M_2)	狭义货币 (M_1)	流通中现金 (M_0)	货币和准货币 (M_2)	狭义货币 (M_1)	流通中现金 (M_0)	人民币存款余额	人民币贷款余额
1952			27.5				93.3	108.0
1953			39.4				107.7	134.8
1954			41.2				154.1	185.8
1955			40.3				141.9	206.6
1956			57.3				136.8	239.2
1957			52.8				168.3	283.0
1958			67.8				304.0	498.2
1959			75.1				407.5	814.7
1960			95.9				468.5	983.9
1961			125.7				491.1	814.8
1962			106.5				411.8	691.7
1963			89.9				414.9	576.5
1964			80.0				439.3	588.8
1965			90.8				481.7	656.7
1966			108.5				554.8	766.9
1967			121.9				582.5	807.0
1968			134.1				621.6	902.6
1969			137.1				641.2	959.1
1970			123.6				702.4	1048.0
1971			136.2				770.2	1130.8
1972			151.2				781.6	1163.8
1973			166.1				869.1	1287.1
1974			176.6				903.1	1373.3
1975			182.6				982.5	1487.0
1976			204.0				993.2	1574.1
1977			195.4				1080.4	1699.5
1978			212.0				1155.0	1890.0
1979			267.7			26.3	1362.6	2082.5
1980			346.2			29.3	1689.7	2478.1
1981			396.3			14.5	2097.2	2853.3
1982			439.1			10.8	2449.1	3162.7
1983			529.8			20.7	2883.3	3566.6
1984			792.1			49.5	3735.3	4746.8
1985			987.8			24.7	4560.0	6198.4
1986			1218.4			23.3	5933.9	8142.7
1987			1454.5			19.4	7392.4	9814.1

表 25 续表

单位：亿元

年份	货币供应量余额			货币供应量比上年增长 (%)			金融机构	
	货币和准货币 (M_2)	狭义货币 (M_1)	流通中现金 (M_0)	货币和准货币 (M_2)	狭义货币 (M_1)	流通中现金 (M_0)	人民币存款余额	人民币贷款余额
1988			2134.0			46.7	8810.4	11964.3
1989			2344.0			9.8	10709.6	14248.8
1990	15293.4	6950.7	2644.4			12.8	13942.9	17511.0
1991	19349.9	8633.3	3177.8	26.5	24.2	20.2	17972.8	21116.4
1992	25402.2	11731.5	4336.0	31.3	35.9	36.4	23143.8	25742.8
1993	34879.8	16280.4	5864.7				29646.0	32955.8
1994	46923.5	20540.7	7288.6	34.5	26.2	24.3	40502.5	39976.0
1995	60750.5	23987.1	7885.3	29.5	16.8	8.2	53882.1	50544.1
1996	76094.9	28514.8	8802.0	25.3	18.9	11.6	68595.6	61156.6
1997	90995.3	34826.3	10177.6	17.3	16.5	15.6	82392.8	74914.1
1998	104498.5	38953.7	11204.2	14.8	11.9	10.1	95697.9	86524.1
1999	119897.9	45837.3	13455.5	14.7	17.7	20.1	108778.9	93734.3
2000	134610.3	53147.2	14652.7	12.3	16.0	8.9	123804.4	99371.0
2001	158301.9	59871.6	15688.8	14.4	12.7	7.1	143617.2	112314.7
2002	185007.0	70881.8	17278.0	16.8	16.8	10.1	170917.4	131293.9
2003	221222.8	84118.6	19746.0	19.6	18.7	14.3	208055.6	158996.2
2004	253207.7	95970.8	21468.3	14.7	13.6	8.7	240525.1	177363.5
2005	298755.5	107278.6	24031.7	17.6	11.8	11.9	287169.5	194690.4
2006	345577.9	126028.1	27072.6	16.9	17.5	12.7	335434.1	225285.3
2007	403401.3	152519.2	30334.3	16.7	21.1	12.2	389371.2	261690.9
2008	475166.6	166217.1	34219.0	17.8	9.1	12.7	466203.3	303394.6
2009	610224.5	221445.8	38247.0	28.5	33.2	11.8	597741.1	399684.8
2010	725851.8	266621.5	44628.2	19.7	21.2	16.7	718237.9	479195.6
2011	851590.9	289847.7	50748.5	13.6	7.9	13.8	809368.3	547946.7
2012	974148.8	308664.2	54659.8	13.8	6.5	7.7	917554.8	629909.6
2013	1106525.0	337291.1	58574.4	13.6	9.3	7.2	1043846.9	718961.5
2014	1228374.8	348056.4	60259.5	12.2	3.2	2.9	1138644.6	816770.0
2015	1392278.1	400953.4	63216.6	13.3	15.2	4.9	1357021.6	939540.2
2016	1550066.7	486557.2	68303.9	11.3	21.4	8.1	1505863.8	1066040.1
2017	1690235.3	543790.1	70645.6	8.2	11.8	3.4	1641044.2	1201321.0
2018	1826744.2	551685.9	73208.4	8.1	1.5	3.6	1775225.7	1362966.7
2019	1986488.8	576009.2	77189.5	8.7	4.4	5.4	1928785.3	1531123.2
2020	2186795.9	625581.0	84314.5	10.1	8.6	9.2	2125720.9	1727452.1
2021	2382899.6	647443.4	90825.2	9.0	3.5	7.7	2322500.4	1926902.8
2022	2664320.8	671674.8	104706.0	11.8	3.7	15.3	2584998.2	2139852.7
2023	2922713.3	680542.5	113444.6	9.7	1.3	8.3	2842623.3	2375905.4

注：1. 1989 年及以前金融机构存贷款余额为国家银行存贷款余额。
2. 金融机构包括中国人民银行、银行业存款类金融机构、银行业非存款类金融机构。
3. 同比增长率按可比口径计算。1993 年口径调整，故 1993 年未计算增长率。
4. 2001 年 6 月起，货币供应量 (M_2) 含证券公司客户保证金。
5. 1997 年金融统计制度调整，此后数据与历史年份不完全可比。
6. 自 2011 年 10 月起，货币供应量已包括住房公积金中心存款和非存款类金融机构在存款类金融机构的存款。
7. 2017 年货币和准货币数据为统计方法完善后的数据，与之前不可比。
8. 2018 年 1 月，人民银行完善货币供应量中货币市场基金部分的统计方法，用非存款机构部门持有的货币市场基金取代货币市场基金存款（含存单）。
9. 自 2022 年 12 月起，流通中货币 (M_0) 含流通中数字人民币。

表 26 科技事业发展情况

年份	R&D 人员全时当量（万人年）	R&D 经费支出（亿元）	R&D 经费支出与国内生产总值之比（%）	基础研究经费支出（亿元）	基础研究经费占 R&D 经费支出比重（%）	发明专利授权数（件）	技术市场成交额（亿元）
1985						40	
1986						56	
1987						422	
1988						1025	
1989						2303	
1990						3838	
1991						4122	94.8
1992	67.4					3966	151.0
1993	69.8					6556	207.6
1994	78.3					3883	228.9
1995	75.2	348.7	0.57	18.1	5.18	3393	268.3
1996	80.4	404.5	0.56	20.2	5.00	2976	300.2
1997	83.1	509.2	0.64	27.4	5.39	3494	351.4
1998	75.5	551.1	0.65	29.0	5.25	4733	435.8
1999	82.2	678.9	0.75	33.9	4.99	7637	523.5
2000	92.2	895.7	0.89	46.7	5.20	12683	650.8
2001	95.7	1042.5	0.94	55.6	5.33	16296	782.8
2002	103.5	1287.6	1.06	73.8	5.73	21473	884.2
2003	109.5	1539.6	1.12	87.7	5.69	37154	1084.7
2004	115.3	1966.3	1.21	117.2	5.96	49360	1334.4
2005	136.5	2450.0	1.31	131.2	5.36	53305	1551.4
2006	150.3	3003.1	1.37	155.8	5.19	57786	1818.2
2007	173.6	3710.2	1.37	174.5	4.70	67948	2226.5
2008	196.5	4616.0	1.45	220.8	4.78	93706	2665.2
2009	229.1	5802.1	1.66	270.3	4.66	128489	3039.0
2010	255.4	7062.6	1.71	324.5	4.59	135110	3906.6
2011	288.3	8687.0	1.78	411.8	4.74	172113	4763.6
2012	324.7	10298.4	1.91	498.8	4.84	217105	6437.1
2013	353.3	11846.6	2.00	555.0	4.68	207688	7469.1
2014	371.1	13015.6	2.02	613.5	4.71	233228	8577.2
2015	375.9	14169.9	2.06	716.1	5.05	359316	9835.8
2016	387.8	15676.7	2.10	822.9	5.25	404208	11407.0
2017	403.4	17606.1	2.12	975.5	5.54	420144	13424.2
2018	438.1	19677.9	2.14	1090.4	5.54	432147	17697.4
2019	480.1	22143.6	2.24	1335.6	6.03	452804	22398.4
2020	523.5	24393.1	2.41	1467.0	6.01	530127	28251.5
2021	571.6	27956.3	2.43	1817.0	6.50	695946	37294.3
2022	635.4	30782.9	2.56	2023.5	6.57	798347	47791.0
2023	724.1	33278.2	2.64	2212.1	6.65	921000	61476.0

表 27 各级各类教育在校生情况

单位：万人

年份	普通、职业本专科	普通高中	初中阶段	小学阶段	特殊教育	学前教育
1949	11.7	20.7	83.2	2439.1		
1950	13.7	23.8	106.7	2892.4		14.0
1951	15.3	18.4	138.4	4315.4		38.2
1952	19.1	26.0	223.0	5110.0		42.4
1953	21.2	36.0	257.3	5166.4	0.5	43.0
1954	25.3	47.8	310.9	5121.8	0.5	48.4
1955	28.8	58.0	332.0	5312.6	0.5	56.2
1956	40.3	78.4	438.1	6346.6	0.7	108.1
1957	44.1	90.4	537.7	6428.3	0.8	108.8
1958	66.0	117.9	734.1	8640.3	1.0	2950.1
1959	81.2	143.5	774.3	9117.9	1.8	2172.2
1960	96.2	167.5	858.5	9379.1	2.7	2933.1
1961	94.7	153.3	698.5	7578.6	2.0	289.6
1962	83.0	133.9	618.9	6923.9	1.8	144.6
1963	75.0	123.5	638.1	7157.5	1.8	147.2
1964	68.5	124.7	729.4	9294.5	2.0	158.9
1965	67.4	130.8	803.0	11620.9	2.3	171.3
1966	53.4	137.3	1112.5	10341.7		
1967	40.9	126.5	1097.2	10244.3		
1968	25.9	140.8	1251.5	10036.3		
1969	10.9	189.1	1832.4	10066.8		
1970	4.8	349.7	2292.2	10528.0		
1971	8.3	558.7	2568.9	11211.2		
1972	19.4	858.1	2724.4	12549.2		
1973	31.4	923.3	2523.2	13570.4	2.5	245.0
1974	43.0	1002.7	2647.6	14481.4	2.6	263.8
1975	50.1	1163.7	3302.4	15094.1	2.7	620.0
1976	56.5	1483.6	4352.9	15005.5	2.9	1395.5
1977	62.5	1800.0	4979.9	14617.6	3.0	896.8
1978	85.6	1553.1	4995.2	14624.0	3.1	787.7
1979	102.0	1292.0	4613.0	14662.9	3.2	879.2
1980	114.4	969.8	4551.8	14627.0	3.3	1150.8
1981	127.9	715.0	4144.6	14332.8	3.3	1056.2
1982	115.4	640.5	3888.0	13972.0	3.4	1113.1
1983	120.7	629.0	3768.8	13578.0	3.6	1140.3
1984	139.6	689.8	3864.3	13557.1	4.0	1294.7
1985	170.3	741.1	4010.1	13370.2	4.2	1479.7

表 27 续表

单位：万人

年份	普通、职业本专科	普通高中	初中阶段	小学阶段	特殊教育	学前教育
1986	188.0	773.4	4158.3	13182.5	4.7	1629.0
1987	195.9	773.7	4217.0	12835.9	5.3	1807.8
1988	206.6	252.6	4060.8	12535.8	5.8	1854.5
1989	208.2	716.1	3883.9	12373.1	6.4	1847.7
1990	206.3	717.3	3916.6	12241.4	7.2	1972.2
1991	204.4	722.9	4013.0	12164.2	8.5	2209.3
1992	218.4	704.9	4122.3	12201.3	13.0	2428.2
1993	253.6	656.9	4138.4	12421.2	16.9	2552.5
1994	279.9	664.8	4379.9	12822.6	21.1	2630.3
1995	290.6	713.2	4727.5	13195.2	29.6	2711.2
1996	302.1	769.2	5047.9	13615.0	32.1	2666.3
1997	317.4	850.1	5248.7	13995.4	34.1	2519.0
1998	340.9	938.0	5449.7	13953.8	35.8	2403.0
1999	413.4	1049.7	5811.6	13548.0	37.2	2326.3
2000	556.1	1201.3	6256.3	13013.3	37.8	2244.2
2001	719.1	1405.0	6514.4	12543.5	38.6	2021.8
2002	903.4	1683.8	6687.4	12156.7	37.5	2036.0
2003	1108.6	1964.8	6690.8	11689.7	36.5	2003.9
2004	1333.5	2220.4	6527.5	11246.2	37.2	2089.4
2005	1561.8	2409.1	6214.9	10864.1	36.4	2179.0
2006	1738.8	2514.5	5957.9	10711.5	36.3	2263.9
2007	1884.9	2522.4	5736.2	10564.0	41.9	2348.8
2008	2021.0	2476.3	5585.0	10331.5	41.7	2475.0
2009	2144.7	2434.3	5440.9	10071.5	42.8	2657.8
2010	2231.8	2427.3	5279.3	9940.7	42.6	2976.7
2011	2308.5	2454.8	5066.8	9926.4	39.9	3424.5
2012	2391.3	2467.2	4763.1	9695.9	37.9	3685.8
2013	2468.1	2435.9	4440.1	9360.5	36.8	3894.7
2014	2547.7	2400.5	4384.6	9451.1	39.5	4050.7
2015	2625.3	2374.4	4312.0	9692.2	44.2	4264.8
2016	2695.8	2366.6	4329.4	9913.0	49.2	4413.9
2017	2753.6	2374.5	4442.1	10093.7	57.9	4600.1
2018	2831.0	2375.4	4652.6	10339.3	66.6	4656.4
2019	3031.5	2414.3	4827.1	10561.2	79.5	4713.9
2020	3285.3	2494.5	4914.1	10725.4	88.1	4818.3
2021	3496.1	2605.0	5018.4	10779.9	92.0	4805.2
2022	3659.4	2713.9	5120.6	10732.1	91.9	4627.5
2023	3775.0	2803.6	5243.7	10836.0	91.2	4093.0

表 28 医疗卫生机构情况

年份	医疗卫生机构（万个）	# 医院	医疗卫生机构床位（万张）	# 医院	卫生人员（万人）	# 卫生技术人员
1949	0.4	0.3	8.5	8.0	54.1	50.5
1950	0.9	0.3	11.9	9.7	61.1	55.5
1951	1.6	0.3	15.9	12.1	68.5	60.6
1952	3.9	0.3	23.1	15.6	81.9	69.0
1953	5.2	0.3	27.3	17.6	94.3	77.8
1954	5.7	0.4	32.9	19.9	103.8	85.4
1955	6.8	0.4	36.3	21.5	105.3	87.4
1956	10.7	0.4	41.4	25.6	120.1	98.8
1957	12.3	0.4	46.2	28.8	125.4	103.9
1958	19.7	0.5	67.2	41.8	152.9	132.9
1959	23.2	0.6	81.0	51.3	163.8	139.0
1960	26.1	0.6	97.7	59.1	176.9	150.5
1961	26.9	0.6	91.6	62.7	178.4	149.2
1962	21.8	0.5	93.3	56.8	168.5	141.4
1963	21.5	0.5	93.4	56.5	173.0	145.3
1964	21.5	0.5	97.2	58.2	176.7	147.9
1965	22.4	0.5	103.3	61.2	187.2	153.2
1966	20.7	0.5	111.8	65.7	182.7	148.4
1967	19.6	0.6	113.0	66.4	185.4	150.7
1968	17.1	0.6	112.3	65.7	183.4	149.1
1969	15.4	0.6	115.4	67.2	181.2	147.1
1970	15.0	0.6	126.2	70.5	657.2	145.3
1971	13.1	0.7	133.1	75.0	672.0	155.1
1972	13.5	0.7	147.2	82.2	654.2	170.8
1973	14.4	0.7	156.4	86.1	657.0	182.2
1974	15.0	0.7	166.2	89.7	694.2	193.2
1975	15.2	0.8	176.4	94.0	743.5	205.7
1976	15.8	0.8	186.2	97.8	806.5	220.6
1977	16.4	0.9	195.4	104.1	809.7	234.1
1978	17.0	0.9	204.2	110.0	788.3	246.4
1979	17.7	1.0	212.8	115.1	773.8	264.2
1980	18.1	1.0	218.4	119.6	735.5	279.8
1981	80.0	1.0	223.4	124.1	719.9	301.1
1982	80.2	1.0	228.0	128.5	695.4	314.3
1983	87.1	1.1	234.2	134.5	675.7	325.3
1984	90.5	1.1	241.2	141.2	662.3	334.4
1985	97.9	1.2	248.7	150.9	560.6	341.1

表 28 续表

年份	医疗卫生机构（万个）	#医院	医疗卫生机构床位（万张）	#医院	卫生人员（万人）	#卫生技术人员
1986	99.9	1.2	256.3	156.0	572.6	350.7
1987	101.3	1.3	268.5	165.3	584.3	360.9
1988	101.2	1.4	279.5	174.7	592.5	372.4
1989	102.8	1.4	286.7	181.5	602.8	380.9
1990	101.3	1.4	292.5	186.9	613.8	389.8
1991	100.4	1.5	299.2	192.6	627.8	398.5
1992	100.1	1.5	304.9	197.7	640.9	407.4
1993	100.1	1.5	309.9	203.6	654.1	411.7
1994	100.5	1.6	313.4	207.0	663.1	419.9
1995	99.4	1.6	314.1	206.3	670.4	425.7
1996	107.8	1.6	310.0	209.7	673.5	431.2
1997	104.9	1.6	313.5	211.9	683.4	439.8
1998	104.3	1.6	314.3	213.4	686.3	442.4
1999	101.8	1.7	315.9	215.1	689.5	445.9
2000	103.4	1.6	317.7	216.7	691.0	449.1
2001	102.9	1.6	320.1	215.6	687.5	450.8
2002	100.5	1.8	313.6	222.2	652.9	427.0
2003	80.6	1.8	316.4	227.0	621.7	438.1
2004	84.9	1.8	326.8	236.3	633.3	448.6
2005	88.2	1.9	336.8	244.5	644.7	456.4
2006	91.8	1.9	351.2	256.0	668.1	472.8
2007	91.2	2.0	370.1	267.5	696.4	491.3
2008	89.1	2.0	403.9	288.3	725.2	517.4
2009	91.7	2.0	441.7	312.1	778.1	553.5
2010	93.7	2.1	478.7	338.7	820.8	587.6
2011	95.4	2.2	516.0	370.5	861.6	620.3
2012	95.0	2.3	572.5	416.1	911.6	667.6
2013	97.4	2.5	618.2	457.9	979.0	721.1
2014	98.1	2.6	660.1	496.1	1023.4	759.0
2015	98.4	2.8	701.5	533.1	1069.4	800.8
2016	98.3	2.9	741.0	568.9	1117.3	845.4
2017	98.7	3.1	794.0	612.0	1174.9	898.8
2018	99.7	3.3	840.4	652.0	1230.0	952.9
2019	100.8	3.4	880.7	686.7	1292.8	1015.4
2020	102.3	3.5	910.1	713.1	1347.5	1067.8
2021	103.1	3.7	945.0	741.4	1398.5	1124.4
2022	103.3	3.7	975.0	766.3	1441.1	1165.8
2023	107.1	3.8	1017.4	800.5	1523.7	1248.8

注：1. 村卫生室数计入医疗卫生机构数中。
2. 2002 年起，医疗卫生机构数不再包括高中等医学院校、药品检验所（室）、出入境卫生检疫所和非卫生部门举办的计划生育指导中心。
3. 2013 年起，医疗卫生机构数包括原卫生计生部门主管的计划生育技术服务机构，卫生人员数包括原卫生计生部门主管的计划生育技术服务机构人员数。
4. 2010-2021 年卫生人员和卫生技术人员包括公务员中卫生监督员。

表 29 全国文化事业机构数

单位：个

年份	公共图书馆	文化馆（站）和群众艺术馆	博物馆	艺术表演团体	文化部门所属艺术表演场馆	广播电台	电视台	广播电视台
1949	55	896	21	1000	891	49		
1950	63	1693	22	1676	1083	65		
1951	66	2226	31	1855	1319	74		
1952	83	2430	35	2084	1510	72		
1953	93	2455	49	2267	1862	63		
1954	93	2417	46	2424	2064	61		
1955	96	2437	50	2414	2159	58		
1956	375	2584	67	2720	2173	58		
1957	400	2748	72	2884	2296	61		
1958	922	2616	360	3181	2573	91	2	
1959	1011	2699	480	3504	2565	122	7	
1960	1093	2480	452	3309	2333	137	17	
1961	873	4767	300	3233	2237	135	20	
1962	541	3767	230	3320	2249	94	14	
1963	490	4069	215	3428	2980	89	13	
1964	543	4435	228	3478	2902	86	13	
1965	562	4785	214	3458	2943	87	12	
1966	523	4846	193	3374	1785	78	13	
1967	470	4681	187	3223	1677	78	13	
1968	448	4546	179	3030	1651	79	15	
1969	400	4239	171	2683	1497	81	19	
1970	323	4126	182	2541	1432	80	31	
1971	392	4375	184	2514	1420	81	32	
1972	460	4405	195	2681	1407	85	31	
1973	523	4716	210	2731	1448	86	32	
1974	583	5123	217	2760	1430	88	32	
1975	629	5387	242	2836	1464	88	32	
1976	768	5575	263	2906	1458	89	32	
1977	851	5743	300	2941	1448	90	32	
1978	1218	6893	349	3150	1095	93	32	
1979	1651		344	3482	1255	99	38	
1980	1732	8739	365	3533	1444	106	38	
1981	1787		383	3483	2302	114	42	
1982	1889		409	3460	2469	118	47	
1983	2038		467	3444	1818	122	52	
1984	2217		618	3397	1779	167	93	
1985	2344	8576	711	3317	1377	168	143	
1986	2406	8913	777	3195	2058	278	292	

表 29 续表

单位：个

年份	公共图书馆	文化馆（站）和群众艺术馆	博物馆	艺术表演团体	文化部门所属艺术表演场馆	广播电台	电视台	广播电视台
1987	2440	8974	827	3094	2148	386	366	
1988	2485	9045	903	2985	2081	461	422	
1989	2512	9037	967	2850	2050	531	469	
1990	2527	9216	1013	2805	1955	239	282	
1991	2535	10507	1075	2772	2068	246	298	
1992	2558	9564	1106	2753	2037	261	308	
1993	2572	10155	1130	2707	2024	282	324	
1994	2589	11276	1161	2698	1998	296	324	
1995	2615	13487	1194	2682	1958	312	336	
1996	2620	45253	1219	2664	1934	315	344	
1997	2628	45449	1282	2663	1947	318	347	
1998	2662	45834	1339	2652	1929	298	347	1304
1999	2669	45837	1363	2632	1911	296	357	1562
2000	2675	45321	1392	2619	1900	304	354	1446
2001	2696	43379	1461	2605	1854	301	357	1387
2002	2697	42516	1511	2587	1829	306	368	1526
2003	2709	41816	1515	2601	1900	277	317	1579
2004	2720	41402	1548	2759	1928	282	314	1913
2005	2762	41588	1581	2805	1866	273	302	1932
2006	2778	40088	1617	2866	1839	267	296	1935
2007	2799	40601	1722	4512	1732	263	287	1993
2008	2820	41156	1893	5114	1662	257	277	2069
2009	2850	41959	2252	6139	1499	251	272	2087
2010	2884	43382	2435	6864	1461	227	247	2120
2011	2952	43675	2650	7055	1429	197	213	2153
2012	3076	43876	3069	7321	1279	169	183	2185
2013	3112	44260	3473	8180	1253	153	166	2207
2014	3117	44423	3658	8769	1248	149	159	2214
2015	3139	44291	3852	10787	1264	147	157	2218
2016	3153	44497	4109	12301	1265	136	143	2252
2017	3166	44521	4721	15742	1253	134	144	2338
2018	3176	44464	4918	17123	1236	124	135	2348
2019	3196	44073	5132	17795	1202	62	72	2422
2020	3212	43687	5452	17581	1111	31	38	2442
2021	3215	43531	5772	18370	1075	26	32	2449
2022	3303	45623	6091	19739	1052	20	25	2449
2023	3246	43752	6833	17781	1019	18	21	2449

注：1. 1998 年以后由于文化事业机构改革，部分地区广播电台和电视台合并，称广播电视台。文化馆（站）和群众艺术馆指标 1960 年及以前数据不包括文化站数据。
2. 2007 年以前艺术表演团体为文化部门系统内数据，2007 年起含非文化部门单位。

表 30 社会保险参保情况

单位：万人

年份	年末参加保险人数				
	基本养老保险	失业保险	基本医疗保险	工伤保险	生育保险
1989	5710				
1990	6166				
1991	6740				
1992	9456				
1993	9848				
1994	10574	7968	400	1822	916
1995	10979	8238	746	2615	1500
1996	11117	8333	856	3103	2016
1997	11204	7961	1762	3508	2486
1998	11203	7928	1878	3781	2777
1999	12485	9852	2065	3912	2930
2000	13617	10408	3787	4350	3002
2001	14183	10355	7286	4345	3455
2002	14737	10182	9401	4406	3488
2003	15507	10373	10902	4575	3655
2004	16353	10584	12404	6845	4384
2005	17488	10648	13783	8478	5409
2006	18766	11187	15732	10269	6459
2007	20137	11645	22311	12173	7775
2008	21891	12400	31822	13787	9254
2009	23550	12715	40147	14896	10876
2010	35984	13376	43263	16161	12336
2011	61573	14317	47343	17696	13892
2012	78796	15225	53641	19010	15429
2013	81968	16417	57073	19917	16392
2014	84232	17043	59747	20639	17039
2015	85833	17326	66582	21432	17771
2016	88777	18089	74392	21889	18451
2017	91548	18784	117681	22724	19300
2018	94293	19643	134459	23874	20434
2019	96754	20543	135407	25478	21417
2020	99865	21689	136131	26763	23567
2021	102871	22958	136297	28287	23752
2022	105307	23807	134592	29117	24621
2023	106643	24373	133389	30174	24903

注：2017 年起，各省份参加新型农村合作医疗的人员逐步并入参加基本医疗保险人数中。

后记

75 年风雨同舟，75 年岁月如歌。新中国成立以来，在中国共产党的坚强领导下，在全国各族人民的共同努力下，我国经济社会发展各方面取得历史性成就、发生历史性变革。党的十八大以来，经过全党全国各族人民持续奋斗，我国实现了第一个百年奋斗目标，全面建成小康社会，正在向全面建成社会主义现代化强国的第二个百年奋斗目标迈进。

为系统展现中华人民共和国成立 75 年来的光辉历程、伟大成就和宝贵经验，我们精心组织编辑出版《新中国 75 年——新中国经济社会发展成就 (1949—2024)》一书，运用丰富的统计数据，以 23 篇系列报告，配以专栏和统计图表以及 1949 年以来全国主要统计指标数据，展现新中国在经济、社会、民生、科技、生态、开放等领域的发展，为新中国成立 75 周年献礼。国家统计局党组书记、局长康义为本书作序。国家统计局相关单位参加本书报告撰写和数据提供，参加数据整理和资料提供等工作的同志还有丁婷婷、马栋华、王天玥、王为舟、王博宁、王媛媛、兰翔、宁颖丹、任宝莹、刘克、刘佳柔、刘洁、刘洋、刘璐彭、安冰洁、孙巍、李丹、杨睿、张谦、张楠、张溪婷、罗秋实、施勇、董嘉新、韩迪、詹杰。

在此，谨向为本书编辑出版付出辛勤劳动的各位同志表示衷心感谢！

编　者

2024 年 9 月